中國的現代國家構造

CIVITAS 思想共和國

朱國斌 主編

中國的現代國家構造
中卷 黨治國家

Construction of the Modern State in China
Volume II: Ruled by the Party-State

任劍濤

CITY UNIVERSITY OF
HONG KONG PRESS
香港城市大學出版社

編　　輯　　陳小歡
封面設計　　蕭慧敏　Création 城大創意製作

國際統一書號：978-962-937-418-1

出版

香港城市大學出版社
香港九龍達之路
香港城市大學
網址：www.cityu.edu.hk/upress
電郵：upress@cityu.edu.hk

Construction of the Modern State in China
Volume II: Ruled by the Party-State
(in traditional Chinese characters)

ISBN: 978-962-937-418-1

Published by

City University of Hong Kong Press
Tat Chee Avenue
Kowloon, Hong Kong
Website: www.cityu.edu.hk/upress
E-mail: upress@cityu.edu.hk

Printed in Hong Kong

目錄

中卷　黨治國家

上卷目錄

黨國結構

下卷目錄

憲政轉型

中卷　黨治國家

導論

國家理念與政策供給

以黨治國的效度與限度

國家理念與政策供給是高度關聯在一起的。國家理念一定是政策供給的基礎，政策供給相應地成為國家理念的體現。這分析的核心預設是，人們接受公共政策（public policy）的理念。只有承認公共政策的理念，政策分析才有意義。政策缺乏基本的公共性就無法分析。人們常常只在政策制定和執行的範圍內來進行政策分析，追究的問題僅僅是：「為什麼有些政策適當，而有些政策失當？」其實，應該把分析視野擴展開來。就政策分析而言，只有在規範的國家中才有效。因為國家權力的分立制衡，讓政策制定與執行部門基本成為一個可分析的定數。但是，對一個非規範的現代化國家來說，一個政策的推出，其具有超強的延續力以至於難以改變，就不是因為政策實際制定與執行部門導致的政策僵化，而是受制於它特殊的國家理念和國家結構。國家結構決定政策導向，也決定政策制定與執行狀態。試圖理清國家理念與政策供給的內在關聯，必須在理論上澄清一些問題，並同時觀察和分析政策適當或失當的深層緣由，釐清哪些政策適當、哪些政策失當，從而進行分類分析。再者，必須說明，公共政策，其理性決策的前提是馴服國家。沒有駕馭國家、馴服國家的時候，一切政策的正當性是沒有保證的，它的合理性也根本沒有保證。最後，亦有必要確立政策分析的國家視角。一個國家的國家形態，以及隨着國家的結構形態和理念形態推出的政策，是一個關聯結構，不能分離地審視。只有馴服國家權力，才能使公共政策具有公共保障。

一、國家理念與政策供給的內在關聯

理解國家理念和政策供給的關聯性，需要從現代政治學的學理入手。今天中國的流行觀念，是按照西方公共行政學理論塑造的結果，那就是國家理念跟政策供給可以是無關的。之所以說兩者是無關的，原因在於，經過十八世紀啟蒙運動以後，西方國家通過三權分立互相制衡的國家結構，把國家權力體系界定為立法、行政、司法相對分立的機制。在這樣的結構中，制定與執行政策的政府部門，依照立法機構的法規依法行政，期間出現的政策執行糾紛由司法機構來裁決。因此，政府制定與執行政策的相對獨立性便得以突顯。[1] 政策的制定、執行、過程、分析、後果、績效與評估，基本上可以在政府行政權的範圍內進行。在這樣的權力框架中，所謂公共政策，其公共性（publicity）是由憲法將政府權力限定為公共權力而鎖定的。一個規範的現代國家，其政府制定的政策，一定要在立法部門劃定的政策範圍內依法制定和執行；政策的執行，則由政策關聯方（可能是政府、市場與社會的兩方或多方）互動來保證；政策的績效，由公眾來界定、認可。由於行政權的邊際界限相對明確，因此，在既定範圍內可以由政府行政部門決定的事情，就成為一個程式化操作的過程，甚至成為一個通過數量化的計算加以實施的行政權落實進程。在這個意義上，國家理念逐漸與行政權、由行政權推出的公共政策，以及由此提供的公共物品，改善公共福利的努力，有一個明確的區隔空間：政府不負責立法，更不負責司法，只需要負責行政，視行政效率為自己的工作目標，因此成為適應權力環境與社會環境的一個自我調整系統。[2]

在非規範的現代國家，由於國家權力部門的界定不嚴格，界限不明晰，功能有重疊，因此，政府部門的政策制定與執行就出現一種含混的狀態。如果在現代國家的三種基本權力形態之上，還存在一種超級權力的話，那麼，權力運作的結構和功能，更會呈現出一種超級權力的支配性特徵。中國作為一個政黨國家（party state），行政權、立法權、司法權的區隔本就不明確，在總體上還必須服從一個未經規訓的黨權。因此，在政黨權力與國家權力之間、國家的基本權力形態之間，就會出現影響，甚至制約政策制定的多種交錯作用力量。而且，由於掌控超級權力的政黨是依照政黨的道德化目標來控制國家權力，它以自己所佔領的道德制高點，扼制了其他權力形式與之討價還價的通道，因此，圍繞權力在制定公共政策時出現的崇高競賽，便將合理政策制定所必須的權力博弈扼殺掉。在這個意義上，中國的政治道德、日用倫理、行政道德和行政能力高度嵌合在一起，完全無法直接從政府的行政權力視角審視政府如何制定與實施政策的問題。

在一般描述和分析中國政府運作過程的著作中，論者滿足於陳述和分析中國政府運作的文獻性過程，也就是從各種政治—行政文獻的紙面上顯示出來的中國政府運轉狀況。這樣的文獻性政府，僅僅反映了政府試圖達到的運作狀態，卻反映不到政府實際運作的情形。因為，就政府運作而言，除了文獻性的政府運作之外，政府運作的實質性過程或者操作性過程，才是構成人們觀察和了解政府運作真實情形的最重要面相。

在中國的國家權力結構中，政府的權力是一種作用於日常生活的直接權力，但這一權力相對於政黨權力來説，處於一個絕對次要的位置上。由於各級黨的委員會掌握着中國政策制定權，因此，政府僅僅是政黨的執行機構。這樣的權力劃分機制，將中國和西方的政策供給，鮮明地區分為兩種理想類型：西方的理想類型，是在權力得到規範劃分的情況下，把政府的行政權力當作是相對獨立的權力形態，並循此看待它制定政策、執行政策、實施政策、績效評估的整個過程。中國則是另一種理想類型：在國家的各種權力形態沒有清晰劃分的情況下，行政執行權的自我調整機制建立不起來，行政權同國家所有其他權力形式一樣，都受制於超級政黨的權力。因此，行政權不是一種僅僅追求行政效率的專屬權力形式，而是一種從屬於政黨權力的次生權力形態。人們必須在政黨－國家權力之間，辨明政府實施行政權力的多與少、大與小和績效的高與低。正是在這一界定的基礎上，我們可以觀察到中國的國家理念和國家結構有着多麼密切的關係。

中國之所以生成這種國家權力機制，不是一個執掌國家權力的政黨一次性選擇坐實的，而有深刻的內外在緣由。從外部緣由來說，由於中國是後發外生的現代國家，現代國家建構一旦啟動，就受制於已經成型的現代發達國家建國機制的引誘。中國的這種建國處境，簡單來説，是一種德、法處境。中國已開啟現代國家建國進程，就無法迴避自己既有國家建構歷史和傳統對現代轉型深刻和持久的影響與制約。從理性上説，中國人是認可現代國家建構的必要性與重要性；但從感情上説，中國人一時之間還難以接受終結自己的國家運行慣性，接受一種外來的卻是現代的國家運行機制。這就意味着，中國人在理性上是認同英、美這樣的現代典範。問題在於，中國在德、法式國家處境中，追求一種英美式的現代典範，就難以避免像德、法兩國那樣，高度緊張地處理傳統政治遺產與現代國家轉型之間及民族自尊心與政治理智性之間的關係。這就是中國處於從傳統轉向現代的邊沿時，德、法處境與英、美欲求之間的對峙狀態。

須知，中國像德、法兩國一樣，沒有奢侈的資本學習或模仿英美的建國方案。美國建國是英國建國的創造性翻版，因此，英國的例子最具典範性。自一二一五年英國貴族與國王達成《大憲章》以後，一直到一六八八年光榮革命，歷經四百七十多年，才建立起現代國家體制。這是多麼冗長的時間，足夠供英國人緩慢聚集現代國家建構的元素。國家各個方面在內部波瀾不驚的磨合中，逐漸坐實現代國家建構的一系列規則，因此英國的施政說不上驚心動魄，但確實行進在點滴積累、步步推進的道路上。逐漸優化的國家結構，與漸進提升的政策品質之間，形成了一種相互改善的良性結構。哈耶克推崇的自生自發秩序（the spontaneous order），在英國呈現得特別明顯，[3] 而其他國家（包括他自己的祖國奧地利）很難在所謂自生自發秩序中建構現代國家及其政治秩序。總括而言，即使中國是在德、法處境中，也無法模仿德、法的國家建構方案。法國確實是借助一場大革命實現現代國家轉型，儘管這樣的轉型走上了流血革命的歧途，後來又出現了帝國機制，可謂一波三折，但在法國，國家的現代理念深入人心，不可逆轉。因此，大革命後的法國仍然逐步穩定地確立起現代國家體制，公共政策的公共性質亦愈來愈鮮明。至於德國，通過國家主義的迅速動員，建構起了強烈的國家認同。這一過程，前有德國浪漫主義的造勢，接着有德國古典哲學的推波助瀾，從康得、費希特、謝林到黑格爾，形成了一個比較完整的自由主義—國家主義哲學，給德國建構現代國家提供了強大的觀念支援。此後，德國出現旨在顛覆哲學傳統的尼采哲學，尤其是他推崇的強力意志，成為德國建構現代國家的強心劑，以至於希特拉明確肯定尼采哲學的政治價值。在這樣的精神基礎上，德國經過建國和亡國的歷史大波瀾，終於在二戰之後取勝的盟軍強力改造之下，建立起比較穩定的現代國家機制。在今天，德國也已經在民族國家的憲政民主平台上，穩定地搭建起公共政策制定和執行的國家架構。

中國作別傳統不是自願，走向現代更是被迫的。[4] 在現代轉型發生以前，中國是以「天下」或帝國的心態作為國家結構的，現代民族國家（nation state）是中國人完全陌生的國家形態。一個農業立國的多民族國家，本來不需要統一的民族國家，都可以在傳統的統一中央王權與分散的農耕機制上穩定地運行。但是，外部壓力的催迫，使這樣的農耕文明國家完全無法與新興的民族國家抗衡。因此，國家轉軌的外部壓力引發了內部的皸裂，讓國家內部的矛盾尖銳化。民族自決的現代建國理念，引爆了漢族與滿族之間就國家統治權突顯的矛盾。這樣的矛盾，完全無法在既有的國家體制中解決，因此，「驅除韃虜，恢復中華」成為了漢族建國的基本理念，倒是當時佔據國家統治權的滿族，提出了五族共和的現代理念。只是由於民族融合的機制絕對無法在放下民族差異、僅求服膺儒家文化的文明國家內部形成，因此，帝國形式的國家根本無法將不同的民族融合成為一個統一的政治民族，相應也就難以順暢地轉變為民族國家。哪怕是晚清統治者已經很謙恭地派遣大臣考察洋務、學習憲政，也無從下手安頓滿族和滿族以外的其他民族參與政治統治事務的強烈願望。「皇族內閣」就很好地說明了這一點。一種「全變則存，小變仍亡」的國家重建思路流行開來，正是這樣的顛覆性思路，與晚清政府遲滯的國家重建行動構成的觀念—現實動力，讓帝制中國失去了轉變成民族國家的機會。帝制中國被推翻，民族國家反而成為一種過渡形態的國家形式，致力動員民族國家建構的政黨組織，成為國家重建力拔頭籌者，將國家建構成為了與民族國家大為不同的政黨國家。

作為政黨國家創始人的孫中山，確立了「以黨建國」與「以黨治國」的建國要領。基於這樣的建國大思路，孫中山確信：第一，不同於現代西方國家的建國進路，中國要建立現代國家，必須獨闢蹊徑，走一條以政黨建立國家的新路；第二，這一致力建國的政黨，必須是小我服從大我、個人服從組織，具有鐵的紀律約束的政治組織；第三，一旦致力建構國家的政黨完成了建國任務，它就務必全心全意地投入治理國家的事務，尋求國家的迅速富強。這就將政黨、民族與國家三者關係確定為一種混然不分的狀態——致力建國的政黨，本來只是作為致力建國的中華民族的政治代表，一旦由政黨建立了國家，這一政黨就很難退出壟斷控制國家權力的舞台。結果，政黨國家便成為替代民族國家而出台的中國國家形態。

國民黨與中國共產黨都忠實地繼承了孫中山晚年的建國思路。只是在長遠的政治流變中，前者的國家理念出現重大的結構性改變，從而引發了國家理念與政策供給關係的根本變化。後者的國家理念與政策供給關係模式，在結構上一直是紋絲不動。這讓中國的國家結構停滯在臨時出場的政黨國家理念上。政黨國家的結構特質與行為方式，人們從日常語言到政治理論，都相當熟悉。從日常語言角度看，所有傳播媒介使用的政治格式化表達，都是「黨和國家領導人」怎麼、如何，這促使人知道，在中國，黨的領導人地位與作用超過國家領導人。而在國家決策機制中，獨佔性地執掌國家權力的政黨，行使政治路線、組織路線、政策方針的領導權。因此，政府部門不過是政黨組織的執行機構。政黨處在國家權力之上的狀態不言而喻。政黨居於國家之上，國家就依靠政黨的政治意志治理國家。法律條規、行政規章和司法程式，自然就成為第二位元階的治理規則，而且必須服從居於首位的政黨意志。

現代規範的民族—民主國家，都是先落定國家結構，然後再成立政黨，展開黨際競爭，以政黨輪替制度，在憲政框架中分時限行使行政權力。在這種國家結構中，所有行使國家權力的政黨組織，都必須服從國家法律。法治化自然也就成為國家治理的常態。這與政黨國家的國家治理大不相同：在政黨國家中，政黨的道德理念和道德制高點決定一切。黨國的理念，讓具有政治決定權的領導者個人的意志，可以輕鬆地換轉為政黨意志，再由政黨意志變換為國家意志，進而從國家意志坐實為政府意志，受到周全制約的政府所制定的政策，成為具有公共性面目的「公共政策」。嚴格來說，三次過濾權力而出台的政黨國家政策，實質的公共性基本上已被過濾掉，僅僅保留了形式化的公共性特徵。黨國結構使政策制定顯現為兩個毫無關聯的操作狀態：政策的實際制定者和拍板者，並不為公眾所認知，也不對公眾承擔法律與行政責任；而政策的實際執行者，也就是行政上進行人力、物力、財力匹配的機構與人群——政府及其從業人員，才跟公眾有着關係。因此，政黨國家的政策就因其公共性被未曾直接顯形的政黨所擔負，卻被顯形的政府間接承擔，而流逝在從顯形者向隱形者互換的過程中。

中國的國家理念是政黨國家，中國的公共政策由政黨制定，但中國的政策公共性由政府直接擔保。表面上看，這是一種錯位的結構，但並不等於不能發揮實效。眾所周知，中國的政策在類型上可以區分為三種，第一是按照時限來區分的政策，即所謂長時期、中長時期和短時期的政策。人們所熟知的五年計劃，可以說是中期政策。一年一度的政策制定與執行，屬於短期政策範疇。二十年發展規劃，便屬於長時期政策。無論是年度政策、五年規劃或是二十年發展規劃，這些政策的出台，都是中國共產黨中央委員會和地方黨委制定、佈局、推進和坐實的。人們常常從字面上了解，中共中央只是提出了某些政策「建議」。假如這樣的建議是勸導性建議，那麼就很可能不成為政府制定實際政策的指南。一般而言，這樣的政策建議，帶有強制性，並不需要政黨借助自己手中掌控的國家暴力機器來呈現，僅僅需要政黨的組織紀律來保證。政黨國家能夠運行，就是將政黨的組織紀律作為國家常規控制的手段。依靠政黨的行政化定位，政黨組織紀律足以在短期、中期和長期的政策制定中，將黨員約束在政黨的施政目標上。如果要說長、中、短期政策對政黨國家理念而言有什麼差別的話，那就是關乎政黨長期執政的政策，總是受到相對於其他政策更高程度的重視。

第二是按照政策重要性區分的政策類型。這樣的政策，還可以細分為影響黨和國家前途與命運的大政方針，只是影響黨和國家局部狀態的重要方針政策，以及僅僅影響部分地區和部門的實際政策和舉措。政黨國家對這些政策，採取的是抓大放小原則。只要不影響政黨國家權力控制體系穩定性的局部化方針政策，一般是不進入政黨國家高層議事日程的。假如某一具體而微的局部當下政策累積到影響政黨國家體系穩定的力量，它就會瞬間變成政黨國家的大政問題。

第三是按照政治、經濟與社會排序的政策分類。政黨國家是全能型國家。一般而言，政黨國家按照社會要素區分的政策，政治考量總是放在首位。這樣的重要性區分，在革命氛圍甚濃的時期，尤其如此。當政黨國家步入經濟建設為重的時代以後，情況就會出現重大調整：經濟建設的決定性意義便日益突顯，尤其是當經濟建設的績效獲得了影響政黨國家執政正當性與合法性地位的時候，經濟要素就具有遠遠超過政治要素和社會要素的功能。但這並不意味着政黨國家的政治性政策就此處於一個可有可無的次要位置。事實上，政黨國家在社會要素政策上的結構性排序，從來就沒有改變。政治政策所具有的壓倒性地位，是其他社會要素政策完全不可能替代的。關乎經濟要素的政策重要性的突顯，不過是政黨國家政策制定與實施靈活性的表現而已，不能將之視為對政治政策絕對重要性的放棄或取代。

正是這樣的政策分類結構，反映了中國作為一個政黨國家，在制定和實施公共政策時的政策思維和決策進路。這樣的結構狀態，註定了在中國不可能斷然切割國家理念與公共政策之間的關係。相反，政黨國家的國家理念決定了政策的制定與實施狀態、政策的當下取向與未來走勢、政策的政治績效與經濟—社會績效的權衡與取捨。

二、政策失當的深層緣由

中國作為政黨國家，可以區分為國民黨時期的政黨國家和中國共產黨時期的政黨國家兩個結構。這兩個政權結構，都曾取得了令人稱道的國家建構成就，也制定和實施了一系列推進國家現代轉軌與發展的有效政策。一九二七至一九三七年，被稱為國民黨統治的十年黃金時期。這一時期，獲得全國統治權的國民黨，表現出政黨國家中獨佔性行使國家權力的政黨特質，但其所制定和實施的中國國家治理政策、工業化政策、商業交通服務及文化教育政策等，都有力地推動了中國的現代國家建設。[5] 一九四九年，中國共產黨建構的政黨國家取代了國民黨建立的政黨國家。中國生成了第二個政黨國家政權。一九四九至一九七八年，被視為中國共產黨的政黨國家產生與延續的第一階段。在這個階段，剛剛掌握國家權力的中國共產黨，以其統一國家的重大貢獻，贏得了國家治理的寶貴機會。儘管這一時期由於黨和國家領導人的重大失誤，出現了國家治理的重大困難。但無可否認，中國共產黨致力維護國家的統一、民族的利益，全力推進國家的發展，在一定程度上奠定了中國現代建國的根基，夯實了國家發展的基礎。一九七八年，中國共產黨全面執掌國家權力的國家結構未變，但因緊緊抓住了經濟建設這個中心，國家的經濟實力因而大為增強，國內生產總值飛速增長，躋身世界重要經濟體行列，成為世界第二大經濟體。這與中國共產黨領導集體施政的得當有着內在的聯繫。

政黨國家施政的得當和績效，並不能讓人忽略它決策和施政的明顯缺陷或失誤。沿循分別審視兩個政黨國家實體的思路，人們可以發現，一九三七年以後，受內憂外患困擾的國民黨，已經很難確立適當的政策進路，制定和實施有效的方針政策。因此，其國家統治權處於一個急遽衰變的狀態。即使在一九四五年由於抗日戰爭的勝利而有了一個拯救衰變的契機，但因為政黨獨佔的強烈欲求，民族和解和國家重建的重要施政良機就被國民黨輕而易舉地浪費了：就國共兩黨致力和平建構民主與憲政的現代中國而言，國民黨領袖無法審時度勢地以適宜的政策搭建一個相容的政治平台。就國民黨的經濟復甦政策而言，忙於分肥的接受大員，使國民對國民黨的經濟政策失望不悅，金融改革導致的金融危機，完全斷送了國民黨領導國家經濟復甦的前程。國民黨執政機制失敗、黨內各派閥之間明爭暗鬥，造成控制國家的政黨難以達成統治國家必須的政策一致。這結果不出意料，但關鍵是暗度陳倉之舉，註定了國民黨一切政策的內部瓦解結局。在抗戰勝利的熱情還溫暖人心的時候，國民黨就把江山拱手讓了出去。

如果說這一段歷史後來在台灣有所修正，從而集聚起促使國民黨在台灣的政治轉變的話，那麼在同一時期，接手大陸政權的中國共產黨，則給予了一個屢受創傷的民族統一的國家政權，讓中國進入萬丈豪情的精神狀態。民眾擁護中國共產黨，確實是發自內心的。因為中國人「被動挨打」的時間太久，一旦成為自己國家的「主人」，當然對建立統一政權的政黨衷心擁護。直到一九五六年，甚至是一九六六年，內地執政黨儘管存在這樣或那樣的政策失誤，但民眾的擁護大致不變。直到一九六六年以後的「十年浩劫」，讓國人喪失了認同政權的社會－心理基礎，結果這十年的政策得當的少、失當的多。一個標準的表述就是這些年的政策讓「國民經濟處於崩潰的邊緣」。[6] 改革開放挽救了危局。總的說來，三十多年的改革開放，中國經濟發展讓世人矚目。但不是說就此完全避免了政策的失當：改革開放以來，中國生態環境的破壞之嚴重，超出人們的想像；而中國經濟發展的粗放型特點，造成的資源嚴重浪費，已經到了經濟模式非轉型升級不可的地步；至於人心的敗壞、世風的不良、秩序的紊亂、權錢的勾結，也到了非大力矯正不可的程度。為了促使中國進一步發展，人們不得不深刻反思政黨國家的國家結構何以會出現持續不斷的政策失當。

反思國共兩個政黨國家政權在政策上的失當，尤其是反思跟我們日常生活密不可分的中國共產黨領導下政策的失誤，可以有兩個進路：一是突顯政策失當的直接緣由，二是挖掘政策失當的深層導因。就前者而言，任哪一種政體，都會存在政策失誤，這是源於人的局限性、政策制定與執行的局限性。任何政體中制定任何政策，都是一個公眾性的安排，都意味着必須在不同的公眾意欲中平衡。同時也意味着，那種在現實條件局限中集聚政策實施的資源，永遠無法滿足政策實施相關者的利益要求。這就決定了任何政體中任何政策的制定與實施，都會出現的兩種脱節：其一是制定政策的官員們的願望與公眾願望脱節，其二是公眾的欲求與資源供給脱節。加之制定與實施政策的官員在個人利益與公眾利益之間總是自然地傾向於前者，因此，他們無法超然局外，制定和實施純然公正的某項政策，尤其是把這制定政策的內在局限，放到欠發達國家背景下觀察，就更其如是。[7] 但這並不是分析政策失當最重要的進路。因為這樣的分析進路，只能顯示不同政體中政策失當的共同特點，不足以突顯特定國家形態中政策失當的獨特原因。

從第二方面，也就是從政策失當的深層導因上看問題，才是真正透視不同國家形態下政策失當的適宜進路。追究政策失當的深層緣由，自然就不是從指定政策一般引發失常的那些因素上着手，而是從國家基本形態註定的政策決策機制上深入地分析。在這裏，呈現為遞進性的三個分析層面：首先，人們探詢中國公共政策的失當，常常歸咎於與這一政策實施對象的普通公民發生直接關聯的那一級政府，而不願意做跨越政府層級的進一步思考，這就將政策制定與實施的失當，常常歸之於基層政策或地方政府。在制度安排上，信訪制度恰恰為這樣的制度失當歸因，提供了投訴基層或地方政府「告禦狀」的途徑。在政策分析的規範視角上説，公民對公共政策失當的不滿，當然跟政府層級和政府部門直接相關。但是，對中國如此特殊的中央集權的政黨國家形態來説，國家的運作並不是循政府層級的分級工作來保障的，相反，中央權力可以「一竿子插到底」——跨越所有政府層級，直接干預基層政府的決策與執行行動，這就是一種有欠規範的政府運作方式。中央政府可以直接決定基層政府的事務，但反過來基層政府全無制約中央權力的方式與手段，這就塑造了一種不對等的政府層級作為機制，愈是往上層推演，責任就愈是剝落給下一級機構；愈是往基層坐實，責任就愈是承載過重，卻沒有任何推卸空間，只好擔負上級機構和社會公眾的一切期待，以及實施政策所導致的任何後果，造成一種基層負不起責，中央勿需負責的責任流失狀態；或者說造成中央機構擔負道義責任，而基層政府承擔沉重的物化責任的僵局。循此路徑探究下去，人們自然就會追問一個問題，這樣的國家權力層級分工，應否有什麼必須彌補的缺失？

無疑，由現代規範國家所顯示的公共政策制定與實施的國家權力機制，在中國是未曾坐實的。因此，就不能用分權制衡的權力機制來衡量不同層級的國家權力機構，在制定與實施政策時是否適當。在中國既定的國家形態中，縱橫兩個向度的分權劃責，缺乏實質性意義：一方面，從國家權力的縱向分工看，權力的分級分層僅僅具有形式上的意義，央地關係在單一制的中央強勢權力機制中，缺乏基本的權力獨立性和責任明確性。適用於大國治理的聯邦制規則，無從發揮作用。因此，國家只能由單一制保證的中央權威來維繫其權力體系的低效運轉，並抹殺央地層級的權力指向差異性，抹殺不同區域和發展程度的不同，從統一的中央權威出發，設計國家權力的運作。另一方面，就國家權力的橫向區分而言，儘管國家權力部門在橫向的分工上意欲是明確的，但因為國家權受制於政黨權力，註定了國家權力形式上的橫向分工，難以具有實質性的意義。只要執政黨的中央政治意志既定，國家權力部門，無論是立法、行政還是司法部門，就必須無條件執行。在這個意義上，在各地各級國家權力結構中，真正具有實質權力意義的部門，就是各地各級的執政黨委員會。這樣的權力橫向分工態勢，也不是全無效用。事實上，在需要高度集中力量辦大事的軍事化管理機制中，這樣的權力機制決策效率是最高的。只是在分散決策風險上，它完全無法與分權制衡的國家權力機制媲美。因為，政黨國家的這種權力機制，總是無法處理好分工合作的現代國家運作要求。

因此，從國家權力層級上看，從中央權力的首長到地方鄉鎮政府的首長，從黨務部門到立法、政府與司法部門，他們大多無法坐實崗位責任，只好以一個含糊其辭的「為人民服務」來確立其工作宗旨。而具體如何有效地結合崗位責任來為人民服務的問題，那就要以服從中央政治意志，積極為人民做好事的精神，來應對為人民服務的道義要求和崗位責任。在這樣的權力結構中，制定與執行政策出現經常性失當，就不是令人意外的事情。而且為人民服務是一種政治性和道義性的要求，勢必要求所有國家權力機關的從業人員以明確的政治意識來自我約束並被權力原則所制約，一切行政性的政策執行事務，也就被高度政治化了。政策的制定與執行都被政治化，就很難通過非政治的柔性方式去制定和執行。一些完全毋需政治介入的民生性政策，在「被政治化」的轉變中，必然處於失當狀態。譬如，一個基層政府履行為人民服務責任的時候，完全毋需政治化方式和手段，一旦需要站在「全國人民」的政治化立場上來看問題，就必然把實在的問題完全虛化。在一種虛化政治的為人民服務機制中，政策制定與執行都被虛化的、抽象性的人民所綁架，可想而知，有限資源制約下的政策動員機制還有什麼逃脱失當的路徑。

在一種公共政策制定與執行的高層控制機制中，政治化的控制方式成為不二之選的情況下，制定和執行政策的資源配置、資源到位就與政治上的需求緊密聯繫在一起。而政治化的政策制定與執行，與相應的資源配置與資源到位，總是以中央的政治意志為轉移的。如此就註定了某項具體政策的政治化制定與執行所需要的局部動員，會演變成全域性的動員機制。中央控制機制便成為制定與執行所有政策，且保證政策具有確當性的前提條件。但中央機構的控制能力總是有限的。因此，中央控制機制總是會顯現出一種不辭勞苦、持續奔波的工作狀態，以中央領導人似乎不會衰竭的持續工作能力，作為政策制定與執行的有效保證。這就是世人皆知的象徵着中國國家權力運作獨特性的「領導靠前指揮」機制。

「靠前指揮，這是我們黨和我們軍隊的優良傳統，是我國改革開放和現代化建設不斷取得成就的一條經驗，是實踐『三個代表』重要思想需要大力宣導的領導作風。面對改革發展穩定中的大量新情況新問題，各級領導幹部只有深入到第一線，調查研究，靠前指揮，才能更好地抓住機遇，迎接挑戰，解決前進中存在的問題，取得領導工作的主動權。

領導幹部靠前指揮，如同革命戰爭年代組織戰役、戰鬥的軍事指揮員一樣，親臨瞬息萬變的戰地前沿，才能把握戰機，果斷決策，指揮若定，奪取勝利。」[8]

論者將「靠前指揮」領導決策與落實機制的優點，明確概括為三點：「領導幹部靠前指揮，是克服官僚主義和形式主義的有效措施」；「領導幹部靠前指揮，是密切聯繫群眾的重要途徑」；「領導幹部靠前指揮，是對幹部整體素質的綜合考驗。」[9] 這些被概括出來的靠前指揮機制優點，固然有其成立的理由；這樣的機制，當然着重領導的務實和對基層「第一線」的重視。但問題在於，在一種中央高度集權體制中，這樣的靠前指揮機制，往往會墮化為終結國家權力縱橫分權既定結構日常作用效能的機制。因為，依賴「靠前指揮」，從中央到地方，再到基層的領導，勢必湧向第一線，並分別從自己的層級思維與領導習性上發出處理相關事務的指示。結果，真正辦事的人員自然會不知所措，更為關鍵的是，上級領導發出的指示，構成對下級領導指令的直接否定，或者下級領導根本無從下達指令。於是，一切領導過程，便成為中央領導最終決定權的直接實施，最終決定權變成了取代一切領導權力的直接決定權。本來意在動員領導人奔向第一線，與現實緊密互動，但最後卻走向了顛覆體制的政策決策與實施的機制。

在這一種國家結構中，公共政策無法與其實施對象的現實訴求緊密相連，再正常不過。因為國家權力縱橫分權機制被終結，意味着所有的公共政策總是含混、籠統的，因此也就很難有效地實施下去。對此，我們姑且舉一個公共政策的案例說明。《中華人民共和國義務教育法》曾在一段很長的時間得不到有效落實，原因何在？在於中央出政策，地方出資金的實施安排缺失。本來，義務教育作為一項中央政策，應該由中央政府「買單」，即支付費用，但這筆費用是天文數字，哪一級政府都不願意付賬，因此義務教育的付賬責任就轉嫁到實施政策的下級政府，而下級政府再次轉給下級或基層政府，結果，義務教育就變成了基層政府自籌資金解決的事務。基層政府沒有多少途徑解決義務教育的經費，義務教育的最後付費方，成了受教育者的家長。[10]

公共政策成本經由這樣的層層轉嫁，就必然使一個最初制定的良好公共政策，在執行過程中嚴重走樣變形，甚至徹底喪失公共性。一個在中央權力層面制定出來的公共政策，到了基層真正執行這項政策的時候，已經變得來毫無公共性可言。可見，中國的公共政策得當或是失當，與中國的國家結構緊密相關。當大家對這樣的國家結構中施政機制所帶來的利益還滿意的時候，它的缺陷不會導致社會的普遍不滿；相反，一旦這樣的施政機制帶來的利益不足以平復社會的不滿，它的缺失就無法阻擋地突顯了出來。到最後，由於這機制堵塞了疏導性的利益分配通道，因此不得不訴諸道德化的手段來解決問題。結果，經常動用道德手段，造成人們對道德動員機制的冷漠，從而造成一種國家權力動員機制的手段貧乏和績效衰竭。

其次，政黨國家的治國機制是一種舉國體制。[11] 全黨動員與全國動員緊緊扣合在一起，成為一個事無大小、安危不分的舉國運行機制。舉國體制是一種全方位的國家動員機制：在精神上，它呈現出一種不斷刺激全民興奮點的激情狀態。它總是喜歡將局部事務擴大為全國事務，並以全國民眾的全面動員，聚集某項政策制定與執行的精神資源。與此同時，這一政策制定與實施模式，在資源配置上是窮盡性的。所謂窮盡性的，不是指為了一項政策而將所有資源悉數投入，而是說為了一項政策的坐實，可以或願意將所有資源加以投入，不惜犧牲資源的精細配置績效，而以資源的粗放型使用方式，不計代價地實現某項制定與實施的政策的目標。這就決定了公共政策之公共性，不可能有任何保障。進而讓人們注意到的是，舉國體制總是一種政策制定與實施的動機決定論的產物。所謂動機決定論的政治制定與實施機制，就是以一種純粹為了人民群眾的利益，而絕對排除制定與實施政策的領導及其機構的私利動機來制定和執行政策。這樣制定與實施的政策，其公共性在動機上是不容懷疑的。但由於這種公共性動機僅僅是領導者和領導機構的動機，而且是不問效果的純粹動機，因此，結果並不重要，干擾決策的純粹道德性、公共性的因素，必須加以排除。政黨國家形態中的政策制定與實施，就成為人們始於道德追求終於道德滿足的過程，而政策自身究竟是否恰當，已經溢出人們關注的視野了。

正是由於以黨治國定勢中的政策制定與實施機制，公眾在判斷某項政策是否值得擁護時，並不是基於政策是否帶來的實際收益，而是基於政策的道德感動程度的高低：受到某項政策感動的，便是認同黨治體制的政治同質的標誌；假如對執政黨提出的某項政策心存意見，表示不滿，甚至起而抗拒的，便是政黨的敵人。對政策的滿意度還是抗拒劃界，政策的制定與實施便成為劃分國家權力是否對之保護與施加鎮壓的標準。政策的執行者陣營與反對者陣營，就此成為解決「革命首要問題」，也就是敵我陣營劃分問題的一個必須區隔，將敵我劃分從政治領域延伸到行政領域。政治的統一戰線，也就進一步成為行政的統一戰線——如果你忠實地相信並執行政府的政策，你就是朋友；如果你不信政府的政策，甚至懷疑或拒斥政府政策，你就是敵人。在政治思想史上，人們一般樂於強調德國思想家卡爾・施密特所提出的敵我劃分，並認為他抓住了政治的本質。[12] 實際上，卡爾・施密特對敵我劃分的堅持力度是不夠的，他遠未將政治領域的敵我劃分延伸到行政領域，它不過是不徹底的政治敵我劃分理論而已。在政黨國家中，黨制定政策，黨執行政策，凡是忠於黨的政策，並且願意不折不扣地執行的人，才是政治—行政領域的「友」，才是統一戰線要保護的對象；凡是懷疑和拒斥黨制定與執行政策的人，自然就屬於咎由自取的「敵」。這是一種透徹的敵我劃分理論與實踐方案。這個時候，政策的公共性就被政策的階級性所替代。

舉國體制下制定與執行政策的主體，也就是獨佔性執掌國家權力的政黨，在將政治領域中的敵我之分引入行政領域之後，並在將政策優惠施予的對象進行主體區隔步伐後就打住，階級性劃分還是一個較為抽象的劃分。在戰爭狀態下，或者說在建構政黨國家的進程中，階級劃分足夠致力建構政黨國家的政黨團結盟友之用。但在和平時期，這樣的籠統劃分，還不足以確定某些政策施惠的準確對象。因此，階級性一定還要下落為更具有操作性概念，是和平時期最容易辨認的利益集團。可以說，政策的階級性在和平時代一定會演變為政策的集團性。因為某項具體政策的出台，它一定要區分這項政策施惠的對象，首先是那些極端忠誠於政策制定者的人群，這些以政治忠誠為政策維護奠基的人群，政策向他們傾斜，完全是一種雙向需求所決定的態勢——政策制定與執行者需要尋求支持者，支援政策制定與執行的人需要有利益回報。雙方一拍即合，並不需要太複雜的政治—行政辨認過程。就此人們便能理解，經濟績效明顯低下的國有企業，何以在中國愈做愈大，既形成一種「國進民退」的經濟定勢，又形成一種尾大不掉但官方卻無心改變的政治—經濟局勢。須知，一個政權是自然明白它所據以運行和綿延的經濟基礎的，而某種受政治力量支持的經濟形式，也自然明白它必須仰賴的政治—行政機制。

更為關鍵的是，一個政黨國家及其制定與執行政策的權力劃分不清楚，政黨自身的統一政治意志要滿足政策制定與執行的最佳效果，被堵塞住的政策執行通道，如何或借助什麼手段條證其基本暢通，不被密不透風地封堵起來？這是一個看似格外矛盾，但對政黨國家的國家治理必須具備的政策制定與實行機制。所謂格外矛盾，就是因為這樣的政策制定與執行機制，在最終結果上設定了遠非一般政策所可設想的理想效果。所謂必須具備，則是指這樣的政策試圖發揮一定效果的話，必須仰賴能夠打通政策執行渠道的更加強有力手段。後者是從低位出發的，前者是從高位出發的。本來，兩者之間是一種錯位的關係，但在特殊的國家機制中，出現了兩者必須對接的決定性要求。什麼手段或機制才能保證一個不理想的政策選項，可以保證其坐實最理想的結果呢？所謂最理想的結果，就是一系列政策推行的效果，是明顯逼近政策所作用的國家從疲弱中振興、從發展中崛起、從飛躍中領先、從進步中登臨絕頂。現代規範國家一般不敢指望具體的政策收效會如此之大。但政黨國家卻實實在在地在借助具體的政策，將國家推向領先世界的發展佳境。

在這中間，重要的不是政策意欲與政策結果之間是否能被順暢打通的問題，重要的是什麼手段或方式可以打通兩者之間必然存在的梗阻。毫無疑問，令政黨國家之外的人士匪夷所思的是，意識形態的造勢會有如此強勁的動力作用。正是意識形態及其重建，造就了一種強大的國家能量，讓人們在廣泛且有效的意識形態宣傳中，習得一種國家無所不能的觀念，並因之逐漸形成一種心靈習性（the habits of heart）。正是這樣的精神激發機制，產生了「由精神轉變為物質」的巨大力量，從而支撐起國家治理的政策獲得強大公眾擁護的社會心理基礎。不過，久而久之，這樣的機制可能窮盡人們的精神回應積極性，造成一種對政黨國家諸政策的普遍冷漠。這個時候，政治—行政敵人並沒有浮現，也未曾組織起來，但讓此前強有力的政策動員的意識形態機制消解於無形。

三、馴服國家是理性決策的前提

現代規範國家之謂規範，就是因其國家權力在分立制衡機制中有較為妥帖的安頓，因此，沒有任何個人和組織的權力能超越到法治化的國家之上，成為國家制定與執行政策的超級權力，也就使得國家的政策制定與執行，有多重機制性力量的過濾，不至於出現某一個難以駕馭的權力形式、組織或個體，以其超強的政治意志和明確的個人意圖，左右政策的制定與執行。相比而言，政黨國家的權力體制較為特殊。由於黨權在國權之上，政策制定與執行，都由黨權發揮支配性的引導作用。國家政策的失當，是常有。當追究這樣的政策失當的深層緣由，並發現國家形態已經構成政策失當的最重要導因，那麼，轉向現代規範國家，有效馴服政黨國家，就成為解決其制定與執行政策失當問題的出路。

馴服政黨國家是一項極為艱難的任務。原因在於，相對於馴服民族國家而言，馴服政黨國家需要同時完成兩項甚為艱鉅的馴服權力任務：一項是馴服捕獲國家的獨佔性、全能型政黨；另一項是馴服實際行使國家權力的諸權力形式，也就是馴服立法、行政、司法機關的權力。這是政黨國家的國家形態所決定緊密聯繫在一起的雙重馴服任務。人們會理所當然地認為，馴服黨權與馴服國權，不過是兩項各自展開的馴服任務而已。其實，這兩項任務是交錯複雜地糾纏在一起，以至於若在不同時間展開馴服過程，就完全無望馴服其中任何一方。人們熟知，對一個規範的民族國家建立現代分權制衡政制而言，馴服現代國家巨獸「利維坦」，是一個積累了千年經驗，並經過百年突破，才結下的政治果實。[13] 在這樣的馴服過程中，並沒有出現一個超越國家權力之上因而更難馴服的超級政黨。按照既有的人類政治經驗，人們幾乎還不敢設想，怎麼同時馴服兩頭權力怪獸，而後者還從來沒有被人類馴服過的歷史記錄。但這並不等於説，因為缺乏這樣的權力馴服先例，就不用犯險嘗試。之所以必須馴服任何超級權力形式，是因為這些權力不加馴服，就必然會發生吞噬公民權利的負面作用。因此，試圖保護公民權利，期待權力發揮積極改善民生的作用，就必須馴服任何謀求特權並試圖超越權利的權力形式。

按公民權利哲學不表，僅就公共政策制定與實施的前提條件來看，人人皆知，一個真正理性的公共決策，必須是在權力的公共性具有充分保障的情況下才有可能。這些保障條件所具備的，是以人們熟知的一系列政治原則為之奠基的。其一，公眾必須明白並且完全堅守，不是開明君王、施惠性政治組織，更不是國家任何一種權力機關，居高臨下地恩賜給人們以「公共」的政策。相反，由於現代國家不分國家形態而共同承諾的人民主權原則，政府的公共政策乃是人民授權給那些掌握治國權力者必須謹守的基本政治規則。如果他們不願意站在公共的立場上，使用自己手中的權力，進而在制定政策的時候，不以公共原則作為最高原則，不以人民作為制定政策的基本導向，那麼他們就違背了最基本的建國原則，而必須交出手中的權力，任由人民重新授權給那些謹守契約規則、法治原則的人士。[14]

其二，國家的公民必須堅信，只有法治，才足以保證公共利益和個人利益不受侵害，除開這樣的權利保護機制，此外一切的所謂權利保護方式，都是不可靠的。[15] 不管一個國家的高級領導人、特殊政治組織怎麼向公眾做出保護他們財產的承諾，只要他們的權力不在法治的約束之下，他們所表達的這類願望都將成為兑現不了的空話。不是説他們的道德動機不純，而是説缺乏兑現他們道德化承諾的法治機制，他們自己也無從下手有效兑現自己的承諾。法治是將黨國權力的道德化承諾約束在可靠的制度機制上的唯一保障。缺少法治條件，一切承諾終將成空。而且就此傷害整個社會的信任關係，造成社會公眾之間的普遍冷漠。失去官民之間、民民之間的相互信任社會，就是一個叢林規則泛濫的社會，也就是一個無法治理的社會。法律主治與依法治理是迥異其趣的。前者依賴良法，後者仰仗惡法；前者建立在自願服從的基礎上，後者建立在權力威懾的前提上；前者重視程式公正，後者偽稱實質公正；前者是結果導向，後者是動機決定。法律主治，對一個國家政策的公共性發揮着堅實的保障作用。無法治，則無公共政策。

其三，國家權力部門確實享有直接指定與執行某項政策的權力，但是，他們指定和執行政策的政策定位是「公共」政策。如果政策的公共性缺乏基本的保障，隨着某一政策公共性的喪失，這項政策也就失去了它得以執行下去的公眾基礎，它也就在執行之前就失去了執行的動力。就此而言，公共政策必須獲得相關和潛在相關的公眾的支持。這樣的支援，最重要的就是取得他們的同意（government by consent）。只有建立在公眾同意基礎上制定出來的公共政策，才具有執行下去的公眾基礎和強大動力。一切不取公眾同意原則就制定出來的政策，本身就沒有任何公共性可言。一方面，它可能只是某個領導人或某個組織的政治意志表現；另一方面，它很可能就是專權者弄權的方式。它必定是一種對社會向惡的鼓勵，而絕對難以發揮引社會向善的作用。圍繞公共政策的公眾同意原則，就必須有效展開公眾與國家權力部門的互動，國家權力部門清楚自己的權力來源，明瞭「權為民所賦」[16] 這個權力發生的前提，才能真正做到「權為民所用、心為民所系、利為民所謀」，而公眾接受自己授權形成的公共部門的權威領導，在法治秩序具有保障的條件下展開官民的有效合作，對公共政策的高效落實，就可以提供不竭的社會動力。

正是因為公共政策的制定與執行依賴上述的基本條件，因此，一個國家試圖制定出優良的政策，也就是「公共」政策，必須保證這些條件不被敗壞。保證這些公共政策制定與執行的條件不被敗壞，就必須馴服國家。馴服國家，有兩類緊密相關的事務：一是控制國家權力，二是對國家權力提出績效要求。

人們要想控制國家，起碼得知曉控制國家的基本含義。首先，這個國家必須是普通公民組成的合眾國。這就是現代共和國（republic）的基本含義。中國建立共和國的歷史不算短暫，已閱百年。但中國要坐實共和國的國家形態，還必須對現行國家形態進行根本矯正。一九一一年的辛亥革命，催生了中華民國，但經由革命建國確立的共和政體，後來實際上走上了貴族共和的道路。無可否認，中華民國、中華人民共和國都實行共和政體，而不是寡頭政體、君主政體。不過這樣的共和政體，是一種類似於羅馬共和時期的那種貴族共和政體，[17]而不是現代的平民共和政體。因為國共兩黨運行的共和制度，依賴於執掌國家權力的政黨組織的高級成員，普通民眾並未獲得執掌國家權力的機會，而呈現出貴族共和的特點。貴族共和與平民共和之間最大的差異，在於前者是由少數群體控制和管理國家，後者是由多數人控制與管理國家。馴服國家的最重要政治前提是平民共和。這是一種普通公民作為國家主人參與國家決策，制約甚至直接參與政府的公共政策制定的政體。平民參與施政，相對於將他們排斥在決策圈以外的做法，可謂還政於民。但更關鍵的是，平民必須直接掌控國家權力。儘管這樣的掌控，可能是經由普遍選舉實現的。但相對於平民無法控制國家而言，便可稱之為還權於民。民權足以制約國家權力，這是人民駕馭國家的首要標誌。一個國家的政權不是向個人或是組織的意志臣服，而是要向人民意志、法律意志臣服，方可稱為可控的國家權力建制，一個法治的國家。

其次，控制國家，必須實現兩個承諾：一是國家總體結構的分流而行，那就是國家、社會與市場的依法分流而行，互不干擾。二是國家權力的分立制衡，也就是立法、行政與司法的分流而行，相互制衡。這樣的國家結構，不是什麼西方的地方知識局限着的特殊性知識，而是人類經千百年艱苦努力方才發現的馭權之道。無論是古典國家還是現代國家，人們夢寐以求的政治目標之一，就是能成功控制國家權力。但在古代歷史上，國家通吃社會與市場，國家權力佔據一切優勢資源，因此掌握國家權力的人完全可以隨意而為。即使是在歐洲那種國家與社會從未完全同構的地區，在整個古代社會中，也沒有完全成功建立起限制權力的穩定機制。只有在國家、社會與市場分化的結構變化中，在國家權力不再成功維持在建立規則、實行規則與裁決規則的三權合一狀態下，控制國家的千古努力才露出了成功的曙光。在中國，秦朝就成功地建立了龐大且穩定的官僚機制，但在法治和責任制政府的進一步建構，千年徘徊，未曾突破。[18] 結果，中國至今還沒有成功分離國家、社會與市場的相對獨立空間，也未能成功分離國家的三種權力形式，並將之安頓在相互制衡的法治平台上。中國人致力控制國家的努力，加上綿延長久決心，才有湊效的希望。

再者，控制國家必須要有適宜的國家結構形態，倘若國家結構本身就是一個高度合一、權力一統的結構，那麼控制國家權力的艱難程度，就會遠遠超出人們所可想像的程度。但這並不等於說難於駕馭或控制的國家形態，人們就不必去嘗試，任由它胡作非為、耗費國家生命。眾所周知的是，即使一個國家落定在現代的民族國家平台上，有效建構起了民族國家的規範政體形式——憲政民主機制，也都不意味着就可以一勞永逸，不再力求控制國家。因為，國家權力隨時隨地存在逆向作為的可能，只要人們稍微掉以輕心，國家權力就會反過來吞噬交付權力給它行使的公民的權利。權利與權力之間長期、複雜的博弈，一直伴隨人類發展，因此，必須對國家權力保持警惕，只有在這種政治心境中，控制國家權力才不會失去所需的社會心理動力。

而今，世界上還存在着不太規範的國家形態，這些不規範的國家形態之一，就是我們在這裏討論的政黨國家。政黨國家，形式上寄居在民族國家的軀殼裏，但實質上與民族國家的國家形態相去甚遠。甚至，政黨國家的運作目標之一，就是要消滅民族國家。與此同時，政黨國家很難坐實在憲政民主的政體平台上，相反，它對這樣的政體懷抱一種明顯的拒斥態度。政黨國家總是期望借助政治意志和強控方式，來實現有效領導國家的組織意願和政治目標。人們必須承認，政黨國家結構在中國有其出現的歷史理由。這從中國轉出帝制形態，走向民族國家的特殊處境有關。隨着帝制的終結，中國曾經短暫出現過民族國家，但由於國家建構陷於權力爭奪的泥潭中，參與爭奪的各方缺少關乎「中國」的國家意識，因此讓那些富有理想的國家重建嘗試者徹底絕望，發願將國家帶向一個理想的境地：這樣的國家，有理想、有道德、有紀律、有文化。基於這樣的政治願望，政黨國家足以建構起來的道德化建國思路，向社會彌漫開來。結果，帝制中國一下子轉向了政黨國家。[19]

政黨國家是中國建構民族國家的替代形式，是革命的產物。一旦革命建國的任務完成，政黨國家就會失去其存在的理由。所謂失去存在理由，有兩個意思：一是建構國家的革命政黨本身，必然地轉為執掌國家權力的執政黨。革命建國的革命理想必然會蛻變，支撐國家的、全能黨的理念就不會再有號召力了。二是穩定有序運行的國家機制，必須是一種法治化的機制。革命黨建國所仰賴的那種激情式動員，不再具有社會號召力，也不再具有整合社會秩序的現實能力。因此，政黨國家必須經由革命政治向法治政治的轉軌，重新確立自己治國的方略。否則，它就會遭遇擠出政治權力圈的危險。就此而言，政黨國家確實是一種臨時性的國家形態。但政黨國家轉變成民族國家、政黨集權式國家轉變為分權制衡的國家，實在前景難測。一方面，政黨國家之政黨的轉型是決定性的。另一方面，政黨國家之國家轉型幾乎等於另起爐灶。前者要求，控制國家權力的政黨，必須回到憲法之下活動。後者要求，分權制衡的廣義政府運作機制，必須坐實。不過，這並不等於説國家轉型艱難、控制權力不易，就有了放棄推進國家轉型和控制權力的理由。相反，這倒是激發中國人去實現先祖們所未完成的政治偉業。

將國家放置到憲政民主的平台上，只是實現了控制國家權力的目的，從而具備了保證國家權力在制定公共政策時保着公共性底線的前提，但這還不等於有了保證國家權力運作績效的前景。國家權力的運作績效，是一個需要單獨討論的複雜問題。當然，這是一個在控制國家權力的基礎上，才能有效解決的問題。

從控制國家權力並使其守住政策制定的公共底線，到保證公共政策的制定與執行富有成效，是一個艱難的邁進過程。前者猶如前述。就後者論，制定與實施公共政策，需要行使行政權的政府部門積極作為，也需要社會公眾的積極互動，從而使公私部門有效利用資源，保證各種資源圍繞實行公共政策需要的高效目標得到配置。這裏就出現了一個從民主的政治績效到民主的行政績效轉變的問題。從制度結構上看，民主的政治績效，保證國家基本制度的民主性，進而保證國家運行在長期績效和穩定績效富有保障的憲政民主平台上。民主的行政績效，是在保證國家權力體系分立制衡的基礎上，以行政權力的高效運作，保證政策制定的民主性、政策執行的民主性和績效評估的民主性，從而實現公共產品的有效供給，普遍提升公共服務水準，改善公共福利。如果從政策績效的後果上看，民主績效體現為制定與執行政策的過程中，有效地將民主與效率、私人行政與公共行政、政治與行政、權威與服從、管理與自主等似乎矛盾的因素結合起來，[20] 從而有效提升行政效益，降低行政成本，保證公眾對政策執行後果的滿意度。顯然，民主行政是聚集關乎某項政策有利資源的必須，也是實現政策預期目標的保障條件。民主行政，需要將民主的政治權力與權威要求有力地結合起來。[21] 這就意味着，人們對政治權力中行政權力性質的公共性規定是必須忠誠承諾的，但同時，必須盡力動員或相互介入政策的制定與執行，否則就會導致政策的顯在與潛在相關者對政策的抗拒，降低政策執行的績效。

在政策制定與執行的過程中全程貫穿民主行政的理念，相當困難。但必須貫穿民主行政理念與實際貫穿民主行政理念之間，前者是沒有選擇餘地，更是非如此不可的；後者則是一個施政技藝高低水準的問題，它與馴服國家的狀態、社會自主的能力、市場成熟的水準有密切關係。前者是所有現代國家馴服國家的一個基本要求，後者是一個所有國家都在努力提升水準的複雜事務。

「當代公共行政日趨複雜並且這種複雜狀況將持續下去。公共行政的活動範圍十分廣泛，幾乎無所不包：從垃圾處理到太空探索；從管理十分發達的後工業經濟到維持人民之基本生計；從發展研製最先進的生物製藥技術到挨家挨戶進行人口普查，諸如此類。公共行政之本質涉及處理政治、經濟、社會、倫理、組織、管理、法律、科技等各個領域的關係，包括宏觀的和微觀的。公共行政管理者一方面必須在分權制衡、聯邦主義以及政府關係之間進行平衡與協調，同時也必須在社會和經濟因素等因素之間進行協調。許多國際領域的工作亦是如此。隨着政府愈來愈依賴第三部門達成自己的目標，公共行政之邊界更加模糊不清。」[22]

對這些斷定需要突破美國政體做普適性的理解。就此而言，一個國家的行政權力當局要想保證其制定與執行政策的公共性，就不僅要對權力的劃分和制衡關係謹言慎行，而且需要在具體制定與實施政策時與各方有效互動、積極作為。這對處在政黨國家形態中的中國而言，不啻是嘗試「把權力關進制度籠子裏」[23]之外，更為艱難的工作。「把權力關進制度籠子裏」，是一項關乎國家諸權力形態的政治制度建設；促使制定與執行政策的各方有效互動和積極有為，是一項超越專斷施政習性基礎上的民主施政。只有這兩者都坐實的時候，才會見到超越革命的群眾運動式施政狀態、富有現代民主行政特質的希望之光。

四、政策分析的國家視角

面對政策制定與執行，可以從不同視角加以審視和評價。政策決策、政策構成、政策分析、政策過程、政策績效等方面，構成這類審視與評價的不同方面。僅就政策分析的特定角度而言，它更關注政策得以出台的前因後果、政策本身力求解決的問題和實現的目標等問題。政策分析，不能以一個單一的政策作為分析對象，也不能以一個政策的歷史延續作為分析的主題，更不能以籠統的國家政策模式作為分析的重點。原因很簡單：從來都沒有絕無聯繫的單一政策存在，政策總是具有相關性的。但基於相關性進行的政策分析，不等於只突顯政策的歷史繼承關係，更不等於將具有具體針對性的政策模糊化為籠統的國家政策來處理。政策分析需要建立在某一具體政策的基點上，但需要擴展分析視野，將政策自身的前因後果、在國家政策體系中的地位與作用、與前此相關政策的關聯性突顯出來。

政策分析必須確立國家視角。政策分析的國家視角，不是一個國家主義的視角，而是一個在國家結構與權力安排的角度，以說明它與相關政策出台的緊密關係。這就需要在現代政治理論確定的限制國家權力、有效馴服國家的視野中，對國家權力和政策關聯進行勾勒。誠如前述，國家權力受到有效規範，使之臣服於人民主權、受限於憲政體制，才能將政策的制定與執行真正坐實在公共平台上，保證「公共政策」的特質。這是一種反國家主義的進路。在相關的中國政策分析中，長期流行一種國家主義的視角。這就是人們所熟知基於國家能力的政策分析。國家能力（capacity of state），是屬於國家建設（state building）這一宏大話題的組成部分。恰如論者所強調，「一國的現代化過程，本身就是一個需要動員全社會的人力資源、物力資源過程，也是一個不斷強化國家能力的過程。為了順應現代化的要求，動員各種社會資源，團結各種社會力量，建立穩定的經濟社會秩序，形成全體國民對現代化的共識，維持整個民族團結和國家統一，都迫切需要一個更具權威和強有力的中央政府，不斷提高國家財政能力，加速本國的現代化進程。國家（其代表為中央政府）是經濟發展、政治變革、社會轉型和國際關係的主要指導者和驅動者。提高國家能力，就是提高中央政府控制宏觀經濟的能力，推進改革與開放的能力，以及加速工業化與現代化的能力。」[24]

這是一種推崇國家主義的政策分析視角。這樣的主張，明確推高人們對國家權力，尤其是中央權力的期待，從而顯露毋需掩飾的集權取向。這樣的主張，當然是針對中國一九八〇年代基於央地分權、政企分權、國家社會分流提出的，雖然不能完全斷定這一主張是反對分權式改革，但起碼對分權式改革的效果是持懷疑態甚至是拒斥的態度。從現代政治理論上説看，論者斷定國家，尤其是中央政府身為綜合性發展的主要指導者和推動者，本身就不太符合國家、社會與市場三元分流、相互支撐式發展的歷史事實。更為重要的是，論者將國家政策聚焦於國家權力，尤其是中央政府對經濟的控制能力，對極為複雜的國家政策的草率簡化。如果進一步將論者明確主張的中央政府控制經濟局勢的能力，主要是其財政能力，也就是財政政策的制定與實施作為論道國家能力的唯一主題的話，那更是將國家權力的綜合功能，尤其是穩定國家基本結構的能力，不當地偷換為財政攫取能力了。這是一種典型的攫取性體制（extractive institutions）的主張。[25] 訴諸事實，近年中央財政的高度盈餘，與地方財政對財政轉移支付的高度依賴，及普通居民收入遠遠低於國內生產總值（GDP）增長速度的現實，足以説明這種攫取性體制會對國家的財政狀況造成長期的結構性危害。

基於國家財政汲取能力的國家能力伸張，為什麼會導致國家能力的畸形成長，以至於成為一種為攫取性體制鳴鑼開道的主張呢？無可否認，這樣的轉變，中間環節甚多，原因較為複雜。但必須承認的是，基於國家財政汲取能力的宏觀經濟控制體制，僅僅是想解決一九八〇年代後期呈現出來的、中國分權式改革引發的國家財力相對不足的困難。因此，人們便會理解論者為什麼單刀直入，借國家能力伸張攫取性的財政汲取政策。這是以缺乏規範的現代國家結構視角來看待問題。一味強調國家能力，當然也預設了國家主義的國家立場，但這對國家是否就是一種具有長期效果的治國設計呢？先不斷然否定這樣的設問，人們起碼有充分的理由質疑這一主張的長期效果。一般而言，國家主義並不能真正促使國家強大，僅能顯示表達者對國家的政治忠誠。這種主張的學理性含量明顯不足。

可見，只從國家建設的角度看待國家能力，審視國家制定和執行政策得當與否，還是一個沒有觸及政策分析最深層問題的次級設問而已。事實上，國家建構（state construction），即搭建國家的基本結構，是一個遠遠比國家建設重要的問題，這才是一個首級的問題。國家建構着意處理的問題是：一個現代國家，憲法是國家的根本法，是一切部門法的上位法。一國之內，一切組織和個人，都必須在憲法之下活動。[26] 即使是在革命建國時期成為超級政黨的政治組織，在和平時代也必須回歸到憲法之下的位置，處在國家權力的合法約束之下。這樣，國家的立憲民主機制才能建立起來。而立憲民主機制的權力安頓，務必確立國家權力的分立制衡原則，讓國家權力不能具有侵害公民權利的能力。國家法律的基本精神，必須體現為國家、社會與市場的分流結構，體現公民權利與國家權力分庭抗禮的對應性機制。公民對抗國家的能力，是為立憲國家走向立憲的原初動力；國家以法治理公共事務的能力，是為公民服從國家權力安排的權威來源。搭建起這樣的國家基本結構，才足以推動國家進入一個強化能力建設階段，從而有效提升國家的基本品質。

比較而言，國家建構是首要的問題，國家建設（state building）是跟隨性的問題。不首先解決國家建構的問題，絕對不可能先解決國家建設的問題。在法蘭西斯・福山的論述脈絡裏，國家建設似乎可以脫離國家建構，成為國家發展的問題。這是一種忽視國家發展基本的問題，而只顧國家能力建設的顧此失彼之論。

國家構建（state-building）就是在強化現有的國家制度的同時新建一批國家政府制度。……第一，國家構建是當今國際社會最重要的命題之一，因為軟弱無能國家或失敗國家已成為當今世界許多嚴重問題（從貧困、愛滋病、毒品到恐怖主義）的根源。第二，一方面我們對國家構建很熟悉，另一方面我們仍不知曉的對象還很多，特別是對如何把強有力的制度移植到發展中國家來。資源跨國界移動我們知之甚多，但公共制度的有效運作卻需要一定思維方式和很複雜的方法，而這些都無法移植。）[27]

福山把國家構建的基本指標確定為三項：政府能力、治理能力與合法性基礎。這三個指標一般認為是可以分離的。但比較政治研究的最新進展表明，三者是相互牽扯的。只不過福山對之的考察，遵循的是一條技術化的評估進路，而不是規範衡量的方式。[28] 因此，它實際上並沒有將國家形態與國家能力的關係內在化，僅僅是在外部相關性的視角進行了觀察。這就造成它無法揭示國家結構與國家能力內在關係，進而揭示國家建構不同結果的解釋。當年王紹光、胡鞍鋼大力提倡的中國國家能力論，也是一種福山式的論述進路：這種主張只問國家的具體操作能力，不問國家何以具備或不能具備這種能力的深層制度理由和國家結構導因。因此，這樣的論述進路，實在不足以提供關乎國家發展的合理論斷，僅是一種因一時需要的策論話語。

要準確界定政策分析的國家視角是怎樣的「國家」，一個簡單的回答是，準確評估一個國家的政策是否適當並能夠長期保持這種適當性，其國家結構的底盤是民族國家，而民族國家的政體形式是立憲民主政制。強調適當的國家政策必須基於民族國家的國家結構，確立一個國家制定政策的基準是民族國家的利益訴求。因此，一個國家要不能在傷害自身民族利益的基點上確立其政策導向。這不是說一個國家制定與實施政策的時候僅僅只考慮自己民族的利益，而全然不顧其他民族國家的利益。在一個全球化時代，這本身就會傷害一個民族國家的利益。在國家制定與實施政策的時候慮及民族利益，是指相關政策是以民族整體利益為重，而不以民族中的特權集團訴求來決定政策。國家制定與實施的所有公共政策，都應當放置到民族所有成員的共同利益平台加以衡量，而不能以少數決策者即精英集團的利益作為政策抉擇的根據。基於此，央地關係必須是平等的，既不能太過重視地方政府的利益，當然也不能以中央政府的權威為唯一導向。一項引發央地利益權重失衡的政策，不可能是一項好的政策。因此，關乎國家政策公共性所做出的任何考量，都需要避免兩個情況，一是避免「政策不出中南海」，即中央權力的虛化；二是避免地方財政空心化，即地方政府權力的喪失。對國家、社會與市場的平衡性考量，亦須作如是觀。公共政策的制定與執行，典型地呈現為一種「致廣大而盡精微，極高明而道中庸」的高超治國技藝。

政策分析的國家視角，促使人們確立比較政策分析的思路。這是政策分析者足以離析出公共政策是否一種適當的國家形態根據的要求。一方面，需要建立一個發達國家與中國國家政策比較分析的視角。這是要確立中國的政策制定與實行的模式，有沒有上升到規範化狀態的必要視角。這不是說西方的月亮比中國的圓，而是要追究中國的政策是不是還需要一個相對理想的國家座標。這是一個不羨慕別人而提升自己的有益觀察。相對理想的公共政策國家座標，自然可以是理論性的。但純粹理論性的公共政策國家座標，不足以從經驗層面說明問題，尤其是涉及到國家形態價值偏好的時候，更無法達成多元公眾的政策一致性共識。因此，確立經驗層面的、關乎公共政策的理想國家座標，旨在說明國家間制定與施行適當的公共政策所可以依賴的國家形態。比較公共政策，其宗旨既不是要發展中國家自慚形穢，也不是要展示發達國家的傲人成績。比較的宗旨，在於改進各自制定與實施公共政策的方式，尋找更為恰當地制定與實施公共政策的進路。[29]

另一方面，也需要確立一個理性的比較意識，尤其是對發展中國家來說，確立理性的公共政策比較研究意識，就是要確立自己學習型的公共政策制定與實施機制。毫無疑問，先發國家沒有理由斷定自己制定與實施公共政策的國家依託和基本模式，就是值得後發國家模仿甚至直接應用的普適模式。但是，後發國家既然處於後發的位置，就必有造成自己國家後發的內外在原因。如果後發國家具備基本的發展理性，就不會將後發的責任諉過於人。所謂求諸人不如求諸己，就是這個意思。因此，建立在國家形態上的比較公共行政研究，對後發國家而言，就是要力求發現更有利於自己國家發展的國家形態與政策制定方略。譬如，當中國人遭遇政黨國家形態妨礙國家深度改革的障礙時，就必須有勇氣尋求一種超越政黨國家形態及更為健全的國家形態，從而為理性的公共政策制定與實施開闢通路。假如諱疾忌醫、劍走偏鋒、諉過於人，認定中國就是優越的，那就必定陷入封閉自欺的可怕境地，不足以尋求民族的偉大復興。

總而言之，駕馭或馴服國家權力，與政策的公共保障是緊密聯繫在一起的。這對當下的中國人而言，意味着有必要促使公眾在關心實際政策收益之外，都要關注國家結構問題。普通公民關心國家結構問題，會不會喪失日常生活的趣味，凌空蹈虛、好高騖遠、不切實際呢？必須承認，這樣的危險確實存在。但反過來看，是不是普通公民全然不關心國家結構問題，僅着眼於當下的個人收益，全然對公共事務、國家問題不聞不問，就能維持寧靜有序？恐怕誰也不敢做出這樣的承諾。在現代大型複雜國家中，國家公域的權力安頓停當了，公民的私人生活領域才能安寧有序。公私領域必要的劃界是重要的，但國家公權對公民私權的有效保護，則是其基本職責。假如國家公權侵害公民私權，完全不履行公權公用的權力契約，那麼公民就必須履行重構國家權力的責任。就此而言，着眼於公民的冷漠現狀而提出的審議民主（deliberative democracy），便成為促使公民參政議政、關心國家事務的一種富有意義的理論。[30] 一個國家的正常政治秩序，需要在權力與權利之間形成一種使之無法疏離的張力，從而達成一種相互界定的平衡與妥協關係。這樣，國家在制定公共政策的時候，就會坐實在保證其公共性的政策制定與實施平台上，不至於以一種尋求特權的權力心態，將公共政策變形走樣為攫取性體制的手段。

讓普通公民關注國家形態，進而保證公共政策的公共性，具有一種理論上的必要性與重要性。但這樣的關注如何成為現實，還是一個值得探究的問題。促使公民實際關注國家問題，並不是一種脱離他們實際生活的苛刻要求。這是因為：從最一般的的生活方式上看，人在日常的衣食住行有了保證的基礎後，一定會有剩餘的精力。這些剩餘的精力，一部分會用於個人的休閒活動，另一部分則會用於關注公共事務。公民剩餘精力的分配，不是由於興趣使然，而是由於其知曉一個基本道理，要試圖保證他們的個人利益不受侵害，就必須高度關注並限制超級政黨和國家部門的權力，使他們不能自我放縱、恣意妄為。一旦喪失了這樣的警惕性，權力的濫用就會一發不可收拾。這是那些長久生活在不同政體下的人們可以體驗的共同政治經驗。因此，不同政體只會有不同程度的參與狀態，但絕對不會引發全民的政治冷漠。政治參與儘管與參與績效相關，但績效低下的參與，並不會完全斷送公民參與。阻礙公民參與的低績效政體，只會造成公民畸形參與，如以偶發的暴亂來表達公民意志，而絕對不會徹底杜絕公民參與。

同時，人們愈來愈明白，權力很容易滑向過度自肥的極端。權力的過度自肥，在方式上是無限擴張權力，借助這種過度擴張的權力，實現以權謀私的自肥目的。過度擴張的權力，當然會拒絕公民監督，成為拒斥公民跟國家互動的封閉性權力。但公民們一旦有政治醒悟，就會更自覺地與國家權力博弈。所謂公民的政治覺悟，指的是公民權利在謀生欲求基本滿足的基礎上，產生的一種關注涉及自身發展的公共問題政治心理。一個國家讓公民處在生存掙扎狀態的時候，公共關注也許被生存壓力所遮蔽。但在生存壓力緩解之後，公民便會開始關注公共事務，以至於國家不得不練習如何與公民有效互動。這是一種讓公民回到國家現場的政治變遷，也是那些曾經強烈排斥公民關心國家權力的政體所不得不適應的必然演變。公民對國家權力的關心，不是一種脫離自己生活的抽象與理念化的關心，而是一種切近自己日常生活的關心和介入。這樣的公共關注，力量十分強大，淵源十分深厚，以至於國家不可能完全熟視無睹，不做反應。

中國作為一個政黨國家，有其成型的歷史理由。但政黨國家並不是常態的國家，它要步入常態軌道，回歸為民族國家，建構起憲政政體，是一種驚天地、泣鬼神的偉大變遷。身處這一變化歷史關節點上的中國公民，就更是無法置身事外、獨善其身，甚至故作逍遙、充耳不聞。也許這是國家結構變遷的捲入機制所註定的。但更為關鍵的是，市場經濟的演進、社會自治的興起，早就發揮了公民動員的重大效作用，促使普通公民意識到，改善崛起中的國家結構，成為中華民族復興的重中之重，他們對國家的關心，已經從政策收益切入到個人命運與國家前景的縱深處。

註釋

1 當然也有一些特殊的例外，國家依照需要將立法、行政與司法職能同時授予某個部門。相關論述，可參見【美】大衛・H・羅森布魯姆等著，張成福等譯校：，《公共行政學：管理、政治和法律的途徑》，〈行政結構與憲政結構〉，北京：中國人民大學出版社，2002，第521頁。

2 參見【美】布賴恩・瓊斯著，李丹陽譯：《再思民主政治中的政策制定：注意力、選擇和公共政策》，北京：北京大學出版社，2010，第194頁及以下。

3 參見【英】艾倫・麥克法蘭主講，管可穠譯：《現代世界的誕生》，〈致中國讀者〉，北京：北京大學出版社，2013，第3–10頁。

4 當下有論者認定，中國在秦朝就已經確立了現代國家結構。因此，中國在一八四〇年之後受到西方列強的侵略壓迫，走上現代道路這一結論並不能成立的。這兩個斷定都有一定的道理：秦國橫掃六合、一統天下，建立了龐大的、統一的國家行政機器，從而為現代國家提供了三根支柱之一（另兩根支柱是法治和責任制政府）。而西方晚在十八世紀才確立起現代國家結構，中國自然不是學習西方才走上現代國家道路的。但這樣的斷論，意義卻是十分有限的。因為馬克斯・韋伯在《新教倫理與資本主義精神》的導言部分中就已經指出，各種關乎現代資本主義興起的要素，在西方之外的國家中都存在，但只有在西方，這些要素才結合在一起，形成了具有革命意義的現代國家總體結構。參見【德】馬克斯・韋伯著，于曉等譯：《新教倫理與資本主義精神》，導論，北京：三聯書店，1987，第1頁及以下。就此而言，無視現代結構，拘泥於論證現代要素究竟是西方還是非西方發現了現代方案，是沒有太大意義的。

5 參見金沖及：《二十世紀中國史綱》，第1卷，第7章〈南京政府的最初幾年〉，尤其是第1節「最初的相對穩定局面」，北京：社會科學文獻出版社，2009，第278頁及以下。

6 有論者指出，「政治上，『文化大革命』嚴重混淆敵我，嚴重踐踏社會主義民主法制，造成冤假錯案堆積如山。……黨和政府的各級機構、各級人民代表大會和政協組織，長期陷於癱瘓和不正常狀態。公安、檢察、司法等專政機關和維護社會秩序的機關都被搞亂了。經濟上，『文化大革命』造成我國國民經濟的巨大損失。一九七七年十二月，據李先念在全國計劃會議上估計，『文革』十年在經濟上僅國民收入就損失人民幣五千億元。這個數位相當於建國三十年全部基本建設投資的80%，超過了建國三十年全國固定資產的總和。『文革』期間，有五年經濟增長不超過4%，其中三年負增長……整個國民經濟幾乎到了崩潰的邊緣。文化上，這場由文化領域肇始的『大革命』，對教科文的摧殘尤其嚴重。無數的中華民族優秀的文化遺產遭受浩劫，一大批學有專長的知識分子受到殘酷迫害。……從一九六六年到一九七六年，十年沒有組織過正式高考，交白卷也可以上大學。一九八二年人口普查統計表明，當年全國文盲半文盲多達二億三千多萬人。」曹普：〈中國改革開放的歷史由來（上）〉，《學習時報》，2008年9月29日，第3版。

7 參見【美】費勒爾・海迪著，劉俊生譯校：《比較公共行政》，第7章〈欠發達國家的行政〉，第4節「共同的行政模式」，北京：中國人民大學出版社，2006，第339–344頁。

8 人民日報評論員：〈靠前指揮〉，《人民日報》，2002年1月29日，第1版。

9 人民日報評論員：〈靠前指揮〉，《人民日報》，2002年1月29日，第1版。

10 有論者指出，「二〇〇三年九月九日至二十一日聯合國人權委員會教育權報告員托馬舍夫斯基，應中國政府的邀請，考察了中國的教育狀況。中國的教育經費只佔國民生產總值的2%，而且政府的教育經費預算只佔實際支出之教育總經費的53%，剩下的47%則要求家長或其他來源去填補。而有限的教育經費，投入的情況是：中國的高等教育、中學、小學三個階段每個學生政府投入的比例是十比二比一，這個十三分之三中，還要除去高中的投入！即使是剩下的這麼一丁點，還要分重點與非重點中小學有區別的投入！那麼，再除去不到位的水分，被挪做他用的部分，還有沒有剩下的？為了爭取到有限的投入，各個中小學的校長都差點磕頭燒香了！這就是義務教育的實際的狀況。令人觸目驚心的實際狀況！義務教育的費用幾乎是百分之九十以上的轉嫁到老百姓的頭上。」見〈假義務教育：收費的義務教育〉，載《騰訊教育》，http://edu.qq.com/a/20060314/000075.htm（瀏覽日期：2014年6月30日）。

11 參見本書第十四章〈舉國體制、超大型項目與國家的均衡治理〉。

12 參見【加】大衛・戴岑豪斯著，劉毅譯：《合法性與正當性：魏瑪時代的施密特、凱爾森與海勒》，北京：商務印書館，2013，第47頁。

13 參見【美】斯科特・戈登著，應奇譯：《控制國家——從古代雅典到今天的憲政史》，〈導論〉，南京：江蘇人民出版社，2005，第1頁及以下。

14 在這個意義上，革命是一個維護人民主權必須借重的方式。在將政府解體與社會解體區分開來的基礎上，政府解體對國家運轉就不是完全無法接受的事情。參見【英】約翰・洛克著，葉啟芳等譯《政府論・下篇——論政府的真正起源、範圍和目的》，第 19 章〈論政府的解體〉，北京：商務印書館，1964，第 134 頁及以下。

15 參見【德】約瑟夫・夏辛等編《法治》所收〈「法治國家」產生效應的條件〉一文，北京：法律出版社，2005，第 76 頁及以下。

16 參見〈習近平多次強調「權為民所賦」有極強現實針對性」〉，http://www.chinanews.com/gn/2011/04-14/2972952.shtml（瀏覽日期：2014 年 7 月 1 日）。

17 羅馬的共和政體，有着貴族共和與平民共和複雜交錯的鬥爭史。到最後，共和制度基本上運行在貴族與平民妥協的制度平台上。但作為政體分析的參照框架，羅馬提供了觀察貴族共和與平民共和的類型區分經驗。參見【英】J・C・斯托巴特著，王三義譯：《偉大屬於羅馬》，第 1 章〈羅馬的起源〉，上海：上海三聯書店，2011，第 43 頁及以下。

18 有論者指出，「中國是創造現代國家的第一個世界文明。但這個國家不受法治限制，也不受負責制機構的限制，中國制度中唯一的責任只是道德上的。沒有法治和負責制的強大國家，無疑是一個專制國家，愈是現代和制度化，它的專制就愈是有效。」【美】法蘭西斯・福山著，毛俊傑譯：《政治秩序的起源：從前人類時代到法國大革命》，桂林：廣西師範大學出版社，2012，第 145 頁。

19 參見本書上卷總論〈從帝制中國、政黨國家到憲制中國：中國現代國家建構的三次轉型〉。

20 關於民主行政的討論，曾經是美國公共行政學界的熱點問題。參見【美】德懷特・沃爾多：「民主行政理論的發展」，載顏昌武等編：《公共行政學百年爭論》，北京：中國人民大學出版社，2010，第 59 頁及以下。

21 德懷特・沃爾多指出，「像所有民主政治理論一樣，民主行政理論的中心問題，就是如何去調和對民主（自由是一個太窄的概念）的渴望與對權威的要求。」顏昌武等編：《公共行政學百年爭論》，第 76 頁。

22 【美】大衛・H・羅森布魯姆等著，張成福等校譯：《公共行政學：管理、政治和法律的途徑》，第 589 頁。

23 二〇一三年，中共總書記習近平在中央紀委講話時強調，必須「把權力關進制度的籠子裏」。http://news.xinhuanet.com/ziliao/2013-04/08/c_115310010.htm（瀏覽日期：2014 年 7 月 2 日）。

24 王紹光等著：《中國國家能力報告》，瀋陽：遼寧人民出版社，1993，第 1 頁。

25 攫取性體制的最大特點是，制定和執行國家政策的精英們致力榨取多數人的利益，為自身所在的少數人利益服務。這正是國家失敗的原因所在。參見 Daron Acemoglu and James A. Robinson: *Why Nations Fail: The Origins of Power, Prosperity, and Poverty*, New York, Crown Business, 2012, pp. 398–399。

26 這一原則，在近兩任中共總書記胡錦濤、習近平紀念一九八二憲法頒佈二十、三十周年紀念大會上的講話，得到共同強調。

27 【美】法蘭西斯・福山著，黃勝強等譯：《國家構建：21 世紀國家治理與世界秩序》，北京：中國社會科學出版社，2007，第 1 頁。

28 參見【美】法蘭西斯・福山著，黃勝強等譯：《國家構建：21 世紀國家治理與世界秩序》，第 1 章〈國家概念正在缺失的範圍〉，第 5 節「制度的供給」，第 23–32 頁。

29 論者指出，「跨越國界更好地理解公共行政，不僅是科學研究的需要，而且人們還可以從中獲得其他益處。世界各國和各個地區的相互依賴程度在不斷地增長，這使得我們對行政管理的理解比過去更具重要性。薩伊、玻利維亞和印尼在組織行政活動中取得的成就不再只是一件知識分子好奇的事情，它對華盛頓、莫斯科和倫敦來說也都具有巨大的現實意義，更不用說馬尼拉、開羅和北京取得的成就了。」【美】菲勒爾・海迪著，劉俊生譯校：《比較公共行政》，第1章〈公共行政的比較研究〉，第2節「比較研究的重要性」，第7–8頁。

30 恰如論者指出的，「審議民主要強調的是公民及其代表需要對其決策之正當性進行證明。無論是公民還是其代表，都希望對方對他們提出的原則和規定進行說明。在一個民主體制中，領袖應該說明其決策的理由，並回應公民對其理由的質疑。……審議民主理論也為很多其他的決策形式（包括利益集團之間的討價還價、由行政部門加以規範的秘密交易）預留了空間，只要這些決策形式在審議過程中能在一定程度上證明自身的正當性即可。因此，審議民主首要的、也是最重要的特徵就是講理的需要(reason-giving requirement)，即陳述理由。」【美】埃米・古特曼等：〈審議民主意味着什麼〉，載談火生編：《審議民主》，南京：江蘇人民出版社，2007，第4頁。

第一章

矯正型國家哲學與中國模式

中國已經成功高速發展三十年。這是一千五百年來，人類邁進現代門檻以來創造的一個驚人奇跡。一方面，中國經濟發展沒有落入經濟周期理論斷言的現代經濟發展必然周期性的繁榮、滯脹、蕭條、危機、復蘇的發展循環。另一方面，中國經濟從一個世界尾數的經濟體迅速崛起為世界第四大經濟實體，走出了人們斷言的崩潰困境，維持了持續三十年的高速發展。再一方面，中國經濟蘊含的發展潛力似乎正在發揮出來，遠遠無法歸入現代規範經濟學理論刻畫的理想類型，中國經濟形態似乎正以它獨特的方式突顯一種新的經濟—社會形式。因此，無論人們對中國發展抱以讚賞或批評的態度，都需要對中國發展的這一結果進行深入分析。也許斷定中國發展形成了具有普適意義的發展模式還為時尚早，但描述、分析獨具特點的中國模式則成為受到鼓勵的學術選擇。

眾所周知，中國的發展是「以國家帶動的發展」，發展最強有力的動力來自於國家，而非來自於市場或社會。國家秉承的發展宗旨，使國家可以動員舉國力量，矯正一切不利於發展的觀念、政策和舉措。因此，拿捏中國模式最有力的就是矯正型國家哲學。理解矯正型國家哲學，就可以理解形成中的中國模式的獨特性。

一、中國發展的解釋困惑

對中國模式的闡釋之所以受到鼓勵，是因為兩個原因：一是中國發展超乎想像的持續性、克服發展難題的舉國性，以及維持發展的共識性。中國發展在所有現成的經濟—社會規範理論中似乎都難以被解釋。二是對中國發展奇跡既有的各種解釋都顯得蒼白乏力。因為這類解釋基本上沿循線性的解釋進路，並且常常是以某種單一的社會要素一貫到底地解釋複雜的中國發展。因此，對於中國發展進行有效的理論解釋成為面對中國發展的亟需。

就前者看，中國的發展持續了三十年，除一九八〇年代中後期的小幅波動、一九九〇年代初期因為政治原因的挫折、一九九〇年代後期的局部困難之外，中國近三十年的發展可以説沒有遭遇全域的困難。這種發展狀態，是自建立現代經濟—社會模式後匪夷所思的事情：GDP以三十年平均百分之九左右的速度增長，這本身就足以讓人們驚歎。而中國經濟的總量，從三十年前的世界排位中第一百二十名上升到第四位，僅次於美國、日本和德國。經濟發展模式能夠從粗放性經濟轉變為科學發展模式，也在國家政策的自覺調整中啟動，使得經濟的可持續發展成為經濟戰略佈局的重點，這種自覺轉變，同樣成為經濟高速發展時期國家維持發展的政策供給的典範。這並不是説中國經濟沒有自身的問題。諸如單純追求GDP導致的資源浪費與環境污染，已經導致中國承受着資源—環境壓力；粗放型經濟使發展導致的社會問題日益嚴重，區域、城鄉和階層之間的分化催生了不可小覷的現代病；以國家帶動發展造成了經濟急速的增長，但民眾享受經濟發展成果並不如預期；與經濟發展脱節的、滯後的政治發展導致了結構性畸形，使經濟發展必須的產權問題難以解決，更使經濟社會發展最深層的社會力量難以釋放，因此內在地限制了經濟社會的持續發展前景。但是這些問題，通常都被視為「發展過程中出現，因而在發展中可以解決的問題」，在三十年的經濟社會轉軌中，這些問題要麼只得到局部解決，要麼已經被人們，尤其是決策者所意識到需要解決，因此至今並沒有為經濟社會發展帶來無法克服的障礙。中國的發展奇跡，[1] 就此成為近三十年世界歷史的一個重要現象。

中國的發展奇跡是一個事實，但人們需要對之加以有效解釋的理論說明。解釋恰恰是滯後的。這類解釋之所以說是滯後的，是因為解釋總是在事實後面跟進性地進行着，這就註定了解釋無法滿足人們同步理解中國發展奇跡的需要。同時，這類解釋的滯後，亦因為它們總是來自基於專業分工的現代社會科學，因此解釋總是局部的，缺乏針對發展奇跡整體狀態的整體概念。因此也無法滿足人們全面了解中國發展的心理需求。然而，這些解釋是有效的，因為在這些解釋中，人們獲得了理解中國發展奇跡的資訊，如果將這些解釋資訊加以整合，給出一個帶有哲學意味的總體解釋框架，也許中國發展奇跡的解釋理論就得以建立。

對中國發展進行解釋的理論進路大致沿循從社會學到經濟學、再到政治學的進路展開。人文學科當然也試圖建立中國發展奇跡的解釋理論，但總的說來不如社會科學諸學科的解釋那麼具有說服力。分別從這三者的解釋着力點來看，社會學是最早試圖描述和解釋中國發展的學科。一方面，這與中國社會學重建幾乎與中國當代發展同步有關。像費孝通等社會學家在中國改革開放初期，就關注中國發展模式問題。他保持了社會學對於當下社會變遷的敏感。早期他注意到中國鄉土社會的結構性特徵，撰寫了至今對解釋中國鄉土社會仍然有效的《鄉土中國》，因此，在中國發展導致社會結構發生變化之際，他就敏銳地指出了「小城鎮，大問題」，對於城鎮化轉軌的中國發展一針見血地點到關鍵之處。另一方面，中國社會學之所以能夠對中國發展進行及時有效的解釋，與社會學這一在西方語境中專門研究現代社會變遷的學科性格有關。觀察、參與和建構是社會學的基本理論元素。在中國發展導致社會變化的同一時刻，社會學家們就以學術共同體的形式動員起來，觀察、描述、解釋中國發展將會導致的結果。[2] 但社會學家終究未能夠解釋中國發展，一方面是因為中國社會學受到費孝通那樣的結構功能學派的影響太深，以至於對社會理論缺乏興趣，因而拒絕建構解釋現代社會的總體理論；另一方面則是因為社會學家太過關注具體的社會問題，影響到他們對中國社會結構性變遷的説明。諸如社會分層、社會組織、家庭變化、城市化進程這類問題，已經將社會學的優勢理論資源耗費掉。

因應中國從經濟領域開始的發展進程，來自經濟學界的讚譽性解釋與批判性説辭最引人矚目。在關於中國發展的不同學科解釋中，經濟學界的解釋至今是最成功的，因為這類解釋建立了自己的解釋模式和共同的解釋話語。由於中國的經濟發展在經濟形態上經歷了從計劃經濟到市場經濟的轉變，因此，在轉軌經濟學名義下討論中國發展模式的文獻，就成為經濟學致力解釋中國模式的基本進路。錢穎一是美籍華人經濟學家中對中國發展進行解釋的始創者之一。他提出的「有中國特色的維護市場的經濟聯邦制」至今還是最成功的解釋理論。[3] 對中國的發展來説，經濟學家所建立的分權—漸進解釋模式，曾經吸引了不同學科的解釋目光。錢穎一的解釋着眼於引入國內成為中國經濟學解採取制度主義的基本解釋進路，解釋中國發展的趨同性選擇。但經濟學家的解釋大多僅僅停留在經濟制度層次，要不他們拒絕處理經濟制度與政治制度之間的關係，要不乾脆認為經濟發展與政治制度無關。因此，一些經濟學家對中國發展的解釋大大出乎人們的意料，譬如中國的發展是因為中國具有全世界最好的制度，中國的發展仍然勢不可擋。[4] 對於中國發展的經濟學解釋中，楊小凱幾乎是唯一關注憲政制度的建構對中國持續發展具有的關鍵影響的經濟學家。他強調經濟發展與憲政制度的關係，指出中國的經濟發展如果缺乏憲政支持，將出現後繼乏力的局面。楊小凱與林毅夫關於中國發展究竟是處於「後發劣勢」還是「後發優勢」的爭執，可以說切中了中國發展的根本問題。可惜楊小凱英年早逝，未能夠將這一解釋延伸。而這也就預示着經濟學家對於中國發展奇跡解釋的死胡同。

面對中國發展奇跡，政治學家後發先至地出現在解釋舞台上。這種後發先至的解釋地位，並不是政治學家所爭取的，而是中國發展的政治動力作為最強勁的動力，使政治變遷成為解釋中國發展最重要的因素。中國的發展作為帶動國家的發展，國家力量的構成成為人們從政治學視角解釋中國發展的核心視角。這樣的視角包含兩個視點：一是國家主義的視點，一是國家重建的視點。從前者看，人們習慣將中國發展解釋成國家及國家領袖決斷的結果。為人們熟知的解釋就是鄧小平作為「改革開放總設計師」的解釋模式。在這樣的解釋進路中，如果不是執政黨領袖的英明決策、不是國家主動放權讓利、不是國家一致採取的擴大基本建設投資帶動的經濟增長，我們就很難設想中國的發展。近年中國興盛的國家主義思潮，與這樣的解釋進路不無關係。就後者論，即就中國發展試圖可持續的國家基礎論，國家重建的主張在近年也異軍突起。所謂的經濟自由主義發揮了所謂推動中國經濟發展的主流作用輔助斷言，政治自由主義的興起開始將國家重建的理論帶到人們的面前。權利哲學、憲政論述、法治安排與民主取向，構成這類論說闡釋中國持續發展，並形成中國發展模式的基礎性斷論。但是，政治學家顯然從來沒有獲得過社會學家和經濟學家那樣的言說空間，因此還無法在左左右右的現代政治理論中從容決斷，並選取解釋中國發展的共識性進路。政治學家對於中國發展解釋自身的共識較低，獲得的社會認可程度就更是低下。不過在政治哲學興起的過程中，對中國模式解釋之不同於社會學家和經濟學家的進路逐漸展現在人們面前。這就是一種從中國發展的深層政治哲學視角解釋發展結果的進路。所謂中國模式或弱勢意義上講的「北京共識」就此獲得了出台的理由。[5]

二、為發展而矯正

中國發展的方向，就是要推進中國進入現代國家的行列。而現代國家在某種意義上，必須從它秉行的國家哲學或國家意識形態的角度看才能加以認知。不同於傳統國家形態，現代國家的國家意識形態是一個國家是否能夠為國家提供持續發展的精神動力、國家整合的基本制度和秩序供給的基本方式的決定性因素。傳統國家不需要這麼強而有力的國家哲學，因為傳統國家的帝國形態主要是基於道義的力量，而不是基於政治的力量，因此它沒有必要建立與國家相適應的哲學體系；或者說，傳統國家是軍事征服的產物，因此它也沒有必要建立長期維持國家的統治哲學。前者如古代中國，後者如土耳其奧斯曼帝國。只是現代國家的民族—國家結構，既需要在其自然結構上論證民族、疆域和認同等方面的內在一致性與外在排斥性，又需要在國家層面論證長期維持國家認同的正當性與合法性。因此，像英國、美國、法國、德國這些早期興起的民族異軍突起國家，在建國之前或初期，就建立了體系化的國家哲學，將國家形態正當化與合法化，從而提供國家處理內政外交的貫通性和一致性理論。後來興起的一些國家如俄羅斯，也自覺地將國家建立在某種完備的意識形態體系之上，成為與西方國家不同的國家形態。區分這些現代國家哲學類型和由此建構的國家基本制度模式，從國家哲學的視角看，現代國家大致可以劃分為自由民主的憲政國家、非自由民主的集權國家與專制極權國家；從國家基本制度的設計上說，現代國家可以區分為社會主義國家、資本主義國家等。[6] 在某種意義上，現代主要國家都是可以由某種意識形態以辨認的國家。

中國的現代國家建構，無疑是受制於西方國家的既成意識形態的產物。一九七八年以前，中國現代國家的建構可以區分三個歷史階段：一個階段是晚清建構現代國家的萌動時期，一個是自覺建立現代國家的民國時期，再一個就是致力國家興盛的人民共和國時期。晚清是中國從傳統的帝國形態轉變為現代民族國家形態的開端，但晚清中國人對現代國家的國家哲學顯然是不明究竟的。除了亟欲振興國家的願望之外，國家究竟應當如何展開變法，無論是統治者還是學者，都沒有胸有成竹的把握，[7] 因此沒有辦法以現代國家哲學或意識形態作為國家轉型的總體動力。民國的創制者明確知道國家建構的總體設計必要性與重要性。孫中山的《建國方略》中以黨建國和以黨治國的黨化國家理念有系統地陳述，[8] 這種來自於列寧主義的國家哲學或意識形態自此主導了中國現代國家建構。推翻了國民黨而登上中國政治舞台中心的中國共產黨，也是典型的列寧主義國家。非憲政的一黨獨大，秉行馬克思列寧主義和毛澤東思想的政黨─國家意識形態，以決不妥協的社會主義制度突顯國家的剛性特徵。無疑，這一國家哲學在中國建立現代國家自然結構方面發揮的不可替代的作用需要受到高度肯定，但當這一國家哲學推動一個政黨建立其國家結構之後，卻無法在同樣剛性的計劃經濟基礎上長期推進國家的經濟發展。由鬥爭性十分鮮明的社會主義意識形態主導的中國，一直以群眾運動的方式進行經濟建設。政治動員成為國家動員的單一方式。因此，像文革那樣浩大的政治鬥爭無可避免地對國家力量造成根本傷害。一九七〇年代後期，中國陷入國民經濟崩潰的邊沿，就說明了剛性的社會主義意識形態國家實在逃不掉內源耗竭式國家的厄運。[9]

前述的就是中國進行改革開放，推動國家發展的歷史基礎。當一九七八年中國共產黨試圖重新啟動國家新議論發展的歷史巨碾輪時，它不得不面對這一國家建構的歷史遺產。由於鄧小平那一批政治家深深感覺到剛性的馬克思列寧主義、毛澤東思想已經不足以整合國家力量，而且如果任由國家在「無產階級專政下繼續革命的理論」主導下運行，國家就會從國民經濟崩潰的邊沿進一步滑向實際崩潰的陷阱。因此，改弦更張是必須的。這個時候，一九七八年就具有了遠遠比一次中共十一屆三中全會複雜得多的重要含義：對於中共自身而言，如果不校正毛澤東時代，拒絕現代發展，一心從事階級鬥爭的大政方針，它的統治地位就岌岌可危，這就是鄧小平所謂的改革關係到黨的前途和命運的大事的含義。[10] 另一方面，對國家而言，如果不尋求經濟發展，它既無法有效供應最低限度的物質生活給普通公民，也無法維持國家自身所需要的物質基礎，國家也就處於生死存亡的考驗之中。鄧小平、陳雲、胡耀邦等領導人意識到，改變毛澤東的「以階級鬥爭為綱」的國家哲學、改變毛澤東繼任者提出的「兩個凡是」刻不容緩。剛性的馬克思主義意識形態和硬化的社會主義制度就此走上了自我修正的軌道。[11] 這一修正恰好處於國家發展的轉捩點——不發展意味着崩潰，發展意味着振興國家。就此，發展具有了判斷政黨與國家採取的政治舉措和政策措施是不是適當的唯一標準。只要是為了發展，一切有礙發展的意識形態教條、基本制度安排和秩序供給方式都必須校正。而這種校正為官方不同的政治勢力妥協性地接受，亦由民間不同利益群體擁護。一九八〇年代中國上上下下達成改革開放的舉國共識。

矯正型國家哲學就是在這種校正國家發展方向的過程中逐漸出現並成型的。所謂矯正型國家哲學，是以校正國家發展方向、推動國家發展為唯一取向的國家哲學形態。這種國家哲學或意識形態，並不是具有確定含義的意識形態，它對現代主流意識形態的任意體系不採取堅持到底的態度，相反，只要有利於發展，它就是可以接受的國家哲學要素；同時，這種國家哲學對於任何現代基本制度安排並不採取絕對對峙的態度，只要是有利於推進所謂的生產力，它就採用；再者，這一國家哲學對於現代發揮發展經驗高度關注，不論是來自什麼國家意識形態或基本制度的發展經驗教訓，它都汲取。因此，矯正型國家哲學以三個超越作為自己的特質。

首先，矯正型國家哲學超越了現代社會完全模式化了的意識形態。在改革開放以前的中國運行在極左意識形態的國家哲學基礎上，「無產階級專政下的繼續革命理論」成為國家採取一切政策舉措的唯一標準。因此，中國徘徊在戰爭泥潭之中而不能自拔。國家統治就是戰爭思維的延伸。國家統治的政治話語總是充滿「打一場人民戰爭」的語句。國家在剛性的意識形態、制度安排與秩序供給方式上高度統一起來。這種剛性的國家哲學給人一種政治快感，因此具有今天眾人難以想像的國家認同效用。因為它的乾淨俐落及毫不妥協，使民眾能夠簡單明瞭國家究竟試圖達到什麼目標，不需要民眾訴諸理性進行個人的政治判斷——政治價值和政治判斷、政治進路和政治舉措，都由國家最高領導人制定。人們僅僅需要在明確無比的政治從眾行動中表達「亂了敵人，團結了群眾」的政治就行了。這是一種讓人放心的、明快的政治風格，因為不需要人們在複雜的日常生活中進行理性分析、做出自由決斷。理性分析和自由決斷是常人不願意承擔的負擔。這是改革開放前中國政治生活的基本狀況。

改革開放興起之後，國家的政治風格發生了巨大的變化。由於經濟發展成為國家首要的政治任務，因此此前由革命政治話語支配一切的現象發生了變化。一方面，「無產階級專政下繼續革命的理論」與「文化大革命」同時終結。前者作為革命政治的理論形態，結束了它的理論使命；後者作為革命政治的社會運動，結束了它實際的影響。另一方面，國家致力尋求引導經濟發展的新型政治話語，改革開放取代了群眾運動，成為新的社會象徵：改革開放既是政治話語，又是社會動員方式。經濟發展與政治革命之間的距離由此愈拉愈大。鄧小平號召的「解放思想，實事求是，團結一致向前看」[12]成為新的政治動員律令。解放思想，就是要從毛澤東晚年致力闡釋的「無產階級專政下繼續革命的理論」禁錮中走出來；實事求是，終結毛澤東時代以犧牲經濟發展而空喊政治口號的國家統治模式；團結一致向前看，就是要重新整合中共的黨派力量，維持政黨對國家的領導權。以這種新的政治動員為核心，將自己領導國家的核心事務從政治虛狂轉變為經濟建設。這就是鄧小平強調的「不管你搞什麼，一定要有利於發展生產力。發展生產力要講究經濟效果。只有在發展生產力的基礎上才能隨之逐步增加人民的收入。我們在這一方面吃的虧大了，特別是文化大革命這十年。要研究一下，為什麼好多非洲國家搞社會主義愈搞愈窮。不能因為有社會主義的名字就光榮，就好。」[13]鄧的這番話，既顯示出中國從政治中心轉變到經濟中心的重大變化，也表明了中共超越革命話語的矛盾性——社會主義必須堅持，但社會主義必須改革。換言之，傳統意識形態底線立場不能改變，但這一意識形態的功能必須重新組合。這就是中共一方面試圖超越文革思維，另一方面卻無法跳出政治教條尋求國家發展的悖論現象出現的原因。以發展為唯一目的，便必須擺脫毛澤東意識形態的約束，但脫離毛澤東意識形態的庇護，卻又無法對自己統治國家的正當性進行合法辯護。因此，中共進行經濟建設的時候，不能不注重經濟發展的右派的選擇，同時不得不分散精力對付左派的傳統思維，並在左右派之間尋求政治平衡。執政黨和國家的主要領導人一再強調，既要反左，又要反右，在左右都反的前提下才能進行社會主義現代化建設。[14] 左右都反，意味着國家發展可以偏左，但不能極左，這就是鄧小平所謂中國改革開放「只能靠社會主義」[15] 這樣的斷言能夠提出的理由；同時，反右，則是關係到執政黨及其國家生死存亡的大事，因此不能疏忽，這就是鄧小平強調的「搞資本主義，四個現代化肯定實現不了」[16] 的依據。左右都反應用於國家哲學，實際上在提示人們中國發展中的「左」「右」搖擺乃是一個正常的現象。不左右搖擺，反而不能理解中國在左右之間走現代發展鋼絲的精巧性和微妙性了。但在這三十多年的發展歷程看，左右對於中國發展並不產生實質性的持續影響。因為從左的角度看，社會主義被「中國特色」限定，註定了它左不到哪裏去；反過來看右面，由於它被社會主義所限定，所以也無法右到哪裏去。左右的相互限定，讓出了發展的空間。在某種意義上將中國追求發展的唯一正當性，宣告了傳統的、自足的意識形態，諸如社會主義—資本主義、自由主義—保守主義—激進主義這類論說的非自足性。在中國發展的意識形態需要中，傳統意識形態在相互限定中既喪失了它最初的基本規定性，也獲得了相互限定中具有的嶄新含義。有一點人們不會懷疑，只要能推動國家發展，不管是左的意識形態還是右的意識形態，都喪失了它的政治正當性。如此，我們就可以理解為什麼中共不斷變換發展意識形態的說辭，從中國特色社會主義到「普世價值」、「核心價值」的政治辭藻的變化，人們似乎覺得中共意識形態在發生某種人們期待的轉變，其實，這些政治辭藻的變化，圍繞的發展中心從來沒有改變。換言之，只要是為了發展，或者為了可以在發展中獲得政治辯護的理由，意識形態的說辭是怎麼樣的都無所謂。意識形態的矯正型說辭，由此獲得了充分的政治靈活性。就此而言，即使是非常堅持某種意識形態的說辭，也就可以理解為闡述者為了維持發展局面而做出的策略性舉措。所謂穩定是壓倒一切的任務，在穩定不能犧牲發展的視角看，就恰好證明這一點。[17]

其次，矯正型國家哲學在現代基本制度之間擇善而從，因此不讓發展拘泥於既有的基本制度框架。從政治話語上看，改革開放前中共的政治話語是非常僵化的。在自我期許的正宗馬克思主義教條面前，一切都是必須批判和超越的，屬於封建主義、資本主義和修正主義的範疇，都必須被中國式的農業社會主義意識形態所克服。改革開放之後，在一般處置現代文明成就的說辭上，我們對於「人類文明成果」這類說法可以說爛熟於心。所謂借鑒現代人類的物質文明、精神文明、政治文明、生態文明的名義逐漸推進的「拿來主義」成為改革開放的一大景觀。正是因為如此，不同文明形態間的相互指責與批判，演變為積極的借取和拿來心態。這正是開放一詞所突顯的中國發展特質。恰如鄧小平指出，「中國要謀求發展，擺脱貧困和落後，就必須開放。開放不僅是發展國際間交流，而且要吸收國際的經驗」。[18] 圍繞發展，國際社會謀求發展的經驗與教訓，都進入了中國人的視野。中國不再維持那種封閉自己的國家基本政策。另一方面，在具體的制度安排上，從經濟體制上講，一開啟改革開放的大門，中國領導人就對現代似乎對峙的兩種經濟體制進行了政治綜合，強調中國社會主義與蘇聯社會主義模式的區別，指出「説市場經濟只存在於資本主義社會，只有資本主義的市場經濟，這肯定是不正確的。社會主義為什麼不可以搞市場經濟，這個不能説是資本主義。我們是計劃經濟為主，也結合市場經濟，但這只是社會主義的市場經濟。雖然方法上基本上和資本主義社會的相似，但也有不同」。[19] 隨着改革開放，改革開放初期對資本主義政治文明態度的剛性對待也跟着緩和。國家領導人認為，政治體制改革既要從國情出發來設計，又要借鑒人類政治文明的先進成果。一方面認定民主的含義比較模糊，另一方面強調「一般講政治體制改革都講民主化」。[20] 這些説法在推動中國改革，矯正改革前中國僵化的政治體制弊端上發揮了積極的作用。至於後起的領導者進一步借鑒西方現代文明的生態文明理念，就更是在情理之中。總之，只要能夠維持發展，矯正既成制度就是必要和可能的。

再次，矯正型國家哲學的矯正標準是，是否有利於發展。在中國近三十年的發展中，發展目標具有絕對至上性：從 GDP 總量的兩倍上升到人均 GDP 的兩倍上升，顯反映出這種發展與增長之間的明確關聯。在中國共產黨的政治領導人譜系中，所謂第二、三、四代集體領導的發展至上性思維，構成中國發展的決定性因素。以鄧小平為代表的第二代中共領導人圍繞既定的發展目標非常明確，那就是為人們熟知的「三個有利於」，「我們的改革要達到一個什麼目的呢？總的目的是要有利於鞏固社會主義制度，有利於鞏固黨的領導，有利於在黨的領導和社會主義制度下發展生產力。」[21] 這「三個有利於」的宗旨，明顯以發展二字突顯。以江澤民為代表的中共第三代領導人，同樣強調發展的明確中心，除了繼續中述發展的重要性之外，對於發展的豐富內涵也開始重視起來，認為二十一世紀初的二十年是中國發展的機遇期，必須實現既定的發展目標，為此，「發展要有新思路，改革要有新目標，開放要有新局面，各項工作要有新舉措」，[22] 創新因此成為江澤民號召發展的核心命題。[23] 以胡錦濤為代表的中共第四代領導人，對於發展的重視直接從人均生產總值翻倍的目標上可以看出。圍繞這樣的發展目標，胡錦濤認為，「新時期最顯著的成就就是快速發展」，「中國的發展，不僅使中國人民穩定地走上了富裕安康的廣闊道路，而且為世界經濟發展和人類文明進步作出了重大貢獻。」因此，需要建立起科學發展觀，以便可持續發展。「科學發展觀，使立足社會主義初級階段基本國情，總結我國發展實踐，借鑒國外發展經驗，適應新的發展要求提出來的。」[24]可見，為了發展，一切國家意識形態的戒條、一切現代制度的安排方式、一切政府可以採取的控制手段，通通都被納入到矯正的範圍。總而言之，「發展是個硬道理」，相應地，支持發展的其他道理都成為軟道理，反省或重構發展的道理就成為必須拒斥的反道理。

三、國家哲學：文獻與實際的疏離

矯正型國家哲學展現出國家未定狀態的活力。一方面，矯正型國家哲學本身就是未定狀態的。另一方面，認知中國模式，即認知中國改革開放以來的國家運行特質，也只能從一種未定狀態上着手。兩者相加，中國謀求發展所逐漸突顯的中國模式就不是一種輪廓鮮明的模式，即不是一種在現代既有的國家發展框架中得到清晰資訊的發展模式。對此，我們可以從中國發展的國家哲學進行認知。人們通常將中國致力於發展的國家哲學概括為「貓論」和「摸論」，並將之與一九四九年後絕對支配中國的近三十年的國家哲學的兩論——《實踐論》與《矛盾論》加以比較。顯然，後兩論是得到較為精緻的理論提煉的馬克思主義哲學體系。儘管它的哲學精神並沒有真正貫通到「以階級鬥爭為綱」的中國社會主義實踐之中，但是國家哲學的意識形態色彩卻鮮明地體現。馬克思主義的真理性與非馬克思主義的謬誤性是這一國家哲學體系的前置命題。從這一國家哲學的理論闡釋上，人們可以獲得認知中國當時的準確政治資訊，並且將中國歸入馬克思主義經典作家闡述的社會主義意識形態國家的行列。但「不管白貓黑貓，抓住老鼠就是好貓」的貓論，以及「摸着石頭過河」的摸論，一方面在理論性格上並不陷於意識形態的既定教條，因此無法將之簡單劃定在某種意識形態範圍。另一方面它在實踐上可以忽略政治動機，而追求實際經濟效益。這就從封閉的社會主義社會的動機論演變為改革開放的實用主義的效果論。這一變化是顯示當代中國國家哲學特點的一大變化。它體現出改革開放以來國家秉承的哲學原則就是發展至上的實用原則。因此，從「貓論」和「摸論」入手理解改革開放後的矯正型國家哲學是最為直接明瞭的。

國家哲學是一種政治哲學。它供給一個國家基本的政治理念、社會經濟制度架構及政治生活秩序。國家哲學既展現為一套嚴密的理論體系，因此這一理論體系的意識形態結構特徵較為明顯。同時，國家哲學也顯示為一套制度設計思路，它提供整合社會秩序的資源。再次，國家哲學體現為潛移默化的日常秩序，它成為國家範圍內公民對國家與社會認同的保證。由於現代國家是建立在將國家正當化基礎上的巨型政治組織，因此，現代國家建立初期，都無可避免地帶有明顯的意識形態色彩：早期的國家，在經濟社會體制上被命名為資本主義國家，在意識形態上被認定為自由主義國家，在政治體制上被稱為憲政民主國家，就是這種意識形態認知定勢下的必然結果。後來試圖超越這類「舊國家」而建立起社會主義「新國家」的努力，也相應地在經濟社會體制上被確認為社會主義國家，在意識形態上以馬克思主義為國家指導思想，在政治體制上被樹立為人民政權。它們的意識形態色彩如此強烈，以至於可以它們各自的意識形態聲稱來辨認國家的類型歸屬問題。在西方國家的發展過程中，兩種現代社會政治體制的基本類型愈來愈相同，令如社會民主主義這種類型的國家，很難歸入傳統意義上的社會主義或資本主義國家範疇。即使像美國這樣典型的資本主義國家，也由於推行「人民資本主義」，而無法從傳統意識形態的角度將之簡單歸入資本主義行列。這個時候，以意識形態直接作為國家哲學，不再是現代國家的決定性問題。因此，「意識形態的終結」在上個世紀五十年代就由西方國家隊學者們唱響。[25] 但是，國家需要某種弱勢的意識形態作為整合民族成員的精神世界、政治動員以及秩序建構的手段，則是沒有疑問的事情。因此即使那些宣稱意識形態終結的人們，其主要理由之一恰恰是意識形態愈來愈具有相容性的特點。如此看來，告別剛性、強勢的意識形態的國家，勢必走進一種弱勢的、軟性的意識形態境地，從而為國家的一致行動，為國家認同提供觀念基礎。

在中華民國階段和中華人民共和國建的前三十年，中國幾乎行走在剛性意識形態的鋼纜上。但國家發展並不如意識形態的宣導者那樣，按照這種預期的意識形態建設國家，國家就強盛，人民就富裕。相反，數十年的社會政治實踐下來，國民黨因此斷送了江山，共產黨也似乎意識到統治國家的危機。因此，如何免於剛性意識形態對於國家的剛性約束，就成為改革開放以來中國共產黨處理的首要難題。猶如前述，「改革開放的總設計師」鄧小平一直小心翼翼地處理社會主義與市場經濟之間的微妙關係，這成為中共推動中國發展，並日益突顯的中國特色。三十年的改革實踐表明，正是這樣的策略性取捨，給中國發展騰出了寶貴的社會政治空間。

但分析起來，能夠讓改革開放的中國不受現代剛性意識形態的羈絆，使國家哲學的文獻表達與實踐抉擇之間具有可接受的政治距離，與兩次關乎意識形態層面的中國現代國家哲學的雙重文獻化過程緊密相關，它並不僅僅是改革開放的發展至上性選擇的結果：一次是一九四九年政局變遷及其對西方現代國家哲學的文獻化處理；另一次是一九七八年執政黨對於政黨自身基本理念的文獻化處理。正是這兩次對現代剛性意識形態的文獻化處理，使改革開放之後的中共能夠免於意識形態的嚴格政治約束。

中國共產黨對於憲政的文獻化處理，與其對於自身意識形態的文獻化處理，構成兩個相互聯繫的國家統治理念建構介面。前者將作為典範的現代西方國家哲學束之高閣，後者將自身曾經奉為圭臬的教條作為發展的對象，因此使國家哲學適應疾速變化形勢需要的可能性大大強化。改革開放以來，中國社會變遷的速度之快、範圍之廣、程度之深，為一千五百年以來的世界現代史所見。就此而言，將剛性的意識形態文獻化的兩次處理具有同樣重要的意義。就前一次將西方主流現代意識形態文獻化處理來看，最主要的舉措不是後來興起的一次對西方主流意識形態的大批判運動，而是一九五四年憲法的制定。這部憲法對中國此後發展的憲政效用不大，但將西方主流意識形態文獻化的功用及規約此後中國憲法的制家的作用則非常明顯。在某種意義上說，它近三十年政治功能為改革開放的中國奠定了非意識形態化的基礎。因為這部憲法的序言與正文之間的疏離甚至對峙關係，使中國根本不可能走上憲法規定的權利政治之路，而只能行走在權力政治之路上。根據現代憲法的基本精神，憲法是一個國家的母法或根本法律，是一切部門法制定和實施的根據。現代憲法一般具有五大基本原則，一是私有制的原則，二是主權在民的原則，三是三權分立的原則，四是法律主治的原則，五是權利平等與政治自由的原則。[26] 一九五四年憲法，在一定意義上顯示了執掌國家權力不久的執政黨按照憲法執政的意願。這是它那個時候的政治處境所註定的。但這部憲法實際上只能作為一部憲法文獻來觀賞，而不能作為一部治國的基本法律來實施。因為在這部文獻中，憲法的基本原則與憲法的政治準則突兀地並列在一起，註定了它在中國不可能通向憲政的命運：憲法不適宜對國家的指導思想、執掌國家權力的階級集團、執政黨等問題進行明確規定，但這部憲法及後來的憲法文本恰恰極其強硬地規定了國家的指導思想、工人階級—農民階級的政治地位、中國共產黨的執政地位等。這就將國民區分為不平等的群體，將政黨區分為永久執政和從不執政的兩類，將各種意識形態之間具有的博弈關係加以政治定位，從而使憲法具有的中立國家性質演變為意識形態化的國家權力體系。與此同時，對於憲法應當明確規定的內容則等閒視之，諸如私有產權的規定、權力分立制衡原則和法律主治的局面，均不置可否。[27] 前者的明確規定與後者的實際否定，構成中國憲法的一物兩面。這實際上將西方憲法憲政民主的基本理念和制度安排文獻化了。所謂國家哲學的文獻化，就是將國家秉行的基本理念與制度放進文獻了事，並沒有打算實施或實際推進。今天，人們回頭觀察這種對憲法的文獻化處理，也許會感覺到遺憾，認為是中國沒有及時進入民主憲政的重要原因之一，但以中國發展經歷的曲折來看，「塞翁失馬，焉知非福」，這種將西方憲政原則文獻化的處理，恰恰騰出了今天國家哲學的發揮空間。

就最後一次對中共自身意識形態的文獻化處理來看，其戲劇性的效果就更為明顯。在成功地將西方主流意識形態文獻化之後，馬克思主義及其演化形態列寧主義、史太林主義與毛澤東「無產階級專政下繼續革命的理論」曾經絕對制約了中國的國家哲學。在改革開放的初期，如何對待這種意識形態遺產，成為橫亙在中國能否啟動改革開放歷史進程起點上的首要問題。鄧小平以過人的政治智慧將毛澤東的個人錯誤與毛澤東思想之作為中共集體智慧切割開來，從而將毛澤東晚年思想懸置。隨着改革開放，鄧小平不斷以解放思想的名義對某些左傾教條主義理念進行批評，努力推動人們從傳統的馬克思列寧主義、毛澤東思想的教條化心態中解放出來。與改革開放相伴始終的「解放思想」，只能在文獻化馬克思主義國家哲學的背景下才能得到很好的理解。雖然鄧小平及其國家哲學和國家權力的繼承者，不斷在馬克思主義的經典教條與實際的變通選擇之間靈活跳躍，但他們投放更多的努力於提供給改革開放以免除意識形態約束的空間。實在沒有辦法繞開中共傳統意識形態約束的時候，鄧小平就提出了最有利於免除意識形態爭執的法寶——「不爭論」。不爭論不是絕對不進行政治爭執，而是避免將社會主義、資本主義的性質之爭帶進實際推動發展的過程之中，造成對發展的干擾。只要有利於國家發展，那些馬克思主義的經典教條就屬於矯正的對象，對這種矯正，人們應當不進行爭論。至於在思想爭論的範圍內展開的意識形態爭執，則以「學術自由」與「宣傳紀律」將之區別開來。他強調的是，「我們改革開放的成功，不是靠本本，而是靠實踐，靠實事求是。」[28]他進一步申論的「三個有利於」，更加強勢地將發展主題的絕對優先性提了出來，他認為，當人們關注姓社姓資的問題時，常常落到了意識形態的爭執上去，是不是社會主義，主要看它是否有利於發展社會主義生產力、有利於增強社會主義國家的綜合實力、有利於提高人民生活水準，如果答案時肯定的，那就可以認定它是社會主義。[29]後來為江澤民闡述的「三個代表」，[30]也沿循了這樣的精神脈絡。胡錦濤強調的「實踐永無止境，創新永無止境」[31]也體現了同樣的哲學旨趣。就此而言，社會主義是什麼的答案，不是一個在各種社會主義理論中尋找得到的，只能在「中國特色」中逐漸顯現。由此去理解胡錦濤近期強調的「在當代中國，堅持中國特色社會主義道路，就是真正堅持社會主義」，[32]就能更貼近其真義。

兩次對國家哲學基本準則的文獻化處理，一方面使中國的國家哲學有些紊亂，但另一方面也使國家哲學矯正空間急劇加大。正是因為如此，中國改革開放初期開始，幾乎就徹底解除了現代意識形態化的國家受到不同意識形態體系嚴格約束的限制，成為一個意識形態氛圍濃厚卻又不受制於任何一種意識形態體系約束的國家形態。從後果看，這一方面，使改革開放後的中國，無法從任何一種意識形態視角加以明確辨認。另一方面，也為中國的改革開放騰出了國家哲學的結構要素選擇的充分餘地。因此，改革開放以來的中共三代領導人對基本國策的論述總是顯現出一種鼓舞人心的縱橫捭闔之感。不論是鄧小平、江澤民還是胡錦濤，幾乎總是在人類文明成果的基點上看待中國問題，在中國發展將對人類文明進步做出貢獻的視角論道中國改革開放，更在人類進步的大視野中展望中國發展的前景與未來的。這是矯正型國家哲學引導下的中國發展給人的活力所在，也是國家哲學的文獻與實際疏離並不會引發即時的政治焦慮的原因。

四、尋求確定性：中國模式的國家哲學建構

近三十年的中國可以說盡顯活力。在一種免於意識形態剛性約束的不確定性氛圍中，國家取得了令世人矚目的發展成就。但這種不確定性所發揮的支持國家發展的動力，差不多已經耗盡。其一，提供活力的意識形態矯正空間愈來愈狹窄。其二，制度選擇走到了政

體決斷的十字路口。其三，生活的含混性不足以整合國家的日常秩序。從第一個方面來看，關乎中國改革開放政治正當性的爭論，雖然在三代領導人巧妙的周旋中避免了這些爭論干擾改革開放，但爭論本身從來沒有停止。而且，這樣的爭論逐漸觸及問題的核心或實質，因此完全無法迴避。二〇〇四至二〇〇六年所謂清算改革的第三次風潮，幾乎將改革開放完全否定，就是「不爭論」的政治策略性選擇或對中國發展活力的技巧性維護，無法躲開意識形態爭論的直接陳示。而且，缺乏完整性與貫通性的矯正型國家哲學，已經很難繼續整合整個國家範圍內不同的觀念主張，人們對深度改革的期待無可挽回地被分化。這就是人們痛心疾首而又無可奈何地感歎的改革共識喪失的事實。就第二方面分析，中國的改革開放一致迴避中國遭遇的現代政體選擇問題。中國革命並沒有落定在現代穩定的政體平台上，它始終處在革命和繼續革命的動盪之中，這是矯正型國家哲學本身無法解決的問題——因為以靈活的矯正處置革命，本身就文不對題。因為中國沒有成功走出革命氛圍，所以毛澤東只好繼續以革命來應對。與此同時，繼續革命卻又反過來強化戰爭氛圍、運動模式。要想真正營造中國持續發展的社會政治氛圍，就必須有終結崇拜社會政治革命的決斷，走上穩定的民主政體道路。矯正型國家哲學無疑一直以政治體制改革的難度遮蔽政治體制改革的必要。而這種以迴避或僅僅承諾政治體制改革的方式對政治體制改革久拖不決，已經到了非決斷不可的十字路口：要麼堅定地推行政治體制改革，以便為改革提供更為深層的動力；要麼仍然躊躇不前，將政治體制改革問題作為擊鼓傳花的手絹扔來扔去，最終斷送矯正型國家哲學已經取得的成就。就此而言，矯正型國家哲學必須在不確定性中顯示其確定性。憲政民主體制必須成為中國政體選擇的主要參照，同意或反對，都到了政治決斷的關鍵時刻。再就協力廠商方面而言，中國社會在失範的狀態下持續摸索了三十年，人們對於日常生活的失序狀態曾經習以為常。但是，在改革走過了三十年歷程的今天，失範的中國社會已經無法繼續承擔缺乏規範的負擔，因此，社會的怨恨日益嚴重、社會的暴力傾向日益普遍，人們迫切需要足以整合國家日常生活秩序的國家哲學。在普通民眾的心理期待中，對不確定性的畏懼與對確定性的期望，成為兩種相應存在的社會心理。如果這樣的社會心理得不到滿足的話，長期淤積的社會不滿，將會產生瓦解社會秩序的可怕力量。[33] 歸納這三方面顯示出來的矯正型國家哲學的缺陷，我們可以斷言，如果不盡力並及時提供具有確定性特點的國家發展哲學，中國的發展就難以持續。

由此可以得出一個基本結論：今天的中國進入了一個必須建構國家哲學必須以確定性來矯正不確定性，以便給逐漸耗竭發展動力的國家帶到持續發展動力的境地。這一結論首先是面對要不要建構確定性基礎上的國家發展哲學而提出的。因此，這一提問的基本要求面對問題的國人不是滿足於既定發展顯示出來的中國模式或國家共識，而是必須探求現代國家哲學的基本要領並加以認領。其次，這一提案意味着建立在不確定性基礎上的矯正型國家哲學，已經走到了改弦更張的地步。這一哲學不是中國繼續發展的國家哲學根基，而是中國建立現代國家哲學、清理地盤的理論奠基。再次，勢必要求中國人對現代國家哲學的基本準則加以甄別和認取，國家特性自然是以這種甄別與認取為基礎，但超越國家特性的普世價值與制度是否存在並不可迴避的問題，則是中國建立自己國家的發展模式必須決斷的問題。

當下，「中國模式」問題的提出，就是適應國家必須尋求確定性處境的產物。這樣的問題，在以不確定性為特徵的中國改革開放處境中，絕對不是問題。只有在中國無法迴避確定性國家哲學的客觀需求逐漸顯露出來，並使人們無法視若無睹之時，它才成為國家哲學層面的真正問題。從改革開放的三十年進程來看，矯正型國家哲學必須轉到確定性國家哲學的轉變，發生在一九八九年。其實，早在一九八七年，鄧小平就未卜先知，明確指出了政治體制改革的必要性與緊迫性。因為此時已經顯現了矯正型國家哲學單純落定在經濟體制上的嚴重局限，「不搞政治體制改革，經濟體制改革難以貫徹」。[34] 但問題在於，「中國不能亂」與政治體制改革肯定會遭遇一時混亂的矛盾，使鄧小平無法從容組織政治體制改革。政治體制改革的問題，使矯正型國家哲學無法像處理經濟體制問題那樣遊刃有餘。一九八九年的政治悲劇反映中國的矯正型國家哲學遇到了瓶頸。儘管在一九九二年鄧小平艱難地重啟改革，使改革不至於夭折，從而使矯正型國家哲學再次獲得了顯示國家活力的機會。但關鍵的政治體制問題至今仍無法解決，所以到一九九五年，西方國家就有人提出「中國崩潰論」。這種斷言儘管至今未成事實，但斷言者的基本理由並沒有完全落空。在這種斷言有幸沒有成為事實的情況下，西方國家對於中國的發展又顯現出恐懼心態，「中國威脅論」隨之拋出。[35]這些似乎十分突兀的共同陳述，是因為當人們完全無法從傳統視角認知並預測中國前景的時候，要求中國必須以確定性的客觀顯現來滿足人們確定性需求的產物。

恰當此時，約書亞・庫珀・雷默撰寫的《北京共識》成為刺激人們思考相關問題的催化劑。其實，就雷默撰寫的這篇文章來看，完全沒有達到概括中國改革開放的理論高度。與其說他是對中國改革開放及其成就進行宏觀的理論建構，不如說他是想總結歸納中國發展的一些基本經驗。因此，他所謂的「北京共識」，不過是一些中國發展特點的概述而已：中國追求發展、強調創新、人民取向、捍衛主權、注重調整等。[36]一些論者明確指出，這樣的概括與「華盛頓共識」的理論水準並不在同一個水平線上。但雷默將中國改革開放的國家哲學建構問題擺上了中國國家哲學建構的枱面，則是不爭的事實。人們已經不再滿足於在不確定性的基礎上，模糊地了解中國改革開放究竟是一種怎樣的狀態，又會沿着什麼的方向向前運行等的情形。如果說沿循「中國特色」的政治話語往下分析，「中國模式」就是一個隨時會引申出來的理論問題。但「中國模式」究竟是一個像雷默這樣試圖為中國「抱打不平」的美國學者的個人意圖，還是中國發展本身已經顯示出客觀需要的理論命題呢？基於這一質疑，可以設問「中國模式」本身是理論建構意欲的產物，還是實踐突顯的理論要求？

如果「中國模式」僅僅是理論建構的產物，那就意味着這樣的問題完全是學者發散性地加以論述的問題。如果「中國模式」是中國改革開放實踐客觀的理論需要，那就意味着中國必須在政策上、效果上顯示出它所具有的模式化特徵。就前者論，學者的思維從來就是開放的，因此「中國模式」的論說不必在理論上禁止；就後者論，假如中國的發展到今天為止確實需要建構確定性基礎上的國家哲學，那麼動員學者力量結合國家哲學建構，就成為突顯中國發展確定性的必須。與此同時，當「中國模式」在不確定性的狀態中及突顯確定性的過程中，需要一個突顯這種確定性的現代性參照系的話，那麼，隨之而來的問題就是，曾經為中國領導人拒斥的現代諸意識形態勢必捲土重來，成為中國無法拒絕、顯示國家現代特性的座標。於是，社會主義—資本主義、自由主義—保守主義—激進主義、自由—民主—法治這類遠遠高於雷默論述「北京共識」的理念，就無法為中國人所迴避。曾經被中國文獻化的諸多現代性政治理念、制度安排與秩序供給方式，勢必重回國人腦海。

這個時候，尋求在確定性基礎上建構中國國家哲學，就顯示出温家寶總理的論述切中肯綮，「要尊重文化的多樣性。現在世界上有兩千多個民族，人類文明隨着多種民族的相互交往而不斷豐富和發展。世界文化的多樣性或文明的多樣性，不僅過去存在，現在存在，將來也會長期存在。科學、民主、法制、自由、人權，並非資本主義所獨有，而是人類在漫長的歷史進程中共同追求的價值觀和共同創造的文明成果。只是在不同的歷史階段、不同的國家，它的實現形式和途徑各不相同，沒有統一的模式，這種世界文明的多樣性是不以人們主觀意志為轉移的客觀存在。正是這種多樣文化的並存、交匯和融合，促進了人類的進步。要承認世界文化的多樣性，不同文化之間不應該互相歧視、敵視、排斥，而應該相互尊重、相互學習、取長補短，共同形成和諧多彩的人類文化。」[37] 這段對於現代性基礎上國家哲學的確定性內涵的闡述，已經揭示了中國建構同樣的哲學體系的一致性所在。

註釋

1 中國經濟學者還在這一奇跡剛剛浮現的時候，就歡心鼓舞地以之為書名，全面描述了中國經濟發展的特殊情景。參見林毅夫等：《中國的奇跡：發展戰略與經濟改革》，上海：上海人民出版社，1994。

2 參見費孝通：《社會學的探索》，尤其是該書第三部分，天津：天津人民出版社，1984。

3 參見錢穎一等：〈中國特色的維護市場的經濟聯邦制〉，摘自張軍等編：《為增長而競爭：中國增長的政治經濟學》，上海：格致出版社，2008，第23–48頁。

4 張五常在二〇〇〇年八月三十日在北京順義舉行的「市場化三十年」論壇中盛讚中國制度，認為「全世界歷史上沒有見過這麼好的制度」。參見戴志勇：《張五常：「平生沒有見過這麼好的制度」》，南方周末E31版專題：市場化三十年，2008年9月11日。

5 參見黃平等編：《中國與全球化：華盛頓共識還是北京共識》，〈前言〉，北京：社會科學文獻出版社，2005。對於這一命題的深入討論可以參見俞可平等編：《中國模式與「北京共識」——超越「華盛頓共識」》所收諸文，北京：社會科學文獻出版社，2006。

6 人們發現現代國家哪怕是極端對峙的政體形式也存在某種意識形態的一致性。因此意識形態與國家的關聯僅僅是組合的差異，而沒有完全缺乏意識形態支持的國家。參見邁克爾・羅斯金等：《政治科學》，第6章〈政治意識形態〉，北京：華夏出版社，2001。

7 正如王人博指出，正是中國人對中西文化衝突所表現出的懵懵與困頓，決定了憲政文化在近代中國開啟不同於它在近代西方的特色與品格。參見王人博：《憲政文化與近代中國》，北京：法律出版社，1997，第49–50頁。

8 參見孫中山：〈建國方略〉，取自《孫中山選集》上卷之自序，北京：人民出版社，1956，第104–106頁。

9 參見瑪利亞・約拿蒂：《自我耗竭式演進 政黨—國家體制的模型與驗證》，北京：中央編譯出版社，2008，第326–338頁。

10 這就是鄧小平強調的，改革是「我們黨和國家當前壓倒一切的最艱巨的任務」的理由。參見《鄧小平文選》第3卷，北京：人民出版社，1983，第130頁。

11 這一改變至今仍然被定位為社會主義的自我完善。但「中國特色的社會主義」實際包含了現代主要意識形態和基本制度安排的基本內涵，因此只能在「中國特色」一詞理解精髓，而不可能在「社會主義」一詞上得到準確的解説。

12 鄧小平：〈解放思想，實事求是，團結一致向前看〉，載《鄧小平文選》第2卷，北京：人民出版社，1983，第153頁。

13 《鄧小平文選》第2卷，第313頁。

14 鄧小平在不同的場合強調這樣的立場，「搞社會主義，搞四個現代化，有『左』的干擾。我們黨的十一屆三中全會以來，着重反對『左』，因為我們過去的錯誤就在於『左』。但是也有右的干擾。所謂右的干擾，就是要全盤西化，不堅持社會主義，而是把中國引導到資本主義。」《鄧小平文選》，第3卷，第225頁。

15 《鄧小平文選》，第3卷，第229頁。

16 《鄧小平文選》，第3卷，第229頁。

17 《鄧小平文選》，第3卷，第371頁。

18 《鄧小平文選》，第 3 卷，第 266 頁。

19 《鄧小平文選》，第 2 卷，第 236 頁。

20 《鄧小平文選》，第 3 卷，第 240 頁。

21 《鄧小平文選》，第 3 卷，第 241 頁。

22 《江澤民文選》，第 3 卷，北京：人民出版社，2006，第 544 頁。

23 《江澤民文選》，第 3 卷，第 36 頁。

24 胡錦濤：〈高舉中國特色社會主義偉大旗幟，為奪取全面建設小康社會新勝利而奮鬥〉。載《中國共產黨第十七次全國代表大會文件彙編》，北京：人民出版社，2007。

25 參見丹尼爾・貝爾：《意識形態的終結》，〈序言〉，南京：江蘇人民出版社，2001。

26 參見龔祥瑞：《比較憲法與行政法》，第 2 章〈憲法的基本原則〉，北京：法律出版，2003 年第 2 版，第 46–92 頁。

27 參見董雲虎等編：《世界人權約法總覽》，第 4 篇〈中國的人權狀況及有關法規與約法〉，第三部分「建國後中國的人權約法」，尤其是其中收錄的中華人民國和國憲法文本，成都：四川人民出版社，1991。

28 鄧小平：《鄧小平文選》，第 3 卷，第 382 頁。

29 鄧小平：《鄧小平文選》，第 3 卷，第 372 頁。

30 江澤民：〈在新的歷史條件下更好地做到「三個代表」〉，載《江澤民文選》第 3 卷。

31 胡錦濤在中共十七大開幕式上的講話：《高舉中國特色社會主義偉大旗幟，為奪取全面建設小康社會新勝利而奮鬥》。

32 胡錦濤在中共十七大開幕式上的講話：「高舉中國特色社會主義偉大旗幟，為奪取全面建設小康社會新勝利而奮鬥」。

33 二〇〇八年不斷出現的公民個體與公眾群體的暴力行動，提示人們注意中國社會的暴力化走向，不化解這種暴力走向，中國社會的日常秩序將完全瓦解。參見本書第十二章〈疲態社會的暴力危害與民主救治〉。

34 鄧小平：《鄧小平文選》，第3卷，第177頁。

35 參見丹尼爾·伯斯坦等：《巨龍：商業、經濟和全球秩序中的中國未來》，〈緒論〉，北京：東方出版社，1998。

36 參見俞可平編：《中國模式與「北京共識」——超越「華盛頓共識」》，該書專題〈中國模式：北京與特徵〉的討論部分。

37 溫家寶：〈關於社會主義初級階段的歷史任務和我國對外政策的幾個問題〉，《人民日報》，2007年2月27日，第2版。

第二章

意識形態與改革的政治定位

中國二十世紀九十年代的理論爭論，圍繞自由主義與社會主義兩種意識形態的理論爭論指向的是處於改革十字路口的中國，應當如何為改革的社會——歷史目標定位這個大問題。因此，這些爭論的展開，其實總沿循着兩條線索：學理的自恰與實踐的對策。這是意識形態之爭的必然狀態。比較而言，實踐狀況是學理分析得以展開的前提。但學理問題仍然具有自身的理論邏輯。故此，假如我們試圖給這場爭論一個合理的評述，就必須在雙線上同時進行。

一、相倚的短視

關於社會問題的理論爭論，必然存在與這一爭論相伴隨的社會背景。因此，當我們試圖考察九十年代的社會問題的紛爭時，也就促使我們首先去縷析九十年代理論爭論據以發生的、社會問題的大致源流。

九十年代社會問題的理論爭論，並不是這個年代內的產物。要理解九十年代的思想問題，還得首先放眼觀察與此密切關聯八十年代思想與社會時局。

八十年代不單是九十年代的時間先導，也是九十年代的社會變遷與思想走向的先導。眾所周知，八十年代世界格局發生了結構性的變化。有兩種具體變化構成我們觀察八十年代社會——理論問題的核心。一是社會主義國家從「自我完善」的改革出發，當中經複雜的選擇過程，結果產生的兩種走向，對於世界格局發生了決定性的影響。二是西方國家的政治家與理論家在上述變局發生之後的反應。前者表現為社會民主主義政黨的政策調整，後者反映為思想家的歷史哲學總結。

從前者看，兩種走向顯示出兩種狀態。其中一種走向，是由政治改革着手進行改革運動的原蘇聯的改革，最後導致的自我崩潰。蘇聯改革的起因和動力，一方面，是由於勃日涅夫為「穩定」史太林式的社會主義，而導致的長期社會停滯，已經到了非改革不可的地步。另一方面，則是因為史太林式的社會主義，長期以思想和政治的雙重壓制為基本統治方式，導致社會嚴重壓抑，已經到了不能不釋放的時刻。故可以說，蘇聯的改革是因為原社會運作形式到了山窮水盡的地步，做出的舉動。因此，這種改革註定是對史太林式的或傳統社會主義模式的戰略性改革，不能不從政治性問題入手。「公開性」，成為蘇聯改革的旗幟與象徵。然而，這種先從政治問題入手，並期望一舉解決積聚太久的社會問題的改革思路，雖然説是極具有戰略眼光的。但是，最後卻避免不了失敗。原因是當一個社會長期處於高度壓抑狀態，一旦有了鬆弛的空間，它對壓抑的反彈，常常會大於壓抑力量。而且，一個社會以政治的強控與經濟的停滯來維持一種意識形態的權威，事實上這個社會的傾覆，已經在其確立這種政策導向的那一刻起，預示了它在未來的傾覆命運。從這種意義上說，蘇聯改革的最後失敗，並不是一個偶然的事件——譬如因為像戈巴契夫這樣的人掌握了執政黨和國家的最高權力，或是因為那些為維持社會主義不被顛覆的權力集團缺乏政治計謀等。蘇聯從政治改革入手的改革運動的失敗，應當說是傳統社會主義政治運作難以克服的內在障礙註定的。

另一種走向，是由經濟改革起步的中國改革開放運動，在進行中顯示的創新短缺和制度匱乏，所導致的普遍社會不公與嚴重的腐敗現象。中國的改革，不同於蘇聯的改革。假如說蘇聯的改革是一種戰略性的改革，中國的改革則只能說是對傳統社會主義的策略性改革。從改革指導思想角度看，這既可以在「貓論」與「摸論」上得到證明，也可以從改革已經進行到縱深階段時，仍然以「不爭論」為改革開路上得到印證。而從改革進路看，改革開放始終圍繞經濟問題，而迴避社會—政治問題，特別是政治制度與意識形態問題，也向我們反映了這種改革的佈局與意圖。因此，從後果上看，這一方面確實為改革贏得了較少反彈的空間，從而為改革的持續進行，提供了條件。但是，另一方面，也使改革於初期就處於一種積累矛盾，尤其是社會—政治矛盾的格局之中。中國改革開放過程中連續的短周期波動，就是這種改革困境的反映。而這種在其佈局內實施的改革，與社會對改革的期望，也就處於一種衝突狀態。改革與危機的如影隨形，成為中國改革難以突破的狀態。而一九八九年的社會悲劇作為總結的體現，似乎向我們表明了中國改革不在格局上有一些突破的話，改革的空間只會愈來愈小。或許，相比於蘇聯的改革來說，中國的改革困境，可以說是傳統社會主義經濟運作難以克服的內在障礙導致的。

因此，將問題轉移到西方對社會主義國家的改革認知上看，也就有兩種變化引起人們的重視。一，直接依據蘇東社會的變局，以及中國八十年代後期的社會狀態，產生了一種強勢的社會哲學論斷。這種論斷就是本章所指的一種短視——歷史終結論。二，就是歐洲社會民主黨在蘇聯變局發生後，紛紛倒台，而對自己理論與政策所作出的調整，以及由此表現出對社會民主主義的疑慮。[1] 面對「歷史終結論」，我們首先還要以同情、理解的態度來對待它。它不是指以重大歷史事件構成的、習慣意義上的「歷史」的終結。我們不能在這種常識錯誤的角度看「歷史終結論」。它具有自己的現代性理論依據，以歐陸的現代歷史理論為基礎。按照黑格爾、馬克思的歷史哲學理論，「人類社會的進化不是無限連續，而是在人類完成一個社會形態，一旦這個社會形態會滿足人類最深又最基本的憧憬時，就會終結。換言之，它們都設定了一個『歷史的終結』；對黑格爾而言，這是自由國家，對馬克思則是共產主義社會。當然，這不是指人出身、生活、死亡這種自然的結束，也不是說不再發生重大事件或不發行報道這類事件的報紙。不如說，真正的重大問題都已解決，形成歷史基礎的原理與制度，遂不再進步與發展。」[2] 而當福山認定「自由民主目前已及於全球的不同地區與文化，成為唯一一貫的政治憧憬對象」，那麼，他宣告歷史的終結，就不能簡單地視為一種常識錯誤基礎上的斷論。只有在這種確認的基礎上，我們才能評斷它的缺陷或短視之處。其一，他只是針對當時蘇東特定牌號的社會主義的失敗作出斷定。由於沒有給其他牌號的社會主義主張者公平的辯護機會，因此既不能使社會主義的主張者服氣，也不具有長期歷史觀的論述優勢。其二，他沒有發現作為現代性的雙生子的自由主義與社會主義糾結的必然性。假如缺少了社會主義的某種參照，自由主義的自我確認，就變得沒有憑藉。其三，他只簡單地處理自由民主對非自由民主在實際的政治較量的歷史進程，並沒有發現這一歷史進程的漫長性。可以說，對福山之論的某種反彈，是激發社會民主主義復興論的一個機緣。而福山之論，可作為八十年代末社會主義命運論的代表和時代的思想氛圍的反映。當其時，北歐、西歐的社會民主主義執政黨政策調整，以及在蘇東政權易手後的下台，似乎構成對福山斷論的支持。

但是，當我們轉移視線，看看九十年代中後期的國際社會時局，可以發現，八十年代形成的種種斷論似乎在社會的疾速變化面前「走樣」了。三重事件構成了九十年代中後期國際社會變局與思想調整的基本景觀。一是俄國九十年代的「自由主義改革方案」的失敗。俄國自由主義取向的變革情形，就其實際狀態而言，是難以理清的。但是，以哈佛大學的教授們主觀設計出的改革方案來看，就註定了這一改革的前景不被看好。因為，一個社會的自由主義式發展，只能植根於它的社會自身進程的需要之中，而不能以揠苗助長的方式強行促成。加上俄國的「後共產主義綜合症」，即難以治理的各種新舊弊端，以至於社會衍生出強烈的懷舊情緒。這使「走樣了」的俄共在取得捲土重來的初步勝利後，扭轉方向，重申傳統社會主義信條。[3] 二是發源於東南亞，後來令全世界為之恐慌的金融風暴，及由此引發的「市場失效」問題。這使像索羅斯那樣的金融投機商，都悖謬地出來批判資本主義，提供理由予那些在價值上偏好社會主義的人。三是西方國家向「左」轉的「趨向」，即九十年代中後期西方國家左派政黨的重新執政及其對政策的理論證明的需求，似乎重新劃定了八十年代畫出的政治地圖。在這種新局面中，人們的政治思想產生了很大的變化，促成了本章所指的另一種短視——社會民主主義復興論，以及實際潛蟄在這種主張之下伸張社會主義正當性的論調。[4] 但是，這與八十年代末的社會變局發生時理論界反映情形類似。斷定其為短視的理由是：其一，以俄羅斯改革的「失敗」之斷定，是對於自生自發的自由主義社會與後起的、人為設計的自由主義改革方案兩者的混淆。後者的暫時失敗與批判、拒斥自由主義並不構成邏輯關聯。自由主義改革的成功有一個漸進過程。其二，對於俄共和西方社會民主主義的主張缺乏細緻分析，大致流於字面宣稱，並以此作為為社會民主主義，甚至社會主義正當性辯護的依據。[5]

對比八十至九十年代社會變局及其思想反映，可以發現對社會變局所作的理論概念，是大異其趣的，甚至兩者的對峙性質，也是顯而易見的。也許下述三個方面可以典型地反映這種對峙。其一，兩種斷論大致都是以對方為敵，從思想史角度看，這是自由主義與社會主義[6]相互攻訐的歷史慣性延續的結果。除了早期空想社會主義理論家之外，社會主義理論家大致是以自由主義為自己陳述理論主張的對立面。這種對立，常常只有程度的差異，而沒有存在或不存在的問題。[7]這種思想對立，便也不會影響到一些支持和同情自由主義立場的論述者的言述。其二，兩者的論述都受到冷戰思維的制約。這可以說是自由主義的制度實踐與社會主義的制度實踐，長期處於直接對壘狀態的反映。從組成兩者的具體制度內容來看，他們之間的對立並不是人們想像的那麼大。但是，從其各為一個自成系統的社會政治主張來看，他們又確實可以稱為處於兩極、相互否定的制度安排。二者對峙性的論説，原本也是正常的。其三，這種對峙是當代新的、全整性社會理論與制度實踐雙重匱乏的必然表現。一者，當代思想界匱乏為某種政治理念辯護的堅定性、時代性與理論嚴密性。二者當代思想家與政治家匱乏政治新思維（理論思考）和新出路（制度變革）。[8] 從這三方面看，二者的對峙乃是某種思想與政治態勢的必然結果。

短視具有必然性。這不僅是因為上述對峙的深層原因，也是因為面對政治事實時的反映方式所決定的。首先，兩者都是基於當下的社會事件作出的斷定，缺乏長期的歷史視野。其次，它們都是在二元思維的框架內作出的論斷，缺乏真正辯證的眼光。再次，都是在應付實踐問題情況下的倉促理論反應，缺乏詢探根本的自覺。

二、意識形態二型

透過上述理論爭論的社會背景，我們看到了一幅複雜的思想——政治畫面。但是，撇除浮面的社會事件與似乎對峙的思想爭端，則可以看出，從八十到九十年代的理論爭論的基本主題——意識形態。

意識形態（ideology），是一個頗有歧義的概念。從詞典含義上説，它有三個基本含義。一，是指它早期所有的觀念學的意義。二，是指由此衍生出來的意識形態，即哲學、法律、宗教這類所謂上層建築與經濟基礎相對而言的東西。三，則大致指關乎政治系統的全方位觀念體系，它對人與社會提出一個完整的、普適的應用理論，並有一個與此相應的政治行動方案。[9] 本章所及，基本上限於第三方面。

意識形態一向缺乏正面肯定的論述。假如把意識形態史作一個早期與近期的階段論的分析，狀態大致如此。早期，大約從這一概念產生到二十世紀上半葉，以馬克思主義對西方資本主義的意識形態的批判為主調，形成向左向右兩種衍生：向左，具有批判精神的馬克思主義，以及史太林式的教條主義式馬克思主義，對於資產階級意識形態進行大批判與大拒絕。向右，具有戰鬥精神的自由主義意識形態的捍衞者，對教條主義化的馬克思主義與希特拉式極權主義進行批判。在當時歐洲的意識形態戰場上，對峙、對抗是主調。後期，自五十年代開始，這種對抗性的意識形態鬥爭，產生了分化：一方面，西方，尤其是美國的思想家，走向了拒絕意識形態的境地，這就是當時美國的所謂「新右翼」分子的主張。他們提出當代社會理論中發達資本主義社會意識形態的終結論。社會理論家丹尼爾·貝爾是這方面的代表。[10] 他針對當時美國另一位社會學家米爾斯所持的「新馬克思主義」

立場提出質疑，認為這一意識形態與美國社會不協調，因為美國是一個與歐洲在構成上大為不同的社會。歐洲社會是一種異己的世界，尊敬與服從的意識突出，權力具有同質性和連續性，這是米爾斯論述權力精英的基礎，但當時，美國是一個異質的、多元的和非服從的社會，即使存在「階級」，其紛爭也只是發生在內部。因此，來自歐洲的「舊」意識形態不能應用於美國的社會現實。在美國，意識形態不是一種解釋社會衝突的工具，而是一種「辯護手段」和「社會黏合劑」。[11]由此出發，他對於把意識形態與統治地位的生產方式聯繫在一起的方式表示反對。這與他後來對於自我設限的馬克思主義、自由主義與保守主義，採取批評態度，而形成的「超意識形態」情結是一致的，也與他進而形成的雜拌性意識形態拼盤——經濟上的社會主義、政治上的自由主義與文化上的保守主義是一致的。貝爾之論，可以被視為美國這樣的新興國家對新意識形態進行尋求的努力。另一方面，來自左翼的馬克思主義及西方馬克思主義，仍然頑強地展開對於資本主義主流意識形態的批判。保守的傳統社會主義國家的正統思想家及法蘭克福學派分別是這兩方面的代表。

而意識形態在二十世紀八十年代以前的中國，大致與冷戰時期形成的對抗性意識形態思維沒有差別。只是到了八十年代後的社會變革，情形顯得不同。其中有兩種變化值得提出：一是原來在政治舞台直接對壘的意識形態鬥爭，逐漸淡出。二是作為思想舞台上的意識形態爭論，逐漸走向主導。在這種情形中，貝爾的「意識形態終結論」與法蘭克福學派的意識形態思想批判，在傳入中國後，經歷變形和改造，形成了中國人具有的兩種強烈意識形態批判情懷：一是，針對三十年「新」社會傳統及其意識形態而對傳統社會主義以及教條化馬克思主義的批判與拒斥。這種取向投向社會，推動形成了知識界拒斥意識形態的立場。二是，針對近二十年改革開放的意識形態取向而對自由主義的批判，以及為自由主義辯護。就前者而言，知識界的這種意識形態批判取向，使知識界在同一軌道上運行。但是，當中國式市場經濟興起並推動當代中國取得相當引人注目的成就後，與市場經濟一致的意識形態定位問題變得突出，原來知識界的統一性卻分裂了。知識界的意識形態取向，相應也發生了分化：他們站到了西方前驅的肩膊上，或支援與真正的市場經濟需要的意識形態一致的自由主義意識形態，或支持對於市場經濟及其自由主義持反對立場的「左派」意識形態立場。由此可見，更加突顯意識形態問題見解的對壘性。

在這種情形下，意識形態的爭論就更引人注目。可見，如貝爾所説的意識形態的終結，只是在貝爾所指的意識形態重構意義上，而不是意識形態真正的了結。對此，現代知識社會學與社會人類學，對意識形態的必要性加以證明。前者，即作為知識社會學的意識形態陳述，主要強調意識形態的中立化特點，為意識形態的研究拓展了學術空間。後者，則從轉型社會的考察上，說明了這一社會對於意識形態的需求。這方面主要是有賴社會理論家卡爾・曼海姆和社會人類學家吉爾茲的貢獻。他們把意識形態的概念中立化，並在功能上將意識形態與科學知識、使用考慮和道德主張區分開來，從而使意識形態成為獨立的符號系統。而且，他認為，當傳統的準則不再發揮實際功能時，意識形態以其特有的價值觀念對現實世界作出具有指導性的解釋說明，從而為文化構造提供了明晰的範疇。在現代，意識形態主要分別屬於黨派的和精心設計的，但是，在所有的非傳統社會中，意識形態的功能上都是必不可少的。[12]

因此，以知識社會學和社會人類學為指引，我們確信，一個社會需不需要意識形態並不是問題，需要什麼意識形態才是問題所在。就此，我們的分析從意識形態的存在狀況轉移到意識形態的構成狀況、作用方式上。以現代意識形態的構成來說，依照理論內蘊與政治主張區分，有激進主義（radicalism）、自由主義（liberalism）與保守主義（conservatism）三個形態。激進主義的意識形態內蘊比較複雜，不能將它簡單地歸納到某種特定的意識形態範疇。就它具有對現有機構與制度持一種批評性態度，並主張將不合理的機構與制度進行改革或拋棄的特點而言，激進主義大致包含左翼自由主義與社會主義，及作為極右翼的法西斯主義，[13] 另外也包括民族主義以及原教旨主義等。但是，較為積極的激進主義，在二十世紀的政治陳述中，一般是指社會主義，尤其是建立於具有強烈的革命性的馬克思主義基礎之上的傳統社會主義國家的意識形態。與激進主義直接對立的是保守主義。[14] 保守主義的基本主張是，政治行動只有在非常有限的範圍內才能改善人類的處境，政治行動是不可能完全消除人類行為中的緊張狀態。來自英國的批判革命政治的保守主義，對革命意識形態的宗教性狂熱、理想主義、樂觀主義、天真信念，加以拒斥。但是，保守主義也不是純粹的意識形態。[15] 它與自由主義的邊界，並不是完全清晰的。保守主義裏面就有所謂自由保守主義的流派。而自由主義的理論構成未嘗不是如此。僅就古典自由主義與現代自由主義而言，他們的差異就非常引人注目。[16] 儘管三個意識形態的主流體系，在內涵上不是太清晰，但是，三者在底線上的差異卻十分明顯。激進主義的否定導向，自由主義的人權籲求，保守主義的政治戒懼，[17] 分別是他們得以成為自身的標誌，也是三種意識形態各自對現代社會生活產生不同影響的根據。

當然，三種現代意識形態在現代社會生活發揮作用的方式明顯是不同的。他們的作用，大致分為兩種狀態——強勢的意識形態與弱勢的意識形態。比較而言，激進主義屬於前者，自由主義屬於後者，而保守主義的情形較為複雜。如果就意識形態與國家權力的關聯性而言，激進主義與保守主義比較相似，自由主義則明顯具有另類特點。前二者都有訴諸國家權力來推行自身意識形態的意欲，而自由主義對國家權力保持高度警惕。前二者都可以稱為強勢意識形態，而自由主義則屬於弱勢意識形態。

在本章的分析主題內，就激進主義而言的所謂強勢意識形態，主要是指傳統社會主義的意識形態。把傳統社會主義作為強勢意識形態來看待，是因為它發揮作用的方式表現出下列鮮明的特點。

意識形態與國家權力的全面結合。傳統社會主義的典型形態是史太林統治下的蘇聯社會主義和中國「文化大革命」時期的社會主義。兩者在意識形態與國家權力關聯性上，是完全一致的。作為指導一切國家活動思想的意識形態，是由國家機器保障着的。它作為唯一合法辯護的國家權力，乃是由意識形態提供的全面正當性說明的。兩者的相生相依、相輔相成，在實踐上是完全無法割離，在理論上也是完全無法劃分的。離開了國家權力的保護，這一意識形態的合法性就會喪失；而離開了意識形態的辯護，這一國家權力的正當性也就沒有了。

當意識形態與國家權力全面結合起來，它就不僅是一種觀念力量，也是一種物質力量。具有國家權力直接支持的意識形態，或具有意識形態全面支持的國家權力，必然形成一種歷史上空前的思想與行動的高壓控制。意識形態不允許人民自由地思想，國家權力不允許人民自由地行動。否則，不僅會冒犯到意識形態的權威，而且表明了你在與國家權力進行對抗，因此，自由地行動的可能性，完全被遏止了。

由於意識形態與國家權力直接掛鈎，國家的定位便必然跟隨全能主義。因為，當一個社會的思想與行動被統一於一個共同的旗幟之下時，國家對社會的一切，都有了干預的理由。「國家管理」與國家控制就融合在一起。就這一定位積極的一面而言，它讓國家包攬社會生活一切，使國家成為民眾依靠的對象，成為道德的象徵。但是，這一可能性在實踐中幾乎不可能。原因很簡單。當權力可以控馭人們的思想與行動時，它不會為自己劃出疆界。換言之，一些政治學家費心區分的全能主義國家與極權主義國家的界限，本身就是難以成立的。[18] 因此，容許革命的全能主義必然走向不容許革命的極權主義。

主要就自由主義作為意識形態的作用狀況而言的所謂弱勢意識形態，則是依據自由主義作為意識形態作用於現代社會生活時的狀況來斷定的。

自由主義對於權力極度警惕。從「絕對的權力導致絕對的腐敗」這一基本設定出發，限制權力成為自由主義與權力相關時的唯一取向。這使它與國家機器的相距甚遠，更處於一種對峙的兩極狀態。權力獨大時，自由主義的言述空間就相應縮小；自由主義得以推行時，權力肯定被置於自由主義的制度約束之下。在這種情形中，自由主義是不可能與權力共謀的。假如與權力共謀而又號稱自由主義，那麼，它要不是偽自由主義，要不就是蓄意攻擊自由主義的策略。因此，自由主義是一個國家與集權或極權劃清界限的精神基礎。

意識形態之作為權利的辯護。限制權力，意味着捍衛權利。而自由主義對權利的捍衛，圍繞的正是個人權利這個中心。以個人諸自由為核心，自由主義對於權利的不可侵犯，和權利對於權力的優先性，加以強調。在此，不論是國家，還是社會，都不具有任何理由來褫奪個人權利的權力。因為，社會與國家的構成基礎，是個人，而不是抽象的社會或國家自身。故而，從個人權利出發並回歸到個人權利，構成社會或國家權力運作的起點與終點。一切以社會或國家需要為理由來褫奪個人權利的，就只能是專制或極權的行徑。而且，這樣做不出好事來。「我從未聽説許多好事是由那些裝模做樣為公眾利益進行交易的人幹的。」[19]

自由主義對個人權利的強調，與對信仰、思想、言論等自由的強調，使得它必然對其他的意識形態言述表示尊重。這不是説自由主義沒有排斥性。而是因為自由主義從自己的理論原則出發，對於任何其他言述都抱以一種理解的態度。[20] 因此，它不會訴諸國家權力來謀求意識形態的獨霸性。也正因為如此，意識形態之間的某種和平共處是可能的。而在任何宣稱意識形態的獨霸性國度，這種狀況甚至是難以設想的。這種意識形態的健康互動，促進健全思想的成長，相應促進健全社會的成長。

然而，哪一種意識形態的作用態勢更符合現代社會的需求呢？

三、社會的支點

上述提問促使我們進一步思考兩個問題：其一，儘管傳統社會也需要意識形態，但是，在關乎社會政治運行的角度進行的意識形態提問，則只能是一個現代性問題。它與現代格局有着緊密的關聯性。因此，解釋現代社會的發生就與意識形態的思考，有了密切的關係。其二，從解釋現代社會誕生出發，我們就得按照邏輯的要求回答：現代社會的運行，如果從其發生問題後看，它的順暢運行是否依靠某種得以引導它的主流意識形態來進行？如果是，那麼，這一意識形態是否就完全贏得了現代社會的贊同，而不需要進一步的意識形態建設？假如這一主流的意識形態還沒有贏得現代社會的普遍認可，那麼，它與不認可它的那些意識形態之間，又是什麼關係呢？

這兩個問題，實際上涉及到現代社會的支點問題。因此，這兩個問題可以轉換為：現代社會是如何誕生的？現代社會健康地運行所依靠的是什麼？圍繞這兩個問題，產生了自由主義與馬克思主義的對壘。可以說，自由主義對於現代社會問題的原創性解釋，馬克思主義對之的批判，以及自由主義的捍衛者對於這種批判的反批判，構成了現代社會思想發展的主要景觀。

而這種對壘格局的形成，與上述兩個問題截然不同的回答，是直接聯繫在一起的。先從第一個問題談起。現代社會的誕生問題，雖說是一個複雜的問題，但是，這個問題的答案，決定着對其他重要的社會問題的回答。關於社會的誕生，在前現代社會之中已經有答案。這一答案與人的誕生聯繫在一起。大致是從神話中找尋靈感：神創造了人，人組成了社會，社會按照一定邏輯運作；或是君權神授，臣民接受統治；或是人是作為天生的政治動物，直接參與社會政治決策。但是，這種古典，事實上並沒有解決社會的起源問題。因為，當人們尚未將國家與社會作出區分的時候，社會如何誕生的問題就不會被提出來。在這個意義上，社會誕生問題的提出，是一個典型的近現代問題。[21] 而社會誕生問題的解答，恰恰是在古典時段為主流思想家批評的社會契約論思路中進行的。[22] 社會契約論提出與完善的意見，與三個學者有密切的關係。一是霍布斯，二是洛克，三是盧梭。霍布斯沒有將社會契約與國家契約區分開來，他只是指出當個人為了設立主權者，宣佈放棄自己在自然狀態中擁有的權利，就為社會與國家的創立解決了契約問題。而洛克則就自然權利與國家、社會的關係問題作了關聯性的思考。他指出，「人類天生都是自由、平等與獨立的，如不得本人的同意，不能把任何人置於這種狀態之外，使受制於另一個人的政治權力。任何人放棄其自然自由並受制於公民社會的種種限制的唯一辦法，是同其他人協議聯合組成為一個共同體。」[23] 洛克在此，已經能夠大致區分出國家和社會契約的差異，並指出社會的獨立性。到了盧梭，社會契約論的理論內蘊得到了鮮明的突顯。盧梭從自然與社會的對立性入手，談論社會的起源問題。他認為，社會的誕生，是由於一系列顯著的變化導致的，即當正義代替了本能，行動具有了空前的道德性，義務的呼喚代替了生理的衝動，權利代替了嗜欲，「此前只知道關懷一己的人類才發現自己不得不按照另外的原則行事，並且在聽從自己的慾望之前，先要請教自己的理性。雖然在這種狀態中，他被剝奪了他所得之於自然的許多便利，然而他卻重新得到了巨大的收穫；他的能力得到了鍛鍊和發展，他的思想開闊了，他的感情高尚了，他的靈魂得到提高到，以至於——若不是對新處境的濫用使他往往墮落得比原來的出發點更糟的話——對於從此使得他永遠脫離自然狀態，使他從一個愚昧的、局限的動物一變而為一個智慧的生物，一變而為一個人的幸福的時刻，他一定會感恩不盡的。」[24] 在這種狀態中，公民服從為自己制定的法律，並由此獲得自由。盧梭以批判奴役性的社會概念奠基，而為平等的契約性社會概念辯護，[25] 從而為社會契約論進行了較為有系統的論證。從洛克到盧梭的社會契約論，中間含有大量的理論解釋矛盾，[26] 但是，社會契約論的提出與發展，回答了關於現代社會如何誕生的理論問題。這對於解決現代社會是建立於一個怎樣的制度平台之上的問題，奠立了基礎。可以說，自由主義的自由民主制度「設計」，就是依附在這一設定上面。

而與社會契約論所設定的社會誕生問題聯繫在一起的，就是社會的順暢運行問題。其實，這就是國家與社會的關係問題。事實上，社會契約論的思路中有兩個蘊涵：一是解釋社會的誕生，二是劃定國家與社會的界限。而後者再往下推論，就引出一個國家如何影響社會，社會如何具有獨立於國家權力控制的私人空間的問題來。關於國家與社會關係的方向可以說有兩個：一是自由主義的，一是非自由主義的。後者將國家視為道德的象徵，因此愛國主義成為一種公民必具的美德。雖然這種早期民主主義者，如盧梭等的主張，並沒有將這種國家與專制或極權的特殊形式的國家等同，但是，這種對國家特性的規定，事實上潛伏着消解個人、進而將由個人組成的社會歸併於國家的危險。自由主義在國家與社會的二元關係中解釋兩者的關聯性。自由主義從不可化解的個人出發，強調本體論與方法論上的個人主義，強調個人自由的不可侵犯。在此基礎上，劃定個人與社會，社會與國家之間的界限。一方面，「任何人的行為，只有涉及他人的那部分才須對社會負責。」[27]另一方面，國家是一種必要的惡。不論在何種意義上，它都不是什麼道德的載體。因此，捍衛個人權利、抵抗國家權力對個人權利的侵犯可能，就成為自由主義處理國家與社會關係的中心課題。在這個維度上，維護市民社會的獨立空間，意味着公民有依據自己權利的組織、保護自己利益的集團的開闊餘地。因此，「真正重要的是，除非我們從公民的立場去探討公民與國家的關係，那麼政治自由就不成其為問題，或者是不成問題的問題。如果從國家的立場來考慮這種關係，我們就和政治自由的問題無緣了。」[28]限制國家權力的擴張，也就相應成為自由主義處理國家與社會關係的問題中應有之義。國家作為一種必要的惡，其必要性體現於它是一種不可缺少的統治工具。自由主義在無政府與極權政府之間尋求一種平衡。因此，它基本主張一種有限而有效的政府形式。[29]並且，在這種前提條件下，自由主義強調國家進行統治時，必須依循法治（the rule of law）的原則。「法律下的自由」具有雙重的約束功能：對公民而言，它既保障他們的權利，也防止濫用。對政府而言，既保障它的權力合法性，又將它限制在法治的軌道上。自由民主制度正是在此基礎上生長出來的。

關乎自由主義社會理論言述支撐點的這兩個方面，均受到馬克思主義的嚴厲批判。就社會契約論而言，馬克思主義着重揭示這種論說對於歷史而言的「虛偽性」。這註定了二者談論問題的起點差異。一方面，馬克思主義拒絕從什麼是社會這類問題開始解答社會問題。認為「從什麼是社會、什麼是進步等問題開始，就等於是從末尾開始。」[30]從這一基本立場出發，馬克思主義認為，社會的歷史批判比之於社會的創新解釋，要來得緊要。而社會的原初假設也不如社會的存在情形，對解釋社會的運行，來得更為必須。因此，另一方面，馬克思主義把自己的關注點轉移到一部社會史的基本存在狀態上面，從而在這裏奠立了自己理論的基點。「到目前為止的一切社會的歷史都是階級鬥爭的歷史。」[31]社會歷史貫穿的是階級與階級之間鬥爭的線索，而不是通過達成契約尋求合作的歷史。一部階級鬥爭的人類社會史，其基本的演變情形就是被統治階級反抗統治階級的延續史。故而，對於特定的社會而言，只有與這一社會相適應的國家統治形式，而沒有一個普適的國家統治形式或國家與社會的關係模式。這一推論可以分為四步：起點是生產力與生產關係的矛盾作用導致階級的產生，統治階級就是那些佔有額外勞動階級的集團，一旦統治階級佔有了別的集團，即被統治階級勞動，他們就會通過兩種方式來維護自己的統治：政治上的暴力統治與思想上的欺騙麻醉。他們絕對不會自願退出歷史舞台。因此，代表進步的被統治階級起來革命就有了充分的歷史與現實理由。從歷史角度講說，革命總是新生產力的載體向舊的、落後的生產關係的載體的宣戰，因此，「革命是歷史的火車頭」，「是歷史發展的偉大動力」。[32] 而且，由於統治階級是以國家機器維護自己的統治，因此，「革命的根本問題是國家政權問題」，革命就是用暴力打碎陳舊的政治上層建築，暴力也就成為新社會的「助產婆」。將這種歷史觀延伸至資本主義社會，馬克思主義給出結論，資本主義的國家機器與資產階級的意識形態，都是維護資產階級統治的工具。所以，代表歷史前途的無產階級，應當起來打碎資產階級的國家機器，建立無產階級專政。馬克思主義通過對資產階級社會理論家關於國家與社會的二元預設的歷史批判，揭露了資本主義國家與社會的互適性，從而形成了自己的革命歷史哲學。與上述立場相比較，兩者的對立性質顯而易見。從有關社會起源的起點差異開始，到社會運行的狀態分別，再到追求理想（或健全）社會的不同結局，二者都不在同一論域對話。

就二者言述的對壘關係的形成而論，自由主義的言述在時間上早起，馬克思主義是以批判家的姿態出現的。平實地看，馬克思主義對自由主義的批判，在評價上應當作兩面觀。首先，馬克思主義的批判之作為社會理論言述，具有明顯的正當性。無疑，自由主義的社會契約論並不是一個歷史陳述。它是一個為了解釋社會如何可能與如何形成的理論假設。因此，當馬克思主義將之放置到歷史的框架中，其虛擬性就表露無遺。同時，自由主義注重的是社會如何順暢運行，因此，將自己的關注放在合法統治的形式上面就是合理。而馬克思主義關注的是社會如何在衝突中進步，因此，它將聚焦點放到社會衝突上面，以解釋合法統治的言論，說明自由主義的理論有效性較強。以解釋革命性的合法性重建說起，馬克思主義比自由主義來得深刻有力。但是，我們就不能不指出，馬克思主義的批判之作為傳統社會主義實踐形式，具有不容置疑的缺陷性。在此需要指出，批判的理論合理性並不意味着批判的現實合理性。馬克思主義對自由主義的理論批判合理性在於它指出了自由主義理論預設的缺陷。而馬克思主義將批判的現實出路指引向社會主義時，它恰恰沒有解決這種社會運行形式的基本問題：當社會主義社會成型的條件具備之後，社會主義社會的運行方式究竟是怎樣？革命崇拜與直接民主的聯姻，使馬克思主義的社會批判落得一個非制度化的結局，使試圖兌現它所描述的社會理想的廣泛行動遭到巨大的挫折。

分析起來，對壘雙方只是圍繞國家與社會關係問題的一個方面展開論說，即作為解釋現代社會衝突的國家與社會關係進行論述。這種缺失，要由批判者承擔主要責任。因為，自由主義的理論陳述，主要是在這一關係預設的另一個層面，即作為解釋社會運行的分析框架的國家與社會假設。這一理論預設，解決的主要問題是社會的支點。自由主義的成功，在於它説明了社會建設的可能性。馬克思主義的成功，在於它説明了革命性的社會轉變的必然性。兩者是建構與解構的關係。而在現代社會的運行視野內，如何建構的問題，比怎麼解構的問題自然重要。就此而言，解讀現代社會，還沒有一個超越國家與社會分析框架的替代思路，儘管這一思路有着不容否認的局限性。

就國家與社會的關係而言，國家作為一種高度組織起來的權力系統，與社會作為一種相對渙散的存在，兩者的中間，有着一種保證後者如何有一個獨立地盤的緊迫問題。這是國家—權力能夠在社會—權利的監督與制約之下，良好運作的基本條件。因此，圍繞社會支點與國家控制問題，有着以下在四個維度上區分而出的兩種態度，值得我們予以高度重視。

其一，是自由至上還是控制優先的問題，這實際上是一個社會自治的問題。這個問題的提出，關係到國家權力是以保證公民自由，還是以對社會進行強力控制為目的。社會沒有自由的空間，意味着國家權力可以任意濫用。社會沒有自治的可能，國家權力就必然是侵蝕性的、全能性的。這樣，國家就必然不是處於一個健康的狀態，社會就必然不是處於一個健全的狀態。

其二，是個人優位元還是集體導向的問題，這其實是一個如何杜絕極權的問題。這裏的選擇，不是一個社會要不要考慮個人與集體相容性的問題。在具體的意義上，個人總是在一定群體中的個人，群體也總是由具體的個人組成的。但是，在以個人還是集體作為考慮社會基本價值取向的時候，以集體作為出發點和歸宿點，必然走向抽象群體，抹殺掉個人價值與人的尊嚴。現代歷史上一切以群體（或國家）為名義來約束個人自由與社會自治的行動，都是一場悲劇。

其三，是以法統治（法治）還是依法統治（法制）的問題，這是一個權力是否能夠得到有效限制的問題。以法統治（the rule of law）與依法統治（the rule by law）是兩種完全不同的統治方式。前者強調權力的限度、權利的保護、法律下的自由和良性的社會秩序，並不單純強調嚴密的法網，更強調源自公民內心的以守法而得自由的自覺。後者強調權力的優先、對民眾的限制、法律下的臣服及強控性的社會安定，單純注重密佈的法網，認定法律的高壓功能對於社會控制的絕對重要性。但是，這常常構成一種反諷，「國家愈糟，法網愈密」。[33]

其四，是伸張正義還是保護特權的問題，這乃是一個權利的公平分享問題。對於一個現代社會而言，伸張正義還是保護特權，不是一個政治聲明的問題，也不是一個政治期望的問題，而是一個政治制度的選擇。人們也許眷念那種在政治聲明中許諾正義的制度。但是，恰恰在這種制度中，特權從來都是觸目驚心的。人們或許懷念那種在政治期望中表達正義的制度設計，但是，恰恰在這種制度的實踐中，以權謀私最為普遍。只有以社會正義本身為制度目的，並且不是刻意為自己的制度塗脂抹粉的自由主義憲政制度運行中，社會正義才存在的。

進一步追索下去，我們就不能不問，為了形成一個健康的社會格局，將國家與社會進行適度分割，社會如何可以自我維持而不被國家吞噬的？社會在自我維持的基礎上，還可以與國家抗衡，從而成為國家權力正常運作的壓力嗎？換言之，健全社會的意識形態支點究竟是自由主義、還是傳統社會主義？答案，似乎不言而喻。

四、「中國問題」之源

自由主義與傳統社會主義的意識形態之爭，就是一個關乎「中國問題」解釋的爭論。我們首先要面對的問題就是，究竟什麼是「中國問題」。這不是一個簡簡單單就可以打發掉的問題，還需要從不同的側面來回答。從問題存在的具體所指上説，「中國問題」就是一個國內結構性腐敗與國際的全球化處境問題；從中國的現代變遷上説，就是一個現代國家與社會機制的建立問題；從意識形態的角度上説，則是一個選擇什麼「主義」來支撐改革開放運動繼續進行的問題。

僅就意識形態的角度分析「中國問題」，我們可以發現，「中國問題」的出現，既與改革開放中的中國實際存在的問題相關聯，也與我們敍述「中國問題」的兩種方式相聯繫。從後者説起，這是因為，我們敍述「中國問題」的方式，其實已經暗含着我們解釋「中國問題」發生的原因。敍述「中國問題」的兩種方式，大致可以現象描述的與追根究源的。

前者以對傳統社會主義的切切眷念之情來看待「中國問題」。在他們的理解中，當代嚴重的社會問題之所以出現，在於我們放棄了可以更有效地解決社會發展問題的意識形態——社會主義，而錯誤地選擇了不能解決發展中的社會問題，並且在西方國家已經證明不可行的意識形態——自由主義或市場經濟的意識形態。他們的陳述充滿憤恨不平，訴諸激情的力量。在描述一系列令人同樣憤怒的社會不公現象後，將自己的意識形態偏好直接與社會主義掛鈎。他們的思路顯然是：從現象描述直接推出應當選擇何種意識形態的結論。因此，他們的陳述雖然貌似複雜，其實簡單：解決社會不公只有依靠社會主義。以私有制辯護的某種意識形態來對付社會化大生產過程產生的問題，是行不通的。這是典型的傳統社會主義意識形態的自我論證方式。

至於追究「中國問題」產生根源的人們，則不願意將「中國問題」的指陳與解釋，滯留在令人憤怒的表面問題上。在承認「中國問題」發生的複雜因果關係的基礎上，他們主張訴諸理性，分析客觀情形。先面對「真問題」，再確認能夠解決這些問題的「主義」或意識形態究竟是什麼。這種思路，不以研究者自己的某種心理傾向或價值訴求為導向，以實際問題及其可行的解決方法為指標。最為關鍵的是，這種思路不會被情緒左右自己的分析，冷靜得近乎嚴肅地看待「中國問題」，從而保證能夠透入問題，將與問題關聯着的「主義」突顯出來。即使突顯出的這一主義與自己的價值偏好有出入，也在所不惜。

依照這一思路追究「中國問題」的源頭，可以得出一個「中國問題」發生的最根源性的結論：那就是意識形態與社會改革的對抗性關係，已經成為「中國問題」之所以問題叢生，而且難以解決的總根源。

這種對抗性關係，具有兩種表現形式：一是按照社會進程要求的意識形態而言的互適關係來説的現有意識形態與社會進程的對抗性關係。這是「死的要拖住活的」的對抗性關係。二是按照維持既有社會體制慣性，符合社會進程要求的意識形態與正統意識形態的對抗性關係，這是「活的要掙脱死的」的對抗性關係。

就前者言，其實，從前面的簡述可以看出，不論是馬克思主義，還是自由主義，都認為一個社會應當有與自己需要相一致的意識形態。自由主義揭示了自由主義之作為意識形態與市場經濟或資本主義社會的互適性，馬克思主義揭示了經濟基礎與上層建築兩者的辨證關係。這是自由主義與馬克思主義在某種形式上的一致性。從這個特定的意義上説，按照當代中國社會發展狀態來説，原有的意識形態早已不適合中國社會發展的意識形態需要了。但是，這一意識形態還頑強地在社會急劇的變遷過程中，發揮着某種人為性的作用。因此，這種意識形態便無可避免地與社會發展所要求的意識形態處於對抗狀態，或者説是正統的意識形態與改革開放便必然處於一種對抗性關係的狀態。導致這種對抗性關係的原因，是因為我們中國現代政治實踐的那筆歷史遺產，還沒有得到清理。在政治上，我們的嚴格控制局面；在思想上，我們的一統格局還沒有打破。在此情形中，過去的意識形態究竟適不適應改革開放的需要，還是一個理論的禁區。過去的政治遺產，怎麼對待問題，還是一個關乎在政治舞台上行動的人們自身的前途與命運的敏感問題。從早期指導改革開放的兩論到晚近的「不爭論」，都較能表現出這一點。這是為傳統的意識形態保留地盤的一種明智的做法。

以後者論，改革開放的現實進程，已經表明，它自身對新的意識形態的需求，已經到了一個非滿足不可的地步，否則就會影響改革開放以及社會經濟、政治發展。與此同時，新的意識形態為自己鳴鑼開道，也到了怎麼也不能忽視其存在的程度了。這是兩個相互聯繫的方面。就前一方面而言，以改革開放命名的「現代」中國社會運動已經走過了二十餘年的歷程，在某種程度上的策略性改革與舊的意識形態的互適性，已經達到了極限。形成中的新社會形態要求新的意識形態來支撐。而且，這種要求來自兩個方向：一是官方的，一是民間的。前者是在小心翼翼的統治情況下，被動的要求一種有利於自己順利統治的新意識形態。「有中國特色的社會主義」的提出，正是這一要求的反映。後者則是自覺到新的意識形態對於新興社會形態的必要性。在「轉型社會」的名義下探討的社會理論問題，可以視為這種自覺的反映。而九十年代民間學術界對於「左」、「右」問題的爭論，亦是這種自覺的反映。但是，傳統的意識形態與這兩種新意識形態的需求，處在對抗的狀態之中：以前者論，保守的意識形態代言者頑強地抗拒改革者對於新意識形態建構的探討。以後者論，來自權力者和自視為體制外的一些人士對於民間的意識形態探求，合力打壓，從而強化了原有意識形態對新的意識形態探求二者間的對壘性質。而且，原有意識形態背後的權力機制所發揮的作用，使得來自內部與外部的新意識形態探求，處於一種逼仄的狀態之中。兩者之間的緊張，常常顯現為一種社會運行的收放失度現象。改革開放空間的某種縮小或緊逼，反映了這種對抗的負面影響。但是，從新意識形態的出現來説，卻由於它自身適應了社會運行的內在需要，而表現出另類的頑強性。在經濟學領域中，這種表達借助於經濟學家診斷停頓的經濟發展問題，而有了「顯山露水」的機會。這一出現的方式，其實也反映了新意識形態出現的特殊性，由於它與傳統的意識形態處於「天然的」對抗狀態，因此，只有在它表現出有利於解決現實困難的情形下，它才可能獲得些微生存空間。後來，經濟學家們的探求遇到了橫亙在他們面前的政治學問題，這樣，來自政治學界的意見才有機會發表出來。於是，自由主義浮出了水面。然而，新意識形態與傳統意識形態的對抗關係，這時也到了「攤牌」的階段。傳統意識形態與權力的結盟，再次顯示出它的力量。顯然，在關係到中國改革開放的現實出路的問題上，意識形態的對抗性關係是一個難解的結。一切有違傳統意識形態的政治經濟探求，現在都遇上了傳統意識形態對其合法性，甚至正當性的審查。不管這種探求是來自官方還是民間，是理論的還是實踐的，而審查官則是傳統社會主義的舊派與新派的辯護者。

作為一種「現代」現象，意識形態與社會運動之間具有的對抗性關係，在中國還只是一種時代現象。但是，在中國社會，它也是一種可以從歷史角度分析的現象。在古代社會中，古典中國的國家意識形態與民間社會的基本觀念，便處於一種說不上是對抗起碼也是鬆弛的狀態之中，埋下了意識形態與社會運行處於對抗關係的歷史之根。我們的古典社會乃是一個二元結構的社會。這一社會的基本態勢，就是依據某種意識形態進行統治的社會上層，與依據日常生活節奏而活命的大眾，形成一個相互脫離的二元社會。[34] 這一社會結構的維持，在意識形態上依賴於上層社會與下層社會的觀念脫鈎。假設下層社會與上層社會的界限有可能打通的話，那麼就有可能出現兩種情況：其一，上層社會要將自己的意識形態下貫到下層社會，這就會與下層社會的日常觀念相衝突。其二，下層社會要將自己的日常觀念上升為全社會的普適觀念，即由非意識形態的生活理念變成意識形態。因此，原來二元的政治——生活理念就會有一個一元整合的問題。兩者間的潛在衝突就會突顯於社會運動的表面，恰巧中國的「現代」運動，成為了契機。

在中國特殊的現代狀態中，由於兩個機緣，造成了源自上層社會的意識形態對於全社會的垂直控制，從而令古典的二元社會可能衝突的雙方（上層社會明顯存在的意識形態與民間社會潛在的意識形態），變成了國家意識形態，以橫空凌駕的方式全方位地制約社會的單純局面。一個機緣是民族—國家形成過程中的社會動員問題。原來中國社會乃是一個非現代的文化—「國家」。因此，在古典時期，它在二元結構中可以順暢運作，而且由於沒有外來的巨大壓力，也即是說這種壓力要麼可以忽略不計，要麼被中華文化的強大融合力所同化，社會沒有遭遇一個必須以全社會的整體力量來對付的危機局面。但是，到了「現代」的門檻上，中國社會的慣性運作機制已經不能再發揮其剩餘的作用了。古典的文化—國家面對現代的民族—國家的挑戰。內在的社會資源顯得嚴重的匱乏。因此，社會資源的全面動員，便成為組織起民族—國家的起碼條件。原來渙散的社會，註定沒有可能成為這種動員的力量，而原來的組織系統——古典國家，倒反成為重新組織、動員社會力量應付危機、重建國家的基礎。國家對社會的優勢便由此形成，奠定了統治者的意識形態佔據所有意識形態空間的基本格局，奠定了國家意識形態之作為唯一的統治合法性辯護依據的基礎。社會重組的活性因素就此短缺。另一個機緣是上個世紀初到世紀末的全能主義政治定位。這種定位其實是前述社會—國家格局變化的必然結果。晚清政治變革的曲折，就因為它的變革定位出了問題。古典國家機制的運作所要求的全能控制，一旦遇上社會自組的變化，一方面，它就必然發生紊亂；另一方面，它也就只能以自己原來的基本定位與運作方式應付局面，方可免除傾覆的眼前危機。古典國家的控制功能演變為現代門檻上的國家維持功能。以維持為目的的國家機器，必然對能消解這種維持的因素，加以毫不憐惜的打壓。這種格局到了中華民國和中華人民共和國時期前三十年，也沒有根本的改變。國家意識形態單一支撐的局面，也就成為難以突破、邁向「現代」的障礙。

從結果上來看這種局面的影響，一方面，影響了有效的社會整合。從理論上看，社會整合的方式有二。一種整合是由國家權力的強行下貫，使社會服從於一個權力意志，從而達到整合社會各種力量，並使之得到統一。這樣的整合，是一種收效最快的整合，尤其對於後起現代國家的社會整合顯得更為有效。因為，後起國家在經歷新舊交替的時候，容易產生社會紊亂。以國家力量整合社會，可以保證特定的秩序。另一種整合則是社會各個力量通過一個時期的互動，達成某種均勢，進而形成某種妥協，使社會力量朝着一定方向運作。這種整合方式的見效較緩慢。但是，這種整合方式最符合社會持續發展的需要，不至於在整合之後留下社會創傷，以致埋下社會分裂的危機。顯然，中國應用前者統一力量。由於它是一種以見效快為目的的整合方式，它留下的問題亦比較多。另一方面，這種整合方式沒有打破古典中國的社會整合的格局，仍然使社會被割裂為二：由意識形態引導的、目標明確的上層社會或國家，由生活常識指引的、自在自得的下層社會。只是與古典時期不同的是，上層社會的意識形態已經可以下貫到基層社會，問題只是出在下層社會對之抱以一種陽奉陰違的態度。二元社會的結構從顯見的結構變成隱性的結構，這意味着現代意識形態的整合過程還沒有結束。

而且，由於在改革的進程中，我們採取了策略性的改革進路，現代意識形態問題的遮蔽與傳統意識形態的膠合作用，強化了上述局面。

因此，僅就意識形態的角度來分析，「中國問題」乃是一個日積月累，而且積重難返的問題。不從意識形態的角度加以通盤解決，問題就會仍然存在。任何痛切的指陳或深度的追究，都會失去其顯示意義的可能性。

五、自由民主或社會民主

到了這一步，問題的癥結就明顯了。既然我們不能不面對重新選擇意識形態的問題，那麼我們可以選擇的意識形態有哪些，就是一個現實問題。

雖說現代西方各種意識形態都在中國演示過，但就當下情形而言，我們可以選擇的意識形態方案，只有兩個：自由民主主義與社會民主主義。在西方語境中，這兩種方案，原本不是對立的。而且，在一定意義上，作為對僵化、教條式的馬克思主義的一種修正性反思，社會民主主義可以視為是對自由主義的一種靠攏。愈近當代，社會民主主義對自由主義的這種靠攏愈益明顯。[35] 但是，在中國，兩者的關係則有所不同。在中國，自由民主主義乃是一種奠立現代社會基本價值的意識形態，以及奠立一種現代的政治經濟制度平台的指導思想。它是一種全新的、足以引導中國改革開放向縱深發展，進而克服改革瓶頸問題的意識形態，借助社會民主主義思想與制度來表達的某種改變改革思路的思想，則意圖將其定位在社會主義的正當性辯護上面。[36] 這種定位，無疑顯示了中國語境中社會民主主義與自由主義兩種意識形態言述的對立性質。而需要強調的是，即使是以西方意義上的社會民主主義作為當代中國的意識形態選擇的方案，也要有所警惕的。因為，當社會民主主義缺乏自由主義的制度平台時，對其的橫移會使我們面對完全喪失社會民主主義所提供制度基礎的危險。社會民主主義在此情形下，只能蛻變為傳統的社會主義運作形式。

面對這兩種方案所引起的衝突，我們必須從兩方面預先拒絕。一方面，拒絕傳統社會主義意識形態，使其從我們的意識形態舞台上退席，以避免傳統社會主義借屍還魂，讓我們再經歷蘇聯大清洗和文化大革命那樣的噩夢。另一方面，拒絕以任何名義傷害公民的自由與權力及濫用公共權力的行動，也拒絕任何以這類行動的存在來論證自由民主主義的企圖。因此，只有自由主義的制度要求，才能夠杜絕這類社會現象的存在，將其限制到一個人們能夠容忍的範圍內。假如將這種要求懸置起來，而聲稱有一種更優越的制度，那就是在編織政治童話。

當然，要在兩種意識形態之間選擇，是一個複雜的社會政治運動，不是一個簡單的理論立場申明可以完成。而在理論上可以做的，首先就是要說明，這兩種可選擇的意識形態所涉及到的三種意識形態觀念中的差異——這就是對自由主義、社會主義與民主主義的三元關係的思考。在此可以提出兩個問題：其一，在思想要素上，它們是完全區別還是有所交疊？其二，理論上，它們是相容的還是互斥的關係？

儘管這是一個理論問題，但是作為一個實際影響社會政治運動的理論問題，它首先在實踐中顯示出兩者的理論差異及其實際後果的不同。就此而言，我們首先就要從實踐上進行理論說明。從實踐上看，自由民主的可行性乃是一個由西方現代歷史進程充分證明的政治事實。在此，有兩種情形值得提出：一是沒有自由的民主，只能是由希特拉登台式的民主；二是只講自由不談民主，失去捍衛自由的廣泛社會基礎。自由與民主的聯姻，乃是西方社會現代運動最寶貴的經驗。但是，在自由與民主聯姻的過程中，社會主義與民主主義的實踐相聯關係，也被確立，並逐漸溢出馬克思主義的教條式軌道，形成社會民主主義的意識形態體系。因此，以西方國家的經驗分析社會民主主義的實踐與理論可能性，就是一個不能迴避的問題。先從實踐上看社會民主主義，我察覺到它有着嚴重的實踐障礙，這是因為以下原因。

社會民主主義乃是完全的政治實用主義，因此它只是一種隨機應變的產物。按照勃蘭特的說法，實踐社會民主主義的社會民主黨是「一個沒有世界觀的黨」。[37] 因此，社會民主主義不具有以某種基本價值體系為軸心的理論完整性。它只能是一種依附性的服從權力要求的意識形態。若它依附於自由主義，也許可能收到所謂在自由主義基礎上的平等之效。假如它依附於傳統社會主義的制度平台，它就只會蛻變為集權甚至極權主義。後者在實踐上的危險，大致在西方歷史上還沒有存在過。因為在西方，社會民主主義依附的始終是自由主義。但是若在中國實踐，後者卻是極有可能發生的，因為它作為意識形態的表達，一開始就想脫離自由主義的價值與制度約束，而有一種與傳統社會主義的天然親和力。

當我們將關於社會民主主義的實踐理論說明轉移到它的現實實踐邏輯上來看時，我們就會發現，社會民主主義的實踐邏輯總是體現為這樣的衍生軌跡：首先從分配正義出發，強調平等享有社會財富，從而在國家統治的方式上走向福利國家。社會的普遍福利是社會民主主義者提供給人們最具有誘惑力的東西。但是，從福利國家的實踐上分析，這種國家福利實際上早就陷入了難以自拔的困境。

福利國家的困境很多，但是，從西方學者對福利國家困境的研究上看，下述幾個方面是最為突出的。首先是「福利國家後座力」即稅收的問題。福利國家必然要求高稅收，以維持社會的高福利。但事與願違，由於高稅收與納稅人的高收入期望有所衝突，使「地下經濟」泛濫，稅入流失嚴重，導致福利費用失去保障。其次，福利國家面臨選擇利益模式的難題，即是一個效率與公平的兩難問題。當福利國家將公平問題作為社會政策的首要問題候，必然出現效率問題。因為，前者以平等為原則，後者以差別為原則。平等作為優先原則，就會以再分配為動力，這樣就要從能夠更多地提供公共產品的部門抽取分額，忽略差別便成為基礎。差別的忽略，便會令高效率的生產部門降低生產積極性，從而影響效率的提升。再者，福利國家會出現了工作倫理的問題。由於有良好的社會福利可以享受，勤勞工作與優裕生活之間的正比關係被打破，工作的動力便顯得不足。人們工作的願望處於一種逐漸衰退的狀態。另外，福利國家的社會衝突加劇。這種衝突，並不是一種完全付諸暴力的規模性衝突，而是各種原來承擔着不同社會功能的組織或機構，在福利國家中，失去了自身存在的必要性，而與表現出全能國家性質的福利國家發生功能上的衝突。如於傳統上充當慈善組織功能的天主教教會對自己在公共福利中的角色維護問題，與政府在慈善方面的介入有了衝突。最後，福利國家的建立，增加了政府統治的難度。這種統治的難度，一方面表現為政府政策調整的難度加大。另一方面則表現為政府的「無法統治」。前者通常體現為政府試圖削減福利開支而用於生產開支的政策調整時，不僅得不到公眾的認同，更造成社會的不安定性。後者通常體現為政府在制定政策時以維持福利為要務，不能以持續發展為制定政策的基本導向。政府的統治能力因為政府的超規模擴大，而難以有效應付複雜且急劇變化的社會需要，故因運作困難而令其統治能力局部地喪失。[38] 就這些方面可以證明，社會民主主義的實踐功能幾乎可以說是走入了死胡同。這是當代社會民主主義向自由主義偏移的內在動力。

將實踐問題轉換到理論問題上說，自由主義與社會民主主義對自己理論的論證力度也不在一個檔次上。自由主義，既是一套哲學價值系統，又是一套制度安排。在前者，它作出了從本體論、認識論到倫理學的系統論證。[39] 就後者論，自由主義在論證自由與民主的關係，即自己的政治理念與政治制度的關聯性上，也從政治理念到制度平台再到社會秩序，都有仔細的論證。[40] 簡單而言，自由民主理論的論證力度，可以從它對自由與正義作為自由主義的兩個理論支點，與作為現代國家制度的兩翼的雙線論證上得到證明，就此解決了如何統治與誰來統治的雙重難題。

相比之下，社會民主主義的理論力度就顯得不足。這可以從論證社會民主主義理論的兩個方面得到證明。一方面，從論證社會民主主義的理論家那裏，可以看出此點。僅從英國來看，世紀初的社會民主主義思想家如拉斯基，與世紀末的社會民主主義辯護者吉登斯，同樣都是想為秉行社會民主主義政策的英國工黨提供理論支持。但是，拉斯基卻是扭轉社會主義革命理論方向的一個人。他的「同意革命論」為社會民主主義轉向更為傾向自由主義的制度安排思路，鋪平道路。而作為當代英國工黨思想領袖的吉登斯，雖也以「超越左右」為目標，試圖找到所謂「第三條道路」。但其實，吉登斯羞澀地承認了自由主義的制度程式與所謂社會民主主義的價值觀協調，它們在理論上缺乏一以貫之的邏輯，更缺乏理論上的原創性。他們祈求超越，不過是給社會民主黨提出一些實際政治對策而已。另一方面，從社會民主黨政治領袖的理論思考與行動方案來看，也可以發現社會民主主義的蒼白。假如說早期的伯恩斯坦還只是期望以社會民主主義指導如何奪取政治統治權的話，那麼，從七十年代執政的勃蘭特、帕爾梅所宣導的「自由、公正、團結」，到九十年代掌權的布雷爾誦念的「平等、機會、責任、社區」的行動宗旨，則表現了社會民主主義之作為政治政策的老套的策略化進路。而他們採取的以「稅收」為中心的政策調整，作為政治家的實際操作，也沒有超出「危機中福利國家」的統治方略。「第三條道路」調和主義的蒼白，不僅表現在理論上，也應用於實踐上。我們難以期望九十年代的社會民主主義實踐，可以開闢出一條超越資本主義與社會主義的新路。[41]

在比較自由主義與社會民主主義的理論與實踐狀態後，我們可以進一步比較兩者的可行性與可靠性。這種比較得從兩者的特點出發。誠如薩托利所說，自由主義民主的基本特點是「以自由求平等」，而社會民主主義的基本特點是「以平等求自由」。[42] 應當說，兩者的理論支點是相近的，都是以自由與平等作為基本訴求。但是，由此追究二者的可行性，則就大為不同。就前者論，從自由可以推出平等。就後者論，從平等則推不出自由。因為，每一個人的自由辯護，意味着人人都平等地享有自由。而首先為平等辯護，意味着為追求平等而可以不惜傷害部分人的權利，自由就失去了它的生存土壤。因此，只有以自由為前提追求平等，平等才有保障，才能避免強加的平等，與國家借助所謂平等舉措構造全能國家或極權國家的可能性。[43] 換言之，除非以自由主義為基礎，基於平等的社會民主主義是不可以期望的，遑論傳統社會主義的方案。

從對西方國家兩種意識形態的實踐與理論致思上落實下來，則還是一個中國關注的問題。當代中國的改革，已經發展到一個關乎改革全盤的歷史定位如何確立的關鍵時刻（critical moment）。當此關頭，最重要的問題是：是滿足於解除既有意識形態的困境，還是尋求中國社會長治久安之道？就前者來說，中心問題是為傳統社會主義意識形態的時代辯護。這種辯護，從意識形態上借助的主要是社會民主主義的理論。但是，誠如前面指出，在中國，由於社會民主主義缺乏自由主義的保駕護航，它只能變成為傳統社會主義辯護。就此而言，與傳統社會主義的正當性問題與合法性問題的疏離，成為我們合理地為改革開放進行歷史定位的前提。如此斷言，不僅是因為以社會民主來痛斥改革弊病，有着通向籲求「極權主義民主」的危險，也是因為這樣會模糊我們為健全的現代制度尋求可靠基礎的視野。

就後者而言，中心問題則是探詢一個最適應當代中國持續發展的意識形態支撐的理路——這是一個意識形態理論上的實踐適應性與意識形態實踐上的理論支持性雙重、雙向滿足的複雜問題。其實，這就是一個自由主義在當代中國深化改革的緊要關頭能否體現其效用性的問題。所謂意識形態在理論上的實踐適應性，實際上就是自由主義能否在理論上建構起與中國本土需要相適應的「本土化」話語系統的問題，即是能否走出西方語境的自由主義言述，避免橫移，而與中國的改革需求形成一個理論與實踐相互彌補關係的問題。所謂意識形態在實踐上的理論支持性問題，實際上也就是一個自由主義理論能否為進行中的改革提供深化思路，而且平穩地為社會的健全化提供理論動力的問題。這是兩個相互聯繫的問題，缺少任何一方，自由主義在中國的效用都無法得到人們的認可。

這一驗證過程是漫長的。但是，從結論性來看，自由主義所提供的社會運行方案是傳統社會主義改革的唯一出路。中國面向現代的改革運動也只能定位於此。雖然從構成因素上說，自由主義的方案與社會民主主義的方案可以有要素上的綜合可能。但是，從基本價值與制度設計的整體性上說，除了自由主義的方案以外，沒有任何方案可以替代。亦如薩托利所說的「要麼是自由主義民主，要麼什麼民主都不是。」[44]「摒棄了自由主義的民主，真正能看到的不過是這個詞而已，也就是用作修辭手段的民主，因為杜撰出來的人民支持，可以贊助最橫暴的奴役。」「只要自由主義的民主死了，民主也就死了。」[45]這不是一個單純的理論聲明，而是一個「現代」社會歷史發展的哲學結論。為何中國面向現代改革只能定位於自由主義的社會運行方案呢？簡單來說，原因有三：其一，它為一個尚未完全確立起現代基本價值的社會提供了一套價值系統。其二，它為一個缺乏現代制度供給的國家提供了健全的制度平台。其三，它為一個摸索了近百年卻尚未建立起現代社會秩序的國度，提供了一套現成可以參照的秩序建構方案。就此而言，由於任何聲稱優越於自由主義的改革方案都未能提供系統的替代方案，因此，他們的聲稱只是一種腦力遊戲，而不可能是社會運行的現實中可期許思路。

當然，從實用性來看，對中國而言，社會民主主義或民主社會主義的方案或許具有現實的可期許性。從現行意識形態的重構上看，從當下執政者的體面出路，從大眾對於生活的期望與改革陣痛的忍受上分析，都可以支持這一「體面」的選擇，也都會有現實的支援。但是，這仍然只是在策略性層次上看問題，其有限度十分明顯的。或許，改革的成敗也就在這裏分野。

註釋

1 參見陳林、侯玉蘭等著：《激進，温和，還是僭越？當代歐洲左翼政治現象審視》，北京：中央編譯出版社，1998，第365–367頁。

2 【美】福山：《歷史的終結》，內蒙古：遠方出版社，1998，第2–4頁。

3 陳林、侯玉蘭等著：《激進，温和，還是僭越？當代歐洲左翼政治現象審視》，第335頁。

4 陳林、侯玉蘭等著：《激進，温和，還是僭越？當代歐洲左翼政治現象審視》，第332頁及以下。

5 這從一些二十世紀九十年代被命名為「新左派」朋友的言述上可以看出。譬如汪暉在其表達立場的幾篇文章的思路，即可佐證。

6 自由主義與社會主義，均是內容包含甚廣的思想流派。在本章的指向上，一般是將古典自由主義、功利主義自由主義與羅爾斯的當代論述作為自由主義的指陳對象，而將馬克思主義與社會民主主義作為社會主義的基本代表。關於自由主義和社會主義所指的複雜性，可以參見 Micheal J. Sandel: *Liberalism and Its Critics*, New York: New York University Press, 1984. 以及李強：《自由主義》，北京：中國社會科學出版社，1998。徐覺哉：《社會主義流派史》，上海：上海人民出版社，1999。

7 這從我們後文要分析到的，當代社會民主主義者也是以所謂糾自由主義之偏的意圖，來表達自己的理論立場，可以得到證明。

8 這從社會民主主義者試圖從自由主義那裏尋找「創新」靈感，以及自由主義論述中愈來愈多所謂社會主義成分的複雜現象上可以證實。但是，在最基本價值 (The fundamental values) 上的排斥性表明，社會主義與自由主義並不是我們想像般那麼容易互借資源和彼此融合。

9 參見 Roger Scruton : *A Dictionary of Political Thought* , London: The Macmillan Press, 1982, p. 213. 以及《布萊克維爾政治學百科全書》，北京：中國政法大學出版社，1992，第 345–347 頁。

10 參見【美】W・D・珀杜等著，賈春增等譯：《西方社會學——人物・學派・思想》，石家莊：河北人民出版社，1992，第 253–256 頁。

11 轉引自【美】W・D・珀杜等著，賈春增等譯：《西方社會學——人物・學派・思想》，第 255 頁。

12 參見《布萊克維爾政治學百科全書》，第 346 頁。以及《西方社會學——人物・學派・思想》，第 470–474 頁。【美】吉爾茲著，納日碧力戈譯：《文化的解釋》，上海：上海人民出版社，1999，第 221–258 頁。

13 參見《布萊克維爾政治學百科全書》，第 626 頁。

14 參見《布萊克維爾政治學百科全書》，第 157–160 頁。

15 參見劉軍寧著：《保守主義》，北京：中國社會科學出版社，1998，第 235–238 頁對各種保守主義流派的介紹。

16 參見《布萊克維爾政治學百科全書》，第 415–418 頁。

17 關於三種意識形態各自的特性，是一個相當複雜的問題。這裏僅以《布萊克維爾政治學百科全書》對激進主義和保守主義的概括，以及柏林的《兩種自由概念》對自由主義的概括來點出三者各自的特性。

18 參見鄒讜：《二十世紀中國政治——從宏觀歷史與微觀行動的角度看》中〈中國政治學的發展與西方社會科學〉一文，香港：牛津大學出版社，1994。

19 亞當・斯密語。轉引自【美】諾爾曼・P・巴厘著，竺乾威譯：《古典自由主義與自由至上主義》，上海：上海人民出版社，1999，第5頁。

20 這可以從自由主義對「自由」概念的規定上看出。參見【美】羅爾斯著，何懷宏等譯：《正義論》，北京：中國社會科學出版社，1988，第191–195頁及其註釋。

21 參見於海：《西方社會思想史》，上海：復旦大學出版社，1993，第11–14頁。

22 參見於海：《西方社會思想史》，第98頁。

23 【英】洛克著，葉啟芳等譯：《政府論》，下卷，上海：商務印書館1983年印次，第59頁。

24 參見【法】盧梭著，何兆武譯：《社會契約論》，北京：商務印書館1982年印次，第29–30頁。

25 參見【美】羅爾斯著，何懷宏等譯：《正義論》，第120頁。

26 這正是二十世紀的羅爾斯要在繼承的前提下，重新在理論上闡釋社會契約論的原因。

27 【英】密爾著，程崇華譯：《論自由》，北京：商務印書館，1982，第10頁。

28 【美】薩托利著，馮克利等譯：《民主新論》，北京：人民出版社，1998，第340頁。

29 對此，只要閱讀諾齊克的《無政府、國家與烏托邦》一書就可以明瞭自由主義這種宗旨。當然，有人會指責像諾齊克這樣的自由至上主義者（libertarianist）將自由的重要性誇大了，將政府的作用降低了。但是，在強調自由的重要性之於政府的重要性時，怎麼講自由的重要性都不過分。

30 黎澍著：《馬克思恩格斯列寧史達林論歷史科學》，北京：人民出版社，1980，第385頁。

31 參見黎澍著：《馬克思恩格斯列寧史達林論歷史科學》，第8頁。

32 此段概括是對《馬克思恩格斯列寧史達林論歷史科學》第137–179頁內容的目錄的轉引。因為馬克思主義對社會歷史的闡釋極其豐富和複雜，任何試圖對之的簡單歸納都不免遺漏，故引述一些足以代表其基本理論立場的觀點，應當可以保證不至於歪曲馬克思主義的原意。

33 塔西佗語。轉引自薩托利：《民主新論》，第335頁。

34 對此，費孝通所著的《鄉土中國》（北京：三聯書店，1985）有非常精彩的描述分析。

35 參見陳林、侯玉蘭等著：《激進，温和，還是僭越——當代歐洲左翼政治現象審視》，教學與研究，第337–341頁。

36 這從崔之元及其中國大陸的同道者對文化大革命的極其正面的評價上，就可以看出。僅從這方面說，這部分以「新左派」命名的學界人士，甚至不能按照西方意義上的「新左派」來稱呼他們，他們完全就是「左派」，就是傳統社會主義的當代辯護者。在這個意義上，他們與自由主義確實是沒有任何共同點可言的，而且也與西方意義上的「新左派」沒有任何的理論關聯性。

37 參見陳林、侯玉蘭等著：《激進，温和，還是僭越——當代歐洲左翼政治現象審視》，第257–366頁。

38 參見經濟合作與發展組織秘書處編、梁向陽譯：《危機中的福利國家》，北京：華夏出版社，1990。該書或許對那些迷信社會民主主義的人士來説是一個很好的提醒：分配畢竟是生產之後的事情，假如將問題本末倒置，結果便會令人失望的。

39 參見所謂「左翼」自由主義者如羅爾斯所著的《正義論》，或所謂「右翼」自由主義者哈耶克所著的《自由憲章》，都可以體會出這一點。

40 這可以從薩托利的《民主新論》一書中窺探。

41 參見《社會主義流派史》以及《激進，温和，還是僭越》兩書中有關「民主社會主義」部分。

43 參見薩托利《民主新論》，第 439–440 頁。

43 參見薩托利《民主新論》第 403–409 頁。

44 參見薩托利《民主新論》，第 444 頁。

45 參見薩托利《民主新論》，第 445 頁。

第三章

意識形態與改革的實用導向[1]

中國近三十年的改革開放是在列寧—史太林主義的意識形態[2]氛圍中啟動。一九四九至一九七八年列寧主義—史太林主義的中國典型形態——毛澤東思想，[3]絕對主導着中國的社會政治生活。直到一九七八年，在中國共產黨第十一屆三中全會上，偶然的因素引發了對毛澤東思想絕對制約下的中國社會政治生活狀態的反思，從而開始了當代中國驚心動魄的改革開放歷程。[4]但這並不意味着中國的改革開放就是一個列寧—史太林主義或毛澤東思想這樣的剛性意識形態的退出過程，反而在改革開放的歷程中，改革意識形態與革命意識形態之間日益顯示出正面對抗的緊張狀態，而且令中國的改革開放呈現出進步與回流的曲折狀態。展望未來一個時期，意識形態對於中國深度改革究竟會帶來什麼影響，還在未知之數。這或許是中國事關國家前途與命運的決定性，還必須花費巨大力氣解決問題。

一、改革意識形態的實用定勢

為了能夠理解意識形態在中國改革開放中的作用，有必要首先簡單描述一下改革開放前中國意識形態的總體情形。這一描述需要切分為兩個介面：一個介面是一九七六年毛澤東去世前中共建政二十七年的意識形態狀況，另一個介面則是一九七六至一九七八年中共對於意識形態是否轉變的決斷。一九七六年以前的二十七年是中共在意識形態上絕對性地選擇了史太林主義的時代。在馬克思主義的意識形態譜系上，史太林主義是最具現實控制指向的社會主義體制的意識形態。如果說馬克思與恩格斯開創的馬克思主義還是謀求意識形態特權的烏托邦思想體系的話，那麼列寧主義已經將馬克思主義對未來理想社會的烏托邦想像，轉變為追求全面掌控國家權力的意識形態。到了史太林那裏，馬克思主義直接就成為控制國家的意識形態。但這中間最為關鍵的環節是列寧主義。列寧主義是史太林主義的理論形態，而史太林主義是列寧主義的實踐形態。列寧關於國家與革命的核心論述，就是關於馬克思主義如何從觀念體系轉變為國家意識形態的論述。列寧對於馬克思主義政黨的建構，尤其是對於政黨如何全面滲透到社會並掌握一切優勢資源的論述，完全切中現代國家理論中尚缺乏完整論述的國家意識形態的建構需要。由於列寧主義的出現，現代國家建構中未曾被充分考慮過的後發國家如何建立民族—國家的問題，被列寧以一種革命理論的鮮明形式提出。列寧的理論對於此後的社會主義國家建構自己的國家發揮着兩個關鍵的影響：一是政黨全面控制國家資源的設計，二是政黨意識形態直接發揮國家意識形態的功用。前者使現代民族國家出現了替代性的國家形態，那就是政黨國家。後者不像前者，前者主要是在一個主體民族的基礎上建立國家體系，而後者則是在政黨意識形態的基礎上建立國家系統。這使佔據國家權力體系的政黨不滿足於支配國家權力，而且還野心勃勃地支配國家範圍內所有的政治、經濟與文化資源，從而形成以國家面目出現的政黨對於國家精神生活、政治生活、經濟生活、文化生活與日常生活的全面控制。這是一種在民族國家範圍內無法解釋的國家形態。這一國家形態在其典型的模式中，採取的是一種國際主義的形式。在其衰變的形式上，則呈現出民族國家的形式。即使如此，政黨國家對於國家範圍內的資源控制並不會有絲毫的改變，國家對於政黨的目標始終處於屈從的狀態。後者，即政黨意識形態直接發揮國家意識形態的功用，意味着國家意識形態難以脱離一個政黨的完備哲學的制約，當這一政黨哲學體系具有維持其完備形態的能力，即它可以剛性地為這一政黨哲學的正當性與完備性提供證明的時候，它就會不容分説地排斥一切相異的意識形態，並對於自身的自足性有一個剛性維持狀態。換言之，列寧主義國家在自身足以維持自身的狀態下具有拒絕全面改革的國家特性。唯有當政黨意識形態不足以自我維持，而必須借助於其他現代意識形態的資源來支持自身意識形態的正當性甚至合法性的時候，政黨意識形態在政黨狀態的主導下才會出現鬆動的跡象。這種鬆動就成為列寧主義國家改革的動力與標誌。[5] 一九七六年以前，中共的意識形態就是在列寧主義的絕對主導下全面主宰着中國。這與毛澤東在一九四九年後對於國際局勢的判斷、此前中共對於國家建構的認知、一九五〇年後中國的國際處境、國家吃緊的經濟社會局面等因素密切相關。[6]

一九七六年毛澤東去世。這意味着中國失去了列寧—史太林主義的人格代表與權力象徵。毛澤東的去世終於使「中國向何處去」的問題成為中共決策者不得不面對的難題。在國家穩定的象徵性人物離開國家政治中心舞台的情況下，毛澤東親自選定的接班人，無論從心理傾向上還是從政治適應上，都會自然而然地選擇維持既定的政治狀態。這一選擇在意識形態上便體現為「兩個凡是」：「凡是毛主席作出的決策，我們都堅決擁護；凡是毛主席的指示，我們都始終不渝地遵循。」[7]「兩個凡是」的出台，等於宣告了國家調整發展狀態的不可能。這對於等待毛澤東去世以改變中國政局的人們來説，絕對難以接受。由於在列寧主義國家中，只有等待執掌國家權力的政黨內部發生變化，國家才可能發生變化，因此，中共內部的政治分歧在「兩個凡是」的催化下產生明顯分歧。這一分歧，成為啟動中共領導階層推動改革的重要因素。當鄧小平提出「準確的、完整的理解毛澤東思想」的時候，中共領導階層內部的兩種意識形態決斷便明確地呈現了出來。與此同時，重新起步的經濟建設獲得了一定成就，但究竟應該在怎樣的國家理念中尋求國家發展，此時還在未定之天。直到中共十一屆三中全會，清理文革、矯正極左、理性發展，才成為中共的新選擇。這中間除了政治鬥爭之外，意識形態的改弦更張成為政治轉變的主要信號：《實踐是檢驗真理的唯一標準》這種絕對是意識形態的說辭，竟然成為中共啟動改革、營造改革氣氛的重大象徵。此時，中國意識形態的當代歷程：一方面，傳統的列寧主義意識形態仍然以轉變的面目發揮着整合國家力量的作用，但它自身的張力日益突顯。另一方面，改革意識形態正式登台，現代主流意識形態——自由主義的經濟政治功能開始顯著。後者與前者的交錯作用，對於改革開放發揮着混雜在一起的引導效用。

中共傳統的意識形態與改革意識形態之所以混雜在一起，並且對改革開放的實際進程發揮着混合的作用，從歷史轉變的角度看，是因為中共的改革發生在可以繼續維持其意識形態的體系，但又不得不對其剛硬形態進行矯正的特殊情況下。中共可以繼續維持其意識形態體系，是因為中共成功地區分開了政治領袖個人的意識形態偏好與政黨的意識形態體系之間的關係。這就是中共第十一屆三中全會所說的「毛澤東同志晚年犯下了嚴重的錯誤」，但「毛澤東思想是全黨智慧的結晶」，兩者之間不能一概而論。這樣就將史太林主義再次成功理想化，使之重新煥發出理想主義的光彩。而中共不得不校正其剛硬的意識形態結構，則是因為毛澤東的意識形態建構——「無產階級專政下的繼續革命」，實在無法使其維持統治、提供觀念指引、制度思路和整合作用。正是這兩種意識形態處境，使中國改革開放在其歷史起點上得以將史太林主義的道德理想主義與改革所需要的政治實用主義形成合流。

理解史太林主義與改革意識形態的混雜作用狀態，需要精心釐清在西方國家呈現為兩種完全不同的意識形態的功能。無疑，在近三十年的中國改革開放中，改革意識形態發揮着引導社會變遷的浮面功能，史太林主義則構成中共自證其改革合理性的深層觀念支持。這是一種非常奇特的組合——極左的意識形態與右傾的意識形態居然可以同時作為國家基本政策的選擇。當然，在分析這種奇特組合之前，必須強調，改革意識形態自身建構的蒼白，使它一開始就處於一個依賴史太林主義的尷尬狀態，史太林主義事實上主導着中國的改革進程。或許，這就是一些學者斷言中國的市場經濟不是現代規範的市場經濟形態，而實際上是「市場列寧主義」形態的理由。[8]

話分兩頭。先看改革意識形態的形成過程及對中國改革如何發揮引導作用。從改革意識形態的形成過程看，它有一個逐漸成型的發展歷程。在改革開放初期，即使是後來被認作「改革開放的總設計師」的鄧小平，對於改革開放也是心中無數。在第十一屆三中全會的定調上，鄧小平的態度在開初是保守的，他對於清算文革、處理毛的政治遺產，甚至對於天安門事件的態度都傾向迴避。直到出國訪問，發現在這次會議上陳雲、胡耀邦以比他激進的轉向態度已經佔據了會議的主導權，才及時約于光遠為其撰寫宣導解放思想的發言稿，將政治主導權扭轉過來。正是基於這樣的偶然性，中共啟動改革開放的歷史巨碾並沒有胸有成竹的藍圖。[9] 一九八〇年代全面推進的改革開放，實際上也是走一步看一步。眾所周知的一個例證就是，市場經濟的經濟體制定位，是在經濟體制改革實在無法維持既定狀態的前提條件下推出的——起初改革主導者不過是想恢復計劃經濟秩序，但這種努力的結果令人失望，因此不得不選擇有計劃的商品經濟經濟模式。但計劃多一點還是市場多一點的爭執，使決策者不得不在最後選定社會主義市場經濟這樣的經濟模式，而終於落定在現代市場經濟上面。但正是這種逐漸推進，即作為「摸着石頭過河」的改革試錯取向，使史太林主義意識形態的剛性制約作用不斷下降，改革自身逐漸取代史太林主義意識形態成為新的整合國家力量的意識形態。

改革自身成為意識形態，是因為它具有了自證其合理性的理論結構和效用證明。鄧小平將改革置於一個不證自明的位置上，並對改革的自明性、全面性和長期性進行了闡述。在上個世紀八十年代後期，鄧小平已經意識到改革本身的意識形態建構的重要性。他盡力將改革自身的正當性作為推動改革的基本理由。為此他強調「不改革就沒有出路」[10]。但改革究竟是一種怎樣的改革，在整體上鄧小平並沒有從馬克思—列寧、史太林主義的經典中尋找支持理由。他務實地處理改革完全是基於現實處境需要這一問題。這是他脫離此前中國的意識形態理路，直接為改革開闢意識形態空間，以至於使改革自身成為建立在不確定性基礎上的替代性意識形態。由於改革本身成為意識形態，即改革以自身提供意識形態支持，因此支持還是反對改革就成為近三十年中國獲得政治資源的重要手段，也成為中共重新聚集政黨認同資源的基本方式。

但改革意識形態並不是真正現代意識形態意義上的完備哲學建構。改革在起點上的功利性決斷，已經註定它是不可能建構完備的哲學體系。「不管白貓黑貓，抓住老鼠就是好貓」這樣的功利態度，相應將改革置於一個意識形態上亟需建構的狀態。因此它在意識形態上替代史太林主義的可能性幾乎不存在。三十年來，改革意識形態處於一個與史太林主義競爭國家政治資源的對抗狀態。由於改革的定位不確定，只是在要求發財致富的基點上致力於經濟增長，故而自成體系的史太林主義意識形態，對於蒼白的改革意識形態形成的話語優勢不言而喻。中國的改革自始對結構化地制約改革的內在因素採取了束之高閣的態度——改革就是社會主義的自我完善，就是為了加強中國共產黨的領導；為了實現毛澤東那一代政治領袖富民強國的政治理想；為了中華民族的復興。以上種種，決定性地蛀空了改革的精神基礎。因為改革缺乏真正證明其正當性的意識形態資源。在不得不借助史太林主義的意識形態為改革開放的實際政治舉措辯護的情況下，改革意識形態與史太林主義兩種對峙的意識形態，就不能不使改革處於窮於應付意識形態的困境——改革意識形態對於意識形態爭端的迴避態度，就最為典型地反映了完全實用主義的改革在自身進程中進退維谷的境況。即使是改革開放的人格代表鄧小平，在重啟改革的一九九二年視察南方談話，也只能對這種不利於改革的意識形態處境提出「不爭論」。這就註定了改革意識形態軟弱乏力的，既無力自證改革本身的合法性，從而提供改革強有力的國家意識形態支持；也無力回應來自中國共產黨內部的史太林主義意識形態捍衞者對於改革開放的攻擊。

二、革命意識形態的重構

如前述，中國改革起點上的意識形態是極左意識形態——列寧—史太林主義及其中國形態毛澤東思想。改革開放就其本來的意味，在意識形態的介面上就是要促使這一革命意識形態從中國政治舞台上退席。但革命意識形態的頑強顯然大大出乎人們的意料。在改革開放三十年的時限內，革命意識形態以傳統的極左形式（「老左派」）和現代的極左形式

（「新左派」）替換上場，[11] 不斷阻礙改革意識形態的發揮，並成功地建構起當代中國轉型最具有抵抗功能的「批判型」意識形態。

革命意識形態的傳統形式，或稱之為「老左派」的革命意識形態，對於改革開放向縱深發展的反彈最為強烈。這可以從兩個角度加以描述：一是從它的左傾立場陳述上認知，二是從它的演變歷程上了解。就前者而言，老左派隨時隨地祭出人民的旗幟，將改革開放必然導致的財富重新分配安頓在僅僅具有道義價值的公正天秤上衡量，從而以社會主義的傳統意識形態對深度改革諸多阻撓。在他們看來，無論國家所有制下的生產效率如何低下，只要對國有產權進行改革，就等於徹底拋棄共產主義理想，宣告社會主義建設墮入資本主義深淵。因此，他們以對改革的社會主義性質的保障，作為改革還是不改革某種經濟機制的唯一標準。[12] 至於那些需要改革的低效率甚至無效率的經濟體制，大多因為這樣的判斷標準而無法進行有效的改革。而這種判斷方式，明顯是政治化的。這種單純的政治化判斷是改革開放前三十年中國政治的基本思路。這樣的論述進路，常常以「路線」質疑的方式提出，將某些僵硬的政治原則作為對待和處理社會政治問題的基準，對於階級鬥爭的敏感性遠遠勝於把握時代變遷的積極性。[13] 他們所關注的問題確實是具有某些客觀依據的，但他們對於問題的分析幾乎只是他們自身的信仰而已，而不是「與時俱進」調整自己的價值立場和知識結構，以便用新的視角觀察急劇變遷的中國社會。[14]

就後者，即改革開放三十年老左派的演進歷程而論，老左派借助政治運動的方式不斷阻止改革向縱深地帶推進。對這種演變最簡單的勾畫是，一九八三年以清除精神污染的名義對理想主義的改革精神氛圍進行極左重組，這次運動可以說給中共發動的改革套上極左的枷鎖。清除精神污染與堅持四項基本原則，成為這次運動式的左傾意識形態重建的兩個介面。前者是這一運動的反對面，後者是這一運動的宣導面；前者劃定了思想解放的範圍，後者給出了思想解放的前提；前者提醒人們政治運動的殘存，後者直接點醒人們政權性質。就此而言，人們開始充分醒悟，意識形態在中國的改革開放進程中仍然發揮巨大的制約作用。[15] 一九八六至一九八七年、一九八九至一九九二年則以反對資產階級自由化阻止人們對改革進行深入設計和實質推進，這兩次反對自由化的政治運動進一步限制了中國改革開放向縱深推進的可能性。因為這兩次政治運動不僅是在中共黨內激烈地開展，也在社會中引起巨大震盪。如果說一九八六年的反對資產階級自由化在短時間內被化解的話，一九八九年的反對資產階級自由化運動則深刻影響到此後二十年中國改革開放的走向：一方面，它將改革的走向嚴格限定起來，八十年代那種浪漫地設計改革的立體空間，被驟然壓制為一個扁平的逼仄狀態。[16] 另一方面，需要改革的緊迫問題日益被政治正確的要求所窒息，八十年代的蓬勃改革態勢就此消歇。再一方面，權力與利益的局部勾連由此進入一個全面結合的狀態，改革幾乎無法透入政治體制之中。在某種意義上，一九八九天安門事件中斷了中國的改革。一九九二年重啟的中國改革，無論在氣勢上還是在佈局上，都無法與一九八〇年代的改革媲美——極左意識形態的全面主導與權錢勾結的突兀局面，就此成為突顯中國特色的兩個主要畫面。極左意識形態在一九九〇年代仍然借助中共設定的改革就是某種特定國家結構的自我完善這一基點，不斷地重組其理論形態與問題針對：一九九六年意識形態化的公私之爭將產權問題政治化從而成功阻止產權改革，二〇〇四至二〇〇六年對改革開放進行的第三次清算，則使改革的社會認同感嚴重下降。如果說毛澤東曾經斷言七八年就進行一次的階級鬥爭，給反對深度改革的老左派以三、五年就進行一次清算改革的靈感，那麼，老左派根據傳統的史太林主義的第一政治戒條——一元化的政黨統領原則，對於改革稍微觸動一下中國共產黨利益的做法抱有高度的警惕性。他們以執政黨絕對代表人民利益的書面原則作為支援自己意識形態立場的根據，對於一切優化執政黨執政方式的設想嚴加排斥。他們常常以無條件的同富調門作為批判改革開放導致貧富分化的理由。財富似乎自自然然掉在人們的面前，毋需創造，僅需分配。這種論調在文革時期曾經主宰中國人的平均主義神經，今天同樣極大地左右着人們改革開放判斷成敗的方式。因此，老左派的說辭雖然陳舊，但喚醒人們投入改革的作用則十分有效。他們從來不把今天中國繁多的問題看作是改革不足造成的，相反總是認定這是改革必然的後果，因此引導人們拒斥進一步的改革。[17]

但老左派拒斥改革的言論所具有的影響畢竟有限，這與他們非常僵化地堅持極左立場的態度及脫離時代趣味的話語選擇具有密切的關係。新左派的出台及所發揮的巨大影響，相應也就有了不同的依託：一方面，新左派不再堅持令人敬而遠之的革命立場，他們選擇了靈活的政治態度。新左派就此具有老左派所不具備的親和力。另一方面，他們對於改革開放以來逐漸出現卻長期未能有效解決的計劃經濟遺留問題與市場經濟新生問題，加以痛切的指陳和毫不留情的批判，並以人們的懷舊情緒為依託勾起社會心理普遍存在但未曾明顯作用的眷戀文革的意識，[18] 為新左派聚集因不滿改革或因改革失落的社會心理資源提供了便利。再一方面，新左派以平等和公正為道義號召，以詩意的語言刻畫前塵往事，以痛切的言辭指責現實社會，以理想的筆觸勾畫完全平等的社會圖景，使它的可信性在人們的心理需求介面上統一起來。在試圖將一九四九至一九七八的三十年與一九七八至二〇〇八這三十年無縫對接起來的嘗試下，新左派既以滿足中國人的歷史連續感獲得人們的青睞，又以抵制西方價值和制度迎合了中國逐漸流行開來的民族主義情緒，更以所謂民主主義的社會制度設計顯示了他們抵制專制主義的善良意圖，因此，新左派所具有的社會煽動力是不容置疑的，它成為對抗改革意識形態最具底層影響力的思潮由此可以理解。

老左派與新左派的關係較為複雜。從分流的角度看，老左派與新左派似乎沒有淵源關係。老左派可以稱之為權力左派，即使是在改革開放進程中出現的老左派大多是失去權力的失勢人物所宣導的，他們背後具有的權力支撐卻是顯而易見的。[19] 新左派則可以稱之為無權力支撐的學術左派，他們大多是在大學和研究院任職的學者或藝術家，來自文學藝術的激情，使他們受到改革開放以來社會分化的極大刺激，他們無法從社會科學的角度審視問題並設計解決進路，只好任由文學藝術的激情引導來痛斥現實。[20] 前者的權力思維和後者的文人思路確實具有很大的差異。而且，在新左派內部確實也還存在其他應當引起人們注意的分歧。譬如經濟領域的左派（所謂「海派經濟學家」）與政治領域的左派之間存在分化，前者主要關注的是所有制關係問題、分配公平問題等，後者關注的焦點主要是權力是否掌握在「人民」手中，至於人民究竟由哪些社會階層來坐實，似乎不是他們所關心的。儘管新左派內部充滿思想張力，新老左派之間的思想張力更加明顯，但不能不看老左派與新左派的合流。這種合流不能說是有形的，即新老左派公開結成某種意識形態同盟，但這種合流也不能說是無形的，因為它們共同塑造着反現代化主流的社會思潮和政治動向：老左派從權力內部抵制中國的深度改革，隨時隨地以亡黨亡國的威脅來積聚執政黨內反對改革的力量；新左派則從思想理論界發動反對改革的清算浪潮，以完備的理論取向建立顛覆現實秩序的批判理論。[21] 新老左派對於革命情景的眷戀完全是一致的，它們對於社會主義的狂熱是其假設並批判今天中國完全陷入資本主義深淵的精神基礎。

在中國的改革開放步入所謂深水區的時候，新老左派意識形態所有的群眾基礎不能不說是雄厚的。中國的改革開放在結構上本來就是不健全。極權政治、市場經濟與一元文化的配置，使中國的改革逐漸成為國家權力與市場資源的全面結合，而一元文化又剛性地堵塞了公眾泄憤的通道，因此造成一個看似由改革導致的畸形社會。但改革的邏輯需要的恰恰是民主政治、市場經濟與多元文化的配置方案。當這一方案在政黨權力絕對拒斥的情況下完全缺乏推行可能性的時候，新老左派誘導人們痛恨似乎導致社會不公的市場化改革，就會使那些被日常生活折騰、缺乏基本政治思考能力的公眾們對改革加以抗拒，進而形成抵制改革的社會心理。由於「群眾基礎」這樣的政治性語詞在中國共產黨主導型政治話語中，對於中國人政治話語具有支配性作用，因此，改革的社會心理資源處於顯見的流逝狀態。這是近年中國社會很難形成改革共識的左派思想根基。但從現代化歷史的比較分析中，我們可以知道，國家意識形態是不能以訴諸群眾話語來決斷的，因為群眾的生存邏輯與國家意識形態的發展邏輯之間具有難以逾越的鴻溝，但新老左派通過革命想像與文化想像，似乎不費吹灰之力就將這兩者無縫焊接起來。

三、自由主義理念的滲入效用

新老左派曾經斷言中國的改革開放已經將中國改造成為一個自由主義的國度。[22] 這一斷言使中國改革的自由主義取向成為一個值得深入討論的話題。首先，這一話題有一個真假的性質問題、一個形似和神似的表現狀態問題，及一個不同政治意圖的蘊含問題。

從第一個方面來看，斷言中國的改革開放是自由主義取向，其實是一個偽命題。因為不論就國家意識形態的自覺表述，還是就改革開放的目的來說，都與自由主義風馬牛不相及。主導中國改革開放的三代政治領導人明確強調，指導是在指導過程中形成的中國改革開放的國家理論是「中國特色社會主義理論」，而絕對不是其他理論。而改革開放的目的一直是「社會主義的自我完善」。除此之外的理論表述一律被視為自由化理論，不論是來自自己陣營的「無產階級自由化」，還是來自敵對陣營的「資產階級自由化」，都在明確的反對之列。[23] 就此而言，把中國的改革開放斷定為自由主義取向的改革不是出於無知，就是刻意的。

從第二個方面觀察，中國改革開放與所謂自由主義的完備方案之間的形似顯然大大超過它們之間的神似。如果把形似界定為表面上的一致，把神似界定為實質上的一致，改革開放在經濟體制上的市場化改革確實有些類似自由主義對市場經濟形式的推崇。但中國的市場經濟僅僅是利用市場要素的改革，利用計劃經濟要素還是市場經濟要素在主體上沒有任何結構性變化，而且利用不同經濟要素的權力背景也沒有實質的改變。從主體結構上看，國家始終是絕對主導甚至完全扼制中國經濟咽喉的主體。在沒有國家—市場—社會三者健康分化的前提條件下，放開國家之外的市場空間，可以啟動市場要素的作用，從而令經濟要素的價格配置局部地成為可能，這為經濟活力的出現和持續的經濟增長帶來了條件。但國家對於經濟結構的強力控制，使這一利用市場要素的改革絕對談不上是規範的市場經濟改革，不過是國家控制下的市場啟動而已。這就是今天的中國人毋需任何現代經濟學常識就可以辨認出的國家資本主義——一切重要的市場資源（就是我們通常熟悉的交通、通訊與能源等市場要素）統統控制在國家手中，國家掌握着僅僅用於國有資本的金融機構，控制着調劑市場資源流向的價格權力，國家的發展主要依靠政府的基本建設投資，國家對於不同的經濟組織進行以政治忠誠為標準的區隔，以國有資本與民營資本的懸殊處境證明，這些做法就是要表明中國只是一個利用市場做法的國家，而不是一個真正意義上騰出市場空間，從而使國家與市場相形而在、平等作用的市場經濟國度。至於自由主義的憲政民主政治，在中國就連形似的實踐也還沒有。文化上的多元主義目標顯然也無法預期。從協力廠商面分析，那些斷定中國改革開放是自由主義取向的斷言者，是具有某種政治意圖的。這種政治意圖不是試圖將他們斷言的對象置於不利的政治地位，就是試圖將斷言物件置於無法自辯的不利位置，使斷言物件不敢將中國改革開放真正具有的內在特質。因此，新老左派斷言某人某論屬於自由主義，斷言中國改革開放屬於自由主義這類説辭，不過是一種表達自己政治正確的政治態度需要而已。

從操作國家意識形態的政治領袖的主觀意圖上説，自由主義絕對是它們眼中的對手。但問題在於，出於政治領袖的主觀意圖的斷論，雖然使自由主義在結構上無法施展拳腳，卻不見得是完全拒斥自由主義一些可以「拿來」的做法。在告別文革的尷尬社會政治處境中，尤其是在幾乎沒有物質資源作為控制國家的手段時，一種出於應急思維需要的利用現代主流的經濟手段來實現統治國家的物質資源重聚的主觀意圖，使中國領導人不得不走上利用現代經濟手段的道路。為了使走入死胡同的計劃經濟能夠步入柳暗花明的新境，中國改革開放的領導人不得不逐漸從剛性的計劃經濟退向有計劃的商品經濟，進而退向社會主義市場經濟。為了滿足社會主義就是解放生產力的實用主義改革思維的需要，從客觀效果追求上看，中國改革開放的領導人不得不引入自由主義的基本做法——要告別創痛、療治病患，不論是鄧小平、江澤民，或是胡錦濤，都不得不承諾現代主流的自由主義方案在某些做法上對於「中國病」具有的救治作用。從規範的現代結構上説，在經濟領域，自由主義的基本理念和制度安排提供了最有效率的經濟體系；在政治領域，自由主義的憲政民主設計則成為亟欲建立穩定統治的中共必須借鑒的政治理念；在文化領域，自由主義主張的多元文化理念，成為中國統治者解決日益嚴重的完備理論之間的衝突、民族之間政治紛爭的有用思路。就此而言，自由主義確實是中國的改革開放設計者所不能完全拒斥的。

這就為自由主義的經濟—政治—文化主張滲入中國的改革開放過程提供了契機。從改革開放政策的實際操作上看，經濟領域的所謂自由主義取向一向為人矚目。雖然這一取向並不是在規範的意義上發揮作用，國家主導的市場經濟這一説法儘管不符合現代規範經濟理論，但在國家權力的絕對主導下，經濟領域引入市場因素畢竟成為中國的現實。經濟要素的市場配置在中國普及開來，價格機制由政府絕對控制，但發揮着不可小覷的作用，尤其是市場驅動的競爭有效地推動了中國經濟的增長，為了增長而展開的競爭，甚至促使了高度集權的中國走上了分權促成的經濟增長道路。[24] 不規範的市場經濟對於不發達國家的經濟增長具有的巨大推動作用，在中國得到極為鮮活的印證。但自由主義現代意識形態總是在中國政治的「枱底」發揮作用的，它在政治的「枱面」始終處於被攻擊和批判的狀態，這似乎註定了改革開放的意識形態需要與實際發揮效用的意識形態之間的疏離關係，也註定了國家確定的意識形態結構與實際發揮作用的意識形態之間的正面對立關係。因為代表國家立場的意識形態陳述，從來就沒有對自由主義意識形態讓渡過任何政治空間。不僅國家領導人對於現代主流的意識形態加以嚴厲的拒斥，自認為自己代表國家意識形態的學者也對自由主義意識形態進行政治批判。[25] 但即使如此，批判者也都承認新自由主義仍然有中國需要借鑒的地方。[26] 這也許顯示了力圖實現現代轉軌的中國對於自由主義意識形態的某種寬鬆態度。

從民間看，自由主義的處境比之於在官方的處境要稍微樂觀一些。這一方面與官方對自由主義意識形態的鬆動態度有關，另一方面也與民間對於自由主義理論的引進和討論有關。[27] 關於自由主義的討論，有一個從思想史到現實社會政治生活出路的漸顯過程。到一九九八年，終於有學者提出「自由主義浮出水面」。[28] 漢語自由主義的理論言說終於開始出現。在某種意義上，「公共論叢」的出版為自由主義的理論言說提供了一個較為穩定的思想平台。但自由主義的言說自身可以用殘缺不全來形容。一方面，自由主義的理論出場似乎太過匆忙，以至於言說者自身並不是十分清楚它究竟可以在中國的現代轉變中扮演什麼角色。這是自由主義的言說大多由人文學者來擔當其責的主要原因。如果說自由主義切合中國現代的需要，它更應當由社會科學學者應對中國實際需求加以闡釋。另一方面，就是言說自由主義的學者對於自由主義的理解也存在嚴重問題，所謂「經濟自由主義」與「政治自由主義」的人為分割，將本來就無法公開證明自由主義正當性的短缺性精神資源，肢解得雞零狗碎。在西方社會中，經濟領域的自由主義與政治領域的自由主義從來緊密地聯繫在一起：不論是古典自由主義原創時期的約翰・洛克、亞當・斯密，還是新自由主義時期的哈耶克、羅爾斯，都將經濟領域與政治領域的自由主義立場打通闡述，這是自由主義的徹底性、一貫性和完整性所要求的理論進路。但中國言說自由主義的學者，尤其是主張所謂政治自由主義的學者，似乎對於經濟領域的自由主義立場有所警惕，明確表示經濟自由主義與政治自由主義是兩種自由主義，並在承諾新左派指責經濟自由主義導致中國兩極分化的前提條件下，試圖劃清政治自由主義與經濟自由主義的界限，這是中國自由主義理論幼稚病的典型表現。再一方面，中國自由主義的言說者大多缺乏政治智慧，無法有效介入中國實際的政治生活之中，因此他們着重申述自己的自由主義人文立場之外，對於中國改革開放進程的有效影響有限，可以忽略不計。假設經濟學界的自由主義婉轉表達者對於中國的經濟體制改革還有某種需要澄清的貢獻，而自由主義在整體上雖然已經成為當代中國可以公開言說的意識形態，並逐漸成功滲入中國社會現代變遷的實際進程之中，中國的政治自由主義者對於中國的政治體制改革出路問題，無論是在理論上還是實踐上都乏善可陳。

如果斷言中國已經成功地建立起法律主治的市場經濟與憲政民主的國家，甚至中國近三十年在實踐哪怕是最弱意義上的自由主義意識形態也是有悖現實的説辭，中國國家意識形態的頑強性遠遠超過人們想像，它在不斷變換自己的存在形態的同時，不斷重聚中國最重要支持國家意識形態的各種資源，這不僅使現代其他意識形態的成長缺乏基本的資源供給，也使其他意識形態完全無法與國家意識形態抗爭。在一定的意義上，中國國家意識形態的自身轉變註定了中國改革開放意識形態的狀況。因此，在中國改革開放與自由主義之間建立直接的聯繫，恐怕只能是一種需要極大想像力的書齋工夫。

四、以「核心價值」重塑意識形態

中國改革開放三十年來的意識形態演變史證明，在國家結構不發生根本變化的情況下，既定的國家意識形態的主導地位是無法被取代的。中國國家意識形態只能在自身允許的流變範圍內不斷重新組合。但從實際情況看，這種組合的明晰性愈來愈暗淡，而不確定性愈來愈明顯。與此同時，重新樹立國家意識形態的確定性已經日益顯現出它的重要性。

儘管如此，中國國家意識形態不見得能閒庭信步。一方面，國家意識形態完全不做調整和改變已經不可能。另一方面，國家意識形態遭遇的結構改變難題鮮明地突顯出來。從前者看，改革開放三十年的歷程，因為遇到三重挑戰，使中國國家意識形態的闡釋者不得不不斷變換國家意識形態的表述方式，並逐漸放棄經典的列寧—史太林主義意識形態方案，漸漸建立起起初並不是那麼輪廓鮮明的「中國特色社會主義理論」，並將馬克思主義的中國化作為這一意識形態建構的內外特徵突顯出來。

上述的第一重挑戰是經濟有效發展問題。這一挑戰將經典的列寧—史太林主義強調的社會主義經濟形態，即剛性的國家計劃經濟，重塑為融合了社會主義國家權力及市場經濟形式而形成的所謂社會主義市場經濟。雖然這一經濟形態的規範意義還有待闡述，但它將傳統社會主義計劃經濟形式窒息的經濟活力釋放出來的功能，已經得到普遍認可。這挑戰的存在與作用，即使在經典馬克思主義的立場上應對，也不得不因循經濟基礎決定上層建築的「規律」，迫使國家意識形態適應市場經濟的需要，在原來根本沒有任何市場經濟空間的列寧—史太林主義的論述中，為市場經濟騰出狹小的意識形態生存空間，而不斷深入的市場經濟實踐，使這一挑戰變得嚴峻。能不能在馬克思主義的意識形態範圍內消化市場經濟的經濟結構，並成功將之納入中國化的馬克思主義國家意識形態結構之中，絕對是一個要繼續接受考驗的難題。

第二重挑戰是國家有效統治的挑戰。這既是一個政治難題，也是一個行政難題。作為政治統治難題的挑戰是針對執政黨的。中共是一個革命黨，它的特質是訴諸暴力顛覆現行政治秩序。因此毛澤東在通過暴力革命取得全國政權後，因為對革命黨的局限性缺乏基本的認知，而繼續沿循革命黨的思路提出對自身統治極具威脅的「無產階級專政下繼續革命的理論」。十年文革的結果是中共的統治威信明顯下降，以至於在一九七八年不得不從執政黨的改弦更張入手，改變毛澤東的剛性戰爭思維，但從一個革命黨轉變為執政黨談何容易。政黨自身熟稔於心的是革命理念，它對精細的國家統治策略不僅十分陌生，而且心存排斥，加之一個習慣於軍隊服從習性的獨食政黨，要練習並完全接受分享國家權力的政治習性，就更是政黨意識形態、政黨制度、政黨舉措、黨際關係等問題上存在全方位改變的難題。這對中共重建來說，絕對不是兩三個領袖人物提出的炫目口號就足以實現的政黨轉型目標。行政上的挑戰則是針對政府的。中國政府在決定其權力形態與運行形式的政黨陷於戰爭經驗而不能自拔的前提條件下，長期依靠舉國體制治理國家。這一體制完全是戰爭的遺產。它的特點是在執政黨統治國家的宏大氣勢下，不惜一切代價實現既定的統治目標。文革及以前，中共的統治目標是穩定其統治地位，取決於這一需求，國家不惜工本建立起適應戰時需要的政府體制——「備戰、備荒、為人民」成為顯示戰時行政體制特質的口號。備戰，就要求一切下級政權服從上級指令；備荒，要求以高度的積累限制現行的消費；為人民，要求各級領導者必須具有一致的政治思維。在這裏，人民並不是作為具有政治訴求的公民，也不是作為具有物質要求的消費者，更不是作為控制國家權力的自治市民，而是服從國家統治需要的對象的指稱。[29] 這樣的行政運行體制，顯然不是和平時代的體制。因此，在文革後期，政府基本無法組織有效的社會經濟活動。所謂文革後期國民經濟陷入破產的邊沿，一是指經濟體制的癱瘓狀態，也是指政府運作的渙散乏力。[30] 在這一體制瀕臨破產邊沿的時候，改革啟動了。但改革最需要針對的對象就是政府自身。如何建立起有限而又有效的政府，成為處於改革開放漩渦中的政府的難題。一九七八年至今，這任務的進度顯然不能令人滿意。

第三重挑戰是意識形態紛爭對於國家認同的挑戰。不能不承認的是，列寧—史太林主義的中國國家意識形態已經破產。這一破產，不是指它在理論上完全不能自證，而是指它的現實針對已經完全掛空；不是指它在國家意識形態上缺乏權力支持，而是指它無法回應公眾的權利訴求；不是指它完全沒有信徒維護，而是指它缺乏普遍的社會認同。因此，從改革開放伊始，馬克思主義就陷入了「堅持」優先還是「發展」優先的困境，至今這一問題也沒有得到有效的解決。馬克思主義的中國化就是在這一矛盾定位後，力圖化解問題癥結的一個做法。在政黨意識形態與國家意識形態完全統一的意識形態結構中，單一意識形態在中國獨領風騷的局面一去不復返。在現代舞台上曾經出現過的諸種意識形態紛紛登上中國舞台，上演自己的意識形態活報劇。一九七八年至今，民主主義、憲政主義、民族主義、國家主義、保守主義、自由主義、女權主義無不在中國社會中引起騷動。到今天，中國意識形態的三分天下局面大致形成：新左派、自由主義與保守主義。雖然説這三種意識形態形式遠遠沒有上升為國家意識形態的可能，只能在馬克思主義中國化的國家意識形態制約下存在並發揮作用，但它們各自已經獲得了既定的接受群體，形成了自有源流的闡釋共同體，並提出了解決中國問題的一攬子方案，無疑，加劇了中國國家意識形態建構的危機感。

由於意識到國家意識形態建構的急迫性，執政的中國共產黨近三年明顯加快了政黨意識形態與國家意識形態重建的步伐，努力為深度改革提供深層的觀念依據。在二〇〇六年，執政的中國共產黨提出了建立社會主義核心價值的命題。這一命題本身的新鮮度並不值得關注。但這一命題內涵的政治意圖與可以闡釋的現代內涵，使其成為人們共同關注的話題。提出建構社會主義核心價值這一命題，一方面意味着國家核心價值的缺席已經導致了國家統治危機，使國家認同的問題顯得異常重要。另一方面也意味着究竟哪些價值可以成為國家價值還是一個有待解決的問題，在改革開放前曾經無比清晰的問題現在顯得模糊朦朧。為此，需要以討論的方式來解決國家基本價值體系的缺失問題。這一問題的解決結果並不能令人滿意。因為國家意識形態的建構困境不僅沒有得到緩解，相反對此的爭論更加激烈。二〇〇四至二〇〇六年，是所謂改革開放以來關於國家前途與命運的第三次重大爭論，但這次爭論不僅徹底瓦解了改革共識，更尖鋭地提出了國家意識形態的領導權問題，將國家意識形態建構的問題徹底政治化。因此，執政的中國共產黨只好以更為含混的建構社會主義和諧社會處理，允諾以公正、民主、安定、有序等價值理念來重建國家。但轉型時期的矛盾與和諧的目標之間顯然存在巨大的鴻溝，國家意識形態的現狀與重建之間明顯存在錯位的情況。

二〇〇七年，中國共產黨第十七屆全國代表大會嘗試走出這一困境，致力建構適應中國結構化轉軌需要的意識形態理念。一方面，中共對於列寧－史太林主義及毛澤東思想意識形態決定性地位的淡化處理，顯示出它進一步放棄僵化的政黨－國家意識形態的姿態。另一方面，明確提出了「中國特色社會主義理論體系」是中國現代發展的指導思想，並強調堅持中國特色社會主義就是堅持馬克思主義。這中間的替換暗示與對毛澤東思想的冷處理是相互牽連的。[31] 再一方面，以「繼續解放思想、堅持改革開放、推動持續發展、促進社會和諧」為中國特色社會主義界定內涵，強化改革意識形態自身的正當性與合法性。但其中蘊含的諸種可能性，仍然沒有平息關乎國家意識形態的爭端，以至於國家領導人不能親自出面闡述國家價值，而二〇〇七至二〇〇八兩年間，值得人們注目的普世價值爭論出台。

温家寶對現代意識形態的表態是最值得注意的。他在一篇文章中強調，「要尊重文化的多樣性。現在世界上有兩千多個民族，人類文明隨着多種民族的相互交往而不斷豐富和發展。世界文化的多樣性或文明的多樣性，不僅過去存在，現在存在，將來也會長期存在。科學、民主、法制、自由、人權，並非資本主義所獨有，而是人類在漫長的歷史進程中共同追求的價值觀和共同創造的文明成果。只是在不同的歷史階段、不同的國家，它的實現形式和途徑各不相同，沒有統一的模式，這種世界文明的多樣性是不以人們主觀意志為轉移的客觀存在。正是這種多樣文化的並存、交匯和融合，促進了人類的進步。要承認世界文化的多樣性，不同文化之間不應該互相歧視、敵視、排斥，而應該相互尊重、相互學習、取長補短，共同形成和諧多彩的人類文化。」[32] 這可以說是中共領導人最明確地承諾普世價值的一段話，也是中共領導人意識到國家意識形態不能從特殊主義路徑對待的一段話。它對於中共走出困擾自己三十年的意識形態困境具有指引功用。

但温家寶的講話並沒有獲得黨內高層的一致贊同。對於中共這一尚未成功告別革命黨思維的執政黨來說，要走出高高在上的馬克思主義（列寧－史太林主義）的意識形態天地，並不是一件輕而易舉的事情。身為黨國欽定智囊集團的中國社會科學院院長、全國政協副主席的陳奎元，對於普世價值進行了不留情面的政治批判。他採取似乎是辯證卻是聲討的方式批判普世價值的提案，提出要「從戰略的高度提出目標、任務，用戰略的視角研究黨和人民正在關切並希望找到答案的問題，把研究工作融入黨和人民正在致力的偉大事業中去；要以中國特色社會主義理論為旗幟引領潮流；了解基於實踐的理論材料，參與黨的理論創新進程；了解世界理論、文化的動向，借鑒先進適用的文明成果。過去基督教宣揚其教義是普世價值，現在西方話語權的聲音高，把他們主張的『民主觀』、『人權觀』以及自由市場經濟理論等也宣稱為普世價值，我國也有一些人如影隨形，大講要與『普世價值』接軌。我們研究重大現實問題，涉及黨的路線方針政策，在這樣重大理論、戰略問題上要清醒。」[33]這種口吻充滿政治色彩。

為了給改革意識形態提供空間，也為了平息黨內關於普世價值的爭端，在二〇〇八年十二月十九日《在紀念黨的十一屆三中全會召開三十周年大會上的講話》中，胡錦濤對於三不原則——「不動搖、不懈怠、不折騰」進行明確的強調。三不原則是一柄雙刃劍：它既可以針對教條的列寧—史太林主義對於實用的改革意識形態的攻擊，也可以針對設計中國憲政民主政體的人們，但總的說來，它是力圖平息意識形態爭端對中共主導的改革開放的干擾。改革自身早就成為中共統治國家自我正當化的唯一出路。

由此可見，中國國家意識形態建構的艱巨性與中國改革開放令人憂慮的前途已經緊緊地綁在一起。國家意識形態的成功轉型，也已經與國家的現代轉軌緊緊地綁在一起。而這三十年國家意識形態轉變的艱難困苦，是否已經明確預示了國家現代轉軌的難以克服的困境？答案仍然需要尋找。

註釋

1 本章為提交二〇〇八年十二月八日在美國波士頓大學舉辦的「改革開放三十年：中國向何處去？」國際學術研討會的會議論文。

2 本章所使用的意識形態概念，大致與卡爾・曼海姆在《意識形態與烏托邦》中界定的含義相當，即一種純粹的完備學說只是一種烏托邦觀念，而當它與國家權力全面結合在一起的時候，就成為意識形態。參見該書第196–209頁，北京：商務印書館，2000。

3 這從毛氏斷言的「十月革命一聲炮響，給中國送來了馬克思列寧主義」上可以得到最為直接的認識。參見毛澤東：《論人民民主專政》（1949年6月30日），《毛澤東選集》（第4卷），北京：人民出版社，1991，第1471頁。

4 參見於光遠：《1978：我所親歷的那次歷史大轉折》，北京：中央編譯出版社，2008，第160頁以下。根據作者回憶，鄧小平也是在中共第十一屆三中閉幕式的講話中，才提出影響此後中國三十年發展的解放思想、民主法制等問題，他的定調與初期明顯不同。

5 蘇聯和東歐這類典型的列寧主義國家在二十世紀五十年代逐漸啟動並顯得時斷時續的改革過程，就很好地顯示出這一特徵。蘇聯進入柔性的改革狀態情形，可參見魯・格・皮霍亞著，徐錦棟等譯《蘇聯政權史》，第2章、第7章，北京：人民出版社，2006。

6 參見R・麥克法誇爾、費正清編，謝亮生等譯：《劍橋中華人民共和國》上卷，北京：中國社會科學出版社，1998，第35–36頁。

7 見兩報一刊（《人民日報》、《解放軍報》、《紅旗》雜誌）社論：〈學好文件抓住綱〉，《人民日報》，1977年2月7日。

8 參見朱學勤：〈激蕩三十年：改革開放的真相〉，www.xschina.org/show.php?id=12711

9 也正是因為如此，有人指出中國改革開放實際上並不存在「總設計師」這樣的角色。改革開放的試探性與頓挫感本身也表明，這一宏大的社會變遷過程並沒有總體設計作為有序性的擔保。參見於光遠《1978：我所親歷的那次歷史大轉折》，〈自序〉。光遠指出對中共如此重要的第十一屆三中全會居然沒有一個主題報告這事實，其實證明了中共主導的改革開放本身僅僅是一場複雜的政治博弈副產品這一真相。

10 鄧小平：〈改革的步子要加快〉，《鄧小平文選》第3卷，北京：人民出版社，1993，第237頁。

11 本章中所使用的左派一詞，僅僅是中性的分析詞彙，不含任何讚賞或批評的意味，因此不能對之進行政治猜度或政治歸類。

12 參見鄧力群：《十二個春秋》，香港：博智出版社，2006。

13 同上書，第538–539頁。

14 譬如鄧力群這一代馬克思主義者在知識結構上基本上固着在列寧—史太林主義的時代，他們的知識背景幾乎缺乏現代更新。鄧力群所讀的著作基本限於馬克思主義的經典著作，現代西方的人文社會科學重要著作完全不在他的關注範圍。參見同上書，第7–8頁。

15 參見前引鄧力群書。第261–423頁，〈反對精神污染的前前後後〉。

16 譬如對中共自身的改革，此後就幾乎成為一個禁區，即使中共自身承諾改革也僅僅是皮毛的「黨內民主」而已。而一九八八年廣東省設計的取消省級行政機構的黨組這類改革舉措，恐怕在今天人們的眼裏完全是匪夷所思的事情。

17 參見高為學：《「不逾矩」論集》，〈自序〉，北京：大眾文藝出版社，2003。該書對於中國改革開放進程中稍有離經叛道之論的政治批判堪稱老左派言論的代表。

18 參見公羊主編的《思潮——中國「新左派」及其影響》上編所收的諸文就可以鮮明地感受到這一主張。北京：中國社會科學出版社，2003。

19 參見鄧力群對於老左派主張背後的權力關係的陳述，《十二個春秋》，〈一九八四年的日常工作和矛盾〉。

20 參見任劍濤《中國現代思想脈絡中的自由主義》，北京：北京大學出版社，2004。見書中第6章第5節「文人思維」對於新左派這一思維特點的分析。

21 參見公羊主編的《思潮——中國「新左派」及其影響》下編所收的諸文可以鮮明全面體現新老左派種種主張的負面影響，北京：中國社會科學出版社，2003。

22 老左派以精神污染和自由化為武器對他人的攻擊可見這一點。新左派動輒以自由主義作為攻擊別人的口實，也可以窺見他們的思維特點。

23 參見《鄧小平文選》第3卷〈我們有信心把中國的事情做得更好〉，尤其是第324–326頁。這一點在《江澤民文選》第3卷所收的文章〈在新世紀把建設有中國特色社會主義事業亟需推向前進〉、〈政治體制改革的目的是完善社會主義政治制度〉中也可以明確看到。胡錦濤最近《在紀念黨的十一屆三中全會召開三十周年大會上的講話》中更明確地將這兩點強調為三十年改革開放的寶貴經驗。參見《南方日報》，2008年12月19日第一版，及第二、三版胡的講話全文。

24 參見張軍、周黎安編：《為增長而競爭——中國增長的政治經濟學》，上海：格致出版社、上海人民出版社，2008，第2頁。

25 參見何秉孟主編：《新自由主義評析》，〈序言〉，北京：社會科學文獻出版社，2004。

26 參見同上書，第29頁。

27 上個世紀九十年代以後，中國出版界出版了一系列西方理論界的自由主義代表作，諸如北京三聯書店出版的「憲政譯叢」、中國社會科學出版社出版的「西方現代思想叢書」、商務印書館出版的「民主譯叢」等，均起到了在漢語學術界發酵自由主義的作用。

28 參見朱學勤：《書齋裏的革命》，〈1998，自由主義學理的言說〉，長春：長春出版社，1999。

29 參見任劍濤《中國現代思想脈絡中的自由主義》，第10章〈從人民、公民到選民〉。

30 參見《鄧小平文選》，第2卷〈各方面都要整頓〉。鄧的這命題，在那個特殊時期顯示了國家統治的全面危機，因此發出從黨到政、從上層建築到經濟基礎全面整頓的呼籲。

31 這一重大改變曾經引發人們的普遍猜想，為此，中共曾經聚集黨內高層編寫《十七大報告學習輔導百問》，嘗試解答人們的疑慮。北京：學習出版社、黨建讀物出版社，2007。

32 見《人民日報》，2007年2月27日第2版。

33 陳奎元：〈在中國社會科學院改革工作座談會上的講話〉，《中國社會科學院院報》，2008年7月26日。

第四章

中國政府體制改革的政治空間

在中國政治學和行政學界存在着一個普遍的誤讀中國政府體制改革是單純的行政改革問題。其實，中國政府體制改革絕對不是一個單純的行政改革問題。無論是從中國政府體制改革的籌劃上看，從中國政府體制改革的關聯結構上看，或是從中國政府體制改革的舉措上分析，當前中國政府體制改革確確實實是一個政治問題。[1]將中國政府體制改革坐實在政治體制改革的基點上，我們才能分析中國政府體制改革的關鍵問題，並透析其中的政治癥結，為中國政府體制改革尋找到突破口，並且以改革政府體制帶動政治體制的改革，進而為日益顯得滯脹的中國改革開放提供新的動力源，驅使中國改革繼續向縱深發展，令中國真正進入一個現代化國家的行列。

一、作為政治問題的中國政府體制改革

可以將分析中國政府體制改革的思路區分為兩種：一是將中國政府體制改革作為單純的行政問題，或是將中國政府體制改革作為政治體制改革的問題來處理。前者是一個「治道」優化的問題，後者則是一個「政道」安頓的問題。只有將政道問題與治道問題作為理

論問題聯繫起來思考、作為實踐問題聯繫起來處理，才能將政治決策與行政執行的問題一併處理好，不至於截然割裂政治與行政問題。這正是古德諾政治與行政關係論述真正具有啟發性的地方。

人們將中國政府體制改革進行單純行政化的處理，全因以下所述的有利因素。一方面，這種處理迴避了中國目前政治狀況中難以處理的政治難題。對於目前的中國來講說，難以處理的政治問題既體現為政黨意識形態與社會運行狀況的直接對峙，又體現為國家權力的合法性重建與社會權利訴求的正面衝突，亦體現為國家的倫理資源虧空與社會普遍怨恨情緒集結相形的處境。因此，提供人們不談論這些問題前提條件下的理論興奮點，就是國家與社會各方不謀而合的事情。僅僅將中國政府體制改革作為單純行政問題處理的大思路，就是這樣形成的。另一方面，單純的行政視野中的中國政府體制改革，可以在簡單得多的技術範圍內來談論，是現今中國理論界和官方談論中國政府體制改革的共同選擇。人們總是在諸如決策體制、行政程式、危機管理、政策制定、行政績效這些問題上闡釋中國政府體制需要改進的問題，而不是將這些問題得以解決的政治體制前提作為深入剖析問題的必須。捨棄政治前提，談論政策弊病，捨棄政治體制缺失，討論行政過程問題，就成為人們不約而同的取向。再一方面，把人們討論中國政府體制改革的思路約束在單純的行政範圍內，可以將人們約束在一個承諾現行政治體制正當化的討論範圍內，不至於因為討論中國政府體制改革而引導出現行體制內無法消化的政治問題。毋庸太多考慮，人們就會發現，迴避政治問題談論中國政府體制改革是從容談論中國政府體制改革的潛規則。幾乎從改革開放以來，只要有人以政治體制改革作為背景討論政府體制改革，就會遭遇到可以想像得到的理論與現實困境，討論者的社會處境甚至會因此而發生重大改變。於是，以維持某種不可挑戰的既定規則為條件談論中國政府體制改革，就是一個不得不遵循的理論路徑。尤其是一九九〇年代以後，隨着改革共識的喪失，中國改革的整體設計與完整思路就更是諱莫如深，各種政治思潮都在技術範圍內處理中國改革的理論問題。從學術研究的角度看，這中間最具有象徵意味的就是迴避中國政治問題的所謂漢語語境中的「公共管理」學科的勃然興起。公共管理學科迅速聚集起脫離了政治學的學科資源，是中國學術界合謀迴避尖銳問題而似乎遊刃有餘地處理政府管理問題的結果。但事實上，人們逐漸發現，公共管理學科在中國政府體制改革上表現出無能的狀態。公共管理學科自身捨棄了公共性而顯得非常蒼白，而它從所謂管理的角度申述的實踐效用根本無從證明。與之對應，從公共管理的實踐角度來看，中國政府體制改革陷入愈來愈難以克制的弊端之中。無論是政治體制的運作行政體制的運行，還是國家權力體系對於整個國家的控制能力，都令人不滿。從二〇〇四至二〇〇六年間，所謂改革開放第三次重大爭論對於改革的全面否定預設來分析，可以說改革已經喪失了基本動力，國家權力的直接執掌者對於中國現狀也不樂觀，中央政府不得不承認，政府力圖克制的弊病，比如腐敗問題，未得到有效的治理，相反，愈來愈泛濫。[2]

因此，我們不得不從政治主導行政的視角重新審視中國政府體制改革問題。作為政治問題的中國政府體制改革，不僅需要我們在政治的視角觀察政府問題，還需要我們在政治的結構要素上具體分析中國政府體制改革問題。前者是一個總體思路的確定問題，後者是一個具體因素的解析問題。從政治的角度觀察中國政府體制問題，意味着我們必須從政治體如何提供行政體存在理由和運行機制的角度分析行政體制的問題；從政治的結構要素上分析中國政府體制改革問題，意味着我們必須清理中國政府體制改革的諸政治要素對於行政體制改革的具體作用與實際影響。前者是一個政體選擇問題，後者則是一個政體運行與行政執行的關聯狀態問題。為此，我們不能不從前者的視角勾畫出中國政治體制面臨結構轉型的藍圖，從後者的視角勾畫出當今中國諸因素對於實際的政府體制改革的關聯性作用。這是一個不得不從政治犯險的基點出發進行的理論探索。溫家寶總理申述的限制權力克制腐敗的觀點，其實就是一個以政治改革引導政府體制改革治理國家的思路。

研究中國政府體制改革的人們，常常將作為政治問題的中國政府體制改革的進路政治化，也就是意識形態化的處理，迴避談論中國政府體制改革問題的政治真實性，將談論者的動機問題放置到是否愛黨愛國的高度，並加以政治猜測，使人們着力迴避關於中國政府體制改革中尖鋭的政治問題。其實這對於執政黨和在任政府來説都不是可取的態度。這種處理加劇「當局者迷，旁觀者清」的情況，相互之間缺乏基本的尊重和交流，最後只能任由問題愈來愈嚴重，而不能理性、平和地解決，喪失政黨、國家、政府、社會與市場多贏的改革機遇。

作為政治問題的中國政府體制改革，必須以絕對制約中國政治生活的馬克思主義意識形態的改革、執掌國家命運的中國共產黨的改革為前提，並不是以現代國家的政府體制改革可以替代的。可以斷言，若沒有全能的意識形態與政黨定位的轉變，中國政府體制的改革註定不能成功。在此基礎上，國家權力的分割制衡問題、政府許可權的縱橫劃分問題、政治博弈空間的完善建構問題、從政治改革到行政改革的走勢問題，都構成中國政府體制改革的關鍵問題。

二、意識形態問題

中國政府體制改革最大、最難以逾越的政治問題是意識形態的問題。一個與現代市場經濟相伴隨的政府體制，必定是一個民主政治體制。但是，中國的政黨—國家意識形態與市場經濟和民主政治處於緊張關係狀態。出現這樣的情形，是因為中國處在一個革命意識形態與建設意識形態的交錯結構之中。

作為革命意識形態，馬克思主義對於中國革命的引導作用已經被歷史證明，這是無須辯論的。自上個世紀初期源於西方的各種意識形態進入中國以來，馬克思主義終於戰勝其他意識形態成為主導中國的主流意識形態，這中間具有歷史的合理性。一方面，馬克思主義確實是最具號召力的革命意識形態，這對於一個匯聚了革命風暴的國家來說，當然具有內在的吻合關係。另一方面，馬克思主義對於後發國家的抵抗哲學具有一種支持的理論功用。後發國家在國家脱離西方列強控制的過程中，需要的不是建設性的意識形態，而是破壞性的意識形態。這種破壞性的意識形態必須具有理性的力量而不是簡單的破壞煽動。馬克思主義作為一套最具有現代性特徵的革命理論建構，恰好滿足了需要現代革命哲學指導的革命現實需要。再一方面，馬克思主義以反抗國家暴力、申述底層階級權利的理論出現，它的目的是建立一個最無私、最具有歷史前景的底層階級專政的國家。這對於分散的中國農業社會最具底層動員的功能，聚集革命的社會資源問題就此得到解決。總括而言，馬克思主義既解釋世界，更改造了世界的理論結構，在各種關於現代性的理論建構中是最震撼人心，也是最具有政治煽動力的宏大敍事。它在中國革命的艱難進程中獲得與中國社會實際相契合的廣闊空間，完全是歷史所註定的。[3]

一九七八年啟動的中國改革開放進程，呈現出逐漸與革命意識形態疏離的趨勢。從這種疏離的理論與實踐狀態來看，曾經為中國革命提供理論支援的革命意識形態與現實中的中國現代化進程需要的建設意識形態之間的距離，不是愈來愈小，而是愈來愈大。這種逐漸增大的距離突顯出兩種意識形態的複雜交錯關係和正面衝突狀態。一方面，政黨—國家意識形態的理論結構試圖在原來的狀態上自我維持。這體現為政黨—國家意識形態借助國家權力體系對革命意識形態的強力維持，在維持革命意識形態上以歷史的合理性下貫到現實，而試圖就此突顯其現實合理性。但這種經常以「堅持馬克思主義」為名的維護革命意識形態的努力，都走向了極端保守的馬克思主義原教旨主義一端，甚至經常構成執政的中國共產黨自身的政治障礙。鄧小平一再強調重在反左就是對於這種意識形態努力的反擊。[4] 作為執政黨的中國共產黨逐漸發現，革命的意識形態邏輯與執政的意識形態邏輯具有難以協調的對峙性。在改革開放的進程中，革命意識形態的負面作用遠遠勝於它的正面作用，當人們以一種前三十年與後三十年的對峙或對接的眼光審視這種關係的時候，事實上給執政黨的改革帶來理論上無法自圓其說的難題：論證其一致，使得執政黨無法更為有效地聚集改革的思想資源；論證其對立，又無法為其執政的合法性提供依據。近三十年來，中國意識形態的左右搖擺，突顯國家意識形態的資源短缺，最終，不得不在國家核心價值的名義下探討超越革命意識形態的國家價值理念。另一方面，國家的政治實踐與行政舉措則力求在迴避意識形態問題的前提條件下展開，但革命意識形態的回流始終與改革開放相互伴隨。因此，革命意識形態與改革開放的糾纏，逐漸突顯為要麼質疑改革開放的正當性並向左傾傳統回歸，要麼為改革開放正當性辯護而申述憲政民主主張的對立性思想局面。這是意識形態的觀念爭執投射到制度選擇層面必然出現的南轅北轍局面。在一九八三年的反對精神污染事件中，人們就遭遇到意識形態對改革思維的打擊。一九八六、一九八九年前後反對資產階級自由化的運動；二〇〇四至二〇〇六年關於改革開放的第三次重大爭論，都突顯出日益加強的革命意識形態對於建設意識形態的扼殺力量。同時，由於革命意識形態與改革開放舉措失誤的對應性呈現，甚至使人們感覺跛腳的改革開放不如革命意識形態維持的軍事化統治來得合理。一九九〇年代後期到二十一世紀初期失敗的產權改革，就更是在郎咸平那樣以執政黨意識形態攻擊執政黨改革舉措的批評聲中草草收場。革命意識形態的種種死限，諸如公有制、抽象的人民主權、平均分配、工農主導等，直接構成了推進中國深化改革的觀念障礙，使中國政府再也無法維持此前刻意迴避意識形態問題而「摸着石頭過河」的改革模式。執政黨首腦和中央政府領導不得不出來澄清改革意識形態立場，鮮明地體現出不談意識形態重建而致力改革開放的困窘處境。

就國家試圖維持革命意識形態來説，是由幾個原因所導致的。首先，政黨—國家的革命意識形態具有歷史的慣性，在這種歷史慣性面前，不論是直接承載這一意識形態的執政黨，還是擔負其行政使命的政府體制，甚至是作為政黨—國家體制的人格載體，都不能不在既有的意識形態正當性基礎上開始統治國家的觀念運行。這是一種思想起點決定觀念結構的必然處境，加上中國在革命意識形態僵化的年代裏，從來沒有可以替代的意識形態選項，使人們能夠形成健全的意識形態思維。在意識形態需要改革的當下，當然也就缺乏改良革命意識形態拾遺補缺的空間。板結的革命意識形態無法為彈性的改革開放提供意識形態支援，而人們又只能在革命意識形態中為改革開放尋求思想支持，這種尷尬的處境只能促成一種難堪而日益窮盡革命意識形態資源的狀態。

其次，政黨—國家意識形態長期的自我封閉導致自身缺乏創新和適應變遷社會的能力，革命意識形態曾經自我期許為「放之四海而皆準」的真理，因此它對於自身之外的現代意識形態缺乏基本的尊重和了解。當革命意識形態的缺陷逐漸顯現出來的時候，它只能在革命意識形態內部尋找自我更新的思想資源，但恰恰短缺的革命意識形態內部資源註定了革命意識形態自我更新空間的狹小，及它難以和平過渡到適應改革意識形態的悲劇。中國人為改革開放聚集意識形態資源的時候，只能以馬克思主義經典作家的詞句中艱難地尋覓，形象化地突顯這種跑馬圈的困境。再次，政黨—國家意識形態在繼承與創新之間的猶豫與徘徊，喪失了引導意識形態變化的良機。對於革命意識形態如何創新、如何繼承，不是一個可以左右逢源、迎刃而解的問題。近三十年左右政黨—國家主流理論界對於堅持和發展馬克思主義的問題無法取得共識，就證明這種意識形態重建道路困難重重。出現這種困境是因為堅持發展馬克思主義革命意識形態本身就是一個無法克服其內在矛盾的選擇——如果堅持馬克思主義革命意識形態，就必須不斷進行革命，對既有的政治理念、制度安排和生活方式宣戰；如果要發展馬克思主義革命意識形態，就意味着必須放棄某些基本的革命教條，選取適應和平時代經濟—社會發展、維護現實的意識形態。這兩者之間顯然有一種幾乎無法克服的張力。最後，政黨—國家意識形態與社會意識形態所呈現的錯位狀態，沒有引起掌控意識形態權力的集團和領導者的高度重視和富有效度的回應。政黨—國家意識形態自三十年前啟動改革開放的時候，就處於一個與興起中的後革命社會相左的狀態。但執政黨缺乏意識形態的創新能力，僅僅具有維護革命意識形態的警覺，而且政府提出的改革舉措總是在「不管白貓黑貓，抓住老鼠就是好貓」的機會主義思維中合理化。因此，三十年來中國意識形態逐漸空心化。政黨—國家意識形態事實上已經喪失引導社會思潮的能力，要麼處於原教旨主義的自娛自樂狀態，要麼處於捉襟見肘的應付情形。政黨—國家意識形態與社會的變遷愈來愈脱離，國家甚至因此處於危險的價值虛無主義境地。

從現實體現上看，馬克思主義及其延伸形態與中國當代經濟—社會發展的正面衝突呈現出兩種狀態：一是原教旨主義的馬克思主義與新左派的馬克思主義嚴厲批評中國共產黨執政的政府長期以來的改革，這典型地反映了政黨—國家意識形態與中國政府改革處於悖反處境的尷尬局面。原教旨主義的馬克思主義是以經典的革命意識形態指責黨和國家的改革導致國家顏色的改變。他們對於公有制度的偏好溢於言表，對於計劃經濟的喜愛不加掩飾，對於革命歷史的頌揚不惜言辭。但這些極左派的社會號召力嚴重不足，而且更因學理資源的不足而給執政者製造巨大的障礙。新左派是以書齋馬克思主義的面目出場。他們對改革開放以來出現的諸社會問題提出指責，切中嚴重的現實問題，因而引發了極大的社會迴響。以他們對文化大革命的親合、對工人農民的深切同情、對直接民主的偏愛、對權錢勾結的責難，贏得了部分處於怨恨狀態人士的喝彩。由於他們以學理面目出現，相應顯現出刻意迴避意識形態問題的執政領袖在理論上的蒼白，一時間新左派對於改革開放的機會主義選擇形成了強有力的挑戰。馬克思主義的理論形態與馬克思主義的國家形態就此處於一種對峙的局面。另一方面，後革命情形中馬克思主義的重新建構處於一種缺失狀態，這使馬克思主義執政黨缺乏足夠的理論支持。這是一種社會主義國家普遍的國家意識形態理論貧乏之症。究竟有效支持社會主義革命的馬克思主義，如何有效地建立支持社會主義建設的馬克思主義，是一切聲稱是馬克思主義者的理論家所必須完成又尚未完成的工作。機會主義與功利主義的「理論」建構，絕對不能承擔支持執政的馬克思主義政黨的政府行為，因為它們既不能為其提供正當化的理由，也不能為其提供連續性的政策進路。這是鄧小平式的改革之所以不得已在實用主義的軌道上故意疏離、貶低理論的進路。

三、國家權力的分割制衡

中國的國家權力體系本身也難以支援改革開放的政治需要。一方面，黨化國家體系本身就是一個扭曲的國家權力結構。另一方面，國家權力體系的軟化更註定了這權力結構運行的乏力處境。從表面上看，一個未能有效分割的國家權力體系似乎是足夠強大的體系，但是，這樣的國家權力體系在運行中必然遭遇分權不清、職責混亂的權力軟化問題。從黨化國家的結構上分析，中國政府必須服從行政化的政黨意志，因此主導國家日常權力結構運行的行政權事實上僅僅具有第二層次的權力，它在權力的運用方面淪落為行政化政黨的執行權力。從國家三種權力分化不清晰的角度觀察，立法、行政與司法的職責是混雜為「為人民服務」的抽象單獨原則，而「為人民服務」的抽象原則必然將具體的公民服務需求隱匿起來，實際上就此註定了「為人民服務」是一種不可能實現的道德姿態，國家對公民的意義就難以突顯。

從現代國家運行的歷史過程上觀察，國家權力有效劃分為立法、行政、司法三權分立制衡體系的極端重要性是不容輕視的。國家權力劃分為三種相互分立並相互制衡的結構，是國家權力得以有效控制並有效運作的前提。人類歷史表明，未曾分割的國家權力必然是壟斷的、強制的，甚至是強暴的權力。一個高度統一的、壟斷的權力是一個完全無法制約和控制的權力，因此它對於渙散的社會具有絕對的統治能力。將立法、行政與司法權力收攝為一的傳統國家權力結構，是一種吞噬性的國家權力結構。這種權力結構具有高度的單一性、壟斷性和絕對性，它不能容許與國家權力對應的社會機制存在。因此，具有絕對權威的國家權力體系，國家權力的最高掌握者也就具有橫暴地行使壟斷權力的特權，導致社會被國家吞噬，權利被權力吞噬。雖然絕對不受控制的權力也可以發揮良好的權力效用，但從整體上説，國家權力的隨意性註定了權力對於資源的恣意支配，政治行為的合理性是絕對沒有保障的。因此，限制國家權力就成為國家近代轉型時期最為重大的主題。當約翰·洛克與孟德斯鳩等思想家設計出三權分立制衡的政體，使國家的權力再也不能壟斷性地佔有權力資源，而分化為三種既更為專門，也更為精細的權力形態，並使立法秉承民主的原則、行政遵照效率的準則、司法謹守公平的信條，國家權力受到制約的現實才出現在人類社會。

在三種權力形態上，立法權是國家屬於人民最直接的表現。公民依照法律推選人民代表，人民代表按照人民的意志建立國家的基本法律和部門法規。就現代國家而言，一個國家的基本法律和法規如果不是由人民的代表經過適當的政治程式制定出來，那麼這個國家的權力就不可能是屬於人民的，而是支配人民的權力。國家立法的人民主權原則就此顯現出極端的重要性。在三種權力中間，立法權就此顯現為一切合法權力來源的保證，也被稱為「最硬的權力」，是國家權力來源具有合法性保障的基礎，使傳統以暴力獲得國家權力的方式的正當性被徹底否定，「打天下者坐天下」的橫暴權力邏輯，就此讓渡予合法獲取權力並和平移交權力的憲政民主制度。行政權在三權的分化中，被定位為執行國家立法機構所賦予的使命的專門機關。因此，行政權的特質不是它的民主性質，而是它的效率。行政權以高效率執行國家立法機構通過的法案為職志。在健全的國家權力體系中，其他機構都不具這樣的權力，國家的日常資源組織和利用、國民財富的增長與公共福祉的保障就是行政權的權力效用證明。因此，在國家權力體系中，一切非行政性部門都不能僭越而成為組織和利用國家日常資源的行政機構。而行政權在行使的過程中需要的民主程序，也就在行政權的效率宗旨面前顯現為次位的價值。司法權對於現代國家權力體系的有效運作最為關鍵，因為立法機構有沒有遵守國家基本法的有關規定行使立法權，行政機構有沒有按照國家法律行使運用國家日常資源的權力，都得由司法機關加以保障。一個缺乏獨立性的司法系統，也就意味着這個國家缺乏現代的立法保障和行政程式，這個國家的權力體系是紊亂的。司法權就此絕對不能受制於政黨權力、國家權力和行政權力。有論者指出，現代分權制衡體制最具創造意義的就是司法權的獨立。

就今天的中國而言，三種權力的有效分割顯然是不夠的。除了三種權力都被黨權壟斷及佔有外，三種權力內部的分化程度也相當低。這是前一狀態所決定的結果。在近三十年的改革開放進程中，三權分立制衡長期被視為資產階級因自由化思潮而受到的絕對排斥，直到執政者自己終於發現不受控制的權力已經不符合執政者自身的長期利益的時候，三權分立制衡的政治理念才正式進入中國高層掌權者的視野，它不可替代的政治價值也才終被承認。但是三權分立制衡的政治理念正當性被認可，並不意味着三權分立制衡的政治結構能輕而易舉地建立起來。在今天中國的國家權力結構中，三權都存在不容忽視的根本弊端。就國家立法權而言，處於中國國家權力體系中的立法權軟化早已引起人們的關注。國家立法權的軟化是政府權力軟化的原因。國家立法權之所以軟化，一方面與黨化立法有密切關係，另一方面則與國家立法權力的機構組成、運行過程與效用評價緊密相關。中國的國家立法機關，並不是獨立的權力機構。它的機構設置具有明顯的政治依附性。正是因為如此，這一機構的職能規定與人員來源，都不足以保證其權力運行有效性。從機構的性質上說，它只能是某種絕對權力的代言人。從人員的來源上說，它的組織政治性決定了人員來源的政治能力低下。從各級政府首長進入立法機關的人員，議行合一的身分性質決定了這類人大代表規範政府權力的天生缺陷；從社會各行各業經過政治選擇產生的人大代表，僅僅是以其專業分工能力獲得人大代表資格，因此他們的立法水準驚人地低。人大對於國家機構人員的任用權是形式性的，因此它無法限制國家機構權力的運作。人大自身的領導成員大多是退居二線的前行政官員，他們的政治處境、為官心態和行政能力都不足以保證人大權力之作為國家權力的權威性。[5] 人大長期被人們視為「橡皮圖章」，這突顯出這個軟化了的國家權力之不足以為中國政府體制提供可靠的法律保障的可笑狀態。

同時，中國國家權力體系中行政權力的虛大一直是國家權力體系的軟肋。從表面上看，這個行政權是最為巨大的權力體系。全能政府的定位為行政權的獨大提供了基本理念支援。但是，行政權力其實缺乏可靠的權力支撐。因為在某種意義上，中國的行政權力只是一個影子式的權力。它既缺乏三權分立制衡基礎上相對獨立的行政權領域，也缺乏明確劃分三種權力界限的行政權運行程式，更缺乏鑒定行政績效的中立機構和評價指標，反映出全能政府在實際運行中差不多處於無能的狀態。這是今天中國討論政府管理問題的人們常常不願涉及而顯得其討論不着邊際的原因。至於三種權力最為軟弱的司法權，在中國國家權力體系中，其依附性就更是直接表現出它的可有可無。在一般刑事和民事官司中，司法的有效性並不足以用來證明司法權獨立與否的。因為司法權是否獨立，判斷關鍵在於它是否具有限定立法權和制約行政權的能力。但在中國，司法權恰恰既不能限定立法權，也不能制約行政權，只能在一般的刑事和民事司法糾紛上發揮極為有限的作用，因而無法為中國政府體制的改革提供法律擔保。在三種權力缺乏有效分化的情況下，國家權力體系三者之間的制衡機制缺席就是順理成章的事情。

四、政黨制度

說起來，中國政府體制改革的受限，還不是三種規範的現代國家權力形態的分割制衡問題，而是一個國家體制自身混亂的問題所註定的事情。中國的權力體系與成熟的民族—國家權力體系大為不同。中國的國家形態不是可以在現代政治—行政學規範視角看待的民族—國家，而是其轉變形態政黨—國家。政黨—國家之不同於民族—國家的最大特點就是它受制於全能政黨的全方位支配。

這與中國現代政黨定位有密切的關係。中國現代的政黨定位不同於發達國家。發達國家是在國家健康運行的前提條件下建立政黨組織並展開黨際競爭，因此，按照規範的政黨定義，政黨就是政府和社會的仲介組織，是為了贏得治理國家的權力而組織起來的代表機構和表達工具。[6]但是在中國，政黨的性質有重大的結構性差異。立黨建國、以黨治國、黨國一體是理解中國政黨制度的三個關鍵點。由於中國從帝國形態的傳統國家演變為民族—國家的現代國家形態非常晚近，因此，在西方發達國家完成自身的國家建構任務之後的向東揮進過程中，落後的古典中國僅僅只有極少數人認識到國家形態正在經歷結構性變化。因此他們組織起來，先於現代國家成立了政黨組織，而這樣的政黨組織僅僅是為了建立國家，而不是在一個現存的國家內部爭奪治理權力。孫中山立黨建國的思想就是這樣形成的。建立政黨後，政黨的唯一宗旨就是建立與其政黨理念一致的國家。因此當這個國家建立起來後，國家也就勢必成為政黨的國家，而不是民族的國家。黨國體制就此具有歷史的支持理由，國家權力亦就此成為政黨的權力，而不是國家的、人民的權力。主宰中國二十世紀上半葉命運的中國國民黨就是這樣看待政黨功能，而主宰中國二十世紀下半葉命運的中國共產黨同樣是這樣看待政黨使命，[7]逐漸促成了中國執政黨的全能政黨性質。

全能政黨具有它的獨特結構。一方面，全能政黨在意識形態上具有獨佔性。它最符合政黨的經典定義，即是圍繞某種政治理念組織起來的緊密團體。意識形態對於這樣的政黨具有作為生命線的功用，因此全能政黨對於自己足以成立的意識形態具有絕對捍衛、全無商議可能的性質。在政治意識形態上全能政黨堅持真理的獨佔性，對於一切相左和反對的政治意識形態予以決不留情的打擊。馬克思主義意識形態即使與現實政治實踐脱離，也依然不改這種意識形態取向。另一方面，全能政黨具有天然的行政化傾向。這裏的行政化指的不是政黨內部制度方面必然需要的科層建制所具有的行政職能，而是指政黨並不着意於治理政黨事務，並將政黨事務與國家行政事務直接打通，政黨本身直接進行國家行政決策並具體組織國家日常資源的配置，使現代權力體系中的行政權處於決策失控狀態。即使是行政首長，也必須處於一個執行政黨首長所決策的工作局面之中。行政權事實上處於無權決策、無權質疑而又必須無條件執行政黨首長決策的狀況。政黨的行政僭越事實上將政黨性質與政府性質完全混淆，這被視為中國黨國體制最大的缺陷。再一方面，中國的政黨生態正處於非現代甚至反現代的狀況之中。政黨對於國家的全面滲透和強力介入，使國家徹底黨化。這既表現為國家基本法律對掌握國家權力的政黨進行的超越性權力規定，也表現為政黨對於行政決策的全面替代，還表現為政黨對於國家資源的全面控制及國家精神生活的全面支配。政黨就此因能佔有所有資源的能力而具有罕能匹敵的超級霸權，但這樣對逼仄的政府體制空間造成政府無能，從根本上限定了政府改革的積極有為。

人們在中國改革開放的進程中逐漸接觸到發達國家的政黨制度的時候，一方面開始探討多黨制度對於中國的意義。另一方面也有論者開始注意新加坡人民行動黨與日本自民黨長期一黨執掌國家權力的經驗，並以此作為分析框架來設計中國共產黨的政黨改革思路。這是不切實際的。為什麼不能用一黨長期執政的分析框架來解釋中國共產黨執掌國家權力的狀態？原因很簡單。中國共產黨挺有特別鮮明的革命黨定位，它的全能政黨性質註定它不能接受執政黨的政黨定位，也註定了它不可能落定在派出政黨代表行使政府權力的位置上面。這對於一個全能政黨來說具有瓦解效應。革命黨是全能黨，它必須掌控一切國家資源，亦沒有分享國家資源的習性。執政黨是功能黨，它僅僅在爭奪到政府權力資源後才能影響或制約國家命運，它必須與其他政黨，甚至社會組織分享國家權力。新加坡和日本的憲政民主制度框架決定人民行動黨與自民黨絕對不可能成為全能的革命黨，他們必須在一個憲政框架內行使被法律規定的政府權力，這是目前中國共產黨所無法接受的執政狀態，因此，執政黨而不是革命黨的政黨定位成為中國共產黨的政黨定位後，中國政黨制度才具有支持中國政府體制改革的功能，否則就很難設想政黨制度對中國政府體制改革的推進作用。換言之，中國共產黨自身的有效改革決定了中國政府體制改革的前途與命運。[8]

中國政黨制度的改革對於中國政府體制的改革具有決定性作用。中國共產黨自身的改革已經開始。從基層黨代會代表的直接選舉，到基層黨委書記的競爭性選舉，再到對政黨理念的結構性轉變的探討，顯示出一個轉變中的政黨對於轉變中的政府具有的順應關係。如何引進競爭性的政黨制度，真正將中國共產黨落定在執政黨的地位上，是為中國政府體制改革提供寬鬆空間的前提。否則黨化行政仍然會將政府本身置於一個無法有效變革的境地，無論具有外部刺激性的中國政府體制怎樣改革，最後都會淪落到死水微瀾的地步。

五、政府許可權

落實到中國政府體制改革的直接載體——中國各級政府來看，中國政府體制改革其實也並沒有多大的政治空間。原因在於中國行政權自身的設計與規劃並沒有落定到現代的平台上。行政權的邊際界限不清晰是一個嚴重的問題，而行政權內部的界限劃分同樣不明確，因此中國目前的行政權運作大多依靠政治觀念的引導和政黨部門的推動。政府作為行政權的實際操控者，其自身的權力來源、權力分割、權力的無縫隙運轉等問題，都還沒有得到解決，註定中國政府體制改革問題得不到強有力的推進。

現代行政權的安頓基點，構成政府體制改革的起點。究竟行使行政權的政府在本質上是自私還是公共的，對於設計政府體制改革具有關鍵的制約作用。從自私的角度看待政府部門及其從業人員，就必須以法治來限制政府的行政權力，而從公共的視角定位行政權的自身特點，就會認同政府對行政權的倡狂積聚和隨意行使的行為。這一問題，在中國政府體制改革的進程並沒有得到解決。這是因為，長期以來我們簡單地將政府看為「人民的政府」，這一定位，也許從道德的視角出發並沒有錯誤，但是從政府實際掌控權力的角度來看，問題就出現了。中國各級政府機構，本質上與其他現代國家的各級政府沒有任何區別。一方面，政府自身具有它的公共性質，它必須是在印證這種公共性的基礎上獲得它存在的理由。因此，政府必須為公民服務，必須為社會提供公共物品，必須致力改善公共福利。但另一方面，政府及公共行政人員也具有自己的利益訴求，是政府部門職能劃分促成的部門利益區分必然導致的現象。不是説政府部門及其從業人員的道德本質是壞的，而是因為政府不同部門在機構職能自證的過程中，一定要將自己部門存在的理由張揚出來，在這種機構的相互競爭中獲得更多資源。相應地，這些機構的工作人員也就在資源聚集的基礎上獲得更多支持工作榮譽心的個人所得。這種由現代組織社會學揭示出來的普遍組織現象，與特殊組織的品性沒有任何關係。換言之，所有組織結構都逃不掉自私的組織規定性。

但在中國，人們在對政府部門特性的認識上，還普遍徘徊在政府本質上的公共性境地中。人們普遍認同政府機構與公共行政人員的道德化定位，這是一個扭曲了的現代政治認知。那就是盧梭一系所提出有關現代國家本質上，應當是公民發自內心加以愛護的政治共同體，而不是自由人的聯合體。在這種政府理念中，人們自然放鬆了對政府自利的警惕性及對於公共行政人員的監督。其實，政治理性告訴人們，政府部門以及公共行政人員並不是完全沒有私利，一心為公共利益克盡職守的超然存在。組織的存在邏輯與職業人員的生存邏輯，共同將它們推進到一個必須為自己的存在理由尋找支持的地步。因此，建立在清楚認識政府部門與公共行政人員自私的基點之上的政府體制安排與公共行政人員從業規則，才對他們履行分工責任具有保障。在我們今天對中國政府的觀察中，逐漸會認同後者的政治規定。發生在中國各級政府的自利行為，已經足以警示人們對政府的自私自利懷抱高度的警惕性。以往人們單純地認為，地方政府在「山高皇帝遠」的情況下容易陷入自私自利的境地，滑向公權私用以謀取私利的危險地步。從鐵本案件我們印證了這一看法，從民意調查中國民眾普遍信任中央政府而不信任地方政府的結果中得以鞏固。但中央政府是否就可信呢？事實證明並非如此。近期國家審計署對中央政府的主要部門，包括國家發改委、國資委、財政部、外交部、教育部等部門的審計中，均發現到嚴重違反預算的行為。這種行為的存在表明中央政府部門也都在為自身的部門利益進行規則外操作。「套取財政資金、挪用財政資金、轉移資金、國有資產流失、違規收費、超標準收費建設辦公樓等，是這些部門單位在預算執行和其他財政收支中存在的共性問題。」[9] 由此可見，必須以限制政府行政權為前提設計政府體制，才足以從根本上保證各級公權公用。而這恰恰是一個政治問題，而絕對不是單純的行政改革便可解決。

同時，中國政府體制改革的政府間關係籌劃也已經成為關鍵問題。中央與地方政府之間的關係，地方政府與地方政府之間的關係，並不是簡單的行政權限的技術劃分，而是一個建構國家的行政權合理地劃分的政治問題。這問題包含兩個相互關連的方面。一方面是中央政府與地方政府的權力結構劃分，另一方面是中央與地方政府組織機構之間的關係。就前一方面說，中央政府與地方政府許可權的劃分是一個政體選擇的問題。一個地域廣袤、發展極為不平衡的大國，究竟該採取單一制還是聯邦制，是一個政治選擇而不是一個行政分權的問題。對於長期實行單一制的中國來說，當然對中央政府居高臨下控制地方政府的行政套路非常熟悉，但是這種控制僅僅適合簡單的農業社會。在複雜的工業社會，發達的社會分工與合作體系本身就是政府行政權力難以駕馭的，而且地方差異不是一個毋庸考慮的簡單控制問題，而是一個複雜的差別性政策決策問題。因此，大國的政體選擇一般不是單一制而是聯邦制，這樣既可以將中央政府與地方政府的權力分割清楚，各司其職，各盡其責，又可以促使不同的地區選取不同的發展進路，使各個地區尋找到適合地區發展的道路，避免地方政府與中央分權不清導致前者趨向分權後者趨向集權的國家分裂危險。

對於今天的中國政府體制改革而言，還有一個嚴重的政治問題需要在籌劃政府體制改革中加以克制，那就是國家利益部門化、部門利益掠奪化、利益掠奪公開化造成的政府權威流失。這不是以單純的道德號召和黨性教育便可以解決，卻是一個深層政治問題在部門和個人利益問題上的投射。由於中國還處在一個對於政府善與惡的假設之間似信非信的階段，因此，從善的假設出發觀察政府改革，人們會對政府惡習的表現顯得非常失望；而從政府是惡的假設出發觀察政府善性的表現，又使人們無法接受監督政府的理念。在政府部門掠奪性地爭取自身利益的情況下，人們內心會對政府的信任度下降到無以復加的地步。當政府部門之間為爭奪利益不惜公開對峙的時候，這個時候的政府幾乎完全喪失了社會支持和信任的基礎。因此，將政府控制的問題作為重要的政治問題來對待，而不是草率地作為行政問題來對待，對於約束政府的掠奪性行為具有決定性意義。

六、政治博弈

中國政府體制改革，必須在承諾納入這一改革範圍的諸因素可以進行合法的政治博弈的前提條件下才能有效地開展。今天中國政府體制改革以及各級政府機構運作，並不是沒有政治博弈，而是這種政治博弈都是在枱底展開的，而不是公開進行的。一旦政府間的政治博弈公開了，則會顯示博弈失敗一方完全無法與勝利一方進行抗衡而徹底敗退的情形。這是一種不利於政府體制改革的政治博弈方式。因為這種博弈的決勝方式是中央權力的絕對權威性絕無懸念地制勝地方權力，或是上級權力主宰下級權力。這實質上是一種單向的控制，而不是一種雙向的博弈。合法而健全的政治博弈，對規範的現代國家來說，十分重要。一方面，這一價值體現為進行政治博弈的各方在政治權利上的平等，從而有效避免中央或上級威權對地方或下級權力的不尊重。另一方面，這一價值則體現為平衡各方理性博弈以能在最大程度上避免決策失誤。政治決策也好、行政執行也好，不經過捲入其中的各方理性的博弈過程，就不可能兼顧各方的利益受，只能落於強勢一方對弱勢一方的隨意支配，而弱勢一方絕對會對強勢一方的利益進行檯底的侵害，勢必造成公開政治博弈被私下政治交易取代的可怕政治局面。再一方面，這一價值還體現為公平的政治博弈對政府改革的推進作用。因為當既有制度無法反映介入博弈各方利益的時候，不管介入博弈的是中央政府各個組成部門，還是中央政府與地方政府，或是地方政府各部門，參與博弈的各方都會尋求制度的創新。基於它們權力的差異、評價標準的不同及利益所在的區別，必然存在博弈空間。一個僵死的行政權力體系是無法應對複雜的社會需求，但在一個靈活的行政體系中，博弈的客觀需求則必然存在，只有別於政治博弈的存在形式是公開或者不公開而已。

試圖真正有效推進中國政府體制改革，為此而展開的政治博弈必須是合法的、公開的、程式化的。中國政府體制改革進程中允許政治博弈的法治空間無疑是逼仄的，甚至是不合法的。這是由中國政治體制的一統制度所註定的。從某種意義上，近三十年與中國經濟體制改革相伴隨的政府體制改革，無論是就這種改革的命名、實行及就這種改革的政治空間開拓而言，圍繞中國政府體制改革的政治博弈始終處於枱底。從命名上説起，中國政府體制改革一開始甚至不能稱為政府體制改革，只能稱為政府機構改革。這種改革大致限定在政府機構的調整範圍內。改革的直接動力來自政企關係的分離，重點落在政府機構職能的轉變，後來才發現，單純的政府機構改革並不足以支持經濟體制的改革，進而開啟了政府體制改革的思路。但政府體制改革的思路依然是一種限定在行政權範圍內的改革，而且仍然明確地限定在行政體制的範圍內，沒有對整個政府體制進行改革籌劃。直到最後才發覺，若不在整個中國政治體制改革的大範圍內思考中國政府體制改革，行政體制改革便難以奏效，在中國政治體制改革理念之下的中國政府體制改革才會被提上了議事日程。10 中國政府體制改革的施展，基本上限定在政府機構的多少與從業人員的增減上面，最為關鍵的權力來源、權力分割和央地關係、政府權能等問題，並沒有有力度的改革舉措。至於中國政府體制改革的公開博弈，簡直是匪夷所思。

但必須指出的是，要進行中國政府體制的改革，政治博弈是必不可少的。因此，簡單刻畫一下中國政府體制改革的政治博弈形式是不無意義的。圍繞中國政府體制改革展開的政治博弈，至少具有五種博弈結構。一是執政黨與政府的政治博弈。在中國執政黨的行政化取向沒有發生重大改變的情況下，政府部門的行政權實際上必須從政黨那裏獲得甚至奪得。行政化的執政黨在黨內的部門設置上具有與行政權對應的機構安排，使執政黨的機構發揮了政治決策的作用，而行政機構則成為執政黨政治決策的執行者。近年在各種行政執行過程中出現追究行政責任的情況，幾乎都是由決策者組織治理，而執行者則受到行政處分。這種責任歸咎模式導致黨權與行政權之間的糾紛。這種糾紛雖然不是公開的，但內心對於糾紛的認知勢必引發兩者之間的政治博弈。這種博弈關係無須政黨、政府檔案公開承認，也無須法律檔案加以確認，但枱底博弈的激烈程度超乎想像。有見及此，這種政治博弈有必要擺上檯面並使之理性化。

二是國家權力與政府權力的博弈。本來在黨權與國家權力之間已經存在政治博弈關係。人民代表大會及其常務委員會與各級執政黨黨委之間，在政黨意志如何轉化為國家意志的問題上存在着兩個機構、兩種選擇、兩種取向、兩種評價的可能，因此他們之間實際上並不是宣稱的那麼和諧。國家權力機關對政黨機關提出的規劃、方案，雖然不具有否定的權力，但以審議的名義擱置建議，是兩者之間展開政治博弈的客觀導因。但這種博弈從政府體制改革的直接相關性上説，主要還是存在於國家權力與政府權力的運作之間。當國家權力機關將政黨意志成功轉換為國家意志後，就會產生一個政府機構如何有效執行的問題。由於國家權力機關一般是在某種決策應該作出和某一議案應當執行的大原則範圍進行政治決策，如何組織資源、配置資源並實施國家權力機關的政治決定，是政府部門所要完成的事宜。因此，按照當下國家權力機關進行政治決策的總體佈局後，即監督一府兩院運作的文獻性規定，國家權力與政府權力之間就有了展開政治博弈的空間。根據以往國家權力機構對於一府兩院監督的低效狀態來看，國家權力並不能直接有效地約束政府權力，因而不得不承認國家權力機關與政府權力機關之間進行合法博弈的必要性與重要性。只有在政治決策機關與組織執行機關之間達成理性博弈結果的基礎上，國家權力機關做出的政治決策才有可能良好地執行。

三是政府機構之間的政治博弈。政府機構之間的政治博弈是在一種利益之上的政治聲望博弈。這是不同的政府機構為了證明自己的組織效用而必然全力進行的博弈。這種博弈以兩種形式出現：一是不同政府層級之間的博弈，二是同級政府機構之間的博弈。前者在中央政府與地方政府之間「貓捉老鼠」的遊戲中得到印證，就目前看來以中央的取勝突顯出階段性的博弈結果，就公眾對政府信任的調查，人們更傾向於信任中央政府而不是地方政府的結果就立明了這一點。後者在不同的政府機構之間競爭社會資源的博弈中獲得證明。當年全國供銷合作總社與國家旅遊局對於評估星級酒店權力的爭奪，便體現了政府機構之間對權力和行使權力資源的爭奪情形。從規範的角度看，對自私的政府層級與政府機構之間關係的法治化約束，是將這類博弈關係正常化的唯一出路。

四是政府機構與司法部門的政治博弈。隨着《行政許可法》、《行政程式法》等控制行政權運作的法規出台，司法權力對於行政權的控制空間愈來愈大，相應地，行政權對於司法權的規避、利用的必要性與重要性也日益突顯出來，但這並不意味着司法權足以將自己自覺地限定在法規的範圍內。司法腐敗證明了這一點，同時也不能斷定行政權會就此安分守己。在司法權與行政權日益處於相互制衡的關聯式結構中時，如何有效避免司法權對行政權的袒護，又如何避免司法權對行政權資源的利用，成為它們公開的政治博弈中要解決的問題。

五是政府部門與社會之間的政治博弈。一級政府機構之間謀求部門利益與推卸責任的行政現狀反映出政府的自私。但政府並不是在政黨、國家與政府層級的權力之間進行封閉的博弈。政府與社會的關聯性結構，使政府與社會的博弈更為常見、更為普遍。政府為實施其行政舉措，必然與市場、公眾組織、新聞媒體發生關係。政府要想有效實施其行政措施，必須獲得這些社會結構的支援，但顯然它們之間不是一種基於親密無間關係的友善合作，因為它們各自具有自己的權力與利益訴求。為此，在一個合法、合理與合情的制度安排之下展開的合作博弈，就是政府必須修煉出來的政治工夫。習慣於吞噬社會的中國政府，要練就與社會的合作博弈工夫，並不簡單，這需要政府在其體制改革的過程中逐漸摸索出與社會和平共處的方式。若是缺乏長期的國家—社會理性博弈，這種合作關係是不會自己浮現出來的。

七、中國政府體制改革：從政治到行政

從中國政府體制改革的完整佈局上看，中國政治體制改革構成了中國政府體制改革的前提條件。因此，從中國政治體制的角度説起，政治權力如何有效約束行政權力，是中國建構一個現代行政體制的基礎問題，而對行政體制進行有效的政治約束，有賴於從政治體制的總體佈局上對行政體制進行制度化安排。

中國政府體制的制度化、規範化、精細化和功效化安排，是中國政府體制改革足以收效的先決條件，關乎政道與治道的相互響應性安排。眾所周知，「政道」妥善安頓是「治道」有效安排的前提條件，是在中國政府體制改革之前要處理好中國政治體制改革的基本理由，不能將「治道」的安頓混同「政道」的安頓。反過來説，「治道」安頓為「政道」安排的效用提供條件。缺乏「治道」支持的「政道」安排，具有政治懸空的危險性；具有

「治道」支持的「政道」安排，才足以保證基本政治制度在實際行政層面順暢運轉。兩者之間是一個相輔相成的關係，但這種關係顯然在既成的中國政府體制改革中沒有得到解決。

從已經進行的中國政府體制改革實踐來看，此前的相應改革沿循一條從行政到政治的被動軌道。換言之，中國政府體制改革是在「治道」意義上進行的改革，而不是在「政道」意義上展開的結構調整。由於人們習慣於將行政層面的種種問題視為中國政府體制改革的全部問題，因此，限定在單純的行政權範圍內的中國政府體制改革，常常只能在關於政府機構設置與職能的部門間轉移這類問題上做文章，而最能夠體現中國政府體制改革膽魄的舉措就是將中央政府機構的人員一下子裁減一半。這些改革都是「治道」意義上的改革，僅僅具有優化權力運用的次要價值，終究會因為沒有解決權力來源的正當性問題，而無法徹底將國家權力體系妥善地安置在合法制度框架之中。所以，研究中國政府體制改革的人們發現，在精簡機構和裁減人員的幾年時間內，國家權力機構與從業人員的數量甚至必然地超過精簡和裁減以前的數目。譬如就中央政府的機構數目與人員數量而言，由於政府體制改革既不具有法律限制，也不具有外部操控和監督，舉措僅僅只是政府內部對權力分配機構與人員的自主增減而已。這種增減完全是由中央政府的首長對機構運轉的認知所決定的。當他們意識到中央政府的機構及人員足以應對各種政府事務，甚至綽綽有餘的時候，政府首長就會下定決心精簡機構和裁減人員。相反，如果政府首長發現某些部門足以應付相應行政事務並需要提升其行政職級的時候，這類機構就有升格的機會。近期人們對於國家環境保護總局應當升格為國家環境保護部的呼籲，就很可能在這種操作模式中兑現或被否決。限定在國家行政權力如何運用的範圍內進行的中國政府體制改革，就此逃不掉枝節性改良的命運，卻總是會受到權力來源問題的限制。可以想像得到，一種沒有受到法律有效限制的國家行政權力，絕對不可能從體制到實際運行的進程中具備足夠大的改革空間。這是從「治道」的角度對待政府體制改革必然得出的結論。這個時候，就需要明確提出支援祖國政府體制改革的政治條件問題，以中國政治體制的改革維持和深化中國政府體制的改革。

因此，相比於單純關注中國政府體制的行政性改革而言，更為重要的是，當中國政府體制改革從行政到政治過渡的軌跡顯現出來後，我們就必須承認為中國政府體制改革提供政治空間所具有的重要意義。只有在解決基本的政治制度安排問題的前提條件下，即安頓好「政道」問題的前提條件下，解決中國政府體制改革「治道」的問題才具有厚實的政治基礎。就此而言，將政黨制度解決好，使國家與政黨的關係不再困擾人們，我們才可以從容地籌劃國家三種權力形態的有效分立制衡問題，否則一切有關權力分割制衡的設想與改革舉措，都會在一個獨大的權力面前敗下陣來。近年中國人逐漸承認「絕對的權力導致絕對的腐敗」，但懲治腐敗的效果並不是特別明顯，原因就在於獨大的權力問題還沒有得到有效的控制。這一獨大的權力不是國家權力，也不是政府權力，更不是司法權力，而是執政黨的黨權。在「以黨內民主推進人民民主」的政治體制改革思路中，[11] 人們設想了一種改造全能政黨的思路。在灌輸全能政黨以現代民主活性因素的時候，人們期待全能政黨放棄其革命黨的定位，真正進入一個執政黨的定位，從而為國家體系中的三種權力的分割制衡運轉提供政治空間，不至於讓黨權將這樣的政治空間據為己有，堵塞國家權力分割制衡通暢運行的道路。可以斷言的是，只有在全能政黨的定位出現了關鍵的突破後，國家權力體系的現代定位才有可能。假如這個具有根本性意義的政治問題得不到有效解決，一切有關國家權力體系中三種權力的有效運用都是沒有實際意義的幻想。中國政府體制改革的核心問題終於落定在最為關鍵的政黨權力上。這可以說是近三十年改革開放最為重要的進展，也是中國政府體制改革在認知上最為重要的突破。

因此，從單純行政權範圍的低效度改革到政治體制宏觀改革的籌劃基礎上具有效度的關聯性政府體制改革，是中國政府體制改革真正收到成效的關鍵。就此而言，有必要翻轉原來從行政到政治的被動取向，轉向從政治到行政的主動改革取向。斷言前一種改革的被動性，是因為它始終沒有觸及到中國改革的關鍵問題，那就是權力的合法來源，因此這樣的改革始終是在一個跑馬圈式的範圍內迴轉。中述後一種改革的主動性，是因為它解決了制約改革成效的權力來源合法性，因此足以為一切權力運用困難的解決提供最為可靠的基本制度保障。這是中國改革真正的深度問題，即所謂中國改革的深水區存在於制約改革前景的政治領域之中，而不存在小修小補以呈現間歇性繁榮的權力運用的領域之中。為此，我們必須改變沿循了近三十年的所謂漸進改良的改革路線，勇敢地邁進對中國政治體制進行結構性調整的危險區域，從而為真正進入現代的中國改革提供當下最需要的理論支援。

註釋

1 本章對於政治與行政關係的區分，直接取源於著名行政學家古德諾的政治行政二分的觀點。參見古德諾：《政治與行政》，〈序言〉，北京：華夏出版社，1987。

2 這條消息證明了這一點——人民網北京人民大會堂三月十六日訊，今日上午，十屆全國人大五次會議勝利閉幕。會後，温家寶總理在人民大會堂三樓大廳會見中外記者並回答記者提問。中央電視台記者問：「剛才總理説除了做公僕的權利，沒有其他權利。我想這話不僅是對政府工作人員説的，更是對領導幹部説的。我問的問題與此相關，也就是反腐敗的話題。最近陳良宇、鄭筱萸案件的查處和披露帶來很大的反響，我們也聽到了來自觀眾的聲音，一方面大家覺得特別的欣慰，因為加大反腐力度一直是人們的期待，而另一方面人們很憂慮，為他們看到的腐敗現象憂慮。如何有效地遏制一些行政領域權錢交易的現象？」温家寶總理回應：「應該承認，隨着發展市場經濟，腐敗現象接連不斷地發生，而且愈來愈嚴重，甚至涉及到許多高級的領導人。解決這個問題，首先還得從制度上入手。因為造成腐敗的原因是多方面的，其中最為重要的一點，就是權力過於集中，而又得不到有效的制約和監督。」

3 參見林代昭等編：《馬克思主義在中國：從影響的傳入到傳播》，〈前言〉，北京：清華大學出版社，1983。

4 參見袁永松等編著：《左傾二十年 1957–1976》論述鄧小平反左的言論，北京：農村讀物出版社，1993，第 403 頁等。

5 參見蔡定劍：《中國人大制度》，第 2、3、4 篇有關章節對於中國人大組織、職權、運行問題的論述，北京：社會科學文獻出版社，1992。

6 薩托利著，王明進譯：《政黨與政黨體制》，前言，以及第1章〈作為部分的政黨〉，北京：商務印書館，2006。

7 中國共產黨時任總書記胡錦濤提出的「立黨為公、執政為民」就是這一政黨理念的最新命題。

8 參見王邦佐等著：《中國政黨制度的社會生態分析》有關章節，尤其是第2章、第5章，上海：上海人民出版社，2000。

9 引自新華社報道：〈審計署公佈2006年度預算執行和其他財政收支審計結果：四十九部門存在六大共性問題〉，《羊城晚報》，2007年9月20日。

10 參見顧家麒：《從機構改革到行政體制改革的實踐與思考》所收入的論文〈政企分開，轉變職能，改革機構〉、〈行政體制改革概論〉、〈關於政治體制改革之管見〉，北京：中國發展出版社，1997。作者是中國政府體制改革的直接參與者和理論總結者，因此這些論著具有一定權威性。

11 甄小英、李清華：〈以黨內民主推進人民民主〉，《求是》，2003年第12期。

第五章

政府何為

中國政府改革的定位、狀態與類型

中國的政府改革是一個涉及到中國整體改革的大問題。因為政府改革既與經濟體制改革相關，也與政治體制改革相連。前者是在政府與市場的關係角度觀察的問題。後者是在政府與政黨、國家、社會的關係視角看到的問題。假如以政府改革這個並不直接與政治聯繫的改革進路，切入中國改革的深度難題，人們就可以期待數以十年記的中國改革滯脹[1]實現突破。為此，回顧中國政府改革的近期定位、分析中國政府改革的基本狀態，歸納中國政府改革的實在類型，便具有理性籌劃中國政府改革的重要意義。這理論思考，就成為中國政府改革突破的前提之一。

一、改革定位：從有限政府到有效政府

近十五年，中國政府的改革，可以說走過了發達國家三百年的歷程。前十年，中國政府改革在主觀定位上，落定在有限政府的架構上面，政府改革的「現代」目標終於首次為我們中國人所確認。近年來，中國政府的改革，轉變為有效政府的建構，將政府改革的目標升級為「兼顧經濟發展效率需求」與「社會分配公平狀態」。

這是極其快速的轉變，也是非常艱難的轉變。當然，也是不得已的轉變。中國政府改革的這兩次蛻變，跨度巨大、內涵豐富，實在是有具體描述與深入分析的必要，也實在是有系統籌劃與戰略考量的必須。而這一觀察角度，可以說是對近期中國政府改革的縱向觀察。

一九九二至二〇〇二年：有限政府輪廓初顯

歷史總是喚醒人們沉睡的大腦。當我們試圖描繪近期中國政府改革的時候，又得召喚記憶中的歷史來幫助我們串聯起相關事件，才能獲得理解今天中國政府改革走向的思路。

從一九七八年啟動改革開放到一九九〇年，中國的政府改革一直關注在一個主題，但並那不是一個緊要的問題。因為在這時期，政府總是從容地引導改革。先是政府以農村政策的重大調整，引導了農村經濟體制的改革，激活了此前死氣沉沉的中國經濟，讓人們開始思考中國經濟發展的嶄新路徑。接着是政府引導城市經濟體制的改革，推動了計劃經濟向市場經濟的轉軌，使得中國經濟取得了令世人矚目的成就，從而將人們思考中國經濟社會發展的思維細胞進一步活化。政府引導的改革，給人們巨大的鼓舞。這個時期，中國有着高度一致的改革共識：改革就是社會主義制度的自我完善；就是解決落後的生產力與人民日益增長的物質文化需求之間的矛盾；就是在黨和政府的主導下將中國從「傳統」推進到「現代」。於是，形成於計劃經濟時代的無限、全能政府奇跡般引導了中國的改革進程。

但是，將近十五年的急速發展逐漸暴露出發展必然具有的各種矛盾。首先是意識形態上的矛盾。這種矛盾表現為社會主義的自我證明，從改革初期的清晰明白逐漸變得含混不明了。就是我們設定了改革開放就是社會主義的自我完善，但究竟什麼是社會主義？於是，鄧小平的當頭棒喝仍縈繞在我們耳畔：「我們需要補課」。「補課」本身就是一個從基礎課程到高級研修課程的課程差異。於是補課的思路活躍了。改革的共識逐漸演變為不同的改革主張。其次顯露出來的矛盾就是經濟發展需要的諸條件，與現實提供的條件之間有着巨大的差距。人們原來一致地認為，只要經濟發展好，一切問題就能解決。令人始料不及的是，現代市場經濟發展需要與之匹配的政治、經濟、法律、社會各種複雜的條件。這些條件，是此前的改革或者缺乏、或者抵觸、甚至對峙的。中國的改革開放，看起來並不是一個單純由政府引導的線性變化。政府也得參與改革互動。改革政府的問題呼之欲出。再者，政府意圖、市場慾望與社會渴求之間的矛盾也顯現出來。以政府的基本建設投資推進的增長模式，逐漸顯露出疲態。政府究竟如何穩定、協調、持續地推進經濟的發展，成了改革政府的直接動力。

一九九二年肇始的改革開放第二次高潮，很快顯示了單純由政府引導的改革的艱難。改革初期人們就覺察到的單純刺激經濟發展的政策，會落入經濟要麼過熱要麼停頓的問題，在這個時候以經濟過熱的單一形式暴露在人們的面前。朱熔基總理這一屆政府，充分認識到了一個規模巨大、職能眾多的政府之難有作為。從糧食統購統銷政策的反思、到公共財政的建構、再到市場競爭性政策的出台，表明政府自身意識到了改革的必要。從中央政府將機構與人員大規模精簡、到推動政府公務組織與事業單位的分流、再到限制權力機構經商，體現了政府自身的明確的有限政府的歸位。從盡力推動加入WTO、到積極介入國際市場、再到引入人大限制政府的制度佈局，刻畫出政府自覺邁向現代「有限政府」的施政軌跡。[2] 朱熔基總理卸任時自陳的貢獻之一就是建立有限政府，將這走向做了高屋建瓴的概括。

二〇〇二至二〇一〇年：有效政府意欲突現

二〇〇二年是在任的這一屆中央黨政班子換屆上任的一年。黨政班子的換屆，是一個政治周期變化的標誌。政治的周期性轉變，不論中外，總是一個啟動反思前一時期發展思路的契機。其實，中國高速且持續地發展了二十五年左右的時間，確實需要反思發展的模式問題。雖然此前政府的改革落定到有限政府的定位上來了，但不可否認的是，中國的經濟社會發展主要地還是依靠政府的推動。當人們受到反思改革的政治鼓勵的時候，這一發展模式本身的合理性也就開始被人們思量了。

首先是這一時期人們對於所謂唯GDP思維進行了全面的反省。改革開放的前二十來年，GDP成為調動政府、市場與社會的重要指揮棒。政府將GDP的增長作為衡量自己工作業績的主要指標。各級政府對於GDP的走勢高度重視。只要是有利於GDP增長的佈局、政策與措施，都一路綠燈。市場就更是被GDP思維驅動。只要是有利於市場實現利潤的舉措，都一下子楔入市場。社會大眾對於GDP的高速增長也大都懷抱一種期待，認為這就是國家迅速發展的標誌。客觀地講，在一個國家現代發展的早期，GDP思維乃是一個不得不認同的思路。因為沒有「矯枉過正」的GDP思維，就難以顛覆此前的非經濟甚至反經濟的「發展」思維定勢。

問題是GDP的高速增長維持一定時期之後，缺乏相關發展對之的強大支持，GDP的增勢不僅會減弱，而且相關發展不足的缺陷也必然會暴露出來：為了GDP的增長，人們不惜一切代價，與經濟高度增長不對應的政治發展、經濟高速發展中呈現的不均衡、財富迅速增長的同時分配的嚴重不公、經濟發展付出的環境代價、為了經濟發展制定的政策具有的粗放特性等等，都開始對GDP的增長發生阻礙作用。

因此，接着GDP思維反思而展開的，就必然是發展模式的重新選擇問題。理論上的檢討終於在政策的制定層面得到反饋。溫家寶總理這一屆政府便提出了節約型政府、服務型政府與法治型政府的理念。[3] 這三個理念剛好對應有效政府的三個支撐點：政府定位如何既有限又有效、政府政策決策如何不是粗暴的指揮而是有效的協調、政府行為方式如何不是主觀先導而是按照規則辦事。

說起來，在任的這一屆中央政府也是從限制政府規模着手政府改革的。溫家寶總理上任之初，就進一步削減政府直接組成部門，強調了精簡機構、優化人員的改革思路。這些措施無疑是對於上屆政府有限政府建構的有力支持。但是，面對有限政府來說，有兩個問題需要解決。第一個問題是規模上有限的政府如何在職能上真正有限，兩者不是可以一鍋煮的問題；另一個問題是有限政府如何在規模職能上均受限定的情況下，有效地領導整個國家經濟與社會的發展？節約型、服務型、法治型政府的定位，就是為了應對這兩個問題。

建立節約型政府，既指政府本身達到節約的目標，也指政府配置經濟社會發展資源要達到節約。政府本身是節約的，意味着政府組織結構合理、運作流程恰當、人員配置精當。政府組織機構與社會需求一致，是組織機構合理的判斷標準。為此，政府機構既不能太多、也不能太少。太多是浪費公帑。太少不足管理國家。同時，政府機構的運作流程的合理，必須做到程序優先、按章辦事、有序推進。假如政府部門辦事拖沓、相互推委、責任落空，政府組織運作的流程設計就有問題。相關的是，政府組成人員不能太繁雜、也不能太疏漏。冗員太多，必然責任不明，效率太低；人手不夠，必然疲於應付、效益太差。

而服務型、法治型政府的定位是為了規範節約型政府的行為。政府「不是掌舵，而是服務」，已經成為今天政府管理領域的共識。服務型政府，就必須改變政府的統治局面，下落到治理格局。政府的主要職責不是直接進入市場，推進經濟發展。而是提供經濟社會發展的保障條件。政府不是要佔據社會的空間，而是要與政府二元化的「社會」雙贏。法治型政府，就必須改變政府在主觀意圖引導下，以為自己是在為民謀利就草率作出決策的行為方式，謹遵程序，依法行政。這個時候，政府為人們直接感受的效率似乎有所降低，但穩定、協調、持續地推進經濟社會發展的長效功能就會發揮出來。

從有限到有效：小政府回歸大政府？

僅僅十五年的時間，中國政府改革就在大佈局上跨越了有限政府與有效政府兩個門檻。在「現代」的視野中，只有真正坐實在有限有效政府雙重定位上的政府，才具有堅實的合法性保障。

但是，這一轉變的艱難性是可想而知的。有限政府的建構已經是知易行難，有效政府就更是知行皆難了。真正的有限政府，一定是在立法、行政、司法的權力結構合理安頓，國家權力與公民權利分流表述的基礎上才能形成。從中國政府的改革上來看，建立有限政府還有漫長的路要走。有限政府，絕對不僅僅簡單地指政府從市場退出、從社會隱退。政府如何既不粗暴地干預市場、又不簡單地支配社會，又能夠與市場、社會合理互動，是一個有限政府面臨的重大考驗。有效政府，絕對不是指政府直接進入市場領域與社會空間，將主觀善良的願望化為強力推動的政策措施，瞬間顯示鼓舞人心的繁榮。有效政府是一個依法行政、程序至上、維護公平、超然協調的權力結構。就此而言，中國政府的相關改革就更是剛剛找到起點而已。

有限有效政府定位的明確，可以説是十五年中國政府改革最為重大的收穫。假如我們同意建立起有限有效政府還需要假以時日的話，那我們目前的任務就是一步一步、扎實地予以推進。這種推進，首先建立在我們對有限有效政府的共識上面。同時建立在控制國家規範其行為的漸進過程之中。

建立有限有效政府的共識不是那麼容易達成的。因為在歷史上有限與有效政府的建構顯現為兩個過程，在中國已經合並為一個歷史進程的兩個並舉要求。這就意味着我們要在有限與有效的兩個端點上認識「現代」政府的定位。這就未免會給我們造成認知上的誤區。

對於現代政府有限有效認知的誤區之一，就是有效政府是對有限政府的超越，因此有效政府必然不是有限政府。[4] 有效政府之有效，就是因為它既保證了經濟與社會的發展，也保證了財富增長的同時公平地分配。政府承擔的兩種相關責任，促使政府的規模與職能重新擴大。人們辯護説，既然政府既要管發展，又要管分配，政府規模就絕對不能象有限政府理論所限定的那樣。表面看上去這一説法挺有道理。因為就政府規模上來講，要管分配，就得增加相關政府部門設置，政府規模就此小不下來。政府不能不管分配，因此就政府職能上講，就不得不擴大政府權限。似乎政府的重新做大是一個必然趨勢。其實此言差也！一個既管生產又管分配的政府，首先必須是一個權力分割與制衡架構中的政府，否則政府就會濫用權力。這時的政府必定是有限政府。其次必須是與市場和社會互動的政府才能有效治理國家，這個時候的政府還是有限政府。我們絕對不能為改革中的中國政府設計一個無限但有效的政府架構！

對於現代政府有限有效認知的誤區之二，就是有限有效政府降低了政府威信、弱化了政府能力。改革開放以來，就一直有增強國家能力的呼聲。如果說這種呼聲是注意到國家在應當掌握的權力能力的下降的話，那是有道理的。如果說在一般意義上呼籲加強國家能力，那就是在與現代政府的定位反其道而行之。國家、尤其是配置國家日常資源的政府，必須是在規範的狀態中，才最具有行為能力。一個具有無限權力、兼具無限功能的政府，恰恰對於國家的維續、經濟的發展和社會的成長最為有害。國家能力、健全市場和合理社會是一個共在的關係。我們絕對不能為改革中的中國政府設計一個重回大政府的路徑。一個無限全能的政府與一個長期持續發展的國家，必定是一個南轅北轍的關係。

中國政府改革的十五年歷程，表明中國人已經從此前的政府理論刻畫落定到政府的實際改革。透過十五年看一百五十年，兩次急遽的蛻變必然會產生深遠的影響。

二、改革狀態：從單邊改革到邊際互動

成為共識的是，政府改革已經成為制約改革前景的事宜。政府自身對於改革的努力推進，引人矚目。但是，政府改革如何有效推進，並且以推進政府改革來推進整個改革進程的問題，則還是一個需要在思路上突破的難題：如果說此前的政府改革在政府構成要素的限度內已經達到最大化狀態，因此在政府的社會功能改善上已經發揮了不可忽視的作用的話，那麼，尋求政府改革的結構突破，即尋求與政府改革相關聯的各種結構的同時變革，就是我們必須邁上改革之路。這一觀察角度，可以說是對近期中國政府改革的橫向審視。

單邊改革的困境

從政府自身的結構因素上啟動政府改革，是此前政府改革的基本模式。[5] 這是一種單邊改革，即這種改革在空間上僅僅局限在政府的組織與組織職能上面，在時限上僅僅局限在政府職能與社會需求不太符合的時候。因此，單邊的政府改革總是修補性的、滯後性的。

單邊的政府改革具有它的歷史合理性。所謂歷史合理性，既是指這類改革在既定的條件限定下具有合理性，也是指這類改革在整個社會政治結構難以更改的情況下具有的合理性。這種合理性從幾個方面體現出來：首先，它優化了構成政府內部各要素的結構方式，促使政府組織結構的完善。其次，它在改革中顯現了政府改革的複雜性，突顯了政府改革必備的相關條件。再次，它提示人們政府改革在整個改革佈局中的重大作用，促使人們將改革的資源投向這個重要的領域。最後，它為政府改革的全面啟動聚集能量，從而為政府改革營造氛圍。

但是，單邊的政府改革是不足夠的。不是因為它局限在政府內部構成的要素上，也不是因為它局限在特定的政府運作問題與政府發揮職能的方式上，而是因為，有效的政府改革從來都只能在與政府相關的社會政治建構之間展開，它才足以收到預期的改革效應。而不至於將政府改革窒息在政府運轉的狹小空間之內。

回顧單邊的政府改革過程，已經展開的政府單邊改革的四維嘗試之成敗，值得我們認真分析。第一個維度：政府機構與人員的精簡。這是單邊的政府改革開始啟動的標誌性事件。這改革已經經歷了朱熔基、温家寶兩屆政府的努力。改革的着力點是政府機構的組成與供職人員的數量。朱熔基總理將原來中央政府的五十多個直屬機構精簡為三十餘個，政府供職人員大幅減少了百分之五十。這可以説是中央政府「傷筋動骨」的大改造。對於繁多的機構、繁冗的人員，有了一個「精兵簡政」的導向性指引。温家寶總理進一步將中央政府機構減少到二十九個，並着重調整了中央政府機構的職能佈局。從而將朱熔基總理的政府改革精細化了。中央政府改革的這種模式隨後成為地方政府改革的樣本。這一改革具有兩個顯著的效果：一是優化了政府機構及其組織職能，二是改進了政府人員機構及其工作方式。

第二個維度：行政區劃的改變。這裏所指的行政區劃改革不是講的地域歸屬的改變，而是講的市轄縣機制的改變。城市化的進程是政府改革必須面對的社會結構變化背景。因此，在城市化進程中逐漸調整行政管理體制，也當然地屬於政府改革的範疇。市管縣的體制改革就此具有它的必要性。第三個維度：行政運作的改進。這是單邊的政府改革着力最多，對於社會公眾影響最為直接，因此也是人們感知最廣泛的政府改革。這一改革的最重要的舉措就是將政府相關辦事機構納入同一辦公地點同時辦公的「一站式服務」。無疑，在具體發揮政府便民的作用上，這一改革具有它不可忽視的積極效用。第四個維度：行政職能的重新設計。行政職能的重新設計有很多思路和不少嘗試。但是最為引人矚目的還是深圳胎死腹中的「行政三分」。這是一種將現代三權分立與制衡的思路轉換為寫作權力內部來處理而形成的。即將行政權劃分為行政決策、行政執行、行政監督，並設計出相互制約的關係機制。這對於解決行政權力合理運作的問題也許具有新鮮性。

在肯定單邊政府改革的四維嘗試具有其現實理由與歷史依據的基礎上，我們不能不看到這類改革的局限，以及因為它內在的局限而限定的改革效用的不足。精簡政府機構與減少政府人員是有用的，然而，由於沒有將這種改革通過國家立法機構上升到國家意志的高度，並坐實到政府機構組成及其職能規定的國家法規中，因此，它只具有短期的效用。而且，在法規跟進缺位的情況下，政府機構以臨時機構的方式，政府成員以事業人員的形式捲土重來。以至於有人預測，三到七年政府機構與人員就翻上一倍。至於市管縣的改革早就停止了，因為城市化的行政管理體制並不是一個名稱與權力的博弈。一站式服務也只能解決服務的技術構成問題，而難以解決不受國家權力約束、不受社會力量制約的政府如何可以成為「有限有效」政府的根本問題。行政三分的改革違反了現代行政的基本規則——立法權體現正義、行政權追求效率、司法權顯現公平，因此只能是一種智性娛樂，而無法落實為行政改革的實際方略。因此，單邊的政府改革經過四維的突進，都因為收效不顯著而難以將「現代」政府建構起來，更無法期望通過改革後的政府帶動整個中國改革的後續進程。

從邊際關係考量

可以斷言，僅僅從政府結構與功能的單一視角考慮政府改革問題的思路已經難以為繼了。轉變政府職能的單邊改革總導向不足以將政府改革引導到一個令人滿意的境地。事實上，由於在複雜的現代社會政治結構中，政府從來就不是自足的權力結構，也從來就不是可以單獨發揮效用的權力組織，更不是脫離開相關權力機構就可以加以優化的改革對象，因此，政府改革應當告別單邊改革思維，形成邊際互動的政府改革新路徑。

所謂邊際互動的政府改革，指的是基於國家權力的整體結構綜合考量基礎上的政府權力結構改善與政府職能改進。這一政府改革思路，不是將政府從綜合的國家權力體系中抽象出來，作為單獨對待的權力機制，對其加以要素性的改進，並試圖就此提升政府的結構合理性程度與效能水平。而是將政府權力體系放置到整個國家權力體系中加以衡量。

首先，弄清政府在國家權力的整體結構中的狀態，以便將政府在政府之內的改革與制約政府改革成敗的外部因素加以有效區分。避免將政府改革的成功希望單純地寄託在政府及其組成人員身上。

其次，弄清楚政府是權力結構中的權力邊際狀態，分析清楚哪些是政府可為的權力，哪些是政府不可為的權力，從而將政府改革與政府之外的改革匹配起來，而不是形單影隻地要求政府無所不為。

再次，弄清楚政府的現代結構、組織方式、行為模式與效率導向。將政府與政黨的差異、政府與國家的不同、政府與社會的區分作為設計政府及其改革的組織與制度前提。

最後，即使要將制約或關係到政府改革成敗的其他權力結構的改革與政府改革同時啟動起來，為政府改革的任一舉措提供支援性條件。而不讓政府改革成為獨木難支的改革。

為此，與政府改革緊密關聯的三種「外部」關系結構，就構成了政府改革是否能夠湊效的前提。三種外部關聯結構中，最為緊要的是黨政關係。這中間蘊涵着國家與政府的關係。其次是政府與財富生產者的關係，這是政府改革是否具有財富支持的原生基礎問題。第三種關系結構就是包含政府在內的泛義的「國家」與社會的關係問題，這是有限政府與有效政府題義中的重要話題。這三種關系結構有必要逐一加以分析。

第一，黨政關係。這是關係到政府改革成敗最為關鍵的邊際互動結構。[6] 原因很簡單，中國的國家權力體系中，這種關聯結構具有軸心性——黨權是國家權力結構的具有支配性的核心部分，行政權力則是國家日常資源的配置者。黨政關系結構的健康是政府改革得以成功的決定性因素。為此，政黨權力結構的改革必須啟動。一九八〇年代中期關於執政黨權力結構與運作方式改革的討論，已經讓人十分陌生了。一九九〇年代以來人們習慣了單獨談論政府改革。似乎遺忘了執政黨權力結構的優化是政府改革收效的權力前提。我們應當記住的是，經歷了一九八〇年代的黨政分開和一九九〇年代以來的黨政一體的兩次實驗之後的二者關係，依然還是一個要加強改革的老大難問題。這裏潛蟄着三個必須解決的、相互關聯在一起的問題：一是黨政權力的邊界有沒有必要劃分以及如何劃分的問題。二是黨政關係如何健康互動的問題。三是黨政改革的互相推進關係問題。三個問題具有連動性。其中任何一個問題沒有觸動，政府改革就實際上必然地是一個無法深化、甚至無法切入的問題。

第二，政企關係。這是一個關係到制訂規則與執行規則是否可以成功脱鈎的關係問題。而這種脱鈎是政府專注制定宏觀管理規則，因此具有宏觀管理權威性的前提。也是企業專注於市場規範、進行冒險與創新的前提。政府必須退出直接的財富生產領域。否則，就既無法專注處理宏觀管理的事務，也無法使市場僅僅遵守市場的規則，從而完全實行政府與市場健全互動的現代市場經濟運轉。在既有的政府改革中，政府對於資源壟斷型行業的控制範圍與力度都還十分強大。這對於建立財富生產與財富分配的各自規則是不利的——對政府而言，如何保證公平的生產與分配財富成了問題；對市場而言，如何遵守市場的法規與價格的引導也相應地成了問題。這就是一種最為不利的雙損難局。

第三，國家—社會關係。[7]這是一個國家是處於現代狀態還是傳統狀態具有鮮明顯示度的關聯結構。在既往的全能政府（全能黨）的國家權力結構中，國家是吃掉了社會的。只有在建設和諧社會的命題提出來之後，人們才逐漸認識到國家—社會的二元結構對於健康的現代國家是多麼地重要。要明確國家是依賴暴力組織的權力體系。而社會是依賴自治的組織化建制。以前，我們的國家性質是過度鮮明的，而社會則完全喪失了它的特性。在成功的現代政府運作中，社會的自組織特徵愈強，國家就愈是能夠保持權力運作的順暢性與有效性。相反，如果國家吃掉社會，社會處於渙散的狀態，國家必須在處理高度組織起來的權力體制及其效應的同時，處理渙散社會的有序化問題。為此，國家必須壟斷資源。但是，再強大的國家對於資源的壟斷也是有限的。有限的資源聚集對付無限的國家問題與社會問題，必然使國家處於疲於應付的狀況。國家運作績效低下且被人們埋怨，國家獲得的信任度與支持度就會逐漸衰變。這同樣是一種雙損的局面。讓國家集中精力處理以暴力為背景的權力問題，讓社會按照業緣、趣緣與旨趣形成不同的社會組織而自治地處理社會問題，各得其所，相安無事，就是最為有利的。

漸進改革與結構突破

觀察二十多年政府改革的運作過程，此前的改革可以稱為功能調整的漸進式改革，當下的政府改革則走到了結構轉變的關口。

漸進改革的效果曾經是令人鼓舞的。它確實在維護穩定、改變現狀、生產財富、展示希望等等方面贏得了口碑。這無須太多陳述和辯護，並得到舉世認同。

但是，需要直視的是，漸進改革的道路已經愈走愈窄了。這一方面顯示為漸進改革已經處於事實上的困境之中。另一方面則顯示為漸進改革之無法突破改革瓶頸。再一方面，漸進改革其實是一種逐漸流失改革資源的改革形式。[8] 如果說漸進改革依然有用的話，那麼它在採取改革舉措必須遵循循序漸進、審慎舉措的意義上是成立的。就改革的結構佈局來說，漸進改革已經不足以維持改革共識、聚集改革資源、顯示改革效益、增進改革動力了。近年對於改革的強勁質疑與微弱辯護的鮮明對比狀態，顯示了單邊的、漸進的政府改革所處的這尷尬情形。

漸進改革已經走到需結構調整的地步了。從漸進改革到結構突破，不是從漸進改革轉變為激進改革，從改良方式轉變為休克療法。而是強調漸進改革過程中被切割開來處理的諸具體改革舉措，應當有一個宏觀的、長遠的、整體的、戰略的改革設計。不能再讓政府改革單兵突進了，也不能再讓屬於不同領域的改革處於頭痛醫頭、腳痛醫腳的跟進性狀態了，更不能再讓改革處於策略性的局面而無法上升到戰略高度的被動境況了。

結構性的政府改革，是一種相關性基礎上的改革。在這個特定的意義上，其實不存在代替了一般改革的政府改革這回事。改革就其本身的意義來說，就是「綜合改革」。為我們所習慣的改革推進思路——改革遵循從經濟領域推向政治領域的說法，是值得商榷的說法。改革，在社會構成要素上，包括政治、經濟、文化、教育、科技、傳統、習俗諸方面；在國家權力與社會權利領域上，包含政黨改革、國家機構改革、政府改革、社會變革等方面的內容；在推進過程上講，包括對於改革起點、改革進程、改革整體後果的預期；在改革的結局上講，包含了對於改革的受損與受益的全面估量。在這意義上，改革從來就不是限定在哪個觀念形態上、哪個制度規定內、哪個生活狀態中的變革，而是一個要推動國家—社會長期、協調、穩定地發展的變遷過程。換言之，什麼人、什麼組織、什麼制度、什麼舉措、什麼狀態，都是可以改革。這樣，我們就能夠走出預設改革前提而限制改革的局面，真正迎來改革的全面收穫。

三、改革類型：從伴生型改革到自主型改革

中國政府改革具有明確的定位，同時也顯示出了在邊際關係上尋求改革突破的需要。這就為中國政府改革的類型歸屬問題的探討提供了條件。探討中國政府改革的類型歸屬，不是一個單純的理論興趣驅動的事件。探討中國政府改革的類型歸屬，是為中國政府改革進行總體籌劃的理論過程。無疑，中國政府改革是需要總體籌劃的。這種需求，既是因為此前中國政府的改革基本上屬於就事論事的改革，改革邁進在缺乏全域理性籌劃的歧路上。同時也是因為中國政府改革與改革全域的關聯性已經為人們所認識。中國政府改革籌劃得好，就可以將滯脹的中國改革向前推進一大步，促使中國各個進入一個新的境地。相反，中國政府改革總是停留在當下的狀態，頭痛醫頭、腳痛醫腳，那麼中國的整體改革就前途堪憂。

類型錯位的政府改革

簡單地對中國的政府改革進行類型的劃分，我們可以說中國的政府改革是在自主型與伴生型兩種政府改革類型之間徘徊的改革類型。

這兩種政府改革類型，是對於現代政府改革進行基本歸納而得出的基本類型形式。所謂自主型的政府改革，就是指政府在國家、社會與市場的現代基本結構分流完畢基礎上，建立起來的外部與內部結構合理、功能適當的政府改革形式。外部合理結構指的是政府與立法、司法的權力體系建構是合乎現代政治理性安排的結構，內部適當結構指的是政府部門權能結構的劃分是合乎實際管理需求的穩定結構，政府部門既不繁冗、也不缺位。政府權能部門恰好與社會管理需求相吻合。這個時候，在政府的管理與社會和市場、以及自身管理狀態具有不協調、不一致的情況下，政府就可以根據客觀需求與主觀籌劃，對於政府的組織結構與權能結構進行重新建構。這種改革，因為具有外部的法律保障與內部的結構支持，因此，具有一種在政府權限範圍內加以籌劃和組織實施的特點，而不受外部政治結構與內部權限不清的雙重限制，因此可以將之稱為自主的政府改革。

所謂伴生型的政府改革，指的是政府改革沒有或缺乏外部政治環境與內部組織結構支持的政府改革。這種政府改革是在改革的諸條件尚不具備的前提條件進行的硬性改革。不是說這種改革就完全沒有效果。但是它的依賴性，也就是伴生性的特點是十分鮮明的。從外部條件講，伴生型的政府改革依賴於實際上限制政府結構狀態與功能發揮的外部政治條件。當制約政府發揮其結構影響與功能作用的政黨、立法與司法部門的建制不合乎理性籌劃的現代政治需求的時候，政府改革就完全缺乏自主改革的起碼條件。這個時候，政府改革必須與政黨改革、立法改革與司法改革連動，才能保證政府改革收到真實效果。伴生型政府改革是一切非現代國家政府改革的基本類型。因為，所有非現代國家的政府建構，都是一種相關結構（政黨、立法與司法）沒有清晰劃分的結構，同時也是國家、社會與市場邊界不清楚的狀態，因此，政府改革就必須在諸政治、行政結構要素之間尋找改革縫隙，並在這些因素的互動中獲得改革的成效。

中國當代的政府改革，就其實際的處境來講，只能是伴生型的政府改革。[9] 原因很簡單。當代中國的「現代」政治架構遠遠沒有建立起來。由於政黨的現代結構尚未建立。國家結構只能是現代的民族—國家的變異形態政黨—國家。處在國家之上的政黨還絕對支配着國家政治生活的情況下，政黨自身的改革對於整個國家的現代改革就具有決定性的影響。政府自然也逃不出受制於政黨的基本狀態。因此，必須將政黨落定到國家之下。在政黨改革還沒有達到一個起碼的現代狀態的條件下，政府改革就缺乏底線的現代政治基礎的支持。同時，在現代政治基本結構，即立法、行政與司法三權分離制衡結構好沒有建立起來的情況下，政府的邊際關係就沒有理清，政府改革也就相應缺乏自主的客觀結構條件。加之今天中國的市場還受制於國家權力，沒有建立起與國家「分庭抗禮」的價格空間，政府就此陷在與市場糾纏的泥潭。而且與國家劃界而在的「社會」也完全不存在，因此，由政黨顯現為的國家意志絕對制約着政府的行為的時候，中國政府的改革其實就是一個現代國家分流了的諸要素在我們國家混合作用的過程。

但是，從前述分析可以看出，中國政府的近期改革，從改革的現象上講，基本上可以說是一個「自主型」的改革。總是政府自己設計着改革目標，推出着改革舉措，評價着改革成效。而制約政府改革的諸結構因素並沒有相應的改革。無論是朱熔基還是温家寶，兩屆政府的改革都限定在政府，即限定在行政權的範圍內進行政府改革。政府的規模是一個政府自身設定的問題，政府的組成成員多少也是一個政府自己說了算的問題。所以，朱熔基政府可以將政府規模幾乎縮小一半，人員裁減一半。而温家寶政府進一步將政府機構減少。實際全面制約國家社會政治生活的政黨，對於這改革有什麼影響，人們是不清楚的。

而代表國家權力的全國人民代表大會對於兩屆政府改革並沒有發揮應有的國家權力的作用。於是，本來應當是伴生型的中國政府改革成了現象上的自主型政府改革。改革模式選擇顯然是錯位了。

類型錯位的中國政府改革，不能説是沒有收效的改革。相反，這種政府改革有的時候還是高效的政府改革。因為政府對自己動手進行改革，相關的政治結構還不好干預。所以我們就此可以理解朱熔基和温家寶兩屆政府能夠成功對政府架構與組成人員進行大手術的原因。但是，對政府本身進行大手術，並不等於降低了政府成本，提高了政府運作績效。由於制約政府改革及其運作績效的諸政治結構因素並沒有相應地改革，於是就內在地限定了政府改革的效果。因此每每在政府改革舉措出台的當下，就有人斷定這種改革的流產。在當下講，中國政府改革要想實現初衷，還是必須落定在伴生型的政府改革定位上來。否則，一個本來只能以伴生型改革模式進行的改革，在以自主型的改革模式下推動，政府改革就無法真正具有意義地展開。

坐實伴生型政府改革

可見，在諸內外部條件制約下的中國政府改革，還只能坐實到伴生型政府改革的模式上面，才能收到政府改革的實際效果。換言之，只要人們談論中國政府改革，就只能在與中國政府改革發生關聯的諸結構因素的複雜構成上談論，才具有實際意義。這是因為，伴生型政府改革是目前中國政府改革唯一可以選擇的改革類型。這既是目前中國整體的國家結構所註定的，也是目前中國的政治結構所規定的，當然還是目前中國政府的結構狀態所決定的。因此，我們有必要分別從「三個角度的兩個蘊涵」上分析中國政府改革必須坐實到伴生型政府改革的理由。所謂「三個角度的兩個蘊涵」，一個蘊涵就是處於自主型改革狀況中的諸因素的作用情形，另一個蘊涵就是在伴生型改革狀況中諸因素的作用改變。

第一個角度是從國家結構要素的視角進行審視。就現代國家結構來說，一個國家是不是一個現代國家，在基本結構上的指標是，它是不是一個國家、社會、市場各自存在但相互依賴的三元建構。一個非現代國家，或者一個變形的現代國家，都不可能是一個三元國家建構。一般說來，後者總是國家吃掉社會、國家吞噬市場的特殊結構。

從大約三十年前啟動的「社會主義市場經濟」，是推動中國走向現代國家結構的最為直接的動力。其間雖然經歷了計劃經濟階段、有計劃的商品經濟階段，但當中國的基本經濟形態落定在市場經濟上面的時候，就必然將原來國家吃掉市場、政府壟斷經濟資源的局面徹底打破。「政府」與「市場」關係問題必然推動人們思考並尋求解決基於權力的政府與基於贏利的市場之間的張力。當政府退出市場成為各方共識的時候，就顯現出政府尊重市場之不同於政府權力邏輯的價格邏輯。於是，政府與市場依循各自的原則運作就顯示出自然而然的特點。同時，在經濟—社會迅速發展的過程中，由於政府最初僅僅着眼於推進經濟的發展，為市場騰出了發育發展的空間，使得市場為社會帶來了大量的財富。但是，當社會告別了貧困，積聚了一定財富之後，社會對於財富的不同佔有狀況，又導致了新的國家管理問題：那就是創造財富之後更為難以解決的分配財富的問題。這個時候，政府會在更為短暫的時間內發現自己的權力限度。於是，政府（國家）不得不看到與自己相對而言應當獨立存在的「社會」的價值。「和諧社會」理念的出台，顯示了與國家、市場不同邏輯的「社會」領域出現在中國這個國家結構中的國家結構三要素分流的狀態。三者的關聯性運轉，就此成為中國人明確意識到的現代國家運行狀態。國家結構要素的分化，就是國家吃掉社會與市場時代徹底終結的標誌。這種國家結構要素的變化，註定了國家的總體改革必然是一種伴生型的改革。

第二個角度是從國家的基本結構上面來進行觀察的角度。就中國目前的情形來看，國家的基本結構已經不可能是國家完全吃掉社會、吞噬市場的全能國家了。三十年左右的急遽變遷，尤其是在我們考察視野中的中國政府自身改革的運行邏輯推進中，中國的國家建構已經從全能國家結構中蛻變，逐漸轉變為後全能國家。原來的全能國家結構，尤其是顯現為政黨—國家的全能政治狀態，已經發生重大的轉變。一方面，政黨內部並不是鐵板一塊了。要不要告別政黨—國家的體制，進入民族—國家的正常軌道，已經是一個關乎國家結構是否正常的關鍵問題。政黨本身正發生從革命黨到執政黨的結構性轉變。集權性的政黨結構正在向民主性的政黨結構轉變。因此，由全能的政黨定位所決定的全能的政府定位，由此會發生重大的變化。政黨本身的行政化功能逐漸分流到政府職能上面。另一方面，立法、行政與司法的現代分化逐漸為人們所接受。中國各級人民代表大會職能的逐漸強化，首先成為人們認知中國政治現代化的一個指標。走向法治化軌道的國家政治生活，在所謂建立「社會主義法治國家」的努力中，正成為強化人大立法職能的一個重要推進動力。省級人民代表大會對於地方事務的決定職權得到強化。地方立法的針對性與有效性得到加強。為人們知曉的「人大現象」正是國家權力機關人民代表大會職權與政黨權能分化之後出現的政治現象。而為執政黨所允諾的司法獨立，儘管還只是一個允諾，但是，對於啟動人們的現代司法獨立意識發揮着不可小覷的作用。再一方面，政府管理本身不適應社會、市場需求的實際狀況，也逐漸為人們所認識。政府自身的改革不是一個政府主觀良好動機決定的事情。而是一個與變化着的政黨結構、國家權力結構（即立法、行政與司法三權分離制衡結構）相關適應的事情。這就是一個現代國家政治結構要素如政黨、立法、行政、司法等四大要素的歸位問題。

第三個角度就是從政府自身結構狀態的角度進行分析的角度。現代政府的結構是一個複雜的結構。這中間有兩個問題值得高度重視，一個問題在政府的橫向權力結構。另一個問題是政府的縱向權力結構。在全能政府的定位中，政府的橫向權力分割是否合理的問題，不是一個關鍵問題。這就是改革開放前三十年政府機構隨意變動、機構名稱隨意設置的原因之所在。只有在政府運作成本有了社會與市場的嚴格約束的情況下，政府機構的多少、政府機構的職權，才是一個為人們廣泛關注的問題。因此，如果說精簡機構是一個社會市場與國家權力分化與沒有分化兩種情況下都會有的取向，那麼，在國家結構沒有分化情況下的精簡機構，是政府缺乏運作成本的結果。而在國家結構發生分化的情況下，則一個社會與市場要求國家高效能運轉的必然結果。與此相關，政府權力的縱向分化就更是一個國家權力結構合理性問題日益突顯情況下才會出現的問題。在全能的政黨－國家體系中，中央權力體系具有壟斷一切權力有利資源的能力。地方政府僅僅具有服從中央權威的義務。但是，在國家、社會與市場分流而治的情況下，在一個國家權力結構因素不是互相糾纏而是清晰分化的情況下，在一個政府職能發揮必須是在責權利清楚規定的情況下，中央政府完全吃掉地方政府的局面就無法維持。中央與地方關係的法治化走向就此顯現出來。

從這三個角度看，當前中國的政府改革，不是政府自身可以決定得了的。政府必須在整體的權力結構中釐清它的邊際界限，從而為自己確立責任。這意味着，中國目前的政府改革，還只能是伴生型的政府改革。

向自主型政府改革推進

目前的中國政府改革只能是伴生型改革，這並是指中國政府改革就永遠只能是伴生型的政府改革。在伴生型政府改革的任務完成之後，中國政府改革可有改變成自主型改革的空間。當然，需要指出的是，這裏的改革類型區分僅僅具有相對意義。當中國的政府改革從總體上將只能是伴生型政府改革的時候，中國政府也可以籌劃在行政權內部的自主性改革。換言之，在中國政府改革總體上屬於自主型改革的時候，執政黨、國家權力機構與司法機構也會對改革發生影響力。只是需要強調的是，伴生型改革時期的任務沒有完成的情況下，自主型的政府改革就是越位的改革類型選擇。這個時候的政府改革就收不到預期的改革效果。人們在此時對政府改革的期待值越高，失望的可能性也就越大。只有在伴生型政府改革的任務完成的前提條件下，自主型政府改革才能作為政府改革的類型選擇。

中國政府改革的自主型類型選擇，必須是在國家機構健全的情況下才能啟動的改革類型。[10] 因此，就目前的總體情況來看，中國政府改革類型的選擇還首先必須坐實在伴生型政府改革的框架中。不能設想國家、社會與市場沒有分流，政黨、立法與司法沒有有效改革的情況下，居然可以有有效的政府改革。但我們有理由設想，當與政府改革同時發生着的國家結構改革、國家權力體系改革，與政府改革發生着互動關係，而不是線形的先後關係的時候，政府的自主改革也不是一個可以等待或忽略的問題。在邊際互動關係日益彰顯的情況下，政府的自主性改革，即具有自主型改革類型特點、但還不是整體意義上的自主型政府改革，就出現在中國的改革過程之中。

中國政府的自主性改革，能夠達到的目標，僅僅是優化政府的結構與功能。自然這種優化具有它對於整個國家結構與國家權力結構優化的局部意義。當與政府發生關聯的外部諸結構在與政府改革同時進行的時候，也就意味着政府改革成為了伴生型改革過程中，必須同時進行自主性改革的改革形式。自主性政府改革可以有以下三個着力點。

首先，政府改革的內部籌劃是中國政府自主性改革可以着手的方面。這主要是指政府改革在縱向、橫向權力機構與功能設計方面的改革。無疑，在國家法治化的局面中，政府權能是一個必須借助國家立法機構才能予以確定的事情。因此，政府改革不能由政府自身對於政府機構、政府只能說了算數。但是，在國家立法機構對於政府機構設置與機構功能加以確認的前提條件下，政府層級關係與政府部門職責，則還是需要政府根據運作情形加以調適。這就給政府的自主性改革留下了空間。政府自身必須在這些改革空間中有效作為。雖然這些作為空間都只是一些具有工具性意義的空間。然而，政府運作技術手段的理性程度，對於政府運轉績效的高低具有巨大的影響。

其次，政府改革的外部環境是中國政府自主性改革可以籲求的方面。政府改革的外部環境不是政府可以決定得了的。但也不是政府完全無能為力的事情。不是政府所決定了的事情，是因為政府僅僅是國家權力結構因素的一個方面，而且經常是受動的一方。在國家、社會與市場關係沒有理順的情況下，在國家權力結構與政黨關係還沒有法治化的條件下，政府對於它們的影響力是十分有限的。反過來它們對於政府的運轉發生着決定性的作用。而政府對於這些因素具有的影響力也不容忽視。在政府積極與國家、社會與市場互動的情況下，在政府主動調整與外部因素的作用結構的條件下，政府的作用狀態就可以具有積極影響外部因素的存在與作用狀態。因此，政府可以通過自身的改革發揮籲求優化外部環境的能量。這對於政治強控的中國尤其具有化解政治緊張的功用。

再次，政府改革的總體目標是中國政府自主性改革可以表達的方面。政府改革的總體目標，是在國家政治結構中得到體現的複雜目標。因此，中國政府改革的總體目標不是政府自己單方面突顯得出來的。在國家政治結構還不健全的條件下，政府改革的局部目標是可以通過政府自主性改革顯現出來。但政府改革的總體目標還得在總體的政治結構優化中才能呈現出來。中國政府改革具有一種從局部目標表達整體目標的改革功能。這種功能是通過政府可為與不可為的改革狀態來顯示的。可為之時，政府改革顯示了總體改革的現代規範狀態。不可為之之時，政府改革則顯示了外部改革的重要性。這就組成了總體改革的目標。因此，中國政府自主性改革就具有推動伴生型改革的特殊意義。

註釋

1 這裏使用的「滯脹概念」是從醫學上借用的，原指消化不良導致的胃滯、胃脹生理現象，在這用以説明中國政府改革缺少驅動力，出現的因問題堵塞所引發的停滯不前。與經濟學上使用的「滯漲」，即「停滯性通貨膨脹」（stagflation）是兩個不同的概念。

2 參見鄭念、劉鋒主編：《本屆政府的承諾》，〈朱熔基總理論治國方略〉。北京：國家行政學院出版社，1998。

3 參見温家寶：《認真學習〈江澤民文選〉，加快推進政府職能轉變》。http://news.xinhuanet.com/politics/2006-09/04/content_5047513.htm（瀏覽日期：2011年9月20日）又見温家寶：《高度重視，加強領導，加快建設節約型社會》。http://china.com.cn/chinese/2005/Jul/905467.htm（瀏覽日期：2011年9月20日）。

4 在二〇〇六年十二月紀念南京大學政治學科八十五周年的國內主要公共管理學院院長講演中，南開大學周恩來政府管理學院朱光磊教授就強調，中國政府要承擔的社會責任愈來愈多，因此中國政府定位不説是大政府，起碼也不是小政府。參見南京大學是次會議動態報導。

5 公認強勢的朱熔基總理，在上任的時候為政府認定的「一個確保，三個到位，五項改革」，就幾乎是在中國政府的單邊範圍內確定的改革目標。後來的改革結果證明了單邊改革的艱難和難以湊效。參見鄭念、劉鋒主編：《本屆政府的承諾》，〈朱熔基總理論治國方略〉。

6 近年興起的以黨內民主帶動社會民主的議論，就反映了這種關系結構在中國改革過程中執政黨改革的關鍵地位與作用。參見李惠武、薛曉源主編：《中國現實問題研究前沿報告》，〈執政能力研究〉部分收集的幾篇文章。上海：華東師範大學出版社，2006。

7 徐海波：《國家理論、意識形態與「構建和諧社會」》，同上。

8 人們總是將中國與前蘇聯（俄羅斯）的改革絕對模式化為中國的漸進式、前蘇聯（俄羅斯）的休克式兩種改革類型。其實，休克式改革必須處理好漸進到位的問題，而漸進改革必然走到結構調整的地步，兩者之間並沒有絕對的界限，而只有相對分析模式的意義。參見劉美珣、列烏斯基・亞歷山大・伊萬諾維奇主編：《中國與俄羅斯：兩種改革道路》，第 16 章、第 30 章。北京：清華大學出版社，2004。

9 這從人們討論中國政府改革的基本進路上可以看出，也可以從中國政府改革的實際操作狀態上認知。不在中國政治與行政的各相關因素結構中去尋求中國政府改革的進路，我們實在難以探詢到中國政府改革的問題實質。參見《中國現實問題研究前沿報告》，〈政治文明與治理〉部分的幾篇文章。

10 近期在中國流行的「善治（good governance）理論」，我認為是一種奢侈的說法。對於目前中國來講，沒有解決好統治（good government）的結構問題，善治的問題都無法浮現出來。參見俞可平主編：《治理與善治》，〈引論〉，北京：社會科學文獻出版社，2000。

第六章

市場列寧主義的「中國奇跡」與米塞斯斷言的反思

有兩個契機提升了人們對中國發展的期待。一是二〇〇八年中國改革開放三十年，使人們心中浮現對中國特色社會主義的讚許；二是二〇〇八年西方發生的金融危機顛覆人們對資本主義信念的信任。兩者扣合起來，促使人們花費很大的學術工夫去闡釋「中國奇跡」。比較規範理論與中國實際情形，必須承認，無論是以「中國模式」還是以「中國奇跡」中述的各種讚賞，都具有現實依據而又值得深入審查。因為中國的發展奇跡確實關係到證實或推翻既有的現代論述模式，開闢嶄新的現代論說的前景——究竟中國超越了經典的資本主義與社會主義論述沒有？究竟中國是否正在開創現代性背景，甚至跨越現代性難題的新制度？這些質疑，促使人們離開經典論述的戒條和當前實踐的毀譽，真正沉潛反思，以求對「中國奇跡」的內蘊加以透視。本章認為，中國發展秉承着市場列寧主義的基本精神，貫穿市場列寧主義的「制度創新」，創造了國家權力直接制導下經濟騰飛的奇跡。但是，比較資本主義與社會主義的經典論述，尤其是米塞斯對社會主義的核心斷言，中國並未跳出傳統社會主義與資本主義論述的窠臼，闖出一條兩種體制之外的嶄新經濟社會發展道路。相反，頗為含混的意識形態基礎上突顯的「中國奇跡」是否能夠成功維持，還要持續的觀察。

一、米塞斯的社會主義斷言

一九二二年，奧地利著名經濟學家路德維希‧馮‧米塞斯出版了論述社會主義的大部頭著作《社會主義——經濟與社會學的分析》[1] 這部書既不是第一部論述社會主義的著作，也不是論述社會主義最權威的著作，卻是對相關主題影響頗為深遠的著作，因為它對整個現代經濟學的奧地利學派發揮了評價社會主義的聚集性和導向性作用。在現代經濟學的各種流派中，沒有任何其他一個流派對社會主義的高度關注與集中評價優勝於奧地利學派。在奧地利學派的這一關注和評價中，自有淵源和形成譜系，米塞斯之前有他的恩師龐巴維克對於社會主義的負面評論，米塞斯之後有哈耶克的《通往奴役之路》及《致命的自負——社會主義的謬誤》，[2] 進一步明確地對社會主義進行了全面的理論與實踐清算。但比較起來，米塞斯卻具有他們二人不可替代的論述社會主義的理論功能：這既是因為米塞斯對社會主義的斷言在奧地利學派中承前啟後，也是因為他對社會主義的總體斷言與具體分析預定了批判社會主義的基本方向和理論論域，更是因為他對社會主義的分析成為評價兩種現代性基本制度的引子。在未曾間斷的資本主義與社會主義優劣之爭的現代性思想進程中，米塞斯是一個隨時強力楔入人們大腦的名字。

米塞斯對社會主義的分析語境與今天中國人對於社會主義的理解大為不同。他所論述的社會主義要比我們一般所指的含義廣泛得多，不僅包括人們熟知的馬克思主義、布爾什維克主義，更包括社會民主主義、德奧兩國流行過的計劃經濟、羅斯福新政及一切傾向於國家干預的思想觀念和政策主張。但猶如論者指出，米塞斯探析社會主義共同體的經濟計算問題之時，恰恰是蘇聯社會主義計劃經濟興起之時，因此它的實際批判對象經已顯現出根本徵兆。[3] 儘管米塞斯對社會主義的批判是針對十九世紀以來所有的社會主義形態，但全方位地符合他所批判的社會主義的實際經濟體，則只有蘇聯式的計劃經濟體制。可見，米塞斯對社會主義的批判絕對不僅僅執着於那些具有社會主義因素的經濟政治實體，尤其是資本主義社會中那些以福利社會主義面目出現的經濟改革。後一種批判，既無法勾畫出社會主義的全面狀態，也無法指出社會主義諸要素中的核心問題，更無法保證批判的合理性與可靠性。只有綜合體現出社會主義的核心特徵並將之投射到各個領域的經濟體，才符合批判社會主義的典範案例要求，並據以保證批判的正當性與合理性。這正是哈耶克斷言米塞斯論述社會主義的這部著作「在許多方面已經成為『經典』之一」並「與今天的爭論如此貼近」的理由所在。[4]

米塞斯對社會主義的批判既是具體而細微的，也是廣泛且宏觀的。但他的批判給人留下最深刻印象的，還是對社會主義體制所具有的種種缺陷的指陳，並將這種指陳集中到社會主義經濟體的根本缺陷上，是他在《社會主義共同體的經濟計算》與《社會主義》兩部作品中共同強調的基本觀點。由於沒有真正的市場經濟，社會主義社會不可能有合理的經濟計算。[5] 這一問題的實質性含義在於人們普遍認為社會主義能夠取代市場經濟，或公有制全面取代私有制的氛圍中，人類陷入了一種顯見的危機之中。他認為，二戰與冷戰顯示的根本問題，不是極權機器被誰掌控，而是社會主義應否取代市場經濟。這是一種感受到人們普遍傾向社會主義的高度危機感所促成的刻骨銘心的認知。[6] 社會主義經濟體之所以無法建立合理的計算，就是因為它的生產資料公有制內在地限制住了合理的計算。米塞斯批判的社會主義針對的就是那些「建立生產資料社會化的社會為宗旨的政策」。[7] 可見，他對社會主義進行批判的根本命題就是公有制及其合理計算的不可能性，正是他拒斥以文化—心理—歷史研究的進路分析社會主義的理由，也是他採取社會學與經濟學進路研究同一主題的原因。[8]

米塞斯對於社會主義缺陷的諸多具體斷言，就是在上述總體斷定的基礎上對社會主義諸方面特徵的批判性指陳。他對社會主義的分析，建立在這一意識形態獲得的成功上，而不是基於它的失敗。這與今天人們建立在反思蘇東崩潰基礎上的社會主義理論迥異其趣。不過社會主義之所以能獲得廣泛認同的同情心理，在當時和今日並沒有任何差別，社會主義勝利的凱歌與它因為失敗獲得的同情是一樣多的。因此，將社會主義與人們的情感（這類情感包括同情，及中間夾雜的恐懼、敬佩、膽怯和激越）切割開來，對社會主義進行不夾雜情感的科學研究，便成為米塞斯揭示社會主義實質的理論支點。[9] 據此，他展開了兩個幅度的理論清理工作。一方面，他對社會主義與自由主義（即以此為理論基礎的資本主義）進行了對比分析。另一方面，他對社會主義的結構特點及社會主義的破壞主義取向進行了深入剖析。前者，是他足以展示公有制與私有制及其相關的社會後果的理論基礎；後者則是米塞斯「科學研究」社會主義的理論陳述。

分別從兩個角度概括米塞斯的觀點。就前一個角度看，米塞斯對社會主義與自由主義的對立性質進行了比較分析。他在《社會主義》的第一卷集中論述了兩種社會理論的根本差異。首先，他從所有制的視角發現兩者之間的截然不同。所有權是關於經濟物品的使用權，必須區分生產性物品與消費性物品的所有權差異。在分工合作的社會中，沒有人能夠獨自佔有生產資料，對它的佔有必須服務於市場上賣出買入的人，因此消費者才是經濟物品的真正所有者。在法的觀念擊敗暴力觀念後，自由主義建立起以城市為依託的財產契約觀念，從而告別掠奪財產的暴力理念。而社會主義以消滅生產資料私有制為己任，要把生產資料變成共有的財產，並且許諾人們過上更美好的生活。社會主義針對自由主義而起，但僅僅將後者列為自身發展的低級階段。[10] 社會主義據此以國家力量將生產資料私有制改為國有制，國家擁有和支配全部物質生產要素。它以消滅生產的無政府狀態為目標，因此它必然傾向於強化而不是取消國家和強制，國家由此侵入自由主義以試圖保留的自由空間。但因為社會主義在兑現這些權利的過程中是以國家強制的方式坐實，因此並沒有兑現對勞動產品的權利、生存的權利和工作的權利。其中貫穿的集體主義精神將整體主義視為社會主義組織性活動的精髓，但它並不能像自由主義那樣有效解釋集體意志是如何產生的。[11] 這就註定了社會主義訴諸國家暴力維持社會秩序和政治制度，而不是像自由主義那樣用和平原則戰勝暴力原則。[12] 自由主義不像社會主義般，承諾一種抽象的平等，它僅僅對法律面前人人平等懷抱極大的熱忱。前者絕對不煽動人們均分財富，而後者對革命的偏愛無法抑制；前者對民主一直懷着深刻的信念，後者僅僅將民主作為奪權的手段；前者承諾法治下的自由，後者許諾經過嚴厲的無產階級專政建立王道樂土。[13]

以自由主義與社會主義兩種現代經濟社會類型的比較分析為基礎，米塞斯對社會主義進行了系統分析。首先，他全面地分析了社會主義經濟學。這分析建立在貨幣與貨幣價格以及用貨幣進行核算的前提上面。貨幣核算自然存在局限，但用它來促使商品的配置符合經濟準則是必要、重要的。這種核算需要一個交換體系，同時需要一個通用標準。在米塞斯看來，由於社會主義經濟無法使每個人都遵照經濟的方法滿足、確定自己需求的條件，因此它即使還保留貨幣，那也僅僅只能在消費品交換中發揮作用，因為生產要素的價格不以貨幣來表達，貨幣無法在經濟核算中發揮作用。[14] 社會主義的決策就此大多以模糊的評估為基礎。社會主義否定了理性經濟，一切都在冒險。為此，一個集全部經濟與政治功能於一身的最高控制機構就無比重要。即使人們為此假設企業的不同部門進行交換並建立價格體系，或建立生產資料的人造市場以解決社會主義經濟核算，也都於事無補。[15] 因為缺乏生產資料私有制支持的社會主義經濟，是完全無法建立起投機資本家資本供給的商業指引體系。米塞斯考察至此的結論是「要麼是社會主義，要麼是市場經濟」。[16] 這句話也可以理解為要麼是資本主義，要麼是社會主義；要麼是公有制，要麼是私有制；或者要麼是可計算的經濟形式，要麼是不可計算的經濟形式。圍繞這基本命題，米塞斯考察了社會主義的生產狀態、收入分配情形、勞動狀況，並對社會主義制度下的個人自由有所分析，並勾畫了社會主義經濟變化的動態過程。由此他強化了自己的結論：「社會主義社會沒有經濟核算的可能，所以它無法確定經濟經營的成本和成果，或用核算的結果去檢驗經營。僅僅這一點就足以使社會主義無法實行。但是，除此之外，它的道路上還有一些無法克服的障礙。它不可能找到這樣一種組織形式，使個人的經濟活動脱離跟其他公民的合作，但又不使其面對完全成為賭博的奉獻。不解決這兩個問題，實現社會主義看來就是不可能的，除非經濟完全處於靜止狀態。」[17] 由此可以理解米塞斯進而斷言社會主義不具有必然性的根據，相應可以理解他對馬克思主義的階級鬥爭理論的不屑，及機構集中、企業集中、財富集中基礎上的社會主義壟斷的剖判。基於所謂多數人欲求的社會主義並不具有倫理上的優越性，資本主義才能促使人們恪守道德，因此，米塞斯不容置疑地宣告，「事實上，社會主義壓根就不是它所宣揚的那種東西。它不是一個更美好、更精彩的世界的前奏。它不事建設，因為破壞就是它的本質，它不生產任何東西，它只是坐享以生產資料私有制為基礎的社會秩序創造出來的東西。」[18] 而戰勝破壞主義的法寶就是宣揚和諧共存的利益觀念。[19]

米塞斯對社會主義的斷言顯然是建立在資本主義與社會主義類型截然對立的基礎上。對此，儘管他不時指出社會主義必須借助資本主義的手段從事生產，但總體上他斷言不可計算的社會主義與可計算的資本主義不可兼得，而人們相信社會主義和拒斥資本主義，是因為人們迷信道德説教，而不願意相信理性計算；樂意聽從煽動，不樂意進行精細判斷；喜歡佔領道德高地，不願意聽從利益召喚。對此，他在《反資本主義的心態》一書中對人們非難資本主義的心態進行了入木三分的系統闡述。這些論述與《社會主義》一書中對社會主義相對於資本主義的道德心理優勢的分析是相互貫通的。[20]

米塞斯對社會主義的斷言為奧地利學派所承繼和發揮。哈耶克是這些繼承和發揚者的代表。在他早期的著作《通向奴役之路》、晚期的著作《致命的自負——社會主義的謬誤》兩書中，哈耶克一以貫之地堅持對社會主義的全面抨擊——在經濟運行的視角，他更為深入透徹地推進米塞斯有關社會主義經濟的論證；在政治體制方面，他更將米塞斯輔助性論述社會主義的主張全面鋪開、系統確證。[21] 無疑，哈耶克對於建構理性主義與進化理性主義的區分、關於自生自發秩序與擴展秩序的比較，深化了米塞斯在這方面顯得較為粗疏，甚至略為忽略的論斷。但就社會主義本質特徵的斷言來説，哈耶克並不比米塞斯優勝。

二、「中國奇跡」的政治經濟學意涵

就史太林式的社會主義[22]而言，米塞斯的斷言似乎可以成為定理。因為史太林式的社會主義就是一種主張國家完全壟斷的剛性計劃經濟形式，絕對拒絕計算，使其成為國家權力計劃經濟運行的前提，甚至成為一切管理行為的基礎。[23]但「中國奇跡」的出現，使米塞斯必需反思其斷言的現實性。因為從「中國奇跡」的經濟現象上看，它構成了對米塞斯斷言的否定性反思理由。一方面，「中國奇跡」是對傳統社會主義的挑戰，因為它對市場的重視甚至達到願意動搖其生產資料公有制絕對統治地位的地步。另一方面，「中國奇跡」又是對資本主義的重構，因為它力求將社會主義與市場經濟統一起來。從「中國奇跡」的社會主義與市場經濟兩種成分上看，對其基本精神的總體表述「社會主義有市場，資本主義有計劃」，[24]就暗含打破米塞斯斷言而組合對峙的兩種經濟社會體系的基本原則。可以說「中國奇跡」是對資本主義與社會主義兩種主義的純粹論證，進行了跨越邊界的結構性重組，從而使兩種主義的經典論證遭遇到跨越主義論爭的中國經濟實踐的強有力挑戰。社會主義的政府願意為經濟計算挪出空間，從而讓國家權力與市場領域疏離，使資本主義的生產方式與社會主義的分配方式巧妙地結合起來，馬克思主義的預言似乎突破了米塞斯的斷言，成為不經政治宣告的「中國奇跡」的基本精神。[25]

上述的精神令中國經濟社會三十年來的發展獲得的積極評價不絕於耳。總體上説，這類積極評價匯聚為「創新論」與「符合論」兩種論題。前者主要來自經濟學家的評價，以「中國奇跡」這一命題申述它的創新性質，後者則來自其他社會科學專家的評價，以「中國奇跡」是創新的結果卻符合現代性理論經典的論述來立論。後者的評價顯然與前者的評價具有一種繼起關係，前者強調的是中國發展的事實令人驚奇和其創新的性質，後者重視的是中國發展對現代性理論提出的挑戰及其是否逾越了既有理論論域的問題。

先看「創新論」闡述的「中國奇跡」。就這一闡述的先導性與系統性而言，林毅夫等人的《中國的奇跡——發展戰略與經濟改革》堪稱代表作品。[26] 這部書以發展經濟學為學科歸屬，致力説明中國從計劃到市場轉軌的成功性質。一方面，林毅夫等學者指出，「中國奇跡」就是指中國經濟模式轉軌之後出現的持續增長；另一方面，他強調這一奇跡內含一個大國從古典興盛與現代衰落再在奇跡中復興昌盛，這不能不使當代世界嚴肅對待。就前者看，放權讓利、經濟增長、漸進改革與政策跟進成為中國從計劃到市場轉軌的四個輪子，使中國經濟從扭曲產品和生產要素價格的宏觀政策環境、高度集中的資源配置制度、沒有自主權的微觀經營機制這樣的三位一體模式轉變為微觀機制的放權讓利，改進激勵機制提高微觀效率，逐漸逼近優化資源配置和改善宏觀政策環境的新模式。[27] 此後林毅夫在「後發優勢」論中進一步闡述了「中國奇跡」中的一些論述，可以説他以技術模仿—創新論説前後一貫地堅持了「中國奇跡」説。[28] 就後者即中國重新崛起而言，林毅夫並沒有具體論述。但後來的中國模式論可以作為這一論述的闡釋。[29] 簡單歸納，「中國奇跡」與「中國模式」的論說宗旨，就是中國在社會主義公有制的基礎上成功地建立起可計算的市場經濟，從而將以往僅僅依靠私有制的市場經濟及曾經不可計算的低效率公有制計劃經濟轉變為高效率的混合所有制市場經濟。除此之外，轉軌經濟學也致力解釋中國發展的制度創新，但在立論的旨趣上與前述論說並無二致。[30]

「符合論」視野中的「中國奇跡」論說，以中國發展並未超出現代性基本論旨作為立論基點。[31] 其基本論點建基於中國的發展乃是當代世界的奇跡，而中國之所以能夠成就這奇跡，不是因為中國在現代性基本制度設計之外絕無依傍的創造，而是因為中國的發展走上了符合亞當・斯密論述的現代市場經濟發展之路。但中國奇跡與斯密理論的符合，不是在經典的資本主義框架中的符合，也不是在經典的社會主義框架中的符合，而是在創新的資本主義或社會主義框架中的符合——中國正顯現出成為「世界市場社會」中心的可能性。就此而言，「符合論」與「創新論」沒有實質區別。

但「中國奇跡」的政治經濟學內涵在林毅夫等學者的闡述中並沒有得到重視，因為發展經濟學或轉軌經濟學的視角限定了他們揭示「中國奇跡」的政治經濟學涵義。從發展經濟學或轉軌經濟學的角度看，「中國奇跡」是組合國家權力與市場經濟的「奇跡」，它的前景是在東西方這種含混的區域比較框架中界定或預測的。但從政治經濟學的角度看，這一組合的實質正是壟斷性的國家權力體系與自主的市場價格機制的結合，它的狀態只能在社會主義與資本主義的比較過程中描述與分析。無論是政府—市場、社會主義—資本主義的對局，就其經典類型劃分而言，本來就是一種不可能黏在一起的組合。但中國在改革的進程中卻奇跡般地將之結合起來，這是此前所有社會主義國家改革實踐中未曾成功做到的事情，故謂之曰「奇跡」，實至名歸。而這一組合依循社會主義與資本主義的經典表達，只能命名為「市場列寧主義」，這構成解釋「中國奇跡」的政治經濟學門徑。簡而言之，市場列寧主義的實質是在國家權力全面支配市場的前提條件下進行有條件的市場動員，從而使市場手段成為國家控制下的經濟發展的必要方式。[32]這一支配，不單是指行政性的國家權力對於市場要素的控制，而且還是指國家在權力哲學上或意識形態上對於經濟要素和經濟制度的控制，更是指國家在日常經濟生活方式上對於人們使用經濟手段的強力控制，如日用品價格機制的國家控制。但突顯市場列寧主義實質的關鍵在於，它對市場空間的可計算和政治領域的不可計算做出了較為成功的策略性劃分與區隔，從而在國家總體控制的前提條件下，提供了經濟計算的市場空間。不管這一實踐的未來成敗如何，至少在過去三十年間中國的實踐證明，社會主義的政治—經濟與資本主義的經濟—政治之間，似乎並不如米塞斯所斷言的那樣，是一種非此即彼的關係。模仿鄧小平的口吻，那就是「資本主義可以計算，社會主義也可以計算」。市場列寧主義的命題，完全涵蓋了「中國奇跡」的既有解釋，而且提供了一個總體上揭示「中國奇跡」的論述路徑：從國家釋放被俘的市場角度看，生產資料交換上的貨幣機制啟動，使中國市場獲得了經濟計算的強大動力，市場活力得到煥發的機會，從而使剛性的列寧主義對市場的全面排斥局面得到改變。與此同時，國家權力自身的分權讓利取向，也使國家權力演變為相對靈活的、與市場需求較為匹配的權力結構，這就是財政（經濟）聯邦主義之論可以局部解釋中國發展特殊性的方面。但國家在總體上對市場的控制，與市場在局部上對國家的疏離，兩者雙向促成的市場列寧主義改革精髓在這類論說中被遮蔽起來。

需要對市場列寧主義的內涵進行較為具體的分析，才足以突顯它推動「中國奇跡」出現的動力機制。這一分析可以區分為三個視角。首先，市場列寧主義在政治層面上的表現是國家對於市場空間的政治支配，國家權力對於市場要素的政治佔有，及國家對於價格機制的政治控制。[33] 市場列寧主義在政治層面的實現方式是極力渲染對市場的政治不信任，進而借助人們對於市場的畏懼心理穩住國家權力絕對支配的體制。而市場列寧主義的政治延續條件是國家對於經濟周期的政治控制，國家借助自身掌握的經濟資源干預市場節奏而滿足政治需要，國家依靠政治強勢權力對於市場權力的興起加以壓制，進而依賴國家權力對市場促成的私權意識加以強力控制，減少「被假釋的」市場及其價格機制對人們政治權利意識的催生。總而言之，市場列寧主義的政治先導性具有絕對性的特徵。這正是「中國奇跡」不能簡單地被看作市場經濟的奇跡，而首先應當被解讀為政治奇跡的原因；也是市場列寧主義借助市場力量穩定社會主義制度，而不會自我顛覆的根基所在。回想當年蘇聯的失敗，正好可以清晰地看到中國改革之出現奇跡的理由：在國家基本制度毫不鬆動的前提條件下，蘇聯缺少利用市場的政治靈活性，而中國主動利用了市場的力量來維持而顯得動搖的國家建制，「中國奇跡」就此而生，蘇聯崩潰命運由此而定。[34]

其次，市場列寧主義在經濟層面上的表現顯示國家似乎放棄了對經濟空間與經濟要素的控制權，市場空間逐漸呈現出來，經濟要素可以按照價格機制發揮作用，經濟運行的市場機制與國家權力的運作機制發生分化。但僅僅如此看待市場列寧主義的經濟狀態，就突顯不出它的實質特徵了。事實上，在市場列寧主義的經濟系統中，國家是市場空間是否獨立、價格機制能否發揮作用、市場要素是否合理配置的幕後操控者。只不過人們在日常的市場運作中，已經難以辨認市場的價格機制效用和國家的權力支配之間的差異。在人們疏於現代經濟學專業知識儲備的當下，木偶式的國家化市場被浮於經濟生活表面的市場現象所迷惑，逕自認定國家放棄計劃、運用市場手段的市場操控方式，就是市場經濟自身的固有特徵，尤其是流於專業化的部門經濟學家，由於他們對社會理論和哲學之間的交叉學科問題幾乎不予關注，因此對市場的真假完全缺乏判斷力，這使市場經濟幾乎變成單純的價格升跌感受，從而扼殺人們透過國家營造的市場迷霧明確捕捉到市場訊息的生機。在國內經濟政策上，由於政府宏觀干預與市場微觀調節的爭論及「政府失敗」與「市場失靈」的對等性論述，嚴重掩蓋了實際運行的社會主義市場經濟根本無從精確計算的真實狀況。人們在指責國家統計與審計的失真、批評國家預算與決算的混亂之時，僅僅把它當作政府行政操作的不當，而沒有嚴肅地把它作為經濟基本制度的缺陷對待。這種認知混亂，恰恰顯現為一種經濟活動的政治操控靈活性，反映在國際關係方面，中國經濟體制是否市場經濟的問題，不是一個對中國經濟體制的真實而準確的斷定問題，而是一個國際政治的縱橫捭闔問題。

再者，市場列寧主義在日常生活層面的表現是，國家對於人們因投入市場而顯現出來的貪慾懷抱政治－倫理上的高度警惕，從而以對於集體主義道德情懷的國家宣導，掌握了從日常生活介面制約市場的倫理資源。就此可以理解中國近三十年市場迷狂受到較好的控制，以至於市場狂迷無法對中國經濟發展造成大規模負面衝擊的原因——因為市場力量的日常釋放在市場被引入的開始，就受到政治控制，它必須按照政治的需要釋放能量，否則它根本就沒有力量。對此，可以從純粹列寧主義時代的道德榜樣雷鋒與市場列寧主義時代的「八榮八恥」，進行動態化觀察。一方面，國家一以貫之地施行以道德規則控制社會生活的方式，國家在組織和規訓公民日常生活的時候，對日常生活的經濟本質即價格機制加以拒斥。因此經濟活動成為道德活動。另一方面，國家又適度地刺激公民的經濟激情，鼓勵它們進入股票市場等日常投資空間，以便市場集納它所需要的資本資源。國家對市場的這種控制性利用，可以通過國家用道德限制經濟的主張投射在日常生活中形成的道德化認知定勢觀察到，人們曾經對「經濟學不講道德」非常憤慨，而這一爭端恰好突顯出中國人對經濟學自身目的性的無知。這種「高尚」與「卑劣」之間的爭執充分顯示出市場列寧主義在市場與列寧主義之間的道德化決斷定勢，但它所發揮的節制市場效用時時會為人們惦念。

在不預設規範理論座標的前提條件下，可以說市場列寧主義是一種嶄新的國家社會主義—國家資本主義混生形態。一方面，這種混生形態無法在現有的規範政治學、經濟學、社會學視角加以論述。這是當下西方相關學術領域的專家對於「中國奇跡」進行解釋時顯得蒼白的最重要原因。另一方面，這種混生形態在實踐操作上秉承完全的實用心態，但絕對不是規範意義上的實用主義，因為它甚至拒絕闡釋用主義的理論蘊含。另一方面，這種混生形態以對規範情形的輕蔑、對活性狀態的追求為前提，具有典型的不確定性。將市場列寧主義和資本主義與社會主義的經典闡述加以比較，歸結出前者的「兩是、兩不是」的特點——說它既是資本主義又是社會主義是能夠成立的，反過來說，它既不是資本主義又不是社會主義可以證實的。市場列寧主義充分說明，在理想化的市場與公有制之間，具有無數的接近性組合模式；在實際的經濟運行空間中，市場自主與國家主導在顯示自身的極端狀態之間，有巨大的相互借助空間。資本主義的總體可計算特性與社會主義總體的不可計算特性，顛覆為資本主義的局部不可計算性質和社會主義的總體傾向於計算的定位，將對峙基礎上展開的資本主義與社會主義的經典論述加以融合性的重組。這也正是「中國奇跡」得以出現的、現代經濟體之非典型狀態，是習慣於典型化論證的冷戰自由主義者們所不曾深入考慮過的問題，也是今天西方規範經濟學家面對「中國奇跡」普遍失語的原因。[35]

三、米塞斯斷言破產？

市場列寧主義引導下的「中國奇跡」，使人們似乎有理由斷定米塞斯關於社會主義斷言破產。斷言米塞斯結論破產，可以是局部斷定的，也可以是全域斷定的。就前者言，中國的市場列寧主義奇跡宣告了米塞斯對社會主義斷言的破產，因為中國的社會主義恰恰是通過計算實現微觀經濟「搞活」和國內生產總值持續增長的奇跡。中國對現代貨幣金融體系的建構，成為中國經濟快速、穩定和持續增長的重要條件。這對社會主義經濟條件下不能實現貨幣金融體系有效計算的米塞斯斷言構成了否定。就後者論，中國的市場列寧主義實踐宣告了米塞斯對於資本主義和社會主義經濟特性斷言的破產。因為中國借助國家力量，不僅在經濟領域較為全面地實現了計算，而且以政治手段有效抑制了經濟危機，避免振盪性的經濟周期，實現了三十年之久的經濟飛躍；與之對照的是，同一時期的資本主義經歷了多次顯著的經濟動盪，八十年代的經濟蕭條、一九九八年的金融風暴、二〇〇八年的全面衰退，都顯示了資本主義經濟發展的內在困局。[36]

因應米塞斯對社會主義經濟不可計算的斷言，從中國近三十年的市場經濟實踐對比分析，似乎可以獲得反證性結論的充分依據。如前所述，米塞斯的社會主義斷言包含三個方面的內容，其一是生產力的無限增長，其二是勞動樂生，其三是固定分工的消除，總體上說則是社會主義共同體計算的不可能性。換言之，米塞斯的斷言意味着社會主義與市場經濟無法相容。但「中國奇跡」的出現，既體現為中國對米塞斯討論的傳統社會主義進路的放棄，也體現為中國對社會主義市場經濟計算的格外強調，更體現為國家權力對於經濟周期的成功避免。這是相互關聯着的、需要進一步分析的三個方面。

從第一個方面來看，「中國奇跡」確實是一個超越了經典形態的所有社會主義主張的奇跡。首先，它是中國當權者隱匿政治列寧主義、張揚市場列寧主義的結果。因此，它與列寧主義的歷史實踐形態——史太林主義顯現出完全不同的面目。米塞斯對社會主義進行分析的時候，一方面是基於當時的各種社會主義理論主張，另一方面則是針對興起中的蘇聯社會主義模式。在米塞斯看來，社會主義的政治承諾不是什麼關鍵性問題，社會主義的實質體現在它承諾的經濟增長方面。但恰恰社會主義經濟具有的不可計算特性，使社會主義的經濟承諾無法兑現，因為這預示着社會主義在公有制與經濟計算之間無法克服的矛盾，同樣無法通過貨幣機制在消費資料領域發揮有限作用而克服。因為生產資料交換領域阻止了貨幣的效用，是社會主義公有制妨礙人們在所有權明確、索取收益權動力機制充足的情況下進行計算的最深層動力。為此，中國的改革者將所有制進行了分層組合——在涉及國家經濟發展的基本生產資料上繼續實行公有制，除此之外均實行私有化（或集體化）處理。國家、集體與個人所有制在經濟活動領域中平行地運行。而且，在逐漸實行個人和集體所有制的市場經濟計算模式後，國有企業在所有制不變的情況下實行所謂國有民營模式，從而將社會主義公有制實行經濟計算的所有制障礙克制住。由此可以確信，「中國奇跡」乃是在所有制上進行大膽突破的產物。[37] 此前的社會主義國家進行的改革，雖然也嘗試結合社會主義的計劃與資本主義的市場，努力進行所謂形式性的經濟計算以彌補計劃帶來的不利後果，但因為在社會主義公有制的改革上沒有重大突破，所以無法提供建立在經濟計算基礎上的持續增長。[38] 中國在改革中技巧性地規避了大規模的所有制改革帶來的社會政治震盪，將所有制的改革維持在人們可接受的程度上，在所謂「國退民進」與「國進民退」不斷變換的嘗試中，將經濟的計算特性納入到三個不同的所有制經濟組織之中。這種計算，不是一種技巧性的計算，而是一種對所有制變換基礎上私有產權所要求的計算特性的有效引入。這正是此前社會主義國家絕對不可能實施的經濟發展之所有制模式——因為經典馬克思主義將公有制作為社會主義的實質特徵對待，變更所有制就意味着拋棄社會主義。就此而言，所有制在中國的多樣化變更也曾引起不少政治風波。但終究不為單一所有制形式所主宰的國家領導思維，促成了多重所有制條件下經濟計算的巨大空間。[39] 這對米塞斯建立在剛性公有制基礎上的、社會主義經濟不能計算的斷言來說是一個重大突破。因為即使是公有制經濟在中國改革的後期，也必須投入市場自主經營，經濟計算成為公有制經濟「國有民營」的必然選擇。社會主義國有經濟由此成為所有制的公有制與運營的私有性組合體，而集體與私有制經濟的計算主體自始就是突顯在它的所有制內部中間的。米塞斯當初未曾設想過社會主義經濟竟然可以運行在這樣複雜的所有制基礎上，因此他也就不曾給所有權與經營權、管理權相互分割的社會主義經濟留下可計算的餘地。中國改革中所有制的複雜化選擇，使經濟計算的主體、計算的必要與重要、貨幣機制的效用得以突顯。這既是「社會主義」實踐方面中國在東歐相類改革後面成就奇跡的最重要理由，也是對米塞斯關於社會主義不能計算的經典斷言構成的最強有力挑戰。簡而言之，國家自我打破公有制的獨大狀況，提供了一個必須進行相對準確計算，否則不足以開展經濟活動的市場空間。一個由公有制、集體所有制和私有制混生的經濟體，是米塞斯及其後學者不曾深入考慮過的社會主義經濟體制。這一混生的經濟體制需要合理計算，尤其是後兩種所有制形式的經濟體，如果沒有相對精確的經濟計算，它們就會迅速被市場淘汰。其次，它是當權者自覺擺平各種社會主義思潮，力圖在維持隱匿的政治列寧主義的前提條件下，借重市場列寧主義方式長期坐實自己對國家權力的掌控。因此它既不是經典的列寧—史太林主義式的經典社會主義實踐形態，也不是東歐改革社會主義時期出現的諸種社會主義轉變形態，更不是北歐實行的民主社會主義等温和社會主義類型。在這裏必須強調政治列寧主義與市場列寧主義的相輔相成關係。無疑，「中國奇跡」是列寧主義的奇跡，但它不是經典的、整全的（comprehensive）[40]列寧主義的奇跡，而是改變了存在形態的列寧主義奇跡——它成功將列寧主義區隔為政治列寧主義與市場列寧主義兩個結構面。本來，列寧主義是一種固定的意識形態建構，即使市場列寧主義對市場有了退讓，也不等於它放棄了列寧主義對國家權力全面、持久和排斥性掌控的基本原則。就此而言，將列寧主義區分為政治列寧主義與市場列寧主義只能是一種權宜性的區分。但這種區分對人們理解「中國奇跡」卻是必不可少的。因為政治列寧主義就是一種原生而剛性的列寧主義，它對國家權力的集中化處理、對於員警制度的依賴、對一黨掌權的迷信、對經濟發展模式的誤解，相互貫通，構成不可分割的列寧主義思想體系。[41]在政治列寧主義的實踐操作中，為經濟發展留下的地盤就是今天對社會主義發揮着重要作用的「國家資本主義」，這是一種將小農經濟直接推向社會主義經濟的過渡經濟形式，它強調的是經濟發展形式中「集中的，有計劃和監督的、社會化的」特徵，[42]這實際上就是國家權力全面主宰的經濟活動方式。政治列寧主義的實踐形態就是史太林主義。但市場列寧主義不同於政治列寧主義，它是對政治列寧主義進行結構性修正的產物。這一修正的着力點在於，把國家政治權力與經濟權力的實施適當切割，讓國家政治權力對經濟權力的掌控變得更為藝術，從而使政治權力控制下缺少活力的經濟運行模式，顯示出生機盎然的態勢，使原生的列寧主義將國家政治－經濟生活緊緊捆綁在一起的狀態，產生了根本變化。一方面鞏固國家政治權力於權力基礎上，另一方面也使國家從活躍的經濟發展中吸取更為豐富的物質資源，是一種相得益彰的形式性切割。而且只有在市場列寧主義的實踐狀態中，才能真正實行列寧早期構想的國家資本主義經濟模式。可見「中國奇跡」突顯出來的社會主義形態相對於蘇聯的形態已經具有重大轉變。與此同時，伴隨「中國奇跡」而起的中國社會主義新形態，也不同於上個世紀五十年代逐漸興起的東歐改革社會主義。不管是南斯拉夫的「自治性計劃制度」、捷克的「社會主義市場關係改革」、波蘭的「類比市場模式」、匈牙利的「有宏觀控制的市場協調」等，[43] 都是建立在經典社會主義政治論説、經濟上公有制維持不變的基礎上的改革模式。而「中國奇跡」則是建立在政治上和經濟上大膽探索、毋需依傍基礎的改革。儘管這樣的改革在「四項基本原則」的跑馬圈地中空間甚大而原則先行，但畢竟預先設定的改革限制相對較小，其所具有的社會主義剛性特徵就不足以限制改革本身的施展。當「中國奇跡」在突顯中開始涉及社會主義性質的定性問題時，「中國特色社會主義」與民主社會主義的差異性，在此成為辨別中國政治經濟發展模式與典型的北歐式社會民主主義的尖銳問題。官方拒斥民主社會主義的選項，認為民主社會主義不過是市場經濟與福利政策的結合，而中國特色社會主義已經超越了這樣的民主水準。[44] 再者，它是中國當權者以含混方式處置各種主義，使用難於定義的温飽與小康全面替代人們對「中國奇跡」的意識形態辨認。就此而言，「不爭論」具有人們意想不到的政治含義：「中國特色」與「社會主義」的匹配，將社會主義的經典含義隱匿起來；「馬克思主義中國化」的命題更將國際主義與民族主義裹挾在一起；「計劃」與「市場」的兩頭跳躍則將國家統制經濟與價格導向的邊界模糊化；國家權力對市場謀利的申斥，將國家道德化的努力植根在國家絕對正當的高地，從而突顯出社會主義的道德正當性。近三十年中國國家特色的重新塗抹，超越米塞斯基於對馬克思主義和蘇俄計劃經濟模式建構的社會主義經典模型，所以它絕對無法用來辨識和理解當下的中國社會。米塞斯對社會主義的斷言似乎在難以定性的「中國奇跡」面前不攻自破了。

從第二個方面分析，「中國奇跡」對於市場手段的政治性引進，使經濟計算成為國家直接宣導和實施的經濟實踐。由此可以斷定，社會主義市場經濟條件下的經濟計算既不是蘭克所說的模擬市場表現，[45] 也不是米塞斯和哈耶克所說的缺乏價格機制條件下資源難以有效配置而難於計算，而是社會主義市場經濟自身的必然要求。這體現為，其一，國家對經濟計算所需要的價格機制加以嚴肅承諾。從理論上説，這種承諾可以是政治性的，也可以是經濟性的。如果僅僅是對價格機制做出政治承諾，價格是扭曲的，便無法真實反映資源配置的狀態；如果是對價格機制做出經濟承諾，那就意味着國家必須承認並信守市場價格原則，讓渡出資源有效配置的空間，從而保證市場配置資源的自主性。恰如林毅夫等指出，「實行微觀經營機制改革之後，企業開始擁有可自主支配的利潤和產品。將企業可支配的利潤用於擴大再生產，需要開拓購買所需要素的渠道，等等。所有這些變化，都衝擊着高度集中的資源配置制度」。[46] 一旦讓渡出了資源配置的市場空間，與這樣的資源配置空間相適應的各種市場安排也就必須跟進性供給。其二、於是，關乎市場交易機制的演進過程逐漸呈現出來：首先，國家除開控制主要生產要素（如交通、通訊與能源）之外，完全放開了消費品市場，自由交換與社會主義體制似乎水乳交融、密不可分。其次，國家漸漸放棄了對生產資料的獨佔，在放棄對消費品交易的直接控制之後，逐漸不尋求對生產資料交易的壟斷控制，相反積極支援相關交易的市場機制的發育與成熟。最後，國家終於承認市場配置資源的優勢強於國家直接配置資源。林毅夫對於中國改革過程中政府放開物資管理體制、進而改革外貿管理體制的考察，就反映出這種國家有序退出市場交易機制的形成過程。物資管理體制實行的「統一銷價、價差返還、放補結合、擴大市場」，與外貿管理體制形成的「統一政策、平等競爭、自主經營、自負盈虧、工貿結合、推行代理制、聯合統一對外」，都促使資源配置的市場化向縱深擴展。這無疑使計劃經濟條件下被扭曲的價格機制得以部分復原。[47] 其三，社會主義國家不曾全面借助的經濟發展手段，比如為列寧—史太林主義所拒斥的金融市場，成功地引入中國市場，市場列寧主義將國家壟斷的政治權力與市場引導的價格機制各安其位、各得其所。金融衍生市場在中國的發達程度足以與發達資本主義國家媲美。這可以區分為兩個方面來觀察：一是現代金融貨幣體系的建構對經濟發展的作用不可小覷。中國在建立現代金融體系的時候，率先將中央人民銀行統納的按計劃配給通貨和信貸資金並接受公眾存款的銀行體系，改變為央行與商業銀行分流的複雜體制，從而使銀行系統具備一定的信貸自主權，結合國有企業獲得的生產計劃自主權，使貨幣發揮出調節經濟狀態的作用。一旦商業銀行體系建立起來，它就會按照商業營運原則進行經濟核算，對經濟績效高度關注。另一方面，中國逐漸發展銀行以外的其他類型的金融機構，諸如信託投資公司、證券市場、保險公司等，這使進入其中的個體必須養成計算的習性，才足以化解風險、保障收益。[48] 其四，國家權力並不直接參與市場份額的分配，即使是國家控權的壟斷性公司，也試圖使它們成為可計算的經濟單位，而不是保持計劃經濟體制下的準行政部門性質。就此而言，國有工業企業與銀行機構的改革體現了這重要變革對中國經濟奇跡得以出現的標杆作用。國有企業激勵制度的改變，對企業經營者和從業者來說，能促使他們形成成本效益觀念，用工制度的改變則促使受雇者計算在業與失業的經濟利益差異，這使計劃經濟條件下必須由國家權力機關直接出面干預國有企業經營狀態和工作狀態的情形，顯得更為合乎成本控制邏輯。加上私營企業自身產權清晰、激勵機制明晰和計算習性內置，中國近三十年企業領域具有脫離國家權力支配的自主空間，因此它對「中國奇跡」的出現發揮了最顯著的效用，儘管國家權力從來沒有停滯對企業發揮強大的影子式影響力。[49]

從第三個方面剖判，「中國奇跡」似乎成功避免了顯示經濟發展波動狀態的經濟周期。三十年的持續增長是一個證明，而二〇〇八年由金融危機釀成的經濟危機，似乎正在由中國牽引着走出危機、企穩復蘇。私有制釀成的、以人們的貪慾引導的市場災難，竟然在中國社會主義公有制主導下的經濟實踐中得到有效克制，以至於西方經濟學家在驚慌失措地反省貨幣金融理論缺陷的時候，中國的領導人正忙於在全世界譴責金融資本家的貪慾，似乎中國社會主義的美德傳統成為它足以控制風險巨大的市場的高效閥門。中國領導人的信心之論聲震環宇，中國帶動全世界走出金融危機、經濟危機的希望似乎嶄露一角。[50] 這讓人回想起一九九八年金融危機時期中國的表現。當時人們預測中國也會被捲入金融危機而陷入經濟由盛而衰的周期循環之中，但中國政府採取保持人民幣幣值穩定，使用金融和財經手段刺激經濟、治理失業，加快農村經濟發展以擴大內需，成功避開經濟衰退和經濟危機，並且在之後加強銀行系統的自主管理，減少行政干預，使銀行信貸系統的運作發揮更為顯著的經濟調節作用。加上中國經濟整體上從賣方市場轉為買方市場，不經過精確計算就進入的投資領域愈來愈少，因此註定了人們在投資時的審慎計算習性。[51] 確實，中國經濟走過三十年，總體上沒有經歷過經濟衰退和經濟危機，經濟發展整體上顯示出持續增長和繁榮的景象，這似乎對米塞斯關於社會主義經濟周期的斷言形成了最佳反證。

人們似乎有理由相信米塞斯關於社會主義斷言的破產。因為在「中國奇跡」面前，不僅由推行社會主義的中國提供了最新鮮的市場經濟發展經驗、從計劃經濟到市場經濟轉軌的成功範式、從極權主義政治轉變為服務於市場需求的政府體制、由市場帶動的社會主義經濟新體制，而且由中國社會主義市場經濟呈現出來的「中國奇跡」，提供了超越蘇東二十世紀中後期的改革之致力統合「社會主義」與「市場經濟」的失敗歷史的證據。這對社會主義是否能夠有效計算的爭論來說，不啻扭轉了當時社會主義一方的學者似乎幼稚的主張顯示出的明顯劣勢。「要麼是社會主義，要麼是市場經濟」，似乎成功地演變為社會主義市場經濟。

四、「中國奇跡」：印證趨同，或創新制度

「中國奇跡」依託在市場列寧主義的總體思路上，烘托出經濟長期持續增長的輝煌業績。需要進一步探問的是，市場列寧主義是不是一種完全溢出現代性制度論説範圍的嶄新論述？如果肯定這種論述的嶄新性，那麼它在實際的制度實踐上是不是構成了對既有的社會主義與資本主義制度的全面創新？回答這一問題可以有兩個進路：一個進路是中國的市場列寧主義不過印證了資本主義與社會主義的趨同論，另一個進路是中國的市場列寧主義闖出了完全不同於經典資本主義與社會主義的嶄新道路，創造出新的現代性制度文明。

對此，需要先行從不同的角度對二者加以分析。首先，如果説「中國奇跡」只是印證了既有的資本主義與社會主義經典論述，中國的經濟發展善於在既有的社會主義與資本主義經濟發展模式中較為自由地擇取不同性質的發展要素，最大限度地重新結構成雙方都可以接受的發展狀態。這樣的斷定就意味着中國過去三十年的發展不出人們的意料之外，因此也就算不上真正的奇跡，它不過是讓私有制推動的資本主義經濟計算，讓國家權力直接掌控的經濟命運演變為國家權力直接推動的經濟計算而已。在這一點上，它既符合列寧構想的國家資本主義，也符合米塞斯設定的資本主義經濟計算的要件，只是前者與後者孰輕

孰重，必須隨時放置在國家政治需要的天平上衡量罷了。「中國奇跡」似乎並沒有在經典社會主義與資本主義理論論說與運行模式之外提供什麼新鮮的理念和制度。

因此，可以說「中國奇跡」確實在一定程度上印證了趨同論。比較現代化理論表明，建立現代社會理論的主要思想家們都相信，不同類型的工業社會，因為進化機制的作用，將變得愈來愈相似。這是由起源不同但目標一致、階段差異但演進一致的狀態所註定。[52] 趨同論的主要論點潛含在現代性經典作家的著作中，馬克思就以經濟發展階段論顯出了普遍主義特徵的趨同論立場。但在現代發展成熟階段的趨同論，則主要強調工業化社會趨同的社會特徵。「工業社會需要對職業結構的出現，著名的人口過渡理論，從擴大家庭向核心家庭的變化，志願和正規的兩種勞動力組織點共同方式，每人實際收入的增加和消費市場的出現，高收入和教育與政治民主的相互關係」，以及「不斷加劇的分化，個人主義，動員被傳統束縛的理論促進市場，科層制和其他制度的發展，以及相似的綜合機制的發展，這些形成了正在實現工業化的社會的共同方向。」[53] 在這樣的論述中，社會主義與資本主義這類基於所有制形態的言說方式沒有發揮主導性的作用，而工業機制的趨同前提成為論述先發與後發工業社會相似性的基礎。或者說其中預設了資本主義工業化成為非資本主義工業化的樣板的假設，換言之，一切非資本主義的工業化努力最後都會與其趨同，那麼，今天由「中國奇跡」顯現出來的中國工業化狀態，不過像趨同論者早就預言的一樣，是中國借助改革開放對傳統社會主義進行修正、對資本主義模式的趨同。如果說對中國做出這樣的斷言已經不是比較現代化研究者視野中的話題的話，[54] 當年比較現代化研究興盛之時，就有學者對當時蘇聯的現代化與西方現代化的趨同比較過，認為蘇聯成為工業社會的同時顯示出的各種特徵，相對於西方顯示出的同樣特徵而言，「相似遠比差異重要」，「一九五六年赫魯雪夫上台後，蘇聯生活水準的提高和非史太林化，似乎證實了人們的預料，蘇聯人的行為開始接近先進的工業社會的方式。」即使後來蘇聯提出所謂的「發達社會主義」理論來刻意顯示它與西方的差異，這一意識形態化的理論不僅沒有推翻反而是證實了趨同論。[55] 但是，需要強調的是，趨同論的立論基點是重視技術的一致性，相對忽視意識形態、民族與文化的作用。因此在趨同論視角下觀察到的西方資本主義社會工業化與東方社會主義社會工業化的一致性，似乎是預先設定的結論。不過趨同論可以獲得的辯護理由是，不管是什麼主義條件下進入工業化狀態的社會，起碼在經濟上都是依賴勞動生產率的提高，並且對剛性的國家所有制具有排斥性。蘇聯之所以迅速進入工業化的行列，在經濟上就直接與這兩種因素有關。[56] 這從一個側面驗證了米塞斯對經典的社會主義所作出的斷言——剛性的公有制條件下經濟計算是不可能的，但從另一個側面則推翻了米塞斯的斷言，社會主義也可以進行經濟計算——假如社會主義國家對公有制和經濟計算有重大修正的話。

「中國奇跡」出現之後，趨同論的論述也一時走紅。但有一些學者宣稱要跳出既成的現代性論述，既不在資本主義的言說中解釋「中國奇跡」，也不在社會主義的論說套路中詮釋中國發展，更不在兩種主義的交疊關係中尋求「中國奇跡」的解釋出路。他們對這些解釋陷入的保守主義、教條主義憂心如焚，指出應該大膽想像中國創造全新制度體系的可能性。這就是「中國奇跡」的制度創新解釋思路。[57] 創新制度，就是指中國跨越了資本主義與社會主義的制度界限，創造了一種新的政治經濟社會制度機制，由此可以認定中國近三十年的發展真的是奇跡。在這一視角中，一方面，論者不同意將中國的改革命名為「與國際接軌」，或是向市場經濟和政治民主的「轉軌」，認為這樣概觀中國近三十年的社會變遷，尤其是經濟變遷，是一種簡單化的思路。他們將這類以市場經濟和政治民主概觀發達國家制度的思路稱之為制度拜物教，可見，這是一種拒斥趨同論的思路。另一方面，論者又強調，觀察中國近期的改革，只能在制度創新論的視角得出真正符合中國實際演變着的現實的結論。就此而言，中國的改革或是説「中國奇跡」的出現，不是因為模仿了什麼既定制度的結果，而是中國根據自身的國情進行創新的結果。這種創新被表述為以經濟民主為價值導向的制度探求。[58] 這一引導制度創新的經濟民主，就是一種人民監督着並按照公司治理結構運行，而根據不同參與者的狀況都有權分紅的一套制度。其實，這就是一套社會主義旗幟下的經濟計算安排——在這一套體制中，所有制上以國有制為主，多種所有制經濟體並存，但國有制也實行了股份制，股份制公司按照公司治理結構運營，讓參與經濟生活的所有成員分享發展成果，從而進一步促進經濟持續發展。至於所有權，則不再是單一的控制權，而被分解為所有權、使用權、轉讓權，乃至於破壞權的權利。多種所有制問題和便於計算的問題成為制度創新的支點。這種制度創新，其實也不在現代性的既有制度安排設想範圍之外。所有制的彈性處置與精於計算的經濟運行機制，正是人們對「中國奇跡」進行理論概括的一般思路。

從上可見，趨同論或創新論對「中國奇跡」的解釋，都具有超出米塞斯在對峙資本主義和社會主義基礎上斷定社會主義經濟不可計算的新穎之處。從某種意義上說，它們都似乎宣告了米塞斯社會主義斷言的破產。但從總體上說，當我們深入分析市場列寧主義實際存在又無法克服的困難，就又有了為米塞斯斷言辯護的根據。就中國目前的總體經濟社會情況來看，國家政治權力系統與國家經濟權力系統的分離，這種格局下顯現出列寧主義國家權力結構發生重大轉變的潛在危險。這是「中國奇跡」呈現的中國之作為脆弱的大國，在維持自身發展上難以克服的深層困難，因此這就決定了「中國奇跡」不可能達到總體制度創新的水準，而且難以轉軌或並軌的方式與資本主義實現趨同，也難以以制度創新的形式開創一種既不同於資本主義也不同於社會主義的嶄新制度體系。

對此，我們可以從下述方面加以分析。一方面，中國經濟發展的政治條件與經濟條件是不對稱的。經濟上的可計算與政治上的不可計算直接衝突，而且經濟上的可計算受到政治上的不可計算的總體抑制，使中國特色的社會主義市場經濟處於一個總體上不可計算的狀態。在國家基本制度的供給上，[59]憲政層面的「同意的計算」為國家絕對排斥，這就註定了整個國家計算的不可能性。在政府管理經濟活動的過程中，政府總是傾向支配市場，樂於支持市場失靈、政府成功的立論，並採取權力市場的進路干預，甚至直接佔有市場。國有經濟的尾大不掉就此獲得充分理解。產權改革無法堅持下去的現象就此獲得解釋。首先從憲政民主的視角看，由於中國經濟發展的政治支持條件始終落後於經濟發展需要，憲政民主的基本制度供給完全無法滿足經濟計算的政治條件。當初米塞斯斷定社會主義經濟不可計算的時候，還沒有有系統地考慮過一種適於計算的經濟體進行計算的政治條件，因此並沒有將政治計算與經濟計算掛鈎。而憲政經濟學恰好填補了米塞斯這一遺漏。立憲經濟學將公共部門裏群體行動的個人決策過程作為研究對象，通過對集體選擇規則之一的簡單多數決（simple majority voting）的分析，指出了集體決策中的個人行動者實際上也像市場中的個體行動者般，判斷自己是不是贊同或反對某項公共規則的時候，不是依循先定的道德或政治規則，而是依循他在這類規則中的成本與效益計算，他的行動也是「經濟的」行動。立憲經濟學拒絕將政治基本規則的形成看作是統治者個人、某個統治階級或集團給定的產物，它將這類規則視為群體中所有個人同意的結果。因為「個人會發現，當預期到收益超過付出時，預先贊同某些規則是有利的（他也知道這些規則優勢可能對他不利），可以通過分析個體選擇來建構的這種『經濟學』理論，為政治憲法在那種由自由的個人進行的討論過程中出現提供了一個解釋，這些自由的個人試圖系統提出他們自己的長遠利益中普遍可接受的規則。」[60] 在這個意義上，經濟計算與政治計算具有內在吻合的關係——基於成本收益的個人衡量，人們各自決定自己的行動：在市場領域中，人們依照價格邏輯分散地做出交換決定；在政治領域中，人們同樣根據成本收益狀態進行公共選擇。集體選擇的邏輯與個體選擇的邏輯具有高度的一致性，因此集體選擇之「集體」隨時可以代換為「個體」。[61] 立憲民主與市場經濟在個體計算的基點上達成了一致。

不說是政治上的這種「同意的計算」對經濟生活中的成本效益計算具有先定的制約作用，起碼可以說政治上的「同意的計算」與經濟上的成本效益計算具有相輔相成的關係。

缺乏政治上「同意的計算」，經濟生活中成本效益的計算就缺乏政治支持；缺乏經濟生活的普遍計算，政治生活中的計算也就沒有生活習性的支撐，甚至根本產生不了政治計算的需求。這也就是市場經濟與政治民主相伴始終的原因。而中國近三十年對憲政民主的官式拒斥，恰好證明了中國不可能進入政治上「同意的計算」，相應也就限制中國經濟計算的政治空間。換言之，這既註定了一個缺少政治計算支持的經濟計算，只能是殘缺不全的計算，因此根本就說不上是嚴格的計算；也註定了經濟計算在遭遇政治需要的時候，計算必然中止。

「中國奇跡」沒有「同意的計算」作為政治基礎，換言之，國家權力直接主導下的「中國奇跡」是以國家權力自保的總體算計為基礎，因此政治上從來沒有放開公民個體作為計算的主體這一禁令，市場經濟中的個體計算也就成為被國家圈定的計算形式。而市場經濟中的這種計算，絕對不能觸及政治上非同意計算的禁忌。由此註定政治上的統治者計算與經濟上的公民個體計算之間，處於一種內在緊張的狀態，激勵市場中的行為者以利益計算確立行動與否的普適性經濟行為模式就建立不起來。這是中國近三十年改革每每走到影響國家統治集團利益的關頭時，市場經濟總是讓位於集權政治的關鍵原因；同時是中國拒絕基於同意計算的憲政民主的原因；而且也是中國經濟發展的計算總是於最後落腳到政治謀算基點上的深層緣由。國家常常以政治的理由不計代價地謀劃一些雄心勃勃的偉大項目，以展示國家氣魄，在此也就可以獲得解釋。市場經濟必須的計算僅僅限定在絲毫不影響國家政治生活的狹小範圍內，這種計算不具有普遍性和貫通性，它確實是支離破碎的計算。米塞斯對社會主義的斷言對中國特色社會主義市場經濟的診斷有效性由此可見一斑。

另一方面，從經濟領域來看，「中國奇跡」是依靠當下緊急需要將現代資本主義因素下潛到國家社會主義之中而形成的，因此註定它對經濟計算精確性的限制及規範運行態勢的扭曲，也就註定了「中國奇跡」在經濟界面上處於不可能準確計算的命運。這可以從三個方面深入理解：其一，中國啟動市場經濟，使經濟計算成為可能的所有制改革，是為不徹底的改革，在國民經濟中佔支配地位的國家所有制，對集體所有制和個體所有制發揮着居高臨下的制導作用，使基於私人財產專屬權[62]基礎上的經濟計算難於開展。中國領導人也深知國有產權基礎上展開的經濟計算的艱難困苦，試圖以國有民營的方式解決相關難題。但國有企業壟斷相關資源之後的行動，並不將國家權力放在眼裏，這就形成了需要從市場謀劃角度計算的國有企業與國家權力之間的矛盾。「市場巨無霸」與「政治巨無霸」博弈的出現，[63]既顯示了國有民營的大型壟斷企業實行經濟計算的困難，也顯示了國家權力體系與市場組織之間難以化解的矛盾。而由於集體所有制和個體所有制企業（民營企業）在中國獲得的經濟資源十分有限，其經濟計算更不足以促使整體經濟進入財產所有權明晰狀態下的計算局面。另一方面，中國雖然啟動了與市場經濟相關的諸多經濟手段，尤其是對貨幣效用和價格杠杆的作用十分垂青，但因為國家權力以政治方式控制着貨幣機制和價格機制，令貨幣體系和價格機制都不足以真正按照市場要求自主地發揮作用，使經濟計算成為近似的計算，而不能準確地反映經濟發展自身的狀態。這從三個側面得到的結論——一是貨幣機制發揮的效用較差，二是經濟統計的誤差較大，三是經濟資源的浪費嚴重。從第一方面看，銀行體制的內在障礙使其難以發揮刺激經濟、穩定經濟機制的作用。這是因為銀行系統「很難設計一套適合大型企業經理的報酬體系（把企業的經營權出租給管理層這種承包責任制，對於小型企業來說更合適一些），轉變銀行從業人員的官僚行為受到長期以來微形成的習慣的阻力，這種習慣包括官員享有貸款的優先權，銀行官員可以接受儲蓄及銀行不願意解僱無效率的員工，這是因為工作安穩是社會福利體系的一部分。官僚行為不僅包括對顧客很差的服務態度，也包括腐敗和為非法目的濫用銀行資金。」而由於金融機構存在這些弊端，政府加強了對金融機構的控制，但這些控制使得本來就依賴政府行政機構的銀行既難以保持獨立性，更難以對國有企業提供到位的金融服務。銀行死賬、壞賬問題和國有企業的行政補虧問題連環造就了中國金融績效的低下。[64] 就第二方面而言，基於所有制的混合性，佔據經濟主導地位的國有企業經濟計算的混亂性質、集體所有制企業和個體所有制企業又未能有效納入政府管制系統之中，註定了中國經濟統計並不可靠。每年省級統計口徑與國家統計局的統計資料難以吻合，就很好地顯示了中國經濟計算的混亂。即使是國家機構，每年也都試圖從自己部門的公用資金中抽水而肥私，並沒有將其完全用來發揮公共效用。中國經濟整體上是一筆清算不了的糊塗賬。[65] 就此而言，中國實行市場經濟以來的經濟計算，大致就限定在具體的經濟機構範圍內，省級和國家範圍內的經濟計算也還無法準確開展起來。這裏顯示出一條阻礙中國經濟計算的遞進性線路：所有制上公有制的主體地位，妨礙了精於計算的個體所有者的計算，而公有制本身又制約了國有企業的經濟計算，因此總體上經濟計算變得不可能。以協力廠商面分析，「中國奇跡」背後嚴重的經濟浪費與環境破壞，證明了它絕對不是精確計算的結果，而是粗放放開市場需求的必然。根據相關研究者提供的資訊，中國工業每年的不良產品損失以千億計。資源浪費更是驚人，全民採礦嚴重耗費礦產資源，一美元產值能耗超出發達國家數倍，每萬元工業產值水耗為發達國家三倍以上，環境污染的嚴重已經到了非整治不可的地步。[66] 這是經濟行為主體沒有坐實為財產所有權明確的個體所必然出現的現象。可見，在市場列寧主義的條件下，不管所有制如何多樣化，經濟行動的主體還不是掌握了財產所有權的個體，經濟行動的主體仍然是計劃經濟條件下主導國民經濟的國家，而不受權力限制的國家是不可能成為經濟計算主體的。

另一方面，就出現「中國奇跡」的基本理由來看，它並不是有意的轉軌或創新的產物，而是應對危機的結果。對此可以從兩個角度加以觀察。其一，就「中國奇跡」得以出現的政治理由來看，它是挽救政治危機的結果。因此決定性地制約了它的政治出路——它能有效地應對危機需要，而不能有力地籌劃國家未來。中國的社會主義市場經濟啟動於國民經濟瀕臨崩潰之際，造勢於計劃經濟與商品經濟的膠着狀態，落實於恢復計劃經濟權威失敗之際。[67] 中國選擇市場經濟，並不是一個社會的自發秩序運行的結果，也不是一個政治家天才洞察力的展現，更不是一個統治集團自覺籌劃的改變。以挽救危機進行的改革必定處於一種尷尬狀態：挽救一個危機意味着必定會繼續處於挽救危機的狀態，因為一個對國家根本弊端諱疾忌醫的細枝末節性改革是不可能具有改革主動性並成功克制危機根源的。其二，就「中國奇跡」得以出現的經濟依據而言，則是挽救經濟崩潰的權宜之計，因此內在地限制了它的經濟權衡。產權問題一直是中國改革的梗阻，就證明了公有制基礎上建立起來的社會主義市場經濟的硬傷。一切經濟資訊在中國始終處於扭曲的狀態，則更為鮮明地體現出市場列寧主義在運行中對現代市場經濟的傷害。就此兩方面而言，中國經濟發展具有的破壞性特徵，[68]部分印證了米塞斯對社會主義經濟的建設性絕對弱於它的破壞性的斷言。從這兩個方面來看，中國社會主義市場經濟的自身改革還是一個相當沉重的難題。[69]

由於「中國奇跡」遠遠不足以證明中國成功地對接了「社會主義」與「市場經濟」，而且事實上社會主義與市場經濟的內在衝突並沒有得到很好的解決。就此可以得出一個簡單的結論：米塞斯對社會主義經濟不可計算的斷言，總體上仍然成立。

註釋

1 路德維希・馮・米塞斯著，王建民等譯：《社會主義——經濟與社會學的分析》，北京：中國社會科學出版社，2008。由該書主譯者王建民撰寫的中譯本〈譯者的話——代序言〉，對於此書在奧地利學派中的學術影響、社會主義系統研究的不可替代作用進行了評述，是一篇中國情景中申述米塞斯此書價值的聰明之作。本章對米塞斯此書歷史意義的敍述，多參照此文。需要順帶説明的是，本章不打算對奧地利學派有關社會主義的思想進行全面論述，所以對本章主題之外的奧地利學派學者如約瑟夫・熊彼特的《資本主義、社會主義與民主》也就忽略不計。在一定程度上，米塞斯與熊彼特對社會主義的一般斷言似乎恰相反對。參見吳良健中譯本《2評熊彼特的《資本主義、社會主義與民主》》的〈前言〉，北京：商務印書館，1999。

2 弗里德里希・奧古斯特・哈耶克著，王明毅等譯：《通往奴役之路》，北京：中國社會科學出版社，1997。哈耶克著，馮克利等譯：《致命的自負——社會主義的謬誤》，北京：中國社會科學出版社，2000。兩書分別撰寫於二戰中和冷戰中，其對於社會主義的批判也是就它的一般意涵展開的，但因為此時的社會主義以蘇聯為典範，因此哈耶克的批判是有意還是無意，事實上無疑更集中於史太林主義式的社會主義，這比米塞斯在一般意義上對社會主義的批判更具有現實針對。因為米塞斯撰寫《社會主義》的時代，蘇聯社會主義還處於創新階段，社會主義的制度輪廓還剛剛嶄露。由此可見米塞斯批判社會主義的先知特徵，與馬克思作為批判資本主義的先知一樣，具有某種傳奇色彩。如果不對這類批判懷抱一種偏執的政治正確先見，兩種批判都同樣啟人心智的作用。這也是米塞斯聲稱他對社會主義的批判是「一項科學研究，而不是政治論戰」的立意所在。

3 參見〈譯者的話〉，《社會主義》，第6頁。

4 同上書，哈耶克序，第8頁。所謂「在諸多方面成為經典」，指的是米塞斯對社會主義諸方面的批判已經成為人們認知社會主義的重要指南；所謂「與今天的爭論貼近」，指的是冷戰時期關於蘇聯式社會主義與西方資本主義之間的爭論，這是對米塞斯批判社會主義的理論有效性和現實有效性的雙重肯定。而這也是米塞斯在《社會主義》德文第二版前言中曾自我剖白的意思。

5 參見小羅伯特·B·埃克倫德等著，楊玉生等譯：《經濟理論和方法史》，第20章第9節「關於社會主義經濟計算的爭論」，北京：中國人民大學出版社，2001，第443頁以下。哈耶克撰寫的《個人主義與經濟秩序》辟出三章篇幅專門討論社會主義計算問題，但因為本章集中討論米塞斯提出的社會主義計算的斷言，因此對哈耶克的分析忽略不計。參見哈耶克著，鄧正來譯：《個人主義與經濟秩序》第7至9章，北京：三聯書店，2003。

6 參見《社會主義》英文第2版前言，第1頁。

7 《社會主義》德文第2版〈前言〉，第18頁。

8 《社會主義》，〈導言〉，第29–30頁。

9 參見《社會主義》，〈導言〉，第26頁及以下。

10 參見《社會主義》，第1卷〈自由主義和社會主義〉，第1章〈所有權〉，第3頁以下。米塞斯認為社會主義理論家刻意歪曲私有制的歷史，公有制並不構成私有制的高級階段，相反，私有制貫穿整個人類社會史，公有制反而不具有這樣的歷史特性。

11 參見《社會主義》，第2章〈社會主義〉，第22頁以下。

12 米塞斯極看重自由主義發揮的這一社會政治功能，甚至聲稱「這是民主政治唯一的決定性功能」。需要指出的是，米塞斯並不認為自由主義與民主主義有什麼衝突。參見《社會主義》第3章〈社會秩序與政治制度〉，第36頁以下。

13 參見《社會主義》第 43–50 頁。

14 參見《社會主義》，第 5 章〈經濟行為的性質〉，第 78 頁以下。

15 參見《社會主義》，第 6 章〈社會主義社會的生產組織〉，第 95 頁以下。

16 《社會主義》，第 107 頁。

17 《社會主義》，第 186 頁。

18 《社會主義》，第 428 頁。

19 參見《社會主義》，第 469–473 頁。米塞斯在此申述了觀念之戰對於武力之戰和權力之爭的優勝性。

20 參見米塞斯著，馮克利等譯：《官僚體制——反資本主義的心態》，北京：新星出版社，2007，第 111 頁以下。

21 在這方面，同為米塞斯學生的熊彼特撰寫了《資本主義、社會主義與民主》，討論了兩種社會類型中的經濟政治制度差異問題，但就分析社會主義問題的一貫性、尖銳性和透徹性而言，熊彼特的含混態度無法與米塞斯和哈耶克媲美；而就傳承來說，哈耶克才是堪稱宣揚了米塞斯的社會主義理論的人。

22 史太林式的社會主義就是國家壟斷一切的社會主義，也就是列寧主義在穩定的社會主義國家中的實現形態。這是一種完全合乎米塞斯所斷言必然歸於失敗的社會主義形態。曾經有人刻意區分史太林主義與列寧主義，兩者的取向與制度設計本質似乎不同。這是一種沒有察覺列寧晚期定論與史太林模範實踐列寧主義國家壟斷精神的皮毛之論。蘇聯（俄羅斯）學者麥德韋傑夫就明確斷言「史太林主義逐漸變成了同列寧主義所有原理完全抵觸的完整實踐」。參見麥德韋傑夫等著，張祖武譯：〈史太林主義：不折不扣的真相〉，載瑪律科維奇等著，李宗禹主編：《國外學者論史達林模式》，上卷，北京：中央編譯局出版社，1995，第462頁。而在相關主題的討論上，有學者認為關於史太林與列寧之間關係的「連續論」與「中斷論」都值得商榷，實際上兩者之間具有複雜的關聯，因為在一個主張寬容、民主與人道主義的列寧，與一個顯得生硬、嚴厲和要求服從的列寧之間，史太林捨棄了前者，而繼承了後者。參見同書下卷，德·列科維奇著，劉燕明譯〈列寧與史太林主義〉，第920頁。由於前一個列寧主要顯現為理論的列寧，後一個列寧主要顯現為實踐的列寧，因此社會主義的列寧無疑應當從後者來認知。就此而言，列寧主義與史太林主義並沒有實質性的區別。

23 參見《國外學者論史達林模式》下卷，第927–928頁。

24 參見《鄧小平文選》，第3卷〈計劃和市場都是發展生產力的方法〉，北京：人民出版社，1993，第203頁。

25 所謂指引中國改革開放的基本精神「不管白貓黑貓，抓住老鼠就是好貓」、「摸着石頭過河」就體現出鄧小平這位「改革開放的總設計師」從理論上迴避清晰地陳述中國社會經濟轉軌的實質蘊含的情況下，對於社會主義與資本主義經典論述的自覺疏遠。這就是他強調的「不要固守一成不變的框框」顯示出的理論態度。但這種疏遠並不妨礙人們去尋思他推動的改革所具有的政治經濟理論內涵。參見《鄧小平文選》，第3卷〈解放思想，獨立思考〉，第260–261頁。

26 關於「中國奇跡」的理論論述可謂眾說紛紜，近有學者對之進行了綜合描述與分析。參見馮興元：〈中國的「奇跡」：成因、問題與展望〉，載羅衞東等編：《中國轉型的理論分析——奧地利學派的視角》，杭州：浙江大學出版社，2009。但本章的關注點並不在經濟學界關於「中國奇跡」的各種論述鋪展上，而在於解釋「中國奇跡」的政治經濟學含義，因此對於該文陳述的諸種關於「中國奇跡」的論述脈絡並不屬意。

27 參見林毅夫等：《中國的奇跡——發展戰略與經濟改革》，增訂版序，上海：上海三聯書店、上海人民出版社，1999。與林毅夫等人的樂觀結論與分析相對應，楊小凱等學者也一以貫之地表達了對中國奇跡的質疑態度，並認為中國發展恰恰處於後發劣勢的尷尬狀態。參見楊小凱〈經濟發展中的後發優勢與劣勢〉，載燕南網。楊氏強調，後發現代國家容易陷入各種技術模仿而拒絕制度模仿，因此難以實現發展所要求的制度結構性轉軌。相對於技術模仿而言，制度模仿對於後發國家更為關鍵；因此與其提「科教興國」、「教育興國」，不如提「制度興國」、「民主憲政興國」。為此他將經濟改革與政治改革緊密勾連起來，從而切中了本章將要申述的基本立場：脱離開憲政「同意的計算」而謀求的經濟計算，實際上是不可能貫徹到底的計算方式，因此經濟社會發展的成本原則不可能作為單一的原則貫通發展過程。

28 參見林毅夫〈後發優勢與後發劣勢——與楊小凱教授商榷〉，《經濟學（季刊）》2003年3期。

29 參見張宇主編：《中國模式：改革開放三十年以來的中國經濟》，北京：中國經濟出版社，2008。編者指出，中國經濟社會三十年的發展這一奇跡就是中國模式運行的結果，這模式以四大要素構成：改革模式、開放模式、經濟發展模式、中國特色社會主義經濟理論與實踐。

30 據説經濟學界有人認為，在經濟學家闡述中國經濟社會轉型的問題上可以催生不下十個諾貝爾經濟學獎獲得者。可惜的是，到目前為止，以轉軌經濟學面目出現的這類關乎中國社會主義經濟轉軌的論述，還沒有一個經濟學家獲得廣泛認同，而有機會奪取諾貝爾經濟學獎。這説明無論蘇俄還是中國的所謂經濟轉型，其實不過是在經典的經濟學論述中無原則跳躍而已，並沒有任何理論上的獨特之處。參見錢穎一《現代經濟學與中國經濟改革》一書所收〈中國特色的維護市場的經濟聯邦主義〉，北京：中國人民大學出版社，2003，第197頁以下。該文將聯邦主義肢解為政治聯邦主義與經濟聯邦主義，同時離開政治聯邦主義談論經濟聯邦主義，從而以次級意義的經濟聯邦主義來解釋中國的改革，這是一種似是而非的部門經濟學解釋，而不是直面問題根柢的政治經濟學解釋，使中國經濟轉軌的解釋不得要領，難以讓人們完整把握中國經濟改革的實質。長期觀察中國的國外學者們也同樣顯得迷惑，費正清說「鄧小平的改革不但讓我們迷惑不解，也讓一些中國人迷惑不解」，典型地反映出中國改革的模稜兩可性質，參見 John K. Fairbank, "Keep Up with the New China," *New York Review*, March 16, 1989, p. 16. 轉引自阿里吉《亞當・斯密在北京》第 3 頁。

31 參見義大利旅美學者喬萬尼・阿里吉著，路愛國等譯：《亞當・斯密在北京——二十一世紀的譜系》，見該書緒論，北京：社會科學文獻出版社，2009。作者提供了關於「中國奇跡」的一種國際政治經濟學的解釋思路，但主要落點在市場的世界重心的轉移，而不在一個國家內部推進經濟社會發展的模式，因此對於中國何以出現奇跡的所有制及其經濟運行狀態只是一個粗線條的勾畫。

32 「市場列寧主義」是用來概觀中國以國家壟斷權力推動市場發展的一個詞彙，參見 Nicholas.D Kristof, "China Sees 'Market-Leninism' as Way to Future", *New York Times*, September 6, 1993. 他對市場列寧主義的表述，是「結合了嚴格的一黨統治與市場競爭」，「從這種意義上說，結合了市場競爭的具有高度紀律性的一黨統治，保持對列寧主義的偏愛」。（"...combines harsh single-party rule with competition in the marketplace."; "...retain a fondness for Leninism, in the sense of highly disciplined one-party rule with centralized decision-making. Their aim, in other words, is Market-Leninism."）無疑，這包含了兩個相關的意思：一是一黨統治的絕對權威，二是對市場因素的有效引入。前者是後者發揮作用的前提條件。但作者把中國的這一嘗試放置在東亞模式的意義上審視，則不足以揭示中國發展的市場列寧主義的獨特含義。也許這是作者作為記者而不是作為學者寫作的必然結果。

33 中國學者大多傾向於在經濟的具體操作需求上要求國家放鬆管制，改革開放三十年期間，中國之所以走不出「一放就亂，一收就死」的放權讓利循環死結，恰恰就是因為國家政治權力對於市場處於一個放而不開的狀態造成的結果。在國家與市場的關係上，國家對市場的絕對控制是市場價格機制相對寬鬆的前提，國家對於生產資料的果斷控制是生產資料市場交易的底線，而國家從來不曾信任市場自身形成的價格機制，總是採取剛性的政策性價格，在表明了中國國家權力對市場的控制能力，市場不過是國家手上的牽線木偶。

34 參見陸南泉等主編：《蘇聯興亡史論》，第25章〈政治改革成為改革的中心〉。尤其是該章第4節「政治改革導致的權力鬥爭和全面失控」，北京：人民出版社，2002。

35 這正是中國經濟學界的學者們多年來在相對寬鬆的學術環境中致力解釋「中國奇跡」但卻沒有眾所認同的結論的原因，也是國際經濟學界不着中國政治經濟實際的要領，總是在既有的經濟學經典論述中尋求解釋「中國奇跡」的路徑，因此無法提供切近中國實際的解釋的導因。可以說，成功解釋「中國奇跡」已經超出了經濟學可以負載的立論能力。儘管經濟學界的學者多年來對中國經濟改革的貢獻應當受到的尊敬不能因此而衰減。中國經濟學界像楊小凱那樣具有憲政關懷的學者太少，他們大多數只能在具體的經濟活動領域中設計改革路徑和尋求解釋方法，因此缺乏結合政治權力解釋經濟現象的學術興趣和能力。

36 對此，獲得諾貝爾經濟學獎的克魯格曼曾經以不平等為主題進行了當代經濟史考察，認為正是資本主義的一系列政策造成了今天美國甚至西方的困境。參見克魯格曼著，劉波譯：《美國怎麼了？——一個自由主義者的良知》，第7章〈大分化〉，北京：中信出版社，2008。

37 參見鄒至莊（Gregory C. Chow）著，曹祖平等譯：《中國經濟轉型》，北京：中國人民大學出版社，2005，第45頁以下。鄒氏對中國改革取得成功的內在部原因進行了概括，但他對所有制變革的重要性估價似乎仍然顯得不夠。同時參見厲以寧〈社會主義所有制體系的探索〉，載新望主編：《改革五十年：經濟學文選》，上冊，北京：三聯書店，2008。厲以甯當年以「厲股份」知名，就是因為他對股份制熱情有加的讚賞。而這正是所謂中國改革所有制的一種主要進路。

38 參見奧塔・錫克著，王錫君等譯：《社會主義的計劃與市場》，第2、3、4章，北京：中國社會科學出版社，1982。該書作者特別強調社會主義條件下對於市場關係的「利用」，指出計劃與市場的並行不悖、價格機制與貨幣機制的經濟效用。但作者迴避了所有制對於價格機制與貨幣機制發揮有效作用的前提條件。因此，可以斷定，錫克雖然部分回答了計劃經濟與市場經濟的要素一致性問題，並將市場因素引導進社會主義經濟體之中，但因為他沒有看到米塞斯論述中公有制與私有制、計算與不可計算之間的交疊關係，因此他還無法提供社會主義經濟計算的所有制基礎。

39 這也是鄒至莊強調中國經濟發展成功的重要因素之一。參見《中國經濟轉型》第57頁。中國改革的實用主義哲學曾經給鄒留下深刻印象，他敍述了國家領導人對一切資本主義價值不為所懼及務實利用的態度。

40 Comprehensive 是政治哲學家約翰・羅爾斯用來描述那些試圖建立完備而無遺漏的、具有高度一致性和排斥性的系統學説限定詞。他常常以 Comprehensive Doctrines 的表述出現，具體形態則有完備的宗教、哲學與道德學説（Comprehensive religious, philosophies, morals）。John Rawls: *Political Liberalism*, expanded edition, Introduction, Columbia University Press, 2005, xviiiff。

41 參見俞良早：《東方視域中的列寧學説》，第1篇〈東方實際與列寧學説〉，尤其是第1、3、4章，北京：中共中央黨校出版社，2001。

42 《列寧全集》，中文第2版，第34卷，北京：人民出版社，1985，第256頁。

43 參見高鶱等主編：《蘇聯東歐改革理論比較》，尤其是第2篇〈經濟篇〉，哈爾濱：黑龍江人民出版社，1987。

44 參見黃達公編：《大論戰——民主社會主義與中國出路——謝韜引起的爭鳴》上卷，香港：天地圖書有限公司，2007，第277頁以下所收《人民日報》諸文。在某種意義上，「中國特色社會主義」就是官方對市場列寧主義的正式命名而已，只不過這一命名的政治取向遠遠強於它的經濟取向。

45 參見小羅伯特・B・埃克倫德等，《經濟理論和方法史》，第443–444頁。

46 林毅夫等：《中國的奇跡——發展戰略與經濟改革》，第155–156頁。

47 參見林毅夫等：《中國的奇跡——發展戰略與經濟改革》，第5章第3節，第155頁以下。另見鄒至莊《中國的經濟轉型》第四部分第15–18章對於同類問題的考察。

48 參見鄒至莊《中國的經濟轉型》第四部分第13、14章。

49 參見鄒至莊《中國的經濟轉型》第280–282頁。

50 參見温家寶〈信心比黃金和貨幣還要重要〉，《人民網》，2009年3月13日。温家寶強調「首要的還是要堅定信心。只有信心才能產生勇氣和力量，只有勇氣和力量才能戰勝困難。」

51 參見林毅夫等《中國的奇跡——發展戰略與經濟改革》，第252–257頁。

52 參見羅伯特・海爾布等著，俞新天等譯：《現代化理論研究》，第103頁以下所收伊恩・温伯格文章〈工業社會的趨同問題——對理論狀況的評論〉，北京：華夏出版社，1989。

53 羅伯特・海爾布等著《現代化理論研究》，第107頁。

54 比較現代化研究的進路在二十世紀七、八十年代較為流行，之後逐漸衰退，以至於今天甚少被人提及。廣而言之，比較研究的思路當年都大行其道，七八十年代比較經濟體制的研究就很紅火，但今天這樣的研究大都讓位給諸如世界體系這樣的研究理路了。但當年這類研究對於人們形成經濟社會發展體制的差異性認知曾經發揮到重要作用，應當不被人們遺忘才對，因為這類研究畢竟揭示了現代不同經濟社會體制的實質內涵。後一類作品可參見阿蘭・G・格魯奇著，徐傑文等譯：《比較經濟制度》，〈序論〉，北京：中國社會科學出版社，1985。該書既指出了工業社會的趨同，也強調現代經濟制度的不同類型。見該書第27–31頁。

55 參見傑佛瑞・W・哈恩：〈發達社會主義理論是蘇聯的趨同論觀點嗎？〉，載羅伯特・海爾布等著《現代化理論研究》。

56 傑佛瑞・W・哈恩文，同上書第131–132頁。

57 參見王魯湘與崔之元對話〈「新左派」學者崔之元解讀制度創新與經濟民主〉，載《鳳凰網》2009年1月9日。崔之元指出，「可以説改革開放最大的成功就是我們初步建立社會主義市場經濟，而它的特點就是説，由於公有資產的市場收益使得我們建立了多種所有制真正共存，而互相促進的一種體制，而在農村呢，我們在堅持土地的集體所有制情況下，又進行了在財產權利束方面的多種實驗和創新，包括最近的土地承包權的流轉。」

58 崔之元認為，「制度創新是中國改革開放成功經驗的靈魂，而經濟民主是制度創新的源泉和目的。」見王魯湘與崔之元對話。

59 此處的國家基本制度概念系參照約翰・羅爾斯在《政治自由主義》一書中所使用的 Basic Structure of Society 這一概念而來。羅爾斯指出，社會的基本結構可以看作現代立憲民主，包含社會的主要政治制度、社會制度和經濟制度，它們融合為一個世代相傳的社會合作的統一體系。見該書英文擴展版第11頁，以及萬俊人平裝英文1996年版中譯本，南京：譯林出版社2000年版，第11–12頁。

60 參見詹姆斯・M・布坎南、戈登・塔洛克著，陳光金譯：《同意的計算——立憲民主的邏輯基礎》，北京：中國社會科學出版社，2000，第6頁。

61 參見《同意的計算》，第10頁。

62 米塞斯總是使用私有財產（private property）這概念，並將之作為資本主義經濟的所有制基礎。而哈耶克則使用專有財產（several property）這似乎是中性的概念，避免人們對私有制懷有的道德厭惡之情。參見哈耶克著，劉戟鋒等譯《不幸的觀念——社會主義的謬誤》，台北：東方出版社，1991，第44頁以下。

63 參見《央企兇猛》，是文指出，一方面「目前，中國石油的國內原油產量佔全國的57%，天然氣國內年產量佔全國的80%，煉化產品佔據了全國40%以上的市場份額，而中國移動控制着4.57億戶的移動通訊——壟斷着十幾億百姓生活必需品，這被視為是中國石油、中國移動這兩家國有企業一年之內賺取了二千二百億元以上利潤的原因所在。而全國發電量的55%，民航運輸周轉量的82%，水運貨物周轉量的89%，汽車運輸周轉量的48%，高附加值優質鋼材的60%，水電設備的70%，火電設備的75%，全是由央企提供。二〇〇八年，在國有企業創造的利潤當中，80%都是由央企創造的。」另一方面，「以央企而言，從總的數額看利潤好像增長很快，但實際上央企利潤的80%以上來自中石油、中石化、中海油、中聯通、中移動、中電信等不到十家壟斷企業，絕大多數國有企業要麼經營困難，要麼產能過剩，要麼因為政策因素每年面臨大面積的政策性虧損局面」，即使是盈利央企，也謀求特殊政策支持，二〇〇五、二〇〇六年，中央財政就曾兩次出台補貼政策，單中國石化就分別得到一次性補貼一百億元和五十億元。二〇〇八年上半年，中石化又獲得三百多億元的補貼。因此，再一方面，人們「面對央企巨獸的肆虐，加強監管，馴服巨獸的呼聲不絕於耳。」載《南方周末》，2009年8月20日。另參見〈壟斷企業不能「雙重人格」〉，是文指責「石油巨頭的利己主義：有利可圖時，就突出市場身分，遭遇競爭，則以『管理者』的身分加以扼殺。」載《瞭望》周刊，2005年9月5日。由此可見崔之元對於國有制企業的好感乃是出於價值信念而非事實認知。

64 參見鄒至莊：《中國經濟轉型》，第13章〈銀行與金融體制〉，第219頁以下。

65 參見《河南統計網》2009年8月13日報導，二〇〇九年「上半年，地區GDP之和比國家GDP多出9.9%。有重複統計的因素，也有國家與地區使用的基礎資料不完全一致的因素，還有外部環境的影響。」以及2006年8月8日《搜狐財經》的報導：「國家GDP資料與省級GDP資料之間的差距呈逐年擴大趨勢」。又參見2009年9月1日《中華人民共和國審計署審計結果公告》，該公告指出，國家直屬機關二〇〇八年預算與其他財政收支執行情況，存在如下四大問題：擠佔挪用轉移資金、虛報多領財政資金、巧立名目違規收費、公費出國管理不嚴。

66 參見梁多俊：《中國的浪費》有關章節，成都：四川人民出版社，1993。

67 與中國社會主義市場經濟發展三個階段關聯着的時刻是一九七八年、一九八六和一九九二年。這三個年份前後中國的政治經濟狀況人所共知，毋庸贅言。

68 這裏所謂的破壞性，不是指完全妨礙經濟總量增長的破壞性。相反，這種破壞性多數恰恰顯示為促進經濟強勢增長的狀態，但它以對經濟社會長期發展的健全機制的損壞，體現出它的破壞性。這與米塞斯斷言的社會主義的破壞性具有明顯差異。參見米塞斯：《社會主義》，第427–429頁。

69 對此鄒至莊曾經指出，就國家權力對國有企業而言，以經濟利益刺激國有企業的經營者的作用需要多方分析，而國家權力對於促進中國經濟繁榮的非國有企業則多方限制，使其利益受到嚴重影響。見鄒氏《中國的經濟轉型》第15、16章。這就表明，促進經濟計算的個人利益旗幟，在中國還沒有高高飄揚起來。當然，利益旗幟的飄揚，需要憲政法治的雄風鼓蕩。

第七章

市場巨無霸挑戰政治巨無霸

「社會主義市場經濟」中的政企關係

中國的「社會主義市場經濟」乃是一種權宜的、旨在便利地推行市場經濟的政治化經濟形態。在這一經濟形態的運行中，政治的因素總是市場運作的掣肘。正是這一權宜的經濟形態內含的矛盾，基於政治因素成型的全能型政府這一政治巨無霸，與基於市場要素配置而成型的壟斷性國有企業，尤其是央企這類市場巨無霸，兩者之間圍繞市場經濟究竟是按照政治邏輯運轉，還是按照市場邏輯運轉，展開了特殊的競爭。從「社會主義市場經濟」的定位來看，解決兩個巨無霸之間的競爭關係，是缺乏理念和制度支撐的。只有徹底按照市場邏輯設計中國的市場經濟形態，作別剛性地捏合政治意義的「社會主義」與經濟意義的「市場經濟」，中國的市場經濟才能夠走上健康發展的軌道。

一、兩個巨無霸：政治控制與經濟壟斷

從一個較為貼切的角度說，中國政府是政治巨無霸。因為中國政府一直以來對國計民生事務大包大攬，承擔了一個全能政府的所有責任。這一定位，雖然經過數輪政府機構職能和行政體制改革，仍然維持了它的既定結構。全能政府的運作特點是舉國體制。它常常

動員整個國家的資源來應付國家事務。[1] 因此，政府試圖辦的事情幾乎從未落空，它的一諾成真，[2] 足以證明其全能「霸主」地位，借此形成它極高的民眾認同狀態。比較而言，政府層級愈高，巨無霸的功能就愈強。這正是今天民意調查中顯示出中央政府聲望遠遠高於地方政府的基本原因。舉國體制常常直接體現為中央政府對地方政府、中國社會與市場力量的總體動員能力和強大控制能量。

同理，中國的中央直屬管理企業（下文簡稱央企）是市場巨無霸。央企直接受益於中央政府的政治扶持與政策支持，由於中央政府統籌全國的政治事務、行政管理、市場運作與民生事務，因此央企集納了全國最優質的經濟資源謀求發展，可謂得天獨厚、世難匹敵的「企業」。正是其依靠獨佔鰲頭的優勢，央企開創了中國市場經濟創制以來的奇跡：從經濟份額的角度看，中國石油的國內原油產量佔全國的 57%，天然氣國內年產量佔全國的 80%，煉化產品佔據了全國 40% 以上的市場份額，而中國移動控制着 4.57 億戶的移動通訊。全國發電量的 55%，民航運輸周轉量的 82%，水運貨物周轉量的 89%，汽車運輸周轉量的 48%，高附加值優質鋼材的 60%，水電設備的 70%，火電設備的 75%，由央企提供。從盈利的角度看，二〇〇八年，在國有企業創造的利潤當中，80% 都是由央企創造的。根據統計，二〇〇六年央企就實現利潤超過一萬億，同時利潤超過一百億元的有十九家，另外有十九家企業進入了財富雜誌公佈的五百強，比二〇〇三年增加了十家。[3] 央企對市場的操控能力與巨大盈利，完全是市場巨無霸。

政治巨無霸與市場巨無霸的關係絕對是相互依賴的。這種依賴，既體現為政治巨無霸需要市場巨無霸提供的經濟資源以維持其政治定位與霸主運作，也體現為市場巨無霸需要政治巨無霸提供的政治庇護與行政支持來保證它的市場壟斷地位。按這一相互依賴的關係，政治巨無霸與市場巨無霸之間應當是一種天衣無縫的合作關係，合則雙贏，離則雙輸。這是一種在市場經濟時代形成的新型政治—經濟關係。因為在長期的計劃經濟體制下，政治巨無霸一權獨大，它壟斷性地支配一切政治、經濟、文化、教育與科技資源，不存在一個可以跟它匹配的力量體系。只有到了市場經濟時代，政府放棄了直接掌控經濟資源並經營市場活動的權力，將經濟活動的權力與政府權力相對分割，從而產生出一個政治權力之外的經濟權力體系——儘管這一權力體系不存在與政治權力抗衡的實力，因為它整體上受制於政治權力的次生權力體系：央企的經濟資源源自中央政府作為高層代理人的授權經營，高層管理人員直接由中央政府任命，其經營活動受中央政策的直接調控。人、財、物都受到中央政府的控制，央企似乎只能在授權的經濟活動領域中「安分守己」地從事具體的經濟活動。這也是政治權力約束下經濟權力既定的活動方式，當然這也是央企與中央政府關係協調的政治定局。

可是，近數年人們觀察到兩者關係似乎並不融洽。首先是市場巨無霸對政治巨無霸的政治謀篇佈局不買賬，屢屢觸犯國家安全戒條、觸碰經濟秩序底線；其次是政治巨無霸對市場巨無霸的上述表現屢表不滿，提出直接批評不説，甚至緊急發文禁止市場巨無霸的某些交易行為，以免市場巨無霸越出軌道，造成不可收拾的經濟—政治後果。

人們也許還記憶猶新：二〇〇五年，世界發生能源危機，石油安全問題第一次嚴峻地擺在中國政府和民眾面前，國際石油價格飆升、國內石油供給短缺，國內大城市的加油站排長龍，給剛剛進入汽車時代的中國上了一堂嚴肅的能源短缺課。但在這種狀況下，作為央企中堅的壟斷性石油企業，不是設法穩定國內的用油秩序，而是拿國內石油到國際市場倒騰，公司的運作目的就只是為了賺錢，似乎它已經把理應承擔的國家能源安全責任拋諸腦後、不聞不問了。對着這些石油巨頭，地方政府中即使是強勢的政治人物，也不敢多置一詞，加以評論，否則便可能換來雪上加霜的懲罰。但同樣是中央直屬的刊物《瞭望》周刊則發表文章，點名批評石油巨頭的利己主義，指責它們在有利可圖的時候，以「市場」

身分謀取最大利益；而在面對競爭的時候，則以「管理者」面目出現維護自己的行政壟斷地位。批評者指出，這是一種典型的央企「雙重人格症」。[4]

二〇〇七下半年，全球大米供應趨緊，國內糧油價格飆升。此時，作為央企的中糧油對於國內糧食安全有不可推卸的責任。但恰恰在此時，國內企業的大米出口大量增長，其中糧油扮演的角色可想而知，為此，商務部發文明確禁止糧食企業不能借道香港出口糧食，以保證國內糧食安全。

二〇〇九年，經歷一波世界性的金融危機後，中央政府決定拿出四萬億以刺激經濟發展，這些款項，據報道，民企僅僅分享了5%而已，其餘95%被國企瓜分，而央企分得的份額當然佔據重頭。報道稱，四萬億支持的各類項目中，近九成的項目由國有大中型企業擁有，中國中鐵、中國鐵建就佔據了六千億鐵路基建投資的主要部分；中國南車、中國北車共用今後兩年三千億元的鐵路機車車輛購置投資；中交集團則成為了一萬億交通固定資產投資的主要得益者。但獲得這些款項的央企，是不是真正用來支持中國經濟的發展呢？保守的答案是不一定的。在這一年，中國的房地產突飛猛進，85%的中國人根本買不起房，民間怨聲載道；經濟學家們警告中國千萬不能重蹈日本和美國的房地產悲劇，以免陷入房地產引發的經濟停滯或經濟危機；政府發誓要壓抑增長過快的房地產價格。但就在這種氛圍中，央企卻頻頻創造地王奇跡：如北京廣渠門十五號地塊以40.6億元的成交價，央企背景的中化方興是製造這一地王的主角；如重慶鴻恩寺地塊經過八十多輪競價後，被保利地產以38.1億元摘得；如成都領事館地塊，創每畝最高單價一千八百六十萬元、購地總價逾十二億元的地王。這些交易，似乎都將中國的房地產安全拋開到九霄雲外。

央企與中央政府的這種疏離，似乎可以被解讀為全能性的中國政府與壟斷性的中央企業之間內在的而又不可克服的矛盾浮出水面。一個按照政治邏輯全面控制國家資源的政府，與一個按照市場價格邏輯又依仗政治權力支援而壟斷市場資源的中央企業之間，不出現矛盾，只有在政治權力還能夠全面支配資源的情況下才有可能。一旦市場組織並有權力支援的中央企業，處於政治權力無法全面支配的情況時，它就會在政治邏輯與市場邏輯之間，選擇最有利於自己的運行方式。這就必然出現全能型的政府權威受到市場巨無霸挑戰的情境。

二、市場巨無霸對政治巨無霸的挑戰

市場巨無霸對政治巨無霸的上述挑戰，僅僅是人們從直觀現象上得到的一星半點認識而已。這種挑戰，可以從兩個角度進行深度審視，一個角度是前者對後者挑戰引發的複雜局勢，另一個角度是這一挑戰對中國未來的走勢所產生的巨大影響。

從前一個角度看，市場巨無霸對政治巨無霸的挑戰，自然是一種整體服從前提條件下的「挑戰」。因此這一挑戰的總體狀態必然是市場巨無霸無意識挑戰政治巨無霸在前，而政治巨無霸一旦對市場巨無霸的挑釁加以整治，市場巨無霸就會臣服政治巨無霸。這是從目前來看，市場巨無霸與政治巨無霸還相安無事的深層理由。這也是「社會主義市場經濟」總體設計上精妙的地方。恰如論者指出，「我們要建立的是社會主義市場經濟，並不意味着我們把市場經濟分為姓『社』的和姓『資』的，這只是『社會主義條件下的市場經濟』的簡稱。」[5] 因此，市場經濟的共性，諸如個人和企業作為市場行為的主體、競爭性的市場體制、宏觀調控機制、經濟法規以及國際經濟運行的基本規則，是「社會主義市場經濟」與一般市場經濟相同的地方。但社會主義制度對於中國市場經濟形成自身的特點發揮了關鍵作用：一是共產黨的領導，二是共同富裕的社會目標，這兩點保證了「中國的社會主義市場經濟應當也能夠比資本主義市場經濟更成功。」[6] 這樣的論述，是從社會主義市場經濟兼得社會主義與市場經濟雙方的好處而言的。但似乎存在另一種可能，那就是這種經濟形式也可能放大社會主義與市場經濟的弊端，甚至壞處，並將這一經濟形式推向難以駕馭的境地，正是市場巨無霸挑戰政治巨無霸現象出現的重要原因。

出現市場巨無霸挑戰政治巨無霸的現象，是因為市場經濟的政治權威與市場機制產生了無可避免的雙重錯位。市場巨無霸本是政治巨無霸控制市場的一種政治安排。但前者的運行邏輯與後者的控制邏輯是不一致的：在它遵循市場邏輯而毋需承擔政治任務的時候，可以沿循市場邏輯順暢運行；但它需要同時承擔政治任務與市場責任的時候，它就會發生運行邏輯上的紊亂——這種紊亂，不能一味地看作經濟—政治秩序的混亂。首先需要看到，市場巨無霸對政治巨無霸全能的政治權威性的挑釁，意味着隨着中國改革開放，尤其是市場經濟興起的新興力量，正在形成一種按照自身邏輯運轉的態勢。這就意味着中國鐵板一塊的權力體系發生了裂變：此前是政治巨無霸支配國家一切資源，而現在市場巨無霸在政治巨無霸的大力扶持之下，形成了一種政治—經濟力量雙重作用的組織體系。簡言之，市場巨無霸不是簡單的政治支配力量的產物，誠然，它還服從政治力量的支配，但它已經開始試圖服從市場的邏輯、服從價格機制的召喚、服從利潤規則的組織活動要領。因此，在政治力量與市場力量之間，它遇到一種困境：一方面，它不能不服從政治邏輯，因為不是政治授權，它既沒有從事經濟活動的基本資源、組織配置和活動空間，也沒有可以自我誇耀的市場業績。這是它對政治巨無霸難以擺脱的依賴性。但另一方面，它不得不服從市場邏輯，大致按照價格機制組織央企的市場活動，否則它就會遭遇市場的懲罰，難以獲得市場利潤不説，且會陷入組織崩潰、公司倒閉的危機之中。前者是央企不得不優先承諾的政治原則。因此市場巨無霸對政治巨無霸的挑戰並不具有戰略意義和政治價值。後者則是市場巨無霸不得不跟政治巨無霸耍滑頭的動因。因為政治巨無霸總是基於政治理由來要求和控制市場巨無霸的活動，這就對市場巨無霸的市場交易產生了限制，因此市場巨無霸必定會在政治巨無霸顧及不到或無暇顧及的時候，尋求市場交易的最佳時機與最高回報。這是一種驅使市場巨無霸與政治巨無霸相互游離的處境。

恰恰因為這種游離關係的出現，市場巨無霸面對政治巨無霸的時候，會產生諸如故意怠慢、陽奉陰違、聲東擊西等不遵守政治巨無霸所制定的規則的「挑釁」行為。這種挑釁，不是政治性的，而是市場性的。從總體上看，它是市場巨無霸因應於政治巨無霸的盈利要求而出現的行為，是由於市場巨無霸在它必須服從的政治邏輯與市場邏輯之間無所適從的表現。但從具體不服從的行動上説，又是市場巨無霸逐漸具有自身行為動力、行為邏輯和行為目標所註定的行動傾向：當它將政治巨無霸的盈利要求置於政治服從之上的時候，它就會毫不猶豫地將政治、行政戒條置諸腦後，表現出違反政治巨無霸意旨的行為；只有在政治巨無霸能隨時隨地將市場巨無霸扼制住的時候，後者才會皈依伏法。但這樣就會嚴重限制市場巨無霸為政治巨無霸集納經濟資源的能力。因此，後者不會將市場巨無霸嚴厲地約束在政府權力之下，必然會給市場巨無霸較為廣闊的經濟活動空間，註定了市場巨無霸挑戰政治巨無霸的現象難以根絕。同時，市場巨無霸絕對不會從根本上挑戰政治巨無霸的權威，因為喪失了國家權力全面、直接、有力的支持，市場巨無霸就會喪失它據以存活的壟斷「優勢」，從而失去組織活動的基本依據，遭到市場的無情淘汰。這正是雙方對對方不滿卻又不得不相互依賴的深沉緣由。

從後一個角度，即從整個中國的經濟發展態勢、整體結構與政治影響上來看，這一挑戰具有的深刻、廣泛而重大的影響，不容小覷。換言之，國有壟斷企業難以發揮政治控制經濟、經濟服從政治的秩序安排，相反可能造成政治秩序與經濟秩序的混亂。一方面，市場巨無霸對政治巨無霸的挑戰，對中國經濟長期、穩定、協調的發展，造成負面的作用。人們常常在意識形態的角度來評價市場巨無霸是否必要、對於國家形態的維持是否重要的問題，迷信市場的人們痛斥市場巨無霸的壟斷傷害了市場的有效競爭，迷信政府調節的人們傾力為市場巨無霸的政治效用辯護，其實這都沒有觸及到問題的經濟實質：市場巨無霸的壟斷帶給中國經濟深層的傷害。這類傷害，既涉及到它對有效競爭的遏制，也涉及到它對創新冒險的市場精神的打擊，更涉及到它對經濟資源的傾斜性佈局所必然導致的不平衡發展。這似乎無關意識形態問題，僅關乎經濟發展的穩定、協調與可持續性。

另一方面，市場巨無霸對政治巨無霸的挑戰，嚴重影響了政府的管治威信。在政治巨無霸從容管理經濟事務的情況下，它也可能陷入缺乏制約導致的主觀計劃和隨意決策泥潭。但一個難以駕馭的市場巨無霸的出現，及它在政府庇護下形成的「孫悟空鑽進了鐵扇公主肚中」的作為模式，必然造成與市場巨無霸雙重人格症相伴隨的政治巨無霸的雙重人格症：希望市場巨無霸為政府輸送財經資源的時候，它無條件支持市場巨無霸的壟斷行為；希望市場巨無霸臣服於政府指令的時候，它必須忍受市場巨無霸的胡作非為。這個時候，政府對市場巨無霸就會陷入要麼聽之任之，要麼強力控制的兩難局面。像鐵扇公主根本就管不住孫悟空般。當政府管不住自己的經濟寵兒，隨之就會發生連鎖反應：其他經濟體不會尊重政府的決策，社會不會敬重政府的調控，市場不會接受政府的指令信號，政府也會對自身的經濟駕馭能力產生質疑。

另一方面，市場巨無霸對政治巨無霸的挑戰，影響後者的政治統治權威。當政治巨無霸必須輸送大量的經濟資源給永遠吃不飽的市場巨無霸的時候，政府就會陷入左支右絀的境地：市場巨無霸一旦虧損，它必須無條件為之補漏。一九九七年為國企扭虧為盈，政府投入了二萬億的天文數字！一旦市場巨無霸錄的盈利的時候，政治巨無霸卻獲利無多，不能用市場巨無霸的盈利解決政府的公共開支短缺。於二〇〇八年，央企中工商銀行、中移動、中石化盈利分別超千億，但後兩家上交政府的盈利僅僅只有二百億，只佔其盈利的百分之十而已。當中國政府將自身定位為服務型政府，必須承擔更多的公共福利開支的時候，與此同時，央企享受高工資、高福利，而弱勢群體的基本生活仍然困難，這種由體制支持着的貧富分化，嚴重影響人們對政府的政治認同。

三、「社會主義市場經濟」條件下政企關係的內在矛盾

在「社會主義市場經濟」條件下，市場巨無霸挑戰政治巨無霸的行為，也許可以被認為是偶發性的。如果市場巨無霸的這種行為確實是一種偶發性行為的話，那就不足以用來

判斷「社會主義市場經濟」是否一種難以順暢運行的機制，人們就有必要轉而從一般的角度，即政府與市場的相互關係，論道中國社會主義市場經濟條件下正常狀態的政企關係，並由此申述市場經濟條件下究竟應當更依賴政府宏觀調控，還是市場微觀機制的見解。但是，按中國市場經濟的運行經驗，中央所屬企業的行為模式顯現出的兩個巨無霸之間的磨合關係，並不是偶發性的，而是社會主義市場經濟條件下必定出現的經濟組織與政治組織之間的矛盾。這種矛盾，事實上不僅存在於中央政府所屬的壟斷性企業與中央政府的層面，在地方層次的政府直屬企業與地方政府之間也同樣存在着，而這類矛盾的浮現並不是偶發性的，而是經常性的。因此，足以讓人思考「社會主義市場經濟」條件下，作為這種力量對市場發揮作用的「社會主義」，與作為經濟力量發揮作用的企業之間，究竟可不可能是一種相互支援的關係，因此顯得比資本主義更為成功的經濟形態的問題——假如在社會主義市場經濟條件下，可以將社會主義的政黨力量與社會目標作為市場經濟的政治保障，足以給市場提供價格機制之外的政治規則，社會主義市場經濟就足以超越資本主義市場經濟；假如在社會主義市場經濟條件下，社會主義的政黨力量和社會目標自身就需要矯正，而市場力量作用機制中的法治狀態缺乏保障、社會目標被經濟目標所隱匿的話，那麼社會主義市場經濟就可能既喪失政治保障條件，又喪失規範的市場經濟規則。因此，這種經濟形式就可能成為一種「壞的市場經濟」，而無法成為「好的市場經濟」。

釐清這一問題的答案，需要從三個端點分別着手：一是社會主義之作為政治保障條件的兩個要素的作用狀態是怎樣的，二是市場經濟之作為經濟機制的中國運行機制是如何的，三是社會主義的政治機制與市場運行的經濟機制實際上是什麼關係。

就第一方面而言，被設定為社會主義市場經濟政治保障的兩個條件，即共產黨的領導和共同富裕的社會目標兩點，從理論上看，是不難被認定為具有完備且積極效用的因素。就前者看，中國共產黨是一個學習型的政黨。儘管市場經濟這一經濟運行形態不為中國共產黨所熟悉，但它悉心的模仿、移植、消化並創新，完全可以具備宏觀控制市場運作的能力。不過這一理論性設定，需要具備幾個前提條件：一是中國共產黨必須維持一個高度理想型的政黨定位，因此可以不對龐大的市場利益動心，從而保證它以公正的政治定位去捍衛公平的市場競爭；二是中國共產黨必須維持一個與競爭性的市場秩序相一致的競爭性政黨狀態，以便以最優的政黨精英支援最佳的市場資源配置；三是中國共產黨必須遠離市場利益，以便保持一個公正的市場裁判者地位，避免將運動員與裁判員的身分混淆，以致無法保持其正當的政治地位。從實際的經驗事實看，中國共產黨努力維持着這樣的定位，盡力發揮這樣的功能。但是，中國共產黨作為執政黨，是全國利益的掌控者與分配者，因此很難維持其理想主義的政黨定位，而且在從革命黨向執政黨轉變的過程中，政黨自身的成員資格獲得、組織形式轉變、理想主義向現實主義的轉進、以及政黨成員謀利性行為的普遍化，造成政黨政治定位的模糊化。同時，中國共產黨黨內民主進展的遲緩，造成政黨內部競爭性成份的不足，因此政黨內部的精英並不足以掌控權力，形成與市場的競爭性機制的錯位。再者則是中國共產黨掌管着所有國有企業領導人的任命權，造成政黨利益與市場利益邊際界限的混淆。就此而言，中國共產黨作為市場經濟的政治保障力量就勢必削弱。就後者論，由於中國共產黨將經濟增長視為自己政治合法性的決定性來源，國內生產總值的增長幾乎就成為其執政合法性的唯一判准。而這一定位只會將整個執政黨的資源聚集在經濟發展事務上。其他事務，諸如社會公平分配問題、法治建設問題、政黨轉軌問題、權力分享問題，都紛紛溢出執政黨的中心視野。於是，保證「社會主義市場經濟」優於資本主義市場經濟的共同富裕這一社會目標，事實上受到內在限制而難以達成。但取決於執政黨對國家權力的獨佔現實，它對市場的支配並不因為引導市場方式的欠合理而稍有鬆動。因此，執政黨對市場調控的正當性與合理性便無法保證。

就第二方面，即中國市場經濟的運行機制而言，由於市場經濟的啟動，乃是國家權力的執掌者，基於經濟運行的被動形勢從上至下推進的，因此市場機制的建構完全是政策性的產物，而不是市場自身逐漸磨合的結果。中國市場經濟的這一總體處境，至少造成如下幾個不利於市場經濟健全成長的結果：一是市場經濟乃是權力意志顛覆計劃經濟的產物，[7]因此領導市場經濟的政府組織及其成員，幾乎都對市場經濟最為重要的元素缺乏認知和尊重。這是推行市場經濟初期，中國領導人幾乎都以領導計劃經濟的心態領導市場經濟的原因所在。[8]二是中國的市場經濟高度缺乏法治條件的保障、缺乏相關的經濟傳統力量的維繫、缺乏市場自身優化的組織力量、缺乏國家與市場積極互動的制度安排、缺乏承諾價格機制的社會心理基礎、缺乏辨認市場效益的政治基準、缺乏啟動市場機制的頂層系統設計，這就內在限制了市場經濟發展的動力與後勁。三是市場的規制與市場的自律均處於短缺的狀態。由於國家權力是以氣勢恢弘的政治佈局來推進市場經濟，因此對市場經濟健康發展必須的各種制度的供給就短缺，因此對市場經濟發展的政府調控，幾乎都被政治謀略所替代。國家規制市場的各種中層制度和具體規則，總是處於入不敷出的情形。而且，國家規制的低位取向，導致本不規範的市場自身更就低提供各種商品和服務。[9]各種超出道德底線的市場謀利行為，完全出乎人們的意料之外。市場秩序的混亂，已經引發人們心中的恐慌。

三是中國的「社會主義市場經濟」條件下的政治力量與市場力量的關聯性運行狀態，存在不容忽視的缺位、失位與錯位現象。這種現象總體上表現為：一是國家力量習慣於將市場的偶發性事件政治化，從而用政治力量高壓性地處理市場各種偶發性事件，尤其是市場的惡性事件。於是，市場的公正監管讓位於政治上的利弊權衡，而政治上過多的利弊權衡，則成為市場惡性事件的庇護所。無論是地方政府在目前的國稅與地稅分稅制安排下，訛詐性地向市場索取稅費資源；還是中央政府在分稅制的傾斜中佔盡市場優質資源，或經由壟斷性的中央企業對於經濟運行進行的高強度控制，都是市場秩序不能儘快落定的極大阻力。二是作為「社會主義市場經濟」政治保障條件的政黨狀態與社會狀態，已經嚴重脱離市場經濟發展的需要。就前者看，政黨的民主狀態或競爭狀態，已經難於產生適應並引導市場力量的領導人才，而且政黨的意識形態與市場的基本觀念之間缺乏吻合，政黨意識形態的過往結構已經成為阻礙市場迅速且健全成長的觀念阻力。就後者看，由於市場經濟發展僅僅着力於追求國內生產總值的增長，因此公民們未能公平地分享經濟發展的好處。而且由於國家力量強行介入市場，中央壟斷性企業盡享權力好處和市場好處，成為盡享好處的特殊利益集團，由此引發嚴重的社會不公問題。三是興起並迅速發展的市場微觀制度與中觀制度，缺乏國家高層制度的呼應。國家法治的發展與市場經濟的發展明顯不對應，導致國家根本法律即憲法對於產權的保護，缺乏關聯性的法律保障。保護產權並推動人們積極置產的物權法一再難產，及這部法律對產權規定的不清晰，引發了國家權力與市場利益之間明顯的對峙。這種現象尤其從強行拆遷事件上可以觀察到。這不僅使政府政策的社會響應積極性下降，而且也使政府管控社會的能力受到內在抑制。

四、經濟形態與意識形態

由此可見，「社會主義市場經濟」條件下的中國市場經濟形式，從理論上的優勢坐實為實踐上的現實，還需要解決諸多棘手的問題。所要解決的問題，可以歸結為兩類：一類是激發社會主義的政治優勢；另一類是激發市場經濟的優勢。就前者而言，需要避免傳統的史太林式社會主義計劃經濟思維捲土重來，而嚴重妨礙到社會主義與市場經濟的相容關係的建構，防止社會主義成為市場經濟發展的政治障礙；就後者而言，需要避免市場的惡性膨脹，使市場成為脱序的謀利空間，從而把社會塑造成為奉行叢林規則的追名逐利之徒的天堂。而激發兩種優勢，歸結起來就是，促使社會主義市場經濟真正成為設計者所期待的那種既可以克服資本主義市場經濟的私有制弱點，又可以發揮社會主義政治優勢的經濟形態；若能避免這兩種劣勢，就能圍繞井然有序的政治秩序與市場秩序，有效防止簡單化的政治化思維對優化市場經濟所需要的政治規則與市場規則的干擾。問題的關鍵還在於，在現行的中國「社會主義市場經濟」條件下，前述的市場巨無霸與政治巨無霸在一個既定的體制中，是不是真正可以落定在一個規範的框架內？換言之，屬於市場體制的經濟機制與屬於集權體制的政治機制是不是可以相容？

這是中國「社會主義市場經濟」的獨特問題。因為在發達資本主義國家中，實行的是建基於私有制的市場經濟形式，國家權力設計也是在保護私有產權的基礎上設計出的一系列保護性體制，因此，國家的政治權力與市場的經濟權利之間，既不存在需要過渡的環節，也不存在不可克服的矛盾。即使是蘇東社會主義國家，在自覺進入社會主義經濟體制的改革階段時期，也因為引入的市場因素有限，而沒有發展到必須處理社會主義政治體制與市場經濟體制之間難以理順的矛盾階段。蘇東社會主義國家的改革，在東歐國家較為深入地引入市場因素進入僵化的史太林式社會主義計劃經濟體制的時候，大多被蘇聯強制中斷；而當蘇聯試圖引入同樣的因素進入社會主義經濟體制的時候，政治上的僵化已經無法消化市場經濟因素，國家還沒有成功嘗試全面的市場經濟之時，政治上的緊張狀態就已經導致國家崩潰。[10] 中國是在政治危局之中啟動社會主義市場經濟改革的，但由於政治謀劃得及時有效，不僅避免了更為嚴重的社會政治危機，更促使國家走上了經濟迅速增長的良性軌道。但是，由於「社會主義市場經濟」之作為「社會主義條件下的」、「市場經濟」，乃是極為剛性的史太林式社會主義計劃經濟強制轉向的產物，這種前無古人的轉軌經濟形式，既要在政治上維持特定的政黨統治模式，又要在經濟上取得穩定、協調與可持續的增長，其難度之大、問題之多、局面之新、謀劃之艱辛、推進之艱巨，超乎想像。

正是這種超乎想像的困難，使中國的「社會主義市場經濟」需要解釋的理論問題，既無法從現有的市場經濟發展模式中，也無法從改革的社會主義國家中汲取現存的經驗或教訓。在現有的市場經濟形式中，促使經濟—社會—政治均衡性發展的要素，形成了一種民主政治、市場經濟與自治社會的相互支撐局面。因此，民主政府以法治手段調節市場經濟，成為人們的共識。對於政府調節市場存在的爭論，僅僅是這種調節的程度與範圍問題，而不是放任市場的無規則運行。[11] 民主政府與市場機制之間的對應性關係，就此成為發達的西方國家辯論政府調節經濟與市場自主運行的不同見解展開論說的兩個端點。但這爭論對於中國實行「社會主義市場經濟」的適用性是極為有限的。因為在這種經濟形態中，政府權力並不受來自市場和社會力量的有力限制，前者所具有的力量感遠遠不是後兩者所能比擬的。這就使政府（黨政合一的一種特殊建制）的權威獨大。政治體制的非分權結構，無法有效適應必須分權才能合理配置資源的市場經濟的需要。於是，某種可以限制政府超級權力的經濟力量的出現，並且與政府進行某種程度的政治—經濟博弈，對於政府形成理性調控市場而言，就不是壞事。就此而言，本章關注的市場巨無霸對政治巨無霸的挑戰，就具有了某種程度的合理性。只不過這種挑戰，對於塑造適宜於市場經濟的政治秩序和經濟秩序而言，是不是具有長遠的效力，還是值得懷疑的。但起碼這種挑戰讓政府不能再獨斷專行，不至於讓政府自負地認定自己具有獨佔資源配置權利。但是，市場巨無霸對於政治巨無霸的挑戰，一方面受制於政治巨無霸手中握有的國家權力，另一方面也常常遊走在既破壞市場秩序，又破壞政治秩序的邊緣地帶。因此，這種挑戰，並不是將政府驅趕到理性調控市場的範圍和狀態的最佳出路。

要解決市場巨無霸對政治巨無霸的挑戰，不是後者使用國家權力將市場巨無霸徹底降伏，將之重歸政治巨無霸獨自支配一切的狀態。這樣反而使「社會主義市場經濟」的政治因素重回獨佔性、支配性狀態，不利於市場經濟活動主體多元的理性謀利行動、市場機制的有效成長、生產要素的自由流動、國際經濟的交往。但市場巨無霸與政治巨無霸的這種錯位磨合，又是一個社會主義市場經濟必須解決的政企關係問題，因此一個問題就此浮現：帶給中國社會經濟發展衝擊的市場巨無霸挑戰政治巨無霸的問題，如何才能有效解決呢？需強調下述三個基本理念。

首先，需要將「社會主義市場經濟」這一試圖兼得意識形態好處和市場經濟好處的經濟形式加以重新定位，從而免除意識形態對市場經濟的非規範約束或控制。所謂意識形態好處，一是指政治上對於市場的全面控制意圖所攜帶的全能統治理念，二是指國家心存以「口號治國」的方式推行市場經濟的觀念，三是指借重市場經濟實現某種政治目標的意欲。無疑，推行市場經濟的初期階段可以解決計劃經濟作為短缺經濟造成的困擾，帶給社會暫時忘記社會政治關切的物質滿足感。但是，市場經濟的坐實，有自己的運行邏輯。這一運行邏輯，不僅是指市場經濟需要自己的一套微觀市場制度、企業機制和激勵方式，更是指市場經濟總是跟民主政治、社會自治緊密相連的總體結構的一部分。因此，市場經濟既不借助某種特殊的意識形態或政治權力的支持，也不證明某種意識形態或政治體制的優越性。市場經濟的自身內在邏輯與外部關聯結構之間是不是吻合，才是推行這一經濟形式的關鍵所在。

其次，有必要將政治巨無霸與市場巨無霸的關係納入一個法治的軌道。由此，既避免兩者陷入糾結不清的關係之中，使政府規制與市場運作各歸正途；也避免國家權力內部分工的不清，使市場事務與公共事務分流而治，提升國家治理水準和績效；更避免兩個巨無霸之間的挑戰與控制導致的經濟—政治秩序紊亂，使國家真正步入穩定、協調、可持續發展的軌道。將市場經濟納入法治軌道，勢必終結國家權力既做運動員，又做裁判的雙重身分的權勢地位、將國有壟斷企業「降低」到與所有其他企業同等的國民待遇水準、必以法治手段坐實市場行為主體的產權以及激勵機制，就此保證市場按照價格機制有序運轉，避免國家權力以壟斷方式控制經濟資源，按照市場邏輯有效提升其運作績效。即使國家因需要保障公共物品的供給而經營國有企業，這一組織結構運轉的原則也不是權力邏輯，而是法治化的市場邏輯。

再者，必須建構規範的中國市場經濟條件下的政企關係模式。這裏所謂的規範的政企關係模式，既是指國家權力歸於法治狀態，也是指市場運行歸於價格邏輯，更指國家權力與市場之間的關係是一種在法治下緊密合作的關係。人們常常將政府與市場的關係對立。這種對立關係衍生出兩種對峙性的定見：一是主張政府大力干預市場的運作，一是主張市場免於政府的控制。其實，這是一種經濟迷信或政治迷信的產物。[12] 事實證明，如果政府通過與同業公會的緊密合作，是可以促成一種國家與市場的團隊合作關係的，而這種團隊關係突顯出的M型社會，可能是一種建立國家與市場良性關係的有效途徑。[13] 只不過需要強調的是，政府並不是借助國營壟斷企業直接進行市場資源的配置，從而使市場的邏輯和政治的邏輯相互混淆，既傷害政府權威，又傷害市場效益。這樣才能有效解決市場巨無霸跟政治巨無霸玩貓捉老鼠的問題，才能解決市場經濟穩定、協調和可持續發展的問題。

註釋

1 在中國，由於立法、行政與司法權力的分割制衡不是國家政治制度設計的基本理念，因此國家與政府的邊際界限實際上並不清晰。這就是本章在不同時候使用國家概念或政府概念，似乎具有混淆嫌疑的原因。這也是中國之作為政黨國家形態，難以清楚明白地得到社會科學進路的系統分析的原因。至於通吃型政府的定位，參見任劍濤：《為政之道——1978–2008中國改革開放的理論綜觀》，中編第4章〈政府與公共利益：代表還是代替〉等章節，廣東：中山大學出版社，2008。

2 如朱鎔基擔任總理的時候，在國家遭遇一九九八年金融危機衝擊的時候，承諾一九九九年國內生產總值將有8%的增長，並不出意料地兌現了。二〇〇八年中國再次遭到金融危機的衝擊，次年，擔任政府總理的温家寶再次承諾二〇一〇年的國內生產總值將有8%的增長，結果仍然是不出意料的兌現了。

3 本章資料和案例皆引自《南方周末》2009年8月20日央企專題。這些資料在近兩年只增無減，因此坊間所謂「國進民退」的浪潮，將國家控制的經濟範圍拓展開來，並不是什麼令人詫異的事情。

4 參見黃蕙：〈壟斷企業不能「雙重人格」〉，《瞭望》新聞周刊，2005年9月5日。

5 參見馬洪主編：《什麼是社會主義市場經濟》，北京：中國發展出版社，1993，第1章〈建立社會主義市場經濟體制〉，第6–9頁。在中國出版關於社會主義市場經濟的理論與實踐著作汗牛充棟，但此書具有特別值得人們重視的價值，一是它是由幾乎中國所有重要的經濟學家共同撰寫，而且這些經濟學家的政治取向和經濟見解差異甚大，譬如吳敬璉與劉國光，因此可視為經濟學界關於「社會主義市場經濟」的共識；二是它由中共中央總書記江澤民作序，顯示此書得到政治認證；三是此書是一部供官員們學習什麼是社會主義市場經濟的通俗作品，因此流傳甚廣，僅四次印刷印量就達一百萬冊，足以塑造各級官員的「社會主義市場經濟」的基本理念。

6 馬洪主編：《什麼是社會主義市場經濟》，第 8–9 頁。

7 中國的市場經濟乃是中國改革開放的總設計師以自己的人格力量啟動的，而市場經濟的合法性不是由市場發展成效自身自證的，而是由執政的中共中央所認定的結果。參見江澤民：〈抓緊普及社會主義市場經濟的基本知識——《什麼是社會主義市場經濟》序〉，馬洪主編：《什麼是社會主義市場經濟》，第 1–4 頁。

8 如鄧小平啟動股市時言，股市運行得好就開，不好就關。而朱鎔基論及股市時的傳言，中國股市既不是牛市，也不是熊市，而是豬市，都形象地體現出計劃經濟的國家領導者面對市場經濟時的心態。

9 國家規制的就低取向與劣質的市場流通商品與服務之間的惡性循環，是討論中國市場經濟時必須專門探討的問題。三聚氰胺、皮革奶、蘇丹紅、瘦肉精等層出不窮的惡性事件，幾乎都有政府監管缺位和監管不足的影子在。民間流傳的「吃肉怕激素、吃菜怕毒素、喝飲料怕色素，吃什麼心中無數」，就典型地體現出政府規制與市場監管之間脫序的嚴重後果。

10 參見任劍濤：〈迅速發展、陷入停滯與走向崩潰：蘇東社會主義國家改革命運的比較分析〉，《戰略與管理》，2011 年第 3–4 期。以及中共中央黨校科學社會主義教研室、國外社會主義問題教研組編：《蘇聯「發達社會主義」理論資料選編》，阿巴爾金〈經濟機制的若干理論問題〉，北京：中央黨校科研辦公室，1986，第 286 頁及以下。陸南泉：《蘇聯經濟體制改革史論（從列寧到普京）》，第 22 章第 1 節「客觀因素——阻礙機制與阻力對改革的影響日益增大」，北京：人民出版社，2007，第 584 頁及以下。

11 斯蒂格利茨在《政府為什麼干預經濟——政府在市場經濟中的角色》中指出，政府通過法律、補貼、信貸和公共服務，影響私人生產。同時，通過收入分配和資源再配置影響公共福利。這些是政府干預經濟的理由所在。參見氏著，鄭秉文譯：《政府為什麼干預經濟——政府在市場經濟中的角色》，北京：中國物質出版社，1998，第33頁及以下。但這樣的政府干預前提，是政府作為民選政府的制度設計。換言之，只有在國家、市場與社會三元鼎立，並且在立法、行政與司法權力分割制衡的制度落定，政府的合法性具有制度保證的情況下，政府對經濟的干預才具有正當性與合理性。即使是這樣，芝加哥學派的經濟學家也對政府干預經濟抱有高度的警惕。參見斯坦利·L·布魯著，焦國華等譯：《經濟思想史》，第24章〈芝加哥學派：新興古典主義〉，北京：機械工業出版社，2003，第360–361頁。

12 參見【美】威廉·大內著，黃宏義譯：《M型社會》，北京：中國友誼出版社，1985，第4–7頁。

13 參見【美】威廉·大內著，黃宏義譯：《M型社會》，第69–70頁。

第八章

典範選擇、領袖偏好與國家發展

把新加坡稱為「亞洲的典範國家」有較為充分的理由。作為二十世紀八十年代為人稱道的「亞洲四小龍」之一，新加坡的經濟騰飛與國家繁榮，使它成為能夠讓民眾過優質生活的理想處所。同時，新加坡作為亞洲價值觀的實踐國度，儒家文明與現代化進程、威權政治的緊密結合及其所帶來的驕人政績，使它的治國經驗成為東亞政治領袖們，尤其是改革開放以來的中國政治領袖們所偏愛的借鑒對象。人們曾一度相信，新加坡奉行的以儒家價值觀為主體的亞洲價值觀，是新加坡之所以成為典範國家，新加坡經驗之所以是成功經驗的關鍵。然而，自從李光耀聲稱亞洲價值觀已經「過時」，並說明以「透明」和「法治」為特點的「英國殖民地價值觀」才是新加坡能夠成功抵禦亞洲金融風暴的法寶[1]，亞洲價值觀的內涵開始受到挑戰、質疑甚至動搖。人們自然不會否認新加坡的成功，但更有興趣的是究竟新加坡憑怎樣的運作模式創造了一個自主、發展和良序的社會。在這一轉變過程中，結合中國自身特殊的歷史背景；加之審視新加坡經驗與中國現代發展的關聯關係；以尋求自主的國家發展模式，是中國成功實現現代轉型的必然選擇。

一、亞洲價值觀脈絡中的典範選擇

二十世紀八十年代，新加坡迅速崛起。人們認為，她的崛起與其國家價值觀具有密切關係，而人們將新加坡政府領導人維護、奉行和倡導的、以儒家文明為主體的價值觀稱作亞洲價值觀。其主要內涵是「國家至上、社會為先；家庭為根，社會為本；社會關懷，尊重個人；協商共識，避免衝突；種族寬容，宗教和諧」的「共同價值觀」[2]。起源於中國二千多年前的、強調維護「君臣父子」倫理關係和「仁義禮智信」傳統價值的儒家文明，在新加坡成功與現代文明結合，並發展出現代的形式，以至於形成了作為現代價值體系的「亞洲價值觀」。

相比之下，近代以來的中國，儘管與新加坡處在同一價值脈絡當中，但以儒家文明為核心內涵的中國傳統文明卻遭遇多舛的命運。自從一八四〇年鴉片戰爭轟開了國門，中國在內外交迫的壓力下開始了漫長的現代轉型過程。長期處於閉關鎖國的狀態，使得中國人難以快速消化從西方舶來的現代文明和進步理念。加上面對列強的侵略，實現強國目標有着時不我待的緊迫感，這也讓中國人難以再像明代時期的對外交流那樣，從容不迫地接受西方傳教士帶來的各種有益的文化思想。隨着國家的「天下體系」急速跌進「世界體系」，中國現代轉型的過程也就總是處在一個急於向典範國家直接借鑒經驗的過程。鴉片戰爭之後，有人提出「師夷長技」、「中體西用」，但最終還是難以抵禦西方列強的堅船利炮。辛亥革命推翻封建專制後，一心引入西方政治制度的現代果實，但卻被袁世凱那樣的人竊取國柄。[3] 在中西古今之間，愈來愈顯得局促不安。好在人們已經覺悟到只有進行典範選擇、借鑒現代科學技術、政治經驗和社會文化，中國才能在現代轉變中有所突破。在這樣的轉變中，人們對儒家文明和儒家價值的認同感被嚴重削弱。

一九一九年的五四運動，開啟了所謂「全盤反傳統主義」的大門。當時的進步知識分子對民主和科學的崇尚，從「全盤西化」之論可見一斑。這使中國傳統價值、尤其是儒家價值觀受到了摧毀性的衝擊。「十月革命」一聲炮響，給中國送來了馬克思列寧主義」。當其與中國共產黨建構的國家體系結合起來並成為主流的意識形態時，全盤反傳統主義的流行就更是無法阻擋。這一趨勢延伸到「文化大革命」時期達到頂峰。一九五〇年代以後，中國一邊倒地對斯大林領導下的蘇聯模式照搬照抄。同時大力推行「破四舊」。在階級鬥爭的疾風暴雨中，徑直把中國傳統文化及其價值負載扔進了歷史的垃圾堆，儒家文明的現代價值被人為地抹殺得乾乾淨淨。

經歷了持續的、「有破無立」的動盪與革命之後，改革開放初期的中國陷入了一個重新確定國家發展典範的焦灼與迷失的困局當中。一方面，中國現代化在晚清民國經歷了一邊倒學習西方的挫折、在人民共和國經歷了一邊倒學習蘇聯的失敗，要開啟新一輪現代化，究竟改主要借鑒甚至模仿誰的問題是一個全無把握的問題。另一方面，作為一個有着五千年悠久歷史的文明古國，其傳統價值卻「花果飄零」而難以「靈根自值」[4]；作為一個自我定位為社會主義初級階段的發展中國家，卻面臨一個可怕的停滯不前局面。當改革設計者確立建設有中國特色的社會主義時，長期徘徊在各種外國供給的現代模式且疏離傳統的中國，似乎很難確認「中國特色」究竟是什麼的答案。後革命的中國，在尋找現代典範多次失敗的打擊之下顯得有些手足無措。不僅「中國近代以來儒家文化的厄運和現代化進程的挫折」[5]，使得中國自身難以「為儒家文明與現代文明的結合提供典型的範例」[6]，而且對於應選取哪個現代國家作為典範來借鑒，才能在有限的時間內行之有效地推進中國的現代化，改革初期的國人似乎也是毫無頭緒的。可以說，不斷的革命使儒家價值與現代文明在中國被放置到了相互對峙的位置上，兩者有效結合的土壤顯得嚴重貧瘠。

恰當此時，與中華文明有着深厚淵源、甚至是人們視為儒家文化圈一分子的新加坡，依靠突飛猛進的經濟發展、穩定良好的社會秩序、高效權威的政治運作躋身於亞洲國家發展水平的前列，一躍成為「亞洲四小龍」之一。新加坡與中國有着多重相似的歷史背景，這使它成為一個對中國的現代轉變來説具有典範性的國家：新加坡的發展令中國人異常欣喜，它為中國人期望儘快走出迷惘和低迷帶來了希望的曙光。「新加坡政府對儒家價值觀或亞洲價值觀的維護、奉行和倡導以及新加坡現代化的成功實踐，使我們有充分的理由通過研究新加坡對亞洲價值觀的詮釋，來反省、探究中華文明或儒家文明的當代價值和未來前景」[7]。在人們的印象中，華裔李光耀在新加坡的主政，成功地把儒家價值觀貫穿於政治運作模式當中；在形成以家長式治理為特點的威權政治的同時，有效而迅速地推動了現代化經濟的蓬勃發展。這種印象讓承載着幾千年儒家文明的、以威權和全能政治為政府主要運作模式的中國，頓時對新加坡萌生了血緣相同、文化同源甚至是政治同本的難解情結。新加坡成為中國的發展典範似乎順理成章。

其實，如果以經濟發展、社會安定為現代化評價指標的話，除新加坡之外，在東亞、東南亞與中國鄰近的國家和地區當中，可供中國參照的典範着實不少。如經歷了明治維新的日本、成功實現民主轉型的韓國、台灣等。但若聯繫同源的傳統文化、傳統價值觀以及中國現行的國體和政體來考慮的話，這些典範對於中國的適用性就遠不如新加坡。日本的明治維新促使日本成功地邁入現代化的進程，但構成日本人主要價值觀的傳統道德規範是源於日本神道教的武士道精神而不是儒家文明；日本採用的君主立憲制與中國共產黨領導下的人民代表大會制度在性質上相去甚遠，中國政府必定不願犧牲現行政治體系的穩定性以換取充滿風險的現代化發展。同時，台灣、韓國在轉型後的民主模式尚未發育完善，仍處在新生階段，這種政治上的風險性也會直接波及經濟領域。中國再難以承受得不償失所帶來的苦果。因而對於台灣和韓國的改革模式始終抱有疑惑謹慎的態度。

於是，新加坡的成功使其成為中國大陸在世界範圍內獨一無二的典範。鄧小平在一九七八年與李光耀會面時，對新加坡表示了極大的讚賞。在這一會面之後，像《人民日報》這樣的大陸主流媒體都放棄了之前把新加坡稱為「美帝資本主義走狗」的說法，報導的路線改變了，紛紛把新加坡形容為一個適合人們建立理想生活的花園城市。鄧小平在一九七八年所看到的新加坡，為中國人要爭取實現的、最基本的現代化目標提供了一個參考標準。[8]

在亞洲價值觀的脈絡中選擇新加坡作為借鑒和學習的典範，對於面臨現代化壓力並有着巨大緊迫感的中國來說，是一個從中可以快速獲得發展啟示的典範選擇。但是典範選擇不意味着全盤照搬和完全複製，典範選擇也不意味着要放棄尋求國家自主的發展模式。如何定位選擇的具體內容，即借鑒新加坡在哪一方面的經驗——政治模式、經濟模式還是對以儒家價值觀為主體的亞洲價值觀？應結合中國自身在哪一方面的優勢消化吸收新加坡的經驗？又應轉化中國自身在哪些方面的做法？這些都是必須要審慎應對的問題。對於中國來說，執政黨領袖的偏好對這些問題的解決起着決定性的作用。

二、領袖偏好主導典範選擇

無論是儒家價值觀還是威權政治模式，許多相似的因素使得中國人首選經濟騰飛的新加坡作為借鑒與學習的典範。然而，無論這件事情顯得多麼「自然而然」，若缺乏了中國執政黨領袖的登高一呼、明確號令，新加坡經驗不會受到中國人的如此偏愛，也不會如此迅速地主導中國改革的宏觀決策。可見，領袖的偏好主導了典範的選擇。中共領袖之中對新加坡經驗不惟讚賞有加，而且明確表達了追隨和超越的願望的人大有人在。其中典型的人物包括「改革開放總設計師」鄧小平、國務院前總理朱熔基、現中共中央政治局委員、廣東省委書記汪洋——這三位處於不同時期的重要的黨政領袖，都在公開場合高調地表達了自己對新加坡經驗的特殊偏愛，使新加坡成功經驗成為中國現代發展的取法對象。

鄧小平在一九七八年訪新時就對新加坡發展予以高度讚賞。在一九九二年的南巡講話中，他又特別提到「廣東二十年趕上亞洲『四小龍』，不僅經濟要上去，社會秩序、社會風氣也要搞好，兩個文明建設都要超過他們，這才是有中國特色的社會主義。新加坡的社會秩序算是好的，他們管得嚴，我們應當借鑒他們的經驗，而且比他們管得更好。」[9] 在時隔八年之後的二〇〇〇年，當時的國務院總理朱熔基率團前往新加坡考察學習。回國後把新加坡的政府組屋政策演變為廉租房政策，首先在上海進行試點實踐，繼而嘗試全國範圍推廣。如今，正值改革開放三十周年之際，廣東省委書記汪洋率團再次考察新加坡，並公開表示「廣東過去在改革開放三十年的過程中，走過許多彎路，因此廣東現在想借鑒新加坡的成功經驗，與廣東的實際結合起來，走出一條適合廣東的路子，最後成為像新加坡這樣的先進城市。」[10] 他更強調借鑒新加坡的經驗是要繼承鄧小平的遺願、是為了要「敢於叫板新加坡」[11]。

同是對新加坡進行典範選擇，處於不同時期、面臨不同改革問題的三位黨政領袖人物，對新加坡經驗的偏好有着各自的施政針對性。儘管領袖偏好是一種主觀的因素，但並不是隨意而盲目的，而是中國現代轉型進程中各個階段的特殊性所催生的產物。因此，根據三位領袖對新加坡經驗的各自偏好，可以把中國的現代轉型自改革開放三十年來的仿效新加坡進程劃分為三個階段。第一個階段是從一九七八到一九九二年，處於改革初期的中國把改革重點放在計劃經濟體制轉型的階段。畢竟是「摸着石頭過河」，缺乏成熟完善的非公有制經濟制度環境的約束，經濟體制的初步轉型不僅帶來了高通脹和迅速的貧富分化，還滋生了以權力尋租獲得暴富機會的腐敗土壤，從而間接導致了八九政治風波的爆發。執政黨在當時以強硬的手段平息了這場動亂。鄧小平在南巡講話中對新加坡「管得嚴」的「社會秩序」表示高度的讚同，其實就是對「壓倒一切的是穩定」[12]這種思路的延續。由此確立了以政治局面的穩定、和諧來保障社會經濟的有效發展的轉型框架，這也是對李光耀「政治不容討價還價」、「説服人民接受強硬措施」[13]的直接借鑒。而儒家價值觀傳統所提倡的對家長式權威的絕對服從，為這種強硬保守的政治思路提供了有力的支持。

搭建起在保守的政治模式、逐步實現經濟市場化的轉型框架以後，中國進入以改革開放引導的現代轉型的第二個階段：一九九二至二〇〇〇年。期間，執政黨把更多的資源和精力投放到能夠顯著提高人們生活水平的具體政策領域，試圖以適當的經濟政策轉移民眾對宏觀政治體制問題的過分關注。因此，進行政策轉型和政策學習是這一階段的主要特點。國務院前總理朱鎔基在一九九九年考察了新加坡的建屋局和大巴窑組屋區，進一步了解新加坡在發展普通居民住宅區方面的成功之法；並在回國後借鑒了這種組屋制度，發展出中國的廉租房制度。而在九年前朱熔基還在擔任上海市市長的時候所實踐並推廣的住房公積金政策，其實也是來自於對新加坡經驗的直接借鑒。可見，這一階段的轉型目標主要就是以具體政策的實施來為老百姓帶來更多提高生活質量的實惠和好處，而避免人們糾纏改革的戰略、方向、意識形態等宏大問題。

中國的現代轉型在改革開放的第三個階段（從二〇〇〇年至今），是一個現代化任務尚未完成、後現代的問題就已顯露的尷尬階段。於是，對現代性及其前景進行查漏補缺式的考量、進一步完善實現現代轉型的各種配套機制，是這一階段轉型的主要任務。汪洋擔任廣東省委書記，至今最受外界關注的「大動作」，莫過於對珠三角地區進行經濟轉型、產業升級的推動。珠江三角洲地區的產業結構問題是中國現代化發展失衡的典型體現。它預示着在稅收政策和勞工政策迫於「正義和公平」的壓力作出調整的必要性與重要性。此前僅僅依賴於大量的廉價勞動力和低廉的原材料供給支撐的經濟發展模式，顯現出嚴重缺點；同時，依靠外資外貿這一「大進大出、兩頭在外」驅動的產業經濟模式，已經失去了原有的發展優勢。若不及時做出調整，不說GDP的產出會受到嚴重影響，而且抗擊國際經濟震蕩的能力會非常之低，從而極大制約廣東經濟社會的長期、協調與穩定發展。汪洋提出廣東要借鑒新加坡的經驗，要敢於叫板新加坡，就是因為「我們（廣東）現在面對新的矛盾、新的挑戰時，也有必要去學習」。他說，「經我了解，新加坡幾十年來也有幾次產業結構升級，是怎麼做的？我們也面臨這樣的問題」。[14] 如果說在前兩個階段的典範選擇中，領袖偏好的形成，源於要為中國確立最具適用性的現代轉型榜樣，那麼在第三個階段中，領袖偏好的形成則源於要為中國尋求保持現代化進程得以良性發展的動力。正如汪洋指出的那樣：「我們和新加坡意識形態不一樣，但執政方式有很多相似之處，因為我們都是一黨獨大，都有一個比較強勢的政府。在這樣的情況下，你怎麼能保證你這個政府永遠保持這種熱情？始終有這種效率？我感到我們那兒好像要不停『抽抽鞭子』，沒有這種持續的動力。」[15]

需要指出的是，領袖偏好之所以主導了中國發展的典範選擇及其內容定位，而不是其他人的偏好、或者其他因素主導了，這與中國是一個後威權體制的國家有着密切的關係。一九四九至一九七八年的中國威權體制，缺乏民主政權所具有的一種制度內核——即通過競爭性選舉產生政府主要官員、動員人口中的大多數參與社會政治生活。[16] 因此政策動員能力勢必受到限制。亨廷頓將中國劃歸威權政體中的一黨體制類型，[17] 這一體制最大的特點就是對於國家的強控。威權體制中的執政黨通過對權力的集中和壟斷來實現對黨派競爭的全面壓制，從而執政黨的黨內精英憑着全能的絕對權力來決定國家的制度模式、發展模式、政策的定位、走向和運行模式。在威權體制中，政治領袖對於國家政策的偏好會通過組織嚴密而廣泛的國家意識形態宣傳自上而下地灌輸到群眾的思想當中。由於權力的高度壟斷決定了對信息和資源的壟斷，在公開場合表述的領袖偏好成為人們明確國家發展定位和發展方向的主要依據。再加上意識形態宣傳的修辭作用，威權政體中的領袖偏好更多地以一種信心保證的方式受到廣泛的信任和擁護。改革開放以來，原來的威權體制已經大大鬆動，但國家的基本體制並沒有相應的結構調整，因此國家動員仍然是中國發展的引導性力量。於是，領袖偏好作為一種動力推動國人對新加坡的成功經驗進行典範選擇，而且在中國的現代轉型進程中發揮決定性的作用，就是情理之中的事情。在這一點上，人民行動黨一黨獨大、政治領袖人物主導國家走向的新加坡作為被中國人選擇的國家典範，也就勢所必然。由此可見國家領袖人物的偏好對於國家發展發揮重要作用的一般特性與基本前提。

三、尋求自主的國家發展模式

無論是典範選擇還是中國的現代轉型，完全為領袖偏好所主導，是一件風險很大的事情。儘管受到歷史環境的制約，領袖偏好作為來源於政治人物自身的一種主觀因素，還是十分易變和難以預測的。一旦某種變故的發生使得領袖的權威變得不可信賴，又或者領袖的個人偏好蛻化變質為領袖意願的隨意宣泄，僅僅依靠領袖偏好來主導的現代轉型，便缺乏社會政治的基本理性支持，這也就使得社會政治生活缺乏可靠的動力以維持和改進國家的日常運作。因此，出於公共善的目的，國家領袖人物在主導典範選擇和國家改革的過程中，應逐漸轉變為與其他動力相結合的現代化發展的多重動力機制，這樣才能使中國的現代轉型在各種力量的共同作用下獲得更多有利於發展的動力，從而既擺脱對於政治領袖人物的個人意志的依賴，也逐步擺脱對領袖人物偏愛的外來經驗的依賴，走上自主發展的道路。

毋庸贅言，要實現自主的國家發展模式，不能僅僅依靠像政治領袖人物的個人偏好這樣單一的發展動力，而必須借助於領袖人物、政治行政體制與社會願望等多重動力的相互牽制與共同作用。歸結起來，構成多重動力的主要來源是國家－市場－社會的三元結構。在借鑒新加坡的成功經驗時，也應該主要考察：由這個三元結構編織而成的動力網絡在新加坡怎樣各司其職地發揮了它的功能。因此，我們不能試圖複製或模仿典範國家的某種特定發展模式，而是着重學習這些典範國家是如何以特定的發展模式來達到自主發展的目的。首先，市場提供的動力為自主的國家發展模式構建了兩個基礎。第一個基礎是來自於經濟體制轉型中所釋放出來的巨大的經濟效益；第二個基礎是形成了一個基於交易關係的活躍的交往空間。這個空間是在擺脱了國家行政權力的過多干預之後才浮現出來的。前一個基礎為自主的發展模式提供了物質資本，後一個基礎則激活了在政府權力之外的創造物質資本的多種方式。而只有市場經濟才能是一個追求發展目標的國家完整地具備這兩個基礎，才能為國家的自主發展注入活力。所以，擺脱意識形態的束縛、發展並完善市場經濟便是中國在現代轉型的首要任務。對於尚未騰飛的新加坡來説，開放市場、激活經濟是一種絕處求生的必須手段。這基於新加坡一直奉行的一個簡單原則：「新加坡必須比本區域其他國家更加剛強勇猛，更加有組織和富有效率」[18]。因為，「新加坡的條件再好，如果沒有辦法超越鄰國，外國商家還是沒有理由以這裏為基地。」[19] 換言之，儘管新加坡缺乏國內市場和天然資源，卻一定要提供條件讓投資者能在新加坡成功進行工商營運。中國的地域空間要遠大於新加坡，人口數量也格外眾多，國內市場和天然資源都不缺乏。因此，在發展模式上，中國理應比新加坡有着更多的選擇餘地，可以根據不同的地區優勢和特色來確定不同經濟－社會發展模式。中國需要向新加坡借鑒的東西，除了要有明確的市場發展定位和區域優勢分析，以及其生存原則：即利用一切手段盡可能地使國家更剛強勇猛、更加有組織和富有效率。此外，就必須在國家發展基本模式上闖出一條適合自己國家國情的道路。

其次，國家為自主發展模式所提供的動力，決定於對政府及其功能的恰當定位。在多元動力牽制的格局中，政府既不能是一個事無巨細大包大攬的家長，也不能是一個消極放任、冷漠無比的旁觀者。政府必須扮演監督者、仲裁者和機會創造者的角色。針對中國的情況，政府在目前現代轉型的特殊時期，應該騰出更多的權力空間，從而為市場和社會中各種活躍因素的自由作用創造更廣闊的平台。中國人在此前已經花費了三十年的時間來實踐全能型政府及其功能的定位，開創了「以國家帶動發展」的奇跡，但從長遠的角度來看，這樣的政府定位會嚴重削弱國家發展的活力。因為它使市場和社會力量無從發揮作用。另一方面，政府讓渡更多的權力空間絕對不意味着政府要全面退出人們的社會生活，反而要求政府必須實現結構和功能上的轉型，以保障穩定、公平和法治的市場環境和社會環境。不是萬不得已的情況下，政府權力就不應干預人們在市場和社會中構建起來的各種關係網絡。若是每一種關係網絡都存在政府權力干預的成分，多元的關係網絡就會在政府權力的作用下變得單一化，而國家自主發展的動力來源也就相應地由多元趨向單一，發展動力就會流失。要避免政府濫權的同時還要避免政府無能，為國家權力確立原則和界限就是必需完成的事情。這就是常常被人們忽視的新加坡憲政建構的重要價值所在。在人們的印象中，新加坡之所以如此迅速地從第三世界一躍進入第二世界，是亞洲價值觀賦予了政府強權以合法性，從而為新加坡的自主發展提供了強大動力。但對於新加坡的成功來説，並不是一個強權政府簡單而強制地引導的結果。即使是呈現強勢的國家權力，其效率的高低，以及這個高效政府所創造的穩定政治局勢，對於它的發展發揮着至關重要的作用。[20]換言之，新加坡政府的強勢是為了達到有效政府的目標而服務的方式。因此，有效政府是目的，而強勢政府只是手段。當這種手段被歷史證明了對於中國不再具有適用性的時候，我們應該在借鑒有效政府作為目標的前提下更換實現目標的手段——即把全能政府、集權政府轉化為有限政府、有效政府。另外，亞洲價值觀是以儒家價值為主體的，而在儒家傳統中，並不鼓勵以強權逼迫人們遵守秩序，更多地倡導以道德教化的方式來説服人們聽從權威。所以，亞洲價值觀並不是直接賦予了政府強權以合法性，而是通過強化人們對社會和傳統的認同間接使政府權威的實施收到成效。

最後，三元結構中的「社會」一環能夠平衡市場與國家、市場與個人、國家與個人之間的張力，形成了一個介於國家和社會之間的自主空間，這使得社會成員不必完全依賴交易關係和統治關係來維續日常生活。這個自主的、具有一定自治能力的社會空間就是市民社會。市民社會更多地被看作是與國家相對應的一種結構，市場則是包含在市民社會中的一個要素。然而，市民社會與市場之間也應該存在必要的界限，從而在市場失靈與國家失敗時，才能相對獨立地發揮自身特有的社會功能來保障社會結構的穩定性。在新加坡的經驗中，李光耀認為，要維持一個高水平和不斷向上、向善發展的社會，需要一定的紀律、社會規範和秩序。他甚至認為要不惜使用強硬措施來更改一些不利於社會發展的舊傳統。[21]經過時間的沉澱而形成的傳統、風俗和道德規範是有助於保持市民社會具有自治能力的「制度」。但是，因應於時代變遷的需要，在強硬改變傳統的外殼之下，李光耀強調要「説服人們接受好政策」[22]，儒家傳統中重視教化和秩序的價值觀便是最好的説服工具。通過儒家價值觀在社會中的滲透，政府的強硬政策轉化為更容易被人們接受的社會道德規範，強化了人們對權威的認同感，也通過這些道德規範為社會的自治能力提供了硬件支持。現代轉型是一個不斷面臨曲折和波動的過程，只有建構一個具有自我維續和自我穩定能力的社會結構，才不至於讓來自於政府和市場的各種波動威脅到人們的生活環境。需要指出的是，新加坡注重以教化方式換取人們對政府權力的認同，以及注重通過道德規範來營造良序社會的經驗固然值得中國人借鑒，但這並不意味着我們容許政府隨意地把道德規範矯飾為攬權和濫權的幌子，大肆吞噬自治的社會空間，大肆吞噬本可以制約政府、彌補市場缺陷的社會力量。

其實，在現代轉型中尋求自主的發展模式，包含了兩重涵義：一是要結合自身的特色，走出適合中國的發展道路；另一重含義是，要從國家內部自身意識到改革和轉型的重要性、並付諸理性的考量和實踐，而不總是要迫於外部的壓力被動地走上發展的道路。在近代以來中國轉型的曲折命運中，我們已經吸取了不少被動挨打的教訓；只有在改革中更多地主動出擊，才能對未來的發展模式掌握更多的主動權。這才是自主發展的精髓所在。

註釋

1 參見 "Forget what I said about 'Asian Values', declares the sage of Singapore," by Michael Hirsh Newsweek Web Exclusive, *Newsweek*, January 28, 2001。

2 呂元禮：《亞洲價值觀：新加坡政治的詮釋》，南昌：江西人民出版社，2002。第 48 頁。

3 參見余英時：《余英時文集》（第 7 卷）之《文化評論與中國情懷》（上），桂林：廣西師範大學出版社，2006。第 152 頁。

4 唐君毅語。參見唐君毅：〈花果飄零與靈根自植〉，摘自唐氏著《中華人文與當今世界》，桂林：廣西師範大學出版社，2005。

5 呂元禮：《亞洲價值觀：新加坡政治的詮釋》，第 30 頁。

6 呂元禮：《亞洲價值觀：新加坡政治的詮釋》，第 30 頁。

7 呂元禮：《亞洲價值觀：新加坡政治的詮釋》，第 30 頁。

8 參見李光耀：《李光耀回憶錄——經濟騰飛路（1965–2000）》，第 37 章〈鄧小平時代〉，http://zaobao.com/special/smlee/smlee2000_37.html。

9 參見鄧小平：〈在武昌、深圳、珠海、上海等地的談話要點〉，摘自《鄧小平文選》（第 3 卷），北京：人民出版社，1993。第 378 頁。

10 參見汪洋在二〇〇八年八月二十九日接受新加坡《聯合早報》採訪時的談話。http://21cn.com/weekly/domestic/2008/09/01/5139596.shtml。

11 參見汪洋在二〇〇八年八月二十九日接受新加坡《聯合早報》採訪時的談話。

12 鄧小平在一九八九年二月二十六日在會見美國總統布什時談到，「中國的問題，壓倒一切的是穩定」，「要改革，就一定要有穩定的政治環境」，「中國人多，如果今天這個示威、明天那個示威，三百六十五天，天天都會有示威遊行，那麼就根本談不上搞經濟建設了」，「民主是我們的目標，但國家必須保持穩定」。《鄧小平文選》（第3卷），第284–285頁。

13 參見李光耀：〈政治不容討價還價〉，摘自新加坡《聯合早報》編的《李光耀40年政論選》，新加坡：新加坡報業控股華文集團、聯邦出版社，1994。第200、203–205頁。

14 參見汪洋在二〇〇八年八月二十九日接受新加坡《聯合早報》採訪時的談話。http://21cn.com/weekly/domestic/2008/09/01/5139596.shtml。

15 摘自明永昌：〈汪洋考察新加坡 最關注政府如何保持高效〉，《聯合早報》，2008年9月16日。http://www.zaobao.com/special/singapore/pages4/sg_cn080916.shtml。

16 【美】亨廷頓著，劉軍寧譯：《第三波——二十世紀後期民主化浪潮》，上海：上海三聯書店，1998，第138頁。

17 亨廷頓：《第三波——二十世紀後期民主化浪潮》，第139頁。

18 參見李光耀：《李光耀回憶錄——經濟騰飛路（1965–2000）》，北京：外文出版社，2001。第61頁。

19 參見李光耀：《李光耀回憶錄——經濟騰飛路（1965–2000）》，第61頁。

20 參見《李光耀四十年政論選》，第127、137頁。

21 《李光耀四十年政論選》，第347–348頁。

22 《李光耀四十年政論選》，第167頁。

第九章

黨權、異地任職與中央控制

地方治理的權力畸變與制度矯正

中國的地方治理是由中央總體控制着。這既是中國地方治理有效運作的原因，也是中國地方治理亂象頻生的重要緣由。中央權力對地方權力的強控，本來是要保證國家權力的順暢運轉，從而使情況千差萬別的地方黨政權力服從中央的統一意志，進而以強有力的舉國體制發揮相應的、最令人滿意的治國績效。但這樣的權力控制模式，卻常常導致地方權力的異變，權力尋租現象非常普遍。而且由於中央強制的權力控制，造成地方權力體制喪失權威性，結果使地方的權力體系異地化、治理成本高企而績效低下。因此，從地方黨政權力，尤其是黨政機構領導者產生方式、權力運用狀況入手，探究中國中央與地方黨政關聯式結構中存在的地方治理需求與權力異地化悖謬，必然引發地方治理亂象的深層次原因，成為一個值得重視的地方治理分析進路。

一、地方黨權的私人化與謀利性

毋庸置疑，黨權是中國從中央到地方最重要的權力結構。這裏說的黨權，指的是中國共產黨的政黨權力。中國共產黨的政黨權力之所以構成中國最重要的權力結構，是因為中國的黨化國家結構。到目前為止，中國還不是規範意義上的民族—國家，而是帶有民族—國家特徵的黨化國家形態。黨化國家是民族國家的轉變形態。斷言中國是黨化國家，僅僅是一個基於事實的描述性結論，不帶有任何價值批判的意味。[1] 在這樣的國家形態中，中國共產黨高度控制着國家權力，構成國家得以顯示其特質的前提條件。而黨化國家的實際運行，一方面依賴於政黨的超級龐大組織，另一方面則依賴於政黨組織首長對於權力的直接掌控與行使。將兩者進行比較，前者的重要性只能通過後者的直接性來體現。因此，政黨組織的首長如何產生、又如何行使權力，決定了政黨組織是否能夠有效控制國家權力，因此，中國共產黨歷來對政黨首長的產生方式高度重視。

中國共產黨的組織章程明確規定，黨的組織原則是民主集中制。這一制度的經典表述是「黨員個人服從黨的組織，少數服從多數，下級組織服從上級組織，全黨各個組織和全體黨員服從黨的全國代表大會和中央委員會」。[2] 在政黨組織的領導人產生機制下，形式上的規定是同級黨委產生黨委首長，但事實上，下級政黨首長由上級政黨組織任命。這既是下級組織成立由上級組織批准所註定的，也是由組織首長的權威性授予所決定的，更是由一級政黨組織首長的控制權所要求的。自然，在組織首長自身的控制上，中國共產黨的章程也有限地規定了個人領導與集體責任，以保證組織首長在行使組織權力的過程中不至於大權獨攬、專制獨裁。然而，當政黨首長被授予代表組織的權力後，形式上的規定與實際上的運用之間必然出現罅隙，一級黨委的決策權力、權力運行、黨員組織、組織績效幾乎受制於政黨首長。因此，在一個地方黨委書記授權控制與管理一個區域的黨政事務的情況下，他很難將自身的權力慾求、利益謀取與他所代表的組織利益、組織權力有效區分開來，而常常陷入以前者冒充後者的窘境，因此黨委書記的自身監督成為中國執政政黨最大的難題。

首先舉出體現黨委書記權力私人化後赤裸裸謀利特性的案例。根據報道，原任湖南省株洲縣委書記龍國華曾大肆買官斂財。報道稱，花錢向縣委書記「買官」，曾是株洲縣官場的「潛規則」。龍國華在升任株洲市人大常委會副主任之際，突擊調整、提拔一百多名幹部，而被當地群眾稱他為「賣官書記」。法院經審理查明：龍國華自一九九八至二〇〇七年在擔任攸縣縣長、株洲縣委書記、株洲市人大常委會副主任期間，收受二十四家企業所送的價值二百餘萬元的財物。在他擔任株洲縣委書記期間，縣建工局、農業局、水利局、教育局等多家單位的領導，投其所好，為謀求自己在仕途上有更好的發展，紛紛前往龍國華家送錢送物。據案卷統計，多達三十五位局長、書記及主管領導先後一百七十餘次送給龍國華錢物共計二百餘萬元。對此，龍國華在雙規推行後曾經自白，「我到株洲縣工作後，發現一個現象，縣鄉財政十分困難，而一些老闆卻非常有錢，黨政機關的公務用車都是普通桑塔納，而老闆們則是廣本、奧迪和寶馬。一些工作任務，如稅收任務的完成、公益事業的開展還要向老闆們講好話，求支持。一個縣委書記還不如老闆神氣、自由。因此，在我的潛意識中，有錢就有地位、有錢就有人氣的想法開始滋長，趁自己有點權的時候弄點錢，讓自己的後半生過得豐富多彩的想法開始露頭。」後來在他面對犯罪指控的時候，似乎對此懺悔不已。「我愧對黨的培養、人民的信任、父母的養育和家人的支持，我誠懇接受法律的審判和制裁。」在法庭審理他受賄案件的最後陳述階段，龍國華動容地表示，他對自己觸犯法律的行為感到非常悔恨，「後果慘痛，教訓深刻」。二〇一〇年四月一日，湘潭市中級法院一審以受賄罪判處龍國華無期徒刑，終身剝奪政治權利，並沒收全部個人財產。經法院認定價值411.936萬元人民幣、1.54萬元美金及一系列賄品全部上繳國庫。[3]

龍國華案例不是孤案。人們熟知的類似案例還有山西省翼城縣委原書記武保安賣官案、湖南郴州市委書記李大倫貪賄案、河北省委書記程維高及貴州省委書記劉方仁貪腐案。這些案例都是地方黨委首長將權力視為滿足個人私利的工具的典型案例。龍國華案例不過是最新的一例而已。這些案例大量湧現，以至於人們在分析中國反腐敗的關鍵問題時，將監督「一把手」的問題鮮明突顯出來。本來，依據中國政治體制的基本安排，在國家權力體系中，政黨、人大、政府、司法（紀委）這四種權力機制，是一個以兩頭保中間的建制。所謂「以兩頭保中間」，指的是以黨委領導為核心、發揮它對人大和政府的權威性領導作用，同時以紀委的作用保證有效的內部監督。這樣，成功建構起一個底線上成功抵禦權力變質、中端保證權力的有效運轉、結果上實現權力公共運用的權力體系。這也就是中國共產黨領袖強調的「情為民所系、利為民所謀、權為民所用」[4]的政黨權力宗旨。可見，在當代中國的國家權力系統中，執政黨的權力是所有權力形態公共運用的保障。至於這一套機制，落實為政黨這個權力中心來講，中心權力自身的安排也具有制度化佈局的設計——取決於中國共產黨的民主集中制原則，政黨組織與政黨領導人之間按照中國共產黨章程的規定，中國共產黨的組織與組織首長，是一種相互支撐而又相互限制的關係。但是，由於政黨組織對資源吸納的全域性與壟斷性，也由於政黨組織無法依靠組織自身的非人格化態勢形成強大的制度力量，它必須依靠組織領導者乃至組織領袖的個人能力，因此，組織對組織領導者的控制能力，遠遠不如領導者對組織的操控能力來得有力。因此，中國執政黨組織也無法免除蜜雪兒斯所指出的政黨寡頭制風險，[5]註定了中國共產黨地方政黨權力私人化。龍國華就是這樣獲得地方黨政組織領導者必然具有的、獨大的權力授予者身分、權力尋租的機會及所有科層在其之下的領導者對他權力的臣服。

與此同時，由於中國共產黨掌握國家權力長達六十餘年，它在對國家權力實行壟斷性控制趨向失效的情況下，走向牢牢控制政治權力，局部讓渡經濟權力的統治新境地。隨着國家統治哲學的改變，尤其是隨着啟動市場經濟的發展模式後，政黨組織權力的寡頭化狀態必然與經濟利益謀求的私人化掛鈎，[6] 促使政黨權力的實際掌控者直接謀求經濟利益。中國執政黨高層領袖對此有明確的認識，也提出防止政黨權力與經濟謀利勾連的種種促使權力道德化運作的主意。但這些主意大多是從道德自覺與組織教育角度提出的，因此它既沒有促使執政黨正視自己作為掌握國家資源的後革命政黨特質，也沒有設計出有效阻止政黨領導違法犯罪以獲取經濟利益的嚴密制度，更沒有對黨權和利益勾連的零容忍方式嚴格政黨紀律。於是，由上級和中央控制的幹部任用制度，無法啟動黨員就地方、組織內部設計的黨員幹部監督機制，地方黨權與經濟利益愈來愈緊密地掛鈎，貪腐現象層出不窮，已經到了難以根治的地步，所謂「前腐後繼」就是對這一現象的精確描述。加之執政黨將地方經濟發展與地方黨政首長的個人前途直接掛鈎，以地方經濟發展的指標（GDP）作為黨政首長獲得任命、連任、升遷的依據，註定他們必然會在獲得權力之後分享經濟利益。這是龍國華這樣的案例一再出現的一個重要原因。

中國共產黨是一個革命政黨。革命政黨統治國家依靠的是領導者的道德垂範。但中共六十年前就開始執掌國家權力，弔詭的是它沒有同時轉變為執政黨，反而一直是以革命黨的理念發揮執政黨的功能，使得革命黨寡頭示範的道德化思維與執政黨的法治思維產生了嚴重的錯位。改革開放之前的三十年，毛澤東已經深知根據上級和中央掌握意旨掌握權力的政黨領導人抵禦不了權力與利益的直接掛鈎誘惑，但他卻以群眾運動的方式來解決相關問題。改革開放三十年過程中，中共高層領導人更為明確地意識到異地掌握國家權力的政黨組織難以保持其道德純潔性，但也缺少拒絕法治化的治黨原則。政黨的自我治理一直陷在道德教育失敗，再以道德教育彌補的怪圈之中。政黨組織的道德化原則已經完全不足以成為有效整合政黨力量的規則，也完全不足以保證政黨領導人心悅誠服地為政黨目標服務。龍國華的案例再次證明，此前依靠地方政黨首長道德良心和組織原則控制其行動的黨治原則已經失效。龍國華在法庭上的懺悔言辭，與他在貪腐行動之中的內心理念，構成了瓦解德性化的黨治原則的雙重動力。從他貪腐的過程來看，事前的道德虛幻化、事中的道德懸置性與事後的德性化悔過，構成地方黨委書記缺乏法治監督、組織監督與社會監督的前提條件下，權力絕然超乎控制貪腐的三種促動因素。

二、異地任職與權力制約

在中國，各級政府權力是僅僅次於政黨權力的強勢權力形態。如果說地方政黨首長是控制地方各種權力的操盤手，那麼地方政府首長則是控制地方各種物質資源的操盤手。在中國的國家權力體系中，黨政權力是具有實質性內涵的權力形態。可以說，前者是管人的權力，它直接控制各種組織首長的任用、升降和獎懲；後者則是管物的權力，它直接配置一個地方的財政資源、物質資源和人力資源。因此，在中國實際的權力佈局中，黨政首長的詮選一直是權力控制的核心事務。如果說黨權的上級控制是為了保證權力不至於變異的話，那麼政府首長的上級控制目的亦是同樣的。其中，一個制度上的安排被認為是保證地方政府首長不至於將權力用於私人目的的重要舉措，那就是大致杜絕黨政首長的本地任職，重視其異地任職的制度安排。這樣的制度安排，自然有一種壓制黨政首長本地任職集聚太過深厚的社會資本意圖，並借此限制本地任職的黨政首長積累抗衡上級組織控制的資源，從而保證地方黨政首長對上級黨政組織與領導的政治服從、組織忠誠和恪盡職守。這在中國共產黨的幹部任用制度安排中，一直是受到高度重視的政黨規則。就此而言，地方治理的權力體系對來自本地的掌權可能一概加以杜絕。人們似乎認同，假如本地人士就地擔任黨政機構首長，其政治忠誠就會受到嚴重影響，並陷入自謀其利的貪腐狀態。由此進一步強化了本地黨政官員任用的異地化邏輯，以及黨政官員完全服從上級黨政機構的意志、將任職地利益安置於國家利益之下的思維定勢。

這方面的案例也可以說是數之一盡。最新的案例是廣東中山市長李啟紅因涉嫌嚴重經濟違紀問題被查。根據媒體報道，李啟紅案件牽涉十多人，五人來自李啟紅的家族，包括李啟紅夫婦、李的弟弟、弟媳和妹妹。李啟紅的家族中有多人從事房地產業並雄踞一方，知情人稱其家族資產保守估計有二十億。李啟紅生於中山，長於中山，從基層工作人員最終成為一市之長，她的家族生意也隨着她攀上權力的高峰而興盛。「如果李啟紅不在中山本地任職，她的家族也許不會是如今的結局。」一個熟悉李啟紅的中山人這樣評述李啟紅案件。「李啟紅曾在一些場合說，對她家人開辦的公司，她不插手、不幫忙、不指示、不發話。可能她也確實想做到盡量超脫，然而在這個小小的中山，她怎麼可能做到超脫。」

李啟紅的仕途非常順暢。其成長的軌跡是：一九七四年，二十歲的李啟紅從居委會進入古鎮公社任幹部。一九七五年，二十一歲的李啟紅成為石岐鎮黨委副書記兼煙墩區黨總支書記、辦事處主任。一九八三年十二月，中山獲准撤縣改市，石岐鎮建制撤銷設煙墩區，次年李啟紅升任煙墩區黨委副書記、辦事處主任。一九八八年一月，中山市升格為地級市，一九九〇至一九九七年，李啟紅從中山市婦聯副主席升上主席。此後，李啟紅一直在中山市委、市政府擔任領導職務，沒有到其他地級市交流，也沒有下基層任職。一九九七年十月至一九九九年三月，李啟紅擔任中山市委常委、市委組織部部長。此後，她分別擔任中山市委副書記、市委黨校校長、代市長等職務。二〇〇七年一月，李啟紅擔任中山市委副書記、市長、市政府黨組書記，登上她權力的制高點。二〇〇九年，李啟紅獲選為「中國十大品牌市長」。二〇一〇年五月三十一日，五十六歲的李啟紅被中紀委「雙規」，她的官場生涯就此走到終點。李啟紅被查，目前公佈的原因是涉及中山公用的股票內幕交易。[7] 李啟紅被「雙規」後，人們對她在中山順風順水地升任地方父母官的議論頗多，既涉及是不是違反規定任用李啟紅的問題，也涉及李啟紅家族生意與她的權力庇護問題，還涉及她個人的品質、能力與所任官位的相稱性問題。但從制度層面反思李啟紅案的進路，則多在領導幹部任用的迴避制度上。人們從執政黨任用幹部的規定，到國家法規的明確限制，再到中國從古至今任用官員的傳統智慧諸方面，指出像李啟紅這樣的官員，如果不在本地任職的話，也許就不會發生將個人權力與家族利益掛鈎的貪腐悲劇。

從制度的角度看，當代中國政治制度的安排上，確實明確規定了幹部任用的迴避制度。二〇〇六年八月，中共中央辦公廳印發了《黨政領導幹部任職迴避暫行規定》等三個法規檔案，其中對領導任職的「地域迴避」規定是，「領導幹部不得在本人成長地擔任縣（市）黨委、政府以及紀檢機關、組織部門、人民法院、人民檢察院、公安部門正職領導成員，一般不得在本人成長地擔任市（地、盟）黨委、政府以及紀檢機關、組織部門、人民法院、人民檢察院、公安部門正職領導成員。」也就是說，縣市級主要領導必須迴避原籍或成長地，地級市黨政主要領導「一般不得」在原籍或成長地任職。在「黨管幹部」的邏輯中，這樣的規定所具有的權威性是不言而喻的。同時，《中華人民共和國公務員法》第六十九條也明確規定：「公務員擔任鄉級機關、縣級機關及其有關部門主要領導職務的，應當實行地域迴避，法律另有規定的除外。」這裏的「地域」，指的是任用官員的原籍地或成長地。「法律另有規定的除外」，主要是指民族自治地方公務員任職迴避的特殊情形。可見，不論是黨紀還是國法，都規定了幹部任用的迴避原則。李啟紅當然屬於黨紀國法明確限定的就地任職範圍內，有關方面在任用李啟紅的時候，應當援引地域迴避條規。但事實並非如此。《黨政領導幹部任職迴避暫行規定》頒佈僅僅四個月後，李啟紅就成為一般之外的特殊，擔任了中山市市長。這中間存在的違規是明顯的。不過，如果我們僅僅着眼於追究李啟紅任用的違規，已經既不足以追回對李啟紅的任用，也不足以發現一個事先就留有餘地的黨規與法條對幹部任用瑕疵的有效杜絕方案，更無法真正限制住幹部任用權力與利益的勾連，因為問題的關鍵並不在這裏。

從中國任用官員的政治傳統來看，有評論者指出，「在我國現行的幹部任職制度設計中，已經大致有了『避籍』、『避親』、『避差』三種迴避制度的雛形或萌芽，但都不完善。縣市級、地市級主要領導幹部任職迴避成長地，這是『避籍』；法官、檢察官任職必須迴避近親屬，這是『避親』；司法公務員在處理案件時必須迴避有親屬或仇嫌涉及的案件，這是『避差』。這些規定，目前僅僅是初步涉及而已，非常不完整。古代中國特別是明清時代在這三方面的規定都非常細緻完備，可惜今天我們都沒有認真借鑒」。[8] 在中國古代制度史上，皇帝任用官員的迴避制度經年累月、累朝累代地修改完善，確實達到了相當高的水準。就中國目前的官員任用制度來說，確實具有悉心借鑒的地方。如果這種借鑒在比較精細後能坐實的話，可以期望像李啟紅這樣的個案不至於出現。

但這些反思都是在承諾了現行制度的正當性與合理性基礎上的論述。如果倒轉制度邏輯，從一個地方官員是不是本地官員來設計反腐倡廉的制度，其實際發揮的作用並不如人們預期般大。因為這樣設計制度，一方面，不能從根柢上限制權力與利益的結合，因此並不能徹底杜絕權錢勾結；另一方面，權力與利益的勾連，是不分掌控權力的官員究竟是出自本地還是來自外地的，地域因素並不是防止權錢勾結的主要因素；再一方面，即使是本地任職的官員，在本地權力體系的構成因素之間具有相互制衡功能的前提條件下，也不可能將權力用來謀取利益的。地方官員中之所以總是出現普遍的權錢勾結現象，最關鍵的問題是權力沒有受到有效的制約。因此，即使是一個來自異地的官員到一地任職，只要這一任職經歷一個周期，它照樣可以將權力本身能夠攜帶的利益融入當地，如魚得水地貪腐。如果說迴避制度安排中的「避親」、「避差」在現代條件下還能發揮作用的話，「避籍」可以說並不能發揮相應的作用。

李啟紅案的出現，是因為現行幹部制度大致是在權力不受控制、權力體系諸結構要素相互脫鈎沒有制度制衡情況下的運作。現行幹部制度的三個原則都具有超出控制的特點：其一，「黨管幹部」是幹部任用的首要原則。在黨化國家中，黨具有超越國家法律的權力，黨紀與國法就此高下立見。控制國家權力的政黨，其任用幹部的原則最為重要的一是政治忠誠；國家權力對相關人員的任用，則必須保持對國家的超黨派忠誠。這就使黨派的政治忠誠與國家的政治忠誠之間出現了裂縫。只要對黨忠誠，就獲得了黨給予任用的首要條件，意味着黨就具有了法外施恩的幹部任用特權。其二，「中央權威」是幹部任用的最後程式保證。一切幹部任用在這一原則之下，必須遵循「下級服從上級、全黨服從中央」的遞進性服從規則。因此，不管一個幹部是在什麼情況下任職，其使用權力的遞迴路線總是秉承中央意圖，猜度上級旨意，將個人的權力意圖放置在最後。可以説，一個地方的領導幹部究竟是否廉潔勤政，不是一個被權力在地的關係制約的問題，而是一個被上級規定着的狀態。由於地方的情況並不能由中央隨時隨地、巨細無遺地可以掌控的，這就給地方領導幹部脱離中央或上級控制，游離出來謀求自身利益提供了便利。其三，「例外空間」是幹部任用制度的調整餘地。在中國，幹部任用制度從執政黨的黨規到國家立法、從宏觀法規到實施細則、從經驗總結到教訓歸納，有一整套安排。但是，這些制度的規定，都有一條例外原則，而將制度規則的權威性降低到例外情況的靈活性之下，制度本身的既定性就此喪失了。不管制度規定有多麼嚴格，只要上級或中央認為需要，就可能援引例外原則，將制度規定擱置起來。因此，李啟紅這種受例外原則支持而得到任用的地方領導幹部，就會在「例外」的保護下尋求特殊的利益。就這三項原則來看，保證幹部公權公用，是不是異地任職都不是關鍵，而從根本上制約權力才是決定性的因素。

三、央地幹部交流與權力尋租

從經驗上看，一個領導幹部在一個地方任職時間愈長，他能夠積聚的社會資本就愈雄厚；相反，如果一個幹部在異地任職的時間相對較短，他的社會資本就相應不足。而一個幹部的社會資本與他用權的膽量是直接相關的。領導幹部用權的膽量大小，又直接與他是否敢於以權謀私緊密關聯。因應這三重經驗性關係，中國在幹部任用制度上也做出了相應的規定，這些規定恰好與幹部任職時間、社會資本積聚和以權謀私的關聯性相對應，集中起來說，就是以幹部的交流制度防止一個幹部在某地任職時間太長、積聚社會資本太厚、以權謀私慾望太盛。黨政幹部的異地交流制度，是最近數年執政黨管理幹部、防止結黨營私、權錢勾結等腐敗現象頻發的重要舉措。幹部的異地交流，分為平級的異地調動、升遷的異地安排以及中央與地方幹部雙向交流任職三種類型。前兩種情況屬於本章第二節分析的範圍；而央地幹部交流任職的情況，則是一種需要專門分析的類型。

央地幹部交流制度，也是近年興起的一種制度。不是說此前沒有央地幹部的交流任職，但這種交流基本上沒有達到正式制度的水準。央地幹部交流制度的興起，是上個世紀九十年代末期。先期是以中央下派幹部到地方掛職的形式開創的，目的是為了打擊改革開放以來逐漸形成的「諸侯經濟」與「諸侯政治」。[9]

眾所周知，上個世紀八十年代中國的改革開放，是從中央下放權力作為政策起點。一九四九年以來，中央權力機構幾乎壟斷了所有國家權力，地方的自主性非常小，以至於所有政策都具有「一刀切」的特點。改革開放伊始，中央以放權讓利的方式促進地方政府投入改革進程。當地方政府運用放權讓利的政策促成地方經濟的疾速發展後，地方政府在中央政策運行逐漸養成了按照地方情形推動本地發展的政策習性及和中央分權而行的政治慣性。這正是九十年代諸侯經濟與諸侯政治出現的原因。九十年代初中期，中央放權讓利政策的實施結果似乎引致中央權威的失落，而地方政府的威信大為增長。同時，中央財政的寬裕程度也明顯下降，地方可支配財政的狀況明顯改善。這是單一制國家難以對付的權力分割局面。因此，從九十年代開始，中央黨政機構致力於治理「諸侯經濟」和「諸侯政治」。從經濟上看，經濟發展的政策決策權明顯上收，而國稅與地稅的分流徵收，及懲治陳希同這樣的強勢地方官員，使中央機構對地方政府的權威重新建立起來。在這些打擊地方勢力的做法中，與本章題旨相關的就是中央往每個省級機構派出省長助理的做法，具有明顯遏制省級勢力及促使省級地方領導機構服從中央的領導權威。省長助理顧名思義就是一省之長的「助理」，但他並不是協助省長工作的，而是代表中央權力機構，意圖監督地方政府運行。因此，省長助理這樣的角色不僅肩負中央政策下貫的政治使命，而且擔負着監督地方領導用權的責任，就此杜絕地方領導違背中央意圖，就地濫用權力謀取地方利益及個人利益。

由江西省長助理升任江西省副省長的胡長清，就是從中央直接下派駐省的官員的代表。但胡長清馬失前蹄，跌進貪腐泥淖。這則典型地説明，即使是中央下派地方的領導幹部，也未見得會不折不扣地執行中央的政策，既保證地方領導幹部謹小慎微地執行中央政策、服從中央權威，又甘於清貧、公權公用，成為中央下派地方的清廉幹部。根據報道，胡長清，江西省原副省長，因貪污受賄，涉賄金額龐大，於二〇〇〇年三月八日被依法執行死刑，是改革開放以來第一個被判處死刑的高官。檢察機關起訴指控，法庭經審理查明，自一九九五年五月至一九九九年八月，胡長清在擔任國務院宗教事務局副局長、江西省人民政府省長助理、副省長期間，經營權錢交易，利用職權便利及影響，採取向有關部門負責人批條子、打招呼、下指令等手段，通過為他人解決貸款、建築工程項目、營業執照、赴港定居、汽車過戶等問題，多次收受、索要賄賂。先後九十次收受、索取江西奧特汽車租賃有限公司總裁周雪華、江西金陽光企業集團有限公司董事長李衞東等十八人及江西省商業儲運公司的錢物，折合人民幣共計五百四十四萬餘元，其中有人民幣二百八十餘萬元；美元八萬元，港幣九十四萬元以及價值九十七萬餘元人民幣的貴重物品。胡長清還利用職務之便，多次為有關行賄人謀取利益，造成國家巨額財產損失。法庭審理更查明，胡長清為自己職務提升及工作調動拉關係，從一九九七年初至一九九九年六月，先後五次向他人行賄共計人民幣八萬元。此外，胡長清未能對明顯超過其合法收入，價值人民幣一百六十一萬餘元的財產說明其合法來源。二〇〇〇年二月十三日至十四日，江西省南昌市中級人民法院開庭公開審理江西省原副省長胡長清受賄、行賄、巨額財產來源不明案，並於同年二月十五日，一審判處胡長清死刑，終身剝奪政治權利，並處沒收財產，追繳非法所得。在二〇〇〇年三月八日，胡長清在南昌被執行死刑。[10]

胡長清案確實具有典型性。它是中國目前解決央地關係方式必然出現的案例。以中國處理央地關係的制度長期擱置來看，無論是中央機構還是地方政權，都無意遵循法規與制度的規定。就中央的層次來看，取決於「下級服從上級、全黨服從中央」的根本原則。在國家層面上，無論是人權、財權或事權，按法規與章程都大於和高於地方，國家法律對於地方法規而言，當然是上位法；國家政策對於地方政策來就，自然更為權威；國家領導人對於地方領導人來說，肯定具有更高的影響力。[11] 就地方層次而論，地方權力機構和領導人，必須服從上級機構，尤其是中央機構與領導人，做到令行禁止。但問題在於，無論是對中央還是對地方，實現這樣的制度安排的手段嚴重匱缺，以至於中央只有更換地方領導人，才足以真正制約地方權力對中央權威的游走狀態。這就是「不還腦子換位子」的治國原則屢試不爽的原因。之所以在央地關係中，中央職能祭出換人這樣的殺手鐗，是因為中國的法規與章程對中央地方權力大多數情況下只是各自的原則性規定，而相互關係的制度確認總是含糊其辭，以法治國就此失去了具體的法律依據。在中央致力控制地方，地方盡力謀求自身利益的關聯式結構中，地方為了自身利益，必定與中央玩貓捉老鼠的遊戲，而中央為了控制地方，只好用換位的手段，將那些地方意識明確的領導人加以交換甚至撤換，從而保證地方領導人總體上服從中央的權威。[12]

中央權力對地方權力始終處於政治疑慮的狀態。由於中國在政治上實行的是剛性的單一制，註定了這種疑慮會匯出中央對地方的強化控制。上世紀九十年代，中央的強勢權威建構與「諸侯經濟」和「諸侯政治」的治理相貫通，一系列旨在控制地方的政策舉措和用人新政出台。就前者言，分稅制的出台，使國家的優質稅收資源被中央控制，「諸侯經濟」就此失去稅收支撐，從此，「跑部錢進」就成為頗具中國特色的保障中央權威的必須。就後者論，中央一方面加強了關鍵部門，諸如工商部門、稅務部門、公安部門的垂直領導體制，保證中央對這些控制國家極為重要資源的部門有力掌控。同時，下派足以代表中央權威的幹部到地方任職，一方面直接代表中央控制地方的意旨，發揮強勢的中央控制功能；

另一方面連帶發揮監督地方領導的職責，旨在保證地方領導的勤政廉政。胡長清就是在這種背景下從國家宗教局下派到江西省擔任省長助理後再晉升為副省長的。

無疑，這些制度設計具有它的相應功能。但是不是能夠真正發揮出中央機構控制地方權力的效用。胡長清案的出現，證明通過中央直接控制的人事任命制度，並不能真正起到控制地方權力機構，尤其是保證領導人廉潔用權的作用。從中央空降到地方任職的領導幹部，並不見得比來自就地任職的幹部在政治上更為忠誠，也絕對不可能比就地任職的幹部更為廉潔和勤勉。因為身處高位的領導幹部究竟是不是更為勤政廉政的關鍵，是他的權力是不是受到了嚴格的制度限制和民主監督，以及在此基礎上是否具有嚴於律己的德性自覺。一個幹部，不會因為他來自當地還是來自中央機構，就因而具有更強或更弱的道德感，具備無法撼動的廉政與勤政品質。從中央下派到地方的幹部，其實同樣具有產生權力變異的兩種可能：一是他任職中央的時候，可能在中央權力控制相對嚴密的地域範圍，比較忠於中央權威，保證自己廉政勤政；一旦他下派地方，他的權力判斷、社會資本與生活習性，就與當地互融，此時，他原來身居中央地域的那種權力判斷、社會資本與生活習性，必然迅速改變，就此無法保有曾具備的「優秀品質」。因此可以說中央下派的幹部，不能保證具備優於地方幹部的政治—道德品質。二是中央下派地方的幹部，與就地任職的幹部一樣，在權力受到嚴密監督的情況下，都會謹守法律與道德規範，恪盡職守、公權公用。一旦權力缺乏嚴密監控，軟性的道德規範就不足以抗衡剛性的腐敗誘惑，幹部的腐化墮落勢在必然，尤其是當地方對那些來自中央的高官具有一種敬畏感的時候，中央下派的幹部腐化墮落的可能性便不是更低，而是更高，可見央地交流幹部的反腐倡廉效用，絕對不如控制權力、分權制衡的相應效用明顯和具有保證。

四、地方治理的制度重構：自治化與法治化

三個案例具有三個指向，但三個指向共同定位在中國黨政大權的公共性上面。這是一個問題的兩個方面。就前一方面來看，三個案例的三個指向分別是，龍國華案象徵着不受限制的黨權的變異。在中國，黨權變異是具有某種必然性的。這與政黨自身的結構緊密聯繫在一起。本來執政黨從黨小組開始，升格到黨支部、基層黨委、上級黨委，一直到中央機構，各級組織都具有自己的組織原則、黨員權利、組織職責與黨員領導許可權都受到黨章的規定性保護。但戰爭年代形成的命令式領導風格，加上組織原則的「下級服從上級、

全黨服從中央」，構成了執政黨僵硬的中央權威體制。換言之，下級黨組織和黨的領導人必須服從上級，尤其是中央領導人的旨意，將黨員對黨組織的政治忠誠，順勢轉換為對黨的上級領導，尤其是中央領導人的個人忠誠。只要這種忠誠不被懷疑或不出現違逆忠誠的行為，那麼一級組織的領導人就可以高枕無憂、安享權力，必然促成一級政黨組織的領導人脫離同級組織對自身的制約，造就一級組織領導人層級上升的狀態——一個組織（譬如一級黨的委員會）的領導人雖然在組織歸屬上屬於他所在的機構，但在行使權力上，他所在的組織是無法制約他的權力的，只有任命他的上級組織或中央機構才能有效制約他的權力。以此使他成為一級組織的超級成員，身在組織之中、心在組織之上。上級組織難以對所有下級組織進行有效監督和有力控制，讓下級黨委領導人有了隨心所欲行使權力的巨大空間，如不捅出巨大漏子，上級黨委幾乎就在不告不理的狀態中任由下級組織的領導人行使其權力。下級組織是在地化的，但領導人卻是異地化的。在地化的組織當然控制不了異地化的權力；相反，異地化的權威授予者，即上級乃至中央領導又無法清楚了解下級組織的在地化情形，這就使下級組織的領導人成為不受實際控制的人物。[13] 這樣的領導人完全可以從容地利用權力來為自己謀取利益，而其權力的核心已經由黨管幹部這樣的組織原則突顯出來了，「買官賣官」的機制就此形成。龍國華案的機制產生無非如此。

李啟紅案象徵着不受控制的政府權力的變異。需要強調的是，李啟紅為家族利益大開綠燈，不是因為她是中山人，而又在中山任職的原因。這是人們對李啟紅類似案例的普遍誤讀。李啟紅這樣的人之所以能夠擔任她所生長之地的行政最高領導職務，是因為她獲得了制度外的特殊待遇，但這樣的特殊待遇不只是對李啟紅而言的，也是對與她類似的所有官員而言的。事實上，任何擔任一方父母官的人士，不管是來自本地還是外地，都可能在這種特殊待遇中獲得如李啟紅般同樣的權威性授權，只不過來自本地的官員能更容易編制權錢交易網路，而來自外地的官員卻將增加編制權錢交易網路的時限和成本。這是因為，一個來自本地的就地任職官員，其權力是由上級授予的，而不是本地人選舉產生的，因此他不用擔心本地人士的喜怒哀樂、歡迎拒斥；而一個來自外地的任職官員，同樣是上級授予他權力的，他也不會對不能限制他權力的任職地公民有任何真心實意地尊重。兩者任職的政治心理是別無二致的，他們需要表達忠誠的對象都在外地、都在上級。但無論是就地任職，還是外地任職的政府官員，都必須在當地制約權力的能力範圍之外行使權力，因此將配置日常資源的行政權力用來謀取一己之私，當地人絕對是無可奈何的。[14] 李啟紅最後也是在制約她的上級對她進行「雙規」的時候，才被迫結束其家族斂財的行動，足以證明她行動的權力邏輯不是當地語系化的，而是異地化的。

胡長清案則象徵着空降官員權力不受限制情況下的必然變異。說起來，中國所有黨政首長級官員都具有空降的性質，因為他們的權力都來自於居於異地的上級部門。胡長清一案特殊，他的權力直接來自於最具有權威性的中央。像龍國華、李啟紅這樣的職務，也許可以省級黨政機構由委任或授予，因此他們在任職地的權威性不可能具有最高權威庇護的程度那麼高。但胡長清是由中央派出的，在實行單一制的中國給人們權力想像的餘地，自然會以為胡長清「在中央有人」，否則怎麼會不派別人而派他來此地任職呢？這種人事任用制度非公開化中的普遍想像，造成胡長清在任職地的權威性的倍增效應。對於大多數不明就裏的地方官員來說，胡長清是中央「派來的」；而對中央機構而言，胡長清是中央相信的下派地方長官，使胡長清具有雙重權威支撐。就前者言，胡長清可以擺脫就地任職官員的人情限制，任何人就此可以與他隨意交往，一旦貪腐，影響範圍比就地任職的官員還要大許多；就後者論，胡長清可以延長中央人脈關係，將地方官員缺少的任職優勢擴展為地方權力罕及之地，一旦徇私，地方對之的限制就會自然弱化。胡長清在任職地數年長袖善舞，不受約束地行賄受賄，就此獲得理解。

從制度安排上說，在當代中國的地方治理中，地方黨委和地方政府的權力絕對是決定治理績效的兩個基本要素。對此，從中央權力機構到地方權力機構的運作佈局，對這兩種權力操控者的安排極其重視。地方黨委書記的任職，直接由上級黨委任命，本級黨委沒有直接選出書記的權利。這是一種體現執政黨民主集中制思維特質的權力授予體制。而在保證中央權威的單一制中，政府官員的任用同樣不受任職地人大與政府、公民與社會的控制，這些官員總是在上級黨委決定後，到地方人大走一個形式而已。這樣的幹部任命制度，還由精心設計的諸種實施細則保障着，譬如本章分析到的幹部任用迴避制度。僅僅從制度設計上分析，這些制度設計應當説足以保證中國地方治理權力運行的績效。但是，龍國華、李啟紅與胡長清案為何會在這樣精細的制度設計中出現呢？根據前面的描述和分析可以知曉，現行體制下面異地化的幹部任用制度，並不能保證受任用的幹部竭心盡力地用權於地方治理過程，相反，權力的異化現象怵目驚心。

三個案例的共同之處就此浮現出來：目前中國地方治理的權力授予機制事實上缺乏公共性保證，僅僅依靠上級組織控制的權力，是無法將一個地方的黨政大權約束在地方善治的範圍內。讓權力不至於落入官員生長地的社會網路中而無法公正、廉潔且高效運作的權力異地化制度，其實完全無法達到有效制約權力的目的。

因此，地方治理中的權力安頓就有必要在異地化制度之外，考慮就地化安排的新思路。就地化安排地方治理的諸權力，塑就一個地方治理諸權力相互制衡的有效機制，既促使權力高效運作，又保證權力的清正廉潔，是矯正中國地方治理權力畸變的正途。權力的就地化制度，在設計理念上必須坐實下述遞進性的原則：

首先，要讓異地化的權力回歸它運作的地域，異地化權力的在地化原則就此突顯。在地化的權力，就是一種不脫離權力所依託的地域的權力形態。相比於異地化權力由權力的上級組織與領導，加以艱難駕馭而言，在地化的權力是一種按照權力在地性分解權力，並使地方立法、行政和司法及黨權有效分割、相互制衡。地方黨委首長由在地所屬組織的黨員選舉產生，他同時向在地組織的黨員、黨的機構以及上級黨委負責，接受來自上下級的共同監督；地方立法機構成員和地方行政首長通過選舉產生，在立法和行政上同時向公民、社會組織和上級機構負責；司法系統（紀委機構）相對獨立，直接向黨紀和國法負責，發揮公正的司法（紀檢）職能。這樣，地方治理的權力畸變就會明顯減少。地方權力紮根於當地，但紮根於當地的權力卻因為相互制衡而規範運行，從根本上解決異地化權力脱離地方，遊魂野鬼式運行所導致的貪腐飛地問題。地方黨委、地方人大、地方政府、地方司法機構相互制約，任何權力都在其他權力形式的制約之中，權力的監督漏洞就會降低到最低限度，而權力的公共性程度就會提升到最令人滿意的高度。黨的首長「買官賣官」、地方行政首長的權錢勾結、公私不分問題不是說可以徹底杜絕，但起碼大大減少。

其次，在地化的權力制度設計，需要國家基本制度設計配套改革。國家目前實行單一制，所有國家法律出自中央機構，地方政府都得接受中央權力機構的領導。這樣的制度自然具有它的一些顯見的優勢，其中最為突顯的優勢就是國家「好辦大事」。但中央控制的最大問題就是權力縫隙無處不在，這既不利於地方各自發揮優勢，也不利有效監控權力。在目前的單一制還不可能做出重大改革的情況下，不妨以單一制為基礎，借助聯邦制的制度優勢，使中央一方面充分放權給地方，另一方面在幹部任用制度上採取地化的原則，促成地方治理的自主權、地方幹部任用的就地產生與就地制約機制。這是一種制度靈活性催生的彈性機制。改革開放後，中國推行了所謂財政聯邦主義，給中國經濟改革帶來強大動力。可以預期，如果在決策機制和人事任用機制上採納一些聯邦制因素，必將給中國政治體制改革帶來強大的活力，促使我們發現反腐倡廉、有效治理地方的嶄新路徑。

再次，採用單一制和聯邦制的混合體制，不能建立在國家政治領袖的天縱英明和大膽試驗的基礎上，而必須建立在法治的平台上。地方的充分自治，促使中央與地方許可權的有效劃分，並必然走上法治化的軌道，大大推動依靠行政命令治國的中國，逐漸走上大國治理最為有效的聯邦制法治軌道。這是單一制與聯邦制的類型差異，顯示出來的法治化優劣必然促成的國家與地方治理態勢。恰如論者指出，「聯邦制與單一制根本差別之所在，我們以為應全在國家事權劃分的手續。凡屬聯邦國家，其中央政府與各邦政府的事權，全由憲法劃定，所以各邦政府的事權，有憲法為保障；其在單一國家，無論分權至如何程度，其地方團體的事權，總係經由中央政府以普通的法律或命令規定，所以地方團體的事權，初無憲法的保證」。[15] 可見，單一制國家的法治化受到內在局限，而聯邦制的法治化程度則是由憲法做出保證的。要想逃脱龍國華、李啟紅與胡長清三個案例突顯的權力畸變怪圈，中央和地方的縱向分權制衡，分權的不同層次在黨權、立法、行政與司法上的橫向分權制衡，這種制度安排就不被不認同。因為只有這樣，對於權力的無縫化制約才是可能的，而就此嚴密限制黨政官員的貪污腐敗才具有制度的支持。

註釋

1 參見任劍濤：〈政黨、民族與國家——中國現代黨化國家形態的歷史—理論分析〉，《學海》，2010 年第 4 期。現代國家的規範形態是民族—國家（nation state），中國國家形態則是其轉變形態的黨化國家（party state）。這兩種國家形態對於國家治理進路的選擇是大不一樣的，尤其是黨化國家形態與單一制國家結構結合在一起的時候，國家治理就更是鐵板一塊的中央權力支配型態。

2 引自《中國共產黨章程》第 2 章〈黨的組織制度〉第 10 條第 1 款。http://news.xinhuanet.com/ziliao/2002-11/18/content_633225_3.htm。

3 引自網易新聞〈湖南賣官書記：趁有權時弄點錢〉。http://news.163.com/10/0615/10/697B7DLF00011SM9.html。

4 二〇〇二年十二月五至六日，中共中央總書記胡錦濤率領中央書記處成員前往平山縣西柏坡學習考察。六日，胡錦濤作了題為《堅持發揚艱苦奮鬥的優良作風，努力實現全面建設小康社會的宏偉目標》的講話。胡錦濤在講話中提出共產黨「立黨為公、執政為民」的三條準則：「情為民所系、利為民所謀、權為民所用」。

5 羅伯特・蜜雪兒斯著，任軍鋒譯：《寡頭統治鐵律》，第 6 章〈綜論：組織的寡頭化傾向〉。蜜雪兒斯指出，「從一個統治階級必然要被另一個階級取代這一原理，我們可以演繹出如下規律：至今一切寡頭統治都是任何大的社會集合體的必然生活方式」。天津：天津人民出版社，2003，第 340 頁。

6 參見《鄧小平文選》第 2 卷，北京：人民出版社，1994，第二版，第 372 頁及以下。

7 引自人民網新聞〈廣東中山女市長被雙規，據稱家族財富達二十億〉。http://society.people.com.cn/GB/11885538.html。

8 這是中南財經政法大學法律文化研究院院長范忠信接受記者採訪時表述的觀點。引自 http://www.china-daily.com.cn/dfpd/hainan/2010-06-15/content_460410.html。

9 有論者指出，「在中國大陸，迄今為止沒有任何一個政治政黨、社會組織敢於向共產黨以及國家權威挑戰，主要威脅是來自於共產黨內部和國家機器內部的更具自我利益、自我意識、自治權力的日益坐大的某些地方政府。中央政府財力是極其有限的，中央領導人的權威性也相對削弱。在應付地方政府各種挑戰方面（既包括經濟利益，又包括政治權力），中央擁有的唯一手段是頻繁地撤換或調動地方領導人。）王紹光、胡鞍鋼著：《中國國家能力報告》，瀋陽：遼寧人民出版社，1993，中文提要。

10 引自百度百科「胡長清」。http://baike.baidu.com/view/429692.htm。

11 參見《中華人民共和國憲法》第 3 章〈國家機構〉，就可以清楚了解，在中國國家層面的權力安排相對於地方層面的權力安排所具有的法律優勢。法律出版社法規中心編：《法律小全書》（第 2 版），北京：法律出版社，2003，第 4–8 頁。

12 陳希同案、陳良宇案，都是中央與地方關聯式結構中，中央權力控制地方權力失敗後「換位」的極端事例。

13 像龍國華這樣的一方黨務首長，只要查出買官賣官的行徑，事實上都非一時一地、一人一任之為，這就證明上級管制的政黨官員任命制的必然窘境。參見 http://news.163.com/10/0615/10/697B7DLF00011SM9.html。

14 據報導，中山當地一直有人認為李啟紅的水準十分有限，甚至在她擔任基層職務的時候，就指出她詞不達意甚至語無倫次，實在不足以擔當像中山這樣的中等城市的市長職務。但她還是在例外原則的支持下登上了市長寶座。可見，異地化的授權機制不能證明就地化任職的必貪性，相對應的是，當地語系化的授權機制也不必然催生貪腐官員。地域迴避原則並不是阻止官員貪腐的關鍵問題所在。參見 http://society.people.com.cn/GB/1188538.html。

15 王世傑、錢端升著：《比較憲法》，北京：商務印書館，1999，第 357 頁。

第十章

從信訪制度看非民主體制下國家治理資訊的傳遞機制

信訪制度（letters and visits system）絕對可以稱之為具有中國特色的制度安排。它處理的是人民來信來訪問題。人民來信來訪，簡單的區分為兩類，一類是肯定、讚揚各級黨政機構工作的，一類是表達對各級黨政機構表達不滿、抗議並請求幫助的。前者是黨政機構獲得自我支援的根據。後者則是黨政機構必須改進工作狀態的信號。兩者都是國家治理體系中不可或缺的資訊。因為在國家治理過程中，若完全缺乏支援性資訊，便不足以給權力機關提供工作動力；但如果表達不滿的渠道不暢通，權力機關完全不知道改進工作的需求，那麼它的工作績效就勢必處於一個衰變的狀態。後者對於中國這樣的制度體系來説，尤其重要。因為中國實行的是非民主的政治制度，獲取資訊的渠道本不暢通，資訊傳遞的機制也不健全，故而信訪制度成為國家治理資訊縱橫傳遞的重要渠道。但是，正是因為國家基本政治制度的限制，信訪制度本身也必然遭到扭曲。要尋求國家治理資訊的通暢傳遞，必須先建構民主制度，否則，不僅無法保障信訪制度的效用，信訪制度的扭曲程度也會愈來愈嚴重。

一、信訪制度及其扭曲

信訪制度，本身並不是一種解決國家治理中存在的、對信訪者不公處置導致的各種問題的方式，而僅僅只是一種傳遞國家治理資訊的特殊方式。這樣的資訊傳遞路徑是雙向的，一是國家權力機構（黨政機關）向公眾傳遞政府治理和政治權威的資訊；二是公眾區分為個體與群體向國家權力機關傳遞自己對國家治理事務滿意或不滿意的資訊。《信訪條例》作為國務院頒佈的行政法規，明確規定信訪是「為了保持各級人民政府同人民群眾密切聯繫，保護信訪人的合法權益」的活動。[1] 這樣的立法初衷，恰好印證了官民之間傳遞資訊的互動性質。

信訪的行為規定性，也由《信訪條例》所明確規定。「信訪，是指公民、法人或其他組織採用書信、電子郵件、傳真、電話、走訪等形式，向各級人民政府、縣級以上人民政府工作部門反映情況，提出建議、意見或者投訴請求，依法由有關行政機關處理的活動。」因為《信訪條例》屬於國務院行政法規，其法律適用效力的範圍也就限定在行政機關。但在信訪的實際運行中，卻包含了執政黨的各級機構，因而被稱為廣義的信訪機制。

信訪制度的法制化運作，是其成為國家層面的治理資訊蒐集方式的標誌。信訪制度的法律規定經歷了各種演變而成，並於改革開放時期逐漸恢復。[2]一九九五年，國務院頒佈實施《信訪條例》。但僅僅過去數年，這條例的法律適用性就與信訪實際應對狀態的變化嚴重錯位。這一變化，是中國社會的急遽變遷促成的。恰如論者所言，信訪局面的變化，體現在三個方面，「一是，信訪總量不斷上升，越級上訪、進京上訪增勢迅猛，來信來訪的增幅呈現『中央多、基層少』的『倒金字塔』型分佈特點；二是，信訪反映問題集中，多涉及群體性利益，上訪呈現出反復性、組織化等新特點，跨地區、跨部門上訪愈來愈多；三是，信訪方式有時比較激烈，圍堵黨政機關，攔截公務車輛，堵塞鐵路、公路交通等過激行為時有發生。」[3]

信訪局面顯現的這三個特點，無疑是權力結構自身的變化與信訪人[4]自我意識演變共同呈現出來的結果，是一種雙向性的變化促成的狀態。這種變化實際上已經啟發我們觀察信訪制度的幾個支點：一是信訪之所以傾向於中央機構，乃是由中國的單一制國家結構所註定的；二是信訪的組織化特點與綜合性特徵突出，則是由社會的成長與利益的多元造成的；三是信訪方式激進化，是由信訪本身效果低效所激化的。因此，二〇〇五年頒佈實施的《信訪條例》，除了在信訪的技術規定性更為細密外，對於信訪的制度性規則更進行了重大調整。這些調整着重，「其一，暢通信訪渠道制度。要求行政機關公開有關信訪工作資訊；建立信訪資訊系統，充分利用網路資源，實現資源分享；建立主動接待信訪制度，由行政機關負責人協調處理信訪事項，與信訪人面談溝通。其二，信訪事項的提出制度。規定了信訪人對五類組織、人員的職務行為可以向有關行政機關提出信訪事項；規定了對權力機關、司法機關提出信訪的要求；規定信訪人以走訪形式提出信訪事項時應當遵循的層級要求；規定了信訪的形式；規定了走訪形式信訪的特殊要求；對信訪人信訪事項的真實性要求；對信訪合法性的要求。……其三，信訪事項的辦理制度。條例規定了辦理信訪事項人行為規範；行政機關對信訪事項的調查核實制度；處理信訪事項時的聽證制度；處理信訪事項的時限制度；信訪人對信訪處理意見不服時的複查和覆核制度；信訪工作機構的督辦制度。其四，維護信訪秩序制度。條例要求信訪人在信訪過程中，不得破壞社會公共秩序，同時，對信訪人採用走訪方式提出信訪事項的，作了限制性規定。明確了有關違法行為的法律責任。」[5]

從一九九五年頒佈實施的《信訪條例》到二〇〇五年經過修訂的《信訪條例》中的法條制定上就可以看出，國家權力當局力圖完善信訪制度的主觀意圖。但是，信訪制度在法條與實施之間存在的巨大差距，令人發現從法條到舉措兩端，都存在驅使這一制度扭曲變樣的因素。從法條制定上來看，《信訪條例》可以說是一堆原則與一系列預防措施的匯集。就一堆原則來看，信訪條例在信訪機構與信訪人之間的關係釐定上，使用的都是「應當的」道德化句式。就一系列預防舉措來看，信訪條例對信訪秩序的過分強調，對信訪機構責任與違規的處置規定，對信訪人違規違法舉措的強力防止，成為妨礙信訪正常運作的內在掣肘，足以隨時中斷信訪制度順暢的運作。加之信訪的實際運作涉及到各級黨政機關、黨政機構的一般職員和領導幹部，尤其是涉及到從村民委員會、居民委員會一直到中央機構官員的工作履職情況，不僅註定了信訪的逐級上行趨勢，而且註定了信訪機構與信訪人之間的對峙關係。一種預設着的聖上英明定勢，自然將信訪人的走訪對象確定為中央機構和中央領導。信訪的「屬地管理、分級負責、誰主管、誰負責」的原則，事實上無法實行。

這意味着信訪本身的運行機制與信訪人的需求之間拉開了距離。要彌補這一距離，已經不是一部《信訪條例》的行政法規修訂所可以完成。因此信訪的總體效應絕對不如預期，而且信訪的對峙關係只會成為官民資訊傳遞的拙劣方式，信訪作為一種制度設計的成本與其效益之間不成比例。這樣的信訪結果，必定廣為人們詬病。據統計，信訪促使信訪人反映的問題得到解決的比例，低至 2%。而 90.5% 的訪民走訪的目的是為了「讓中央知道情況」；88.5% 是為了「給地方政府施加壓力」。[6] 信訪如此低下的制度績效，確實促使人們反思改進甚至力主廢止。

二、國家政體與資訊傳遞機制

信訪制度的運行，因為制度設計上存在根本缺陷，不僅令制度績效甚低，而且怪現象甚多。其中一個奇怪的現象，就是為人們廣泛關注的各級地方政府與保安公司簽署合作協定，進行截訪。截訪的出現，是信訪制度預設的分級負責制度失效的反向激勵結果。信訪作為傳遞國家治理資訊的途徑，本身並不沒有處置信訪人反映的相關問題的職責，因此只能將信訪獲得的資訊轉達有關部門，期待信訪的後續處理，勢必將信訪的事務無限地擴展開來。信訪的天量事務，使各級信訪機構疲於應付。因此造成信訪人非常明顯的失望與對立情緒，並由此演變為信訪人逐級上訪，以至於造成中央層面的信訪機構不堪對付的局面。而在現行的官員任用和激勵機制條件下，地方層面的官員絕對不願意將本地的社會不滿資訊傳遞給中央機構，尤其是中央領導人。因此，截訪現象的出現就成為必然。各地各級黨政機關駐北京的機構，大多擔負着截訪的任務。就此而言，信訪催生的各種怪象，層出不窮。在二〇〇四年，信訪怪象就引起了學術界和中央有關部門的高度重視，從事信訪現狀研究的學者已經指出，信訪早就從國家治理資訊的蒐集，走樣為法制事務的政治解決。[7] 在這種情況下，資訊傳遞的政治化定勢，註定了信訪制度的走樣情況被放大，從而承擔遠非信訪制度所可以承擔的制度功能。

正是由於信訪制度逐漸成為救濟手段，及信訪制度逐級下推的責任，信訪資訊傳遞的越級上達態勢，促使信訪制度資訊傳遞機制走樣變形。這是三個關乎信訪制度有效性問題需要分析的因素。首先，信訪作為救濟手段，本身必定是一種短缺的手段。因為信訪並不是直接解決問題，而僅僅是轉達信訪人讚揚或批評的資訊。在中國社會轉型處於張力增大，疏解張力乏力的當下，批評性資訊壓倒性地多於讚揚性的資訊。不説被直接批評或表達不滿的各級領導幹部不樂意傾聽這些意見，即使是虛懷若谷的國家層面的領導人，也會從心裏深處抵觸太多的負面資訊。因此，信訪作為救濟手段，本身的救濟功能具收縮性。即救濟資訊愈少，表明需要救濟的事務愈少，也就相應體現出黨政領導工作的正當性與合理性。這樣的政治心理定勢與國家發展定位相扣合，對作為救濟手段的信訪加以拒斥。在當代中國的盛世觀中，信訪只能是黨政機構聽天由命的姿態化方式，這是信訪真正實現救濟功能的內在限制。其次，儘管信訪制度明確規定了「屬地管理、分級負責、誰主管、誰負責」的原則，但由於中國是一個單一制國家，在國家權力機構的實際運作中，中央機構作為決策機構，地方機構就會被界定為執行機構，因此中央擔負的是總體責任，而地方擔負的是實際責任，是一種責任下推的權力結構。愈是趨近於基層，責任就愈是具體和明確，因此，信訪制度必然成為基層責任問題的顯性化推手。地方黨政機構與基層黨政組織必然努力將各種不利資訊率先過濾，以免啟動中央機構的責任追究機制。再次，信訪的資訊傳遞功能突顯以後，在公民冤屈問題發生的行政層次做出信訪舉動，就沒有什麼實質作用。因為同級黨務行政機構處置信訪事務，要麼處置的是自己機構本身的誤判誤決，要麼處置的是平行機構的失誤之舉；要麼改正的是上下級同事的不當舉措，要麼涉及的是自己本身的失當之處。在中國地方社會的黨政機構幾乎完全是處於熟人社會的情況下，掌握地方權力的官員之間要做到鐵面無私，按照規則辦事，無疑非常困難。而那些受到冤屈的信訪人，要麼與執掌權柄的公職人員不熟悉，而完全將其反映的問題束之高閣；要麼因受到冤屈的信訪人與掌握權力的公職人員關係熟絡，但礙於人情面子，也就只能自我開解或委於熟悉關係，信訪的制度效能就此缺乏保障。

可見，在當代中國，信訪制度的制度功能被先限制起來。如前所述，信訪的救濟功能實際上在信訪人與制度承諾之間，存在着無法跨越的鴻溝。因此，信訪的資訊傳遞功能便成為維護信訪機制的重要理由。但即使在這樣的定位中，信訪的資訊傳遞功能仍然嚴重受損。對信訪傳遞國家治理資訊功能損害原因的追究，大致流於技術性和程式性方面，因此從政體的視角追究信訪制度傳遞資訊功能的缺失，才能真正清楚這一制度設計的根本缺陷。

現代政治學將各種政體區分為兩大類，一是民主政體，二是非民主政體。在古典政體與現代政體的比較框架中，民主政體又被區分為古典直接民主政體與現代代議制民主政體。無疑，現代民主政體是當代世界的主流政體形式。這一政體形式在世界範圍內的實踐，已經構成現代歷史的民主化長波。[8] 在現代民主政體下，人民主權原則是最為重要的政治原則。在憲制安排中，人民主權坐實為一整套體現人民制約國家權力的體制：三權分立制衡的制度，促成以權力制約權力的國家權力機制；社會相對於國家的優先性原則，造就以公民自治的方式限制國家權力恣意擴展的態勢；公民權利與國家權力相對而在的政治制度安排，保證公民警惕國家權力侵害自己利益的制約機制。由於這種控制國家的周密設計完全限制了國家治理過程中權力採取治理舉措時的主觀性妄動，保證了公民在法治之下諸自由權利的支持基礎上，獲得表達支持或反對政府決策的行動。於是，在國家治理過程中，關乎國家治理資訊的傳遞，成為「以法治國」（the rule of law）狀態的必須。在民主政體條件下，資訊的縱向傳遞與橫向傳遞之間，不存在制度性的障礙。這種縱向傳遞，既指國家權力科層結構間的資訊傳遞，也指市場組織科層機制、社會組織科層架構各自內部組織層級以及中央權力與地方權力之間的資訊傳遞。資訊的橫向傳遞，則在公民與公民之間、公民與社會之間、公民與國家之間、社會與國家之間自由地進行。在權力受到周密制約的情況下，權力試圖對公民製造委屈，公民可以訴諸部門法規直到憲法維護自己的權益；[9] 在資訊自由傳遞的社會中，人們可能會為遮掩某些資訊而製造資訊傳遞障礙，即使資訊傳遞一時受阻，資訊傳通的阻礙也一定會被打破。[10] 因此，類似中國這種扭曲的信訪制度，在民主國家完全是匪夷所思的「制度」。

在非民主政體下，保障公民權利的機制性欠缺或是由於憲法的形式化處境、限制政府權力的眾多漏洞、法治安排的不健全、公民組織程度低下、政府製造的冤屈太多以至難以清理、或制度缺陷造成的技術性手段的短缺所造成的，因此國家治理資訊的傳遞一定會受到人為的阻斷。這種阻斷，可以是因為權力當事人故意為之，也可能是因為權力體制本身的限制，也可能是由於制度安排的缺口太大，更可能是由於權力本身對整個社會的掉以輕心所致的。但不管怎樣，在非民主社會未能建立起限制權力、保護權利的完整機制前，國家治理資訊的傳遞是絕對不可能通暢的。加上因為國家治理機制中公民對國家訴訟的困難，各種為法律所保護的權利便無法安頓，叢生的公民委屈，也就只好在上達天聽的衝動中委諸上訪這種獨特形式。

三、非民主制度與資訊失真

在民主制度與非民主制度之間看，信訪制度的低效或失效，是必然的。人們當然有理由質疑，民主制度並不能保證每一個公民心情舒暢到對政府毫無怨言，而每一個公民的權益都得到周全的保護，也不能保證資訊完全真實，資訊扭曲的事情也時有發生。無疑，這樣的質疑是絕對成立的。因為民主這種社會政治制度，必定是建立在大概率基礎上的一定性安排，意味着它對小比數的遺漏會導致公民對國家不滿，而總會有對國家提出訴訟的案例；同時，在一種複雜的社會機制中，即使人們樂於見到國家治理資訊的自由傳播，但是在滯後於社會需求的技術手段面前，資訊就會出現自然失真與故意扭曲的現象。不過這樣的情況，與非民主社會比起來，性質和狀態有很大的差異：非民主社會不是從大概率出發設計國家制度，而是從權力意志的需要出發設計國家結構，因此註定了一切的制度安排，總會有利於國家權力體制及其人格代表。不管人數多少，在國家權力面前，普通公民甚至是失去國家權力青睞的權勢人物，都不受國家權力的尊重。故而國家權力製造的公民冤屈，一定會呈幾何級數的增長，國家權力不論怎樣試圖解決這些冤屈，都是不可能的，因為它解決冤屈的能力，必滯後於它製造冤屈的能力。

因此，民主政體與非民主政體在蒐集國家治理資訊的時候，所處的狀態就不大一樣。一般而言，民主政體下國家機構在蒐集國家治理資訊的時候，如前所述，不可能全部都是基於事實的。因為國家與社會各自具有自己的活動領域，私人領域與公共領域具有相對明晰的界限，加之資訊傳遞過程中造成的資訊遺失，令部分真實的資訊未能傳遞到國家機構與從業人員那裏，而導致國家治理資訊的局部失真。但是，在民主政體的國家中，國家治理所需要的資訊，可以保證其基本真實性，是前述民主制度所保證的事情。至於非民主政體的國家，在蒐集國家治理資訊的時候，自然也不會形成資訊全部失真的局面，但基本上資訊都是被扭曲的。如前所述，這也是非民主制度條件下，國家權力機構蒐集國家治理資訊的制度必然。在非民主制度條件下，國家權力總是佔據着道德高地，至於佔據道德高地的途徑則是多種多樣的：在國家權力執掌上，掌權者總是傾向於認定自己才是能真正具有公正地執掌國家權柄的人，而國家權勢集團之外的其他人則無法做到這一點；在制定國家法律的時候，他們總是樂於將自己認定的道德法則轉換成法律規則，並以之約束所有公民，從而保證自己的權力不會被傾覆；在規劃行政權力運行的機制時，他們也總是劃定政府與人民的固定界限，認定自己行使「為人民服務」的特權，而人民只能接受這種主觀乃至於強制的規條，否則就會受到國家權力的懲罰。一旦國家與公民發生糾紛，國家總會執意認定公民是因缺乏政治大局觀及對國家的忠誠，才會與國家發生利益瓜葛。即使在推行現代市場經濟形式的非民主國家中，國家不得不承認社會不可避免的多元化現狀，但在國家權力的握有與政治法律事務的處置上，國家只會認為自身才是正義的化身；即使在這一認知出現問題，也最多只會承認地方政府受私利驅遣，中央政府卻仍然是正義的不敗之身。[11] 在社會本身缺乏自我組織能力與自治技巧的情況下，公眾們也會傾向於這樣認知和評價執政政黨與政府體制。

中國今天的政體自然是非民主政體。這不僅從執政黨表述自己的政治努力目標就是「建立和健全社會主義民主和法制」上可以確認，更可從公民依賴信訪而不相信法律可以解決自身冤屈的行為上得到印證。正是中國目前的這一國家基本制度，決定了中國的信訪無法完成論者所謂的「秘書」職責。因為秘書能夠較為準確地記錄它所服務的個體的意見，並且擬定解決問題的基本路徑，從而為問題的最終解決方向建立相關條件。信訪卻很難忠實記錄信訪人的意見，因為信訪者的真實經歷與文字記錄之間必然存在的差距，身臨其境的信訪者與接訪者之間設身處地的感受亦必定不同，因此接訪者難以對信訪人的痛切感受及尋求解決問題的方法產生共鳴。如果信訪一直行走在中央機構與地方機構之間貓捉老鼠的道路上，那麼地方政府是會不願意讓中央機構及其領導人知曉在地方各種需要救濟的事件。在地方政府千方百計地為截訪努力的同時，信訪的接訪情形亦難以獲取真實資訊，並準確發現解決問題的方法與舉措。因為接訪與截訪，乃是國家權力內部獲取資訊與阻止資訊有效傳遞的關聯性活動，假設中央（或泛泛而論的上級機構）樂於蒐集國家治理中種種真實的負面資訊，地方（或一般而言的下級機構）必定會設法阻止這些資訊到達需要這些資訊的機構與人員的手中。否則，《信訪條例》規定問責機制一旦啟動，國家權力機關中的相關責任人，就無法保障自己的權勢及地位。

於是，就此註定了信訪中資訊的雙向失真現象：信訪本是對接傳遞資訊給黨政機構的信訪人與需要了解國家治理真實狀況的黨政機構之間的橋樑，但是，一方面對國家機構而言，獲取失真資訊的情況仍然存在，另一方面信訪人提供失真資訊的情況亦同時存在。就前者而言，一是因為本應積極接訪的各級黨政機構，因為接訪動力的差異，劃分為接訪與截訪兩種不同的角色，其行為動機自然大為不同。面對信訪人，接訪者是努力為之服務的，截訪者卻是會極力阻止信訪人與相關接訪機構接觸，但如果接訪機構本身對極力堅持的上訪者心生拒斥時，截訪行動就會成為接訪者與截訪者共同的目標。二是因為國家基本制度是非民主的，而非民主的制度一定是非制度化的，因此信訪就只好依賴接訪者的獻身精神與同情意識。獻身，是因為接訪委實是勞心勞力的工作，沒有一心撲在工作上的獻身精神，要做好接訪工作是不可能的；同情，是因為信訪人大致都是一些心懷不滿、心存忿懣，既想對接訪者抒發，又想接訪者為之解決問題的人士，如果接訪者對之缺乏同情心，只會將信訪人視為麻煩製造者，驅之而後快。而事實上，誠如上述，信訪人也都幾乎不相信信訪可以解決他們所反映的問題，因此這裏的兩個斷言便獲得了支持。就後者即信訪人傳遞的資訊而言，之所以會發生失真的現象，一是因為信訪人身處官民衝突事件的當事人，決定了他不可能客觀公正、全面準確、及時無誤地傳遞資訊給上級黨政機構的信訪人；二是因為信訪人一般是處於憤怒狀態中的利益相關者，因此他的情緒、陳述、期待，幾乎被他的主觀感受影響，一切違逆主觀願望的資訊與決斷幾乎都為他斷然拒斥，因此他提供的相關資訊必然是不完整的；三是信訪人儘管不一定將自己放置到黨政機構的對立者位置上，但不管是利益相關者還是利益不相關者，總是基於對黨政機構人員失職的對立性認知而促成其信訪行為的，而將自己擺放到了信黨政機構的對立位置上，這不僅造成他們提供資訊時的情緒對立，也會相應造成接訪者因應於他們的對立情緒，而懷抱的一種對立性、政治化的警惕性。

因此，在信訪人急於傳遞冤屈資訊的時候，接訪人的截訪意識便會啟動。因此，截訪意識事實上都會埋藏於接訪者與截訪者的心中。由於信訪早已成為傳遞負面資訊的渠道，它不再是接訪人和截訪者喜聞樂見的事情，尤其是在信訪演變為信訪人到中央權力層面控告地方權力層面的事務時，地方政府力圖阻斷信訪傳遞不利於自身施政的資訊，那麼，他們便會採取無所不用其極的截訪形式處理。二〇一〇年披露的北京安元鼎保安公司的暴力截訪事件，就證明了地方黨政機構不惜以龐大的經濟代價截訪的真相。據報道，「安元鼎的主業為關押、押送到北京上訪的民眾。這家時間短卻發展迅猛的保安公司據信在北京設立多處『黑監獄』，向地方政府收取佣金，以限制上訪者自由並押送返鄉，甚至以暴力手段向上訪者施暴。」每押送一個訪民返回原居住地，安元鼎便可以從地方政府手上收取三萬元的費用。[12] 考慮到保安公司是由員警權力控制或管理的機構，截訪已經成為黨政機關與國家暴力機關合謀的事務。由此可以斷言，阻止信訪人上達國家治理的真實資訊，已經成為國家權力執掌者的共同目標。

國家治理資訊傳遞的失真，從大處說，是因為權力結構的高度複雜與訪民結構的複雜化雙重原因導致的。信訪機構，凡黨政部門皆設，卻權責不明、分工不清，令實質作用模糊。信訪的制度功能歷經六十餘年的實踐，至今還無法坐實。國家權力結構中信訪的這種尷尬地位與作用，使其無法發揮真正疏導（根本無法言及解決）民意的效用。至於訪民的結構就更為複雜。個體化的訪民與群體化的訪民、反映正面意見的訪民與陳述不滿的訪民、素質高低參差不齊的訪民、心懷各種目的的訪民、決定訴諸不同手段的訪民，可見訪民的結構之複雜，恐怕就是常年從事信訪工作的人員，也無法指望清理個所以然。因此，二〇〇五年修訂的《信訪條例》，促其發揮更為有效的制度疏導功能的主觀意圖，在這麼複雜的相關結構中，根本無望實現。

四、以民主建制解開信訪死結

從一九五一年六月七日政務院頒佈《關於處理人民來信和接見人民工作的決定》，到一九九五年國務院制定《信訪條例》，再到二〇〇五年頒佈實施修訂後的《信訪條例》，制度安排進程已經整整走過六十年的歷程。毋庸諱言，信訪制度已經走入死胡同。温和的論者指出信訪的困境從四個方面顯露無遺：「困境一：信訪內容的廣泛性及複雜性，使得社會矛盾集中體現在信訪活動中，信訪制度承載了整個社會制度變革及社會穩定的重任，信訪機構錯位、越位的現象屢見不鮮。困境二：從法律地位看，信訪工作機構並不具有行政的職能和權力，也不是單獨序列的國家機構，其處理信訪事項的權能有限，不可以也不可能去解決本應由負有一定職責的國家機關辦理的社會事務。困境三：從信訪人的心態來看，幾乎所有的信訪人的潛意識裏都有一種揮之不去的清官情結，即便是面對法院已經判決生效的裁判文書，信訪人仍意欲通過信訪渠道來改變其敗訴的現狀。困境四：黨政及人大信訪部門在處理涉及不服法院裁判的訴訟類信訪時，將各級人民法院作為這類訴訟信訪的責任歸屬單位，也存在嚴重的社會負面效應。」[13] 而激進的論者則認為信訪已經是禍國殃民的制度。其禍國殃民體現於：一為破壞社會的公平正義，二為阻礙法治社會的形成，三為破壞黨和政府的權威。更為關鍵的是，信訪產生的消極影響已經嚴重損害國家政治肌體，「一、錯誤引導民眾尋求正確的解決問題途徑，增加了龐大的社會成本。在北京有上訪村，有些地方有上訪專業戶，十幾年如一日，上訪不息，但是終究無法解決自己的訴求，許多民眾的人生因此轉向，許多家庭的生活陷入潦倒；二、掩蓋了社會矛盾，延緩了司法制度的改革進程，使民眾追求正義的道路更加漫長。三、信訪制度，是『明鏡高懸』政治、『包青天』政治的延續，這個帶有強烈『人治』色彩的制度，和現代『法治』的理念，是背道而馳的。這個制度的存在和強化，必然弱化社會大眾的法治意識，使他們在解決自身訴求的時候，更熱衷於『找人』、『找關係』，加劇了社會的更不公正；四、進一步侵害民眾的權利。有學者對六百三十二名進京上訪農民的調查表明，55.4%的農民認為因上訪被抄家、被沒收、東西被搶走，50.4%的農民認為因上訪而被關押或拘留，53.6%的農民認為因上訪被幹部指使黑社會的人打擊報復。這說明，信訪制度非但沒有保障民眾權益，反而使民眾的權益受到更深重的侵害。」[14]

基於對信訪制度缺失的上述判斷，溫和的論者指出了改善信訪制度的出路，一是黨政機構分設信訪機構，以便分流處理信訪事務；二是改變人大機構直接接訪的方式，讓人大代表接訪；三是司法機關信訪制度的改革應納入整個司法體制改革的大框架之中。確立司法權威是社會穩定的法治內容，在全社會形成尊重司法判決，樹立司法最終裁判權威的氛圍，改變現有的訴訟類信訪案件行政化處理的模式，將其納入正常的審判監督程式之中並加以必要的限制；四是探索已萌芽的社會組織參與信訪代理的制度。這些有關信訪制度的改革主張，必須以確認信訪制度繼續設置的必要性、重要性作為前提。至於激進的論者則主張立即廢除信訪制度，以更有效蒐集民意（即國家治理資訊）的網路民意系統取而代之，並「將主要資源，全力投入司法改革的政治文明建設中來，建立一個體系完善、查審獨立、高效嚴格、公平正義的司法制度，只有這樣，才能充分化解社會矛盾，實現國家的長治久安。」[15]

國家高層領導是改善信訪制度的主張者。據報道，還是在二〇〇四年，經過中共總書記胡錦濤的親自過問，並在他的批示下，中央建立了「集中處理信訪突出問題及群體性事件聯席會議制度」，這一制度的主要成員單位有中央辦公廳、國家信訪局、北京市等二十八個部門和單位。其主要職責是要了解、掌握信訪突出問題及群體性事件的情況和動態；針對信訪突出問題及群體性事件提出對策建議；組織協調有關方面處理跨部門、跨行業、跨地區的突出問題及群體性事件；督促檢查有關部門和地方處理信訪突出問題及群體性事件各項措施的落實。[16]其後在二〇〇五年出台的《信訪條例》在過去六、七年間，並沒有明顯提高的效能，甚至出現了如安元鼎那樣的暴力截訪公司。在披露安元鼎暴力截訪事件後，人們本來期待同類事件經已徹底杜絕，但近期又有報章披露保安公司與地方政府聯手暴力截訪的個案。可見，為批評者所詬病的信訪負面舉動與效應，不僅沒有降低或減少，相反大有蔓延之勢。[17]

這說明信訪制度確實已經走入死胡同，成為難以解開的死結。而信訪制度的死結有兩個扣結：一是信訪制度自身的，必須在改良信訪制度的基點上花工夫；二是在根本改造信訪制度的視角看，在信訪制度之外的國家基本制度層面加以改良。

前者在信訪制度的眾多討論文獻中，已經有廣泛的論述。其實，信訪制度最初僅僅是過渡性的制度安排。那是因為一九五一年啟動信訪制度的時候，國家才剛剛建立，法制規範尚未建構起來。其後經過數十年的法制建設，尤其是二〇一一年兩會期間，全國人大常委會委員長吳邦國宣佈中國已經成功建立了具有中國特色的社會主義法律體系。[18] 作為過渡手段的信訪制度，其效用確實可以如論者所言的那樣宣告終結。因此，那些對信訪制度進行技術性改良的設想，似乎都失去了關乎信訪制度存廢的基本判准。

後者即國家基本制度層面關乎信訪制度改進甚至廢止的建構，存在兩個不同的審視角度：一個角度是在承諾信訪制度繼續發揮作用的前提條件下選定的，而另一角度則是在廢止信訪制度的前提條件下確立的。但兩個視角都涉及國家基本制度的改善問題。從前一個視角看，信訪制度的改善，必須以黨政機構的明確分工為基礎，一個分工不清的政黨—國家權力體系，是無法將信訪指向清晰責任坐實的。而黨政機構的清晰分工，需要從根本上改變黨政機構的設置、功能的劃分、權力的行使、績效的評價。同時，黨政機構的行權必須坐實在法治的軌道上，否則黨政機構必然以政治手段處置行政問題的既定方式就會持續發生，引入法律手段的措施就會受到限制，信訪意圖解決的問題仍然是實際上無法解決的問題。從後一個角度看，中國目前面對的所有問題，都是因為政黨國家的結構造成的，國家權力體系無法清晰分工，因此造成機構乃至人事責任的不清晰，都是因為後面有一個通納一切的政黨機制在支持。全能型政黨需要全能型政府，因此執掌國家權力的政黨必須將政府打扮成包辦一切的國家保姆。信訪這種低效率甚至無效率的制度安排，就成為國家保姆形象的必須扮相。因此，在政黨國家的既定形態必須改變為民族國家形態的前提條件下，民族國家之作為法治化國家，就毋需將國家塑造成保姆型的國家形態，國家權力機構也就不必以包辦一切的姿態設置信訪這樣形式上全能、事實上無能的機構，而應當由法律調節的國家與公民的衝突，交由法律程式調節；應當交由行政機構以救濟手段解決的公私糾紛，則由行政程式循序漸進予以解決；而應當交由社會自治、市場習性調節的私人糾紛，國家就不必為社會與市場越俎代庖。在國家這種民主轉軌中，信訪制度可就此徹底退出歷史舞台。

註釋

1 陳琴審定：《信訪條例註釋本》，北京：法律出版社，2010，第1頁。

2 文化大革命時期，信訪演變為告狀，尤其是告黑狀的方式，不再具備正常的傳播國家治理資訊的功能。當時每一封信的郵資是人民幣八分錢，因此在人們之間發生衝突的時候，常常會遭到「八分錢把你搞死」的威脅。這是信訪異化為控制手段的典型體現。

3 陳琴審定：《信訪條例註釋本》，〈《信訪條例》適用提要〉，第1頁。

4 按照《信訪條例》第二條的界定，「反映情況，提出建議、意見或者投訴請求的公民、法人或者其他組織，稱信訪人。」

5 陳琴審定：《信訪條例註釋本》，〈《信訪條例》適用提要〉，第2頁。

6 參見趙淩：〈中國信訪制度實行五十多年 走到制度變遷關口〉，http://www.people.com.cn/GB/shizheng/1026/2965618.html。

7 二〇〇四年從事信訪現狀調研的學者于建嶸就指出，「信訪制度本質應該是收集和傳達老百姓民意的一種制度設計，相當於一個秘書的角色。但現在卻成了老百姓最後一種救濟方式，而且被視為優於其他行政救濟甚至國家司法救濟的最後一根救命稻草。」參見趙淩：〈中國信訪制度實行五十多年 走到制度變遷關口〉。

8 參見撒母耳・亨廷頓著，劉軍寧譯：《第三波——二十世紀後期民主化浪潮》，〈序——第三波：二十年之後看未來〉，上海：上海三聯書店，1998，第1頁及以下。

9 參見保羅・布萊斯特等編著，張千帆等譯：《憲法決策的過程：案例與材料》中所收的美國公民訴聯邦政府的案例，就可以看出，在民主政體條件下，公民依法對政府進行維權起訴的制度作用。對其總體狀況的描述，參見該書的導論。對於實際案例的介紹，參見該書按歷史線索編排的精彩案例，北京：中國政法大學出版社，2002。

10 最近的案例就是新聞集團在英國的竊聽受到懲處的事件，這一事件引起的軒然大波，顯示在民主國家通過非法手段獲取資訊的代價。

11 最近數年，在中國的民意調查中，人民對中央黨政領導的認同程度，總是遠遠高於對地方黨政領導的認同。「青天在上」這樣的政治意識，不僅體現為青天處於民眾之上，更體現為中央在地方之上的兩種狀態。可見，信訪人愈是樂於越級，甚至到中央反映自己的意見或不滿，就愈是反映出它們內心的權力級差的幼稚認知現狀。這也許是非民主社會的公民在空間上與國家官員的距離，催生的遠距離引導着的空幻性信賴感。

12 龍志：〈安元鼎，北京保安公司截訪「黑監獄」〉，《南方都市報》2010 年 9 月 24 日。

13 周梅燕：〈我國信訪制度陷入四重困境面臨法治挑戰〉，《半月談》2004 年 6 月下半月刊。

14 水火：〈信訪制度，禍國殃民！〉，www.wyzxsx.com/Article/Class22/200807/46132.html。

15 參見前引周梅燕、水火兩文關於改善或廢止信訪制度的論述。而進行過大範圍的信訪現狀調研的學者於建嶸，也是廢止信訪的主張者。參見前引趙淩文。

16 見前引趙淩文。

17 東方衞視新聞：〈北京保安公司建截訪黑監獄　向地方政府收傭金。〉，http://bbs.tiexue.net/post_5244072_1.html。

18 東方衞視新聞：〈北京保安公司建截訪黑監獄　向地方政府收傭金。〉，http://bbs.tiexue.net/post_5244072_1.html。

第十一章

財政監督與政府執行力

對《利馬宣言》的擴展性解讀

對於現代國家來講，如何保證公共財政有效地用於公共事務，進而保證公共財政為公眾幸福生活的有力手段，對各個國家都是一種考驗。原因在於，設計一套行之有效的提高財政績效的制度，乃是一道現代難題。就公共財政的運行而言，從立法機構的預算批准到行政機構的合理安排與高效執行、國家審計機構的強有力審核，一直是保證財政績效的基本制度框架。但是，由於各個國家的制度架構存在較大差異，立法、行政的內部制度以及二者關係結構的差異，導致政府的財政績效高低起伏，從而既顯示出政府的（財政）執行力差異，也顯示出一個國家公共資金運用水平的高低，更顯示出一個國家的公眾由此獲得的幸福生活水平的懸殊。就此而言，從制度設計的角度切入，建構一套最有利於提高財政績效的制度機制，既有利於提高財政績效，也有利於提高政府執行力，更有利於提高公眾的幸福生活指數。

一、《利馬宣言》與財政監督

現代國家有效運行的重要條件之一，就是國家的公共資金得到最有效的使用。為保證公共資金的公共利用，需要從兩個端口扼制公共資金的不當使用：一是以公權公用的制度設計保證公共資金的公共使用，並最大限度地保障這種公共使用的績效；二是有效防止甚至杜絕公權私用導致的公共資金的私人化濫用，將公共資金用於謀私性用途。為此，發達國家早在國家建構（state construction）的初期，就設計出一套保證制度公權公用的分權制衡體系。這就是立法、行政、司法三權分立制衡體系保障之下的公權公用制度。這制度有效地杜絕了公權私用的通道。同時，這制度在公共資金的公共使用上，為了防止國家的日常性權力即行政權力（政府機構）濫用資源，將公共資金的預算權力作為立法機構的重要職責。而行政機構則是立法機構預算的提供者，立法審查通過之後的執行者。在這一制度設計的模式中，通常由政府提出年度預算，由立法機構審核通過，接着由政府機構嚴格按照預算執行。[1] 這種分權制衡的制度設計，基本保證了公共資金的公共使用。同時，為了使立法預算的執行績效在行政權力的範疇內具有保障，現代國家通常在國家行政機構中設置專門的財政監督機構，也就是國家審計機構。後者就此構成公共資金公共使用的重要行政制度，並且因此成為政府財政績效的結構性制度安排。

就公共資金公共使用的行政制度安排來看，為保證預算執行的高效性，現代國家幾乎無一例外地設立了專門的行政性績效預算部門。而由各個國家致力保障公共資金的公共使用、以及這一使用的績效的行政部門，即國家審計部門組成的最高審計機關國際組織，對於國家公共資金使用績效進行審計的基本方針，進行了專門闡釋。一九七七年，這一組織在秘魯首都利馬召開了第九屆代表大會，大會發表了《利馬宣言——關於財政監督的指導方針》。[2] 在這一文件中，明確指出了涉及公共資金有效使用的諸原則。財政「監督本身不是目的，而是一個規章體制必不可少的組成部分，它應該及時揭露財政行為的偏離準則和違背合法性、經濟效益性、目的性以及節約原則，以便在具體情況下採取具體措施，使有關責任機關承擔責任，達到賠償損失或採取措施，避免今後重犯，或者至少使這種重犯難以發生。」[3] 為達到這一監督目的，《利馬宣言》在總則部分區分了事前監督與事後監督、內部監督與外部監督、形式監督與績效監督等等監督方式，對於審計機構與審計人員的獨立性進行了強調，對審計機構與議會、政府及行政機構的關係進行了規定，將審計機關的職權、審計方法、審計人員、國際交流、審計報告等審計環節一一界定清楚。在此基礎上，《利馬宣言》特別強調審計權限由憲法給予明確規定和保障，並且確認，「國家對整個財政行為，無論其是否反映以及以何種方式反映在總的國家財政預算中，均受最高審計機關的監督。部分項目未列入國家財政預算，不應該導致這些部分可以免受最高審計機關的監督。」[4] 至於最高國家審計機關的財政監督，主要坐實在財政過程的合法性與合規性上面，而主要的監督事務，則落實在需要使用「大量資金」的各種項目上面。

從《利馬宣言》可以看出，最高國家審計機關的財政監督是一個現代國家總體的財政監督一個重要的組成部分。根據這一宣言對於國家財政監督方式的區分，可以知曉，財政監督既包括審計機關的事後監督、外部監督、績效監督，也包括極為重要的事前監督，如立法機構對於政府提交的財政預算報告的審批這類外部監督，以及政府機構、尤其是政府財政部門對政府各個部門提交的預算計劃的有效控制這類事前監督、內部監督。《利馬宣言》提醒人們，一個可靠、並且有效的財政監督體系是系統化的制度設計，而不是僅僅借助事後監督形式的、審計機構的工作來實現的目標。而這樣的財政監督體制，都是圍繞財政績效的目標進行設計並展開運作的。立法權的行使與行政權的合理配置，則是保證財政績效不可或缺的兩個大環節。恰如論者指出，財政「績效的本質含義就是『3E』，即經濟性（Economy）、效率性（Efficiency）和效果性（Effectiveness）」。經濟性，即在財政支出管理中建立有效的支出決策機制和支出優先安排機制，克服財政支出活動中的嚴重浪費和分配的苦樂不均；效率性，即政策及民眾對財政支出在項目決策機制、實施進度、經濟效益和社會效益等方面要求的具體體現；有效性，即財政支出所取得的最終成果，反映為當前效益與長遠效益。[5] 這一斷言，準確體現出財政監督不同構成方式或環節的共同目的性。惟有如此，政府借助公共財政的手段，實現政府強有力的執行能力，政府的公共特質才足以突顯，而國家的認同才可能達成。

二、財政監督的三種進路

猶如前述，現代國家對於其權力體系進行了分權制衡的設計。一般而言，就財政運行體系來看，一個現代的財政運行體系，常常採取的機制是，由政府財政（行政）部門根據各個行政機構或公共組織提交的初步預算計劃，整合為一個反映政府財政支出的時段（通常是一年）理念的預算報告，提交國家權力機關（議會或類似議會的國家權力組織）審察、批准。這一過程，被稱之為「預算」。預算通過後，便由政府部門分別實施，進入所謂「預算執行」階段。預算執行時段的過程中或完結後，有專門的部門進行審計和評價。由這幾個相互聯繫的環節，構成為一個國家固定時段的財政運行過程。[6] 基於公共財政的運行目的就是公共資金的公共和高效使用，因此可以斷定，財政運行過程的幾個階段或環節，都必須對財政運行的績效加以保障。立法環節對於政府財政預算的審查與批准，自然是事前的財政監督重要的一環。但處於財政監督中心環節的政府財政部門，則涉及到事前監督的預算制定和事後監督的預算審計兩個重要的環節。一個運行有效的財政監督體制，分別坐實在政府的財政與審計部門。由此可見，政府執行立法機構批准的財政預算之前與之後，政府財政和審計部門的財政監督，關係到政府是不是能夠具有強大的執行力，從而保證實現財政預算的預期目的的大問題。而將兩者進行比較，審計着重的主要是財政的事後監督，而財政部門實施的則是事前監督。常識告訴人們，「好的開始是成功的一半」，財政的事前監督是良好的財政績效得以保證的首要環節。按照現代預算的進程來區分對待，政府財政部門的事前監督、政府各個執行（職能）部門的財政執行與審計部門的事後監督，構成財政運行過程的三個階段。就這三個階段而言，不僅構成了財政績效的三個環節，而且構成了財政監督的三種進路。由於具體的財政預算執行涉及到發揮不同功能的政府部門的實質性作用，因此無法進行統合性的分析之外，良好的財政績效的分析環節，由政府財政部門的預算編制、立法機構的批准和行政審計部門的事後監督構成。而這就構成財政監督的可以統合分析的三種進路。

在某種意義上講，財政績效或良好的財政運行狀況依靠立法部門與行政部門的積極互動、相互配合。在現代國家的權力結構設計上，立法機構對於政府財政部門編制的年度預算，應當具有嚴格的審批職能。這種審批，需要立法機構，無論是中央層次的還是地方層次的，具備專業的預算審查能力。因此，一般而言，現代國家的立法機構都設立有預算審查和批准的專門委員會。由於政府的預算日益複雜，一般的預算陳述較為簡略，而預算方案常常由大量的數據和表格構成，國家立法機構的專門審查和批准委員會的成員，必須具備專業的預算知識。否則，就不足以對預算提出合法與合規的有效修改意見。立法機構對預算的審查和批准，因此成為國家治理藝術中最為複雜的組成部分之一。在分權制衡的大原則之下，立法機構對於預算的批准，為預算的合法化提供支持；而立法機構對於預算是否合規的審查，為預算編制的規則性提供保障。但立法機構並不承擔預算方案的執行任務。立法機構批准政府財政部門提交的預算方案之後，交由政府各個職能機構具體執行。這就是財政監督在制度上的一般結構性安排，即立法預算與行政執行相互配合的制度設計。立法機構對政府預算方案的批准過程，可以說是現代財政監督的合法化條件，是一種着力於起點控制的財政監督手段。

對於行使國家行政權力的政府部門來講，當國家立法機構批准財政的年度預算之後，政府各個部門有效執行財政預算方案，是保證財政績效目標得以實現的重要杠杆。這涉及到政府執行力的強弱問題。政府執行力，就是政府各個部門完成預期的施政目標的能力。它涉及到政府財政部門、具體職能部門、審計部門的相互配合問題，也涉及到政府各個部門的無縫隙管理即部門間相互配合的無縫對接問題。就此而言，政府各個職能部門高效執行預算方案，盡力降低行政成本，提高行政績效，是保證政府執行力的各個構成環節。但對於政府執行力的獨立擔當和總體控制而言，政府的行政審計監督對於預算執行的後果具有決定性影響。國家審計機構與審計人員在行使他們的法定權限的前提條件下，着力於年度預算的結果控制。這正是《利馬宣言》的精神宗旨之所在。

與立法預算對於預算合法與合規的宏觀控制，以及審計部門對預算執行績效的後果審查比較，政府財政部門的預算編制，是一種保證預算績效的綜觀過濾事務。這一事務的着力點在於過程控制：政府財政部門在編制預算方案，並準備提交給國家立法機構的過程中，對於各個部門匯集而成的政府部門預算方案有嚴格審查的責任。擰乾部門預算的水分，促使各個部門克制漫天開價的預算劣習，便成為財政部門編制預算的重要職責。同時，因為財政部門編制預算的年度連續性作業性質，財政部門必須根據政府各個部門執行上一年度的預算成效，來對各個部門的下一年度預算進行動態調整。這就註定了行政性預算極度重要。如果說預算的立法機構批准是為預算提供合法性保障的話，那麼政府財政部門便必須為預算及財政績效提供績效性保證。

財政監督的三種進路相互配合，共同構成財政績效的保障支持。如果某一環節具有明顯缺失，那麼一個國家的財政監督與財政績效就缺乏可靠的保證。考慮到預算的立法機構批准與政府執行已經成為現代國家權力結構的常識，因此，重視常常被人忽視的行政性預算，就成為提升預算績效和財政狀況的重要一環。

三、以行政性績效預算提升政府執行力

重視政府財政部門的行政性預算，之所以是保證財政監督、預算績效和良好財政狀況的重要一環，一方面是因為分權制衡的國家制度最足以保證財政決策的正當性、合法性與

合規性；另一方面則是因為國家的不同權力形態在運行中總是顯現出不均衡性，因此要達到權力總體上的高績效，不能僅僅重視某一權力形態的決定性作用，而忽視其他權力形態不可替代的效用。再一方面，則是因為不同權力形態總會處在一種主導性與被支配的關係狀態中，現代國家的權力分割與具體運行，從來不是一種權力絕對均勢的狀態。因此，在權力分割制衡的制度安排中，依據權力的實際存在狀態與運作的強弱差異，實施因應於權力實際狀態的財政監督，就成為財政預算與財政績效的制度回應機制。

在不同的國家，立法、行政與司法權力處在不同的位勢上。[7] 一般而言，司法機構總是在發生法律糾紛的情況下，才介入糾紛雙方與多方的法律事務之中。因此，在國家權力的通常運行中，立法部門與行政部門的權力不均衡性，乃是國家權力結構不均衡性作用的主要表現方式。英國的議會主導、美國的行政主導，就體現出在權力分割制衡體系中立法權與行政權呈現的某種不平衡性。這種不平衡性，顯現在財政監督的過程中，具有兩種明顯不同的狀態：一是在立法機構相對處於軟性權力的情況下，行政權力對於預算的編制與執行發揮着較大的制約作用；二是在立法權力強勢運作的情況下，政府提供的預算方案受到立法機構的強有力約束，因此行政性預算就不如政治性預算重要。這兩種情況對於中國加強財政監督，具有不同的啟發意義：強立法權可以彌補中國目前預算的立法批准的軟弱狀態，促使預算成為立法機構政治博弈的產物，從而保證預算的合法性、合規性與合目的性。強行政權可以幫助中國在行政性預算的兩個環節，即預算編制、預算執行和績效審計上提高水平，從而保證預算編制、執行與績效的日常力度。

就中國目前的國家權力運行狀態而言，以發達國家的立法機構對預算的批准方式，提高政府的預算績效的進路，難度較高。因為中國各級人民代表大會的代表構成、議事規則、審批程序，對於人大實際行使預算審批權力，構成了較為不利的影響。人大代表的人數眾多、素質參差不齊、議政能力懸殊，加之議事的分省分區方式，明顯限制了人大代表對於預算的有效審查能力。在全國人大和地方各級人大的專門委員會中，設立有財經委員會，但人員組成上並不都是財經專家。全國人大的工作委員會中設立有預算委員會，但僅有少數省市設置有相應機構。由於人大的這些委員會通常都是由退居二線的行政官員擔任，因此他們的預算審查能力既受到此前行政職位的職能習性限制，又受到缺乏專門能力的技能限制，預算的立法審批過程就此受到明顯的局限。加之立法預算通過的純粹形式化的程序性，因此，在中國，對預算的立法機構審批，就明顯缺乏合法性審查和合規性審定。取決於中國各級人大對預算進行批准所存在的局限性，以行政性績效預算為杠杆，提升政府的預算編制水平與預算執行力，便是一個可行的路徑。

行政性預算是指預算由政府財政部門編制，儘管形式上借助人大的合法化支持，但是基本上由人大通過的預算方案，就是政府財政部門提交的預算報告。而由政府財政部門提交的預算報告，交由人大合法化之後，預算的執行狀況，基本上也是由財政部門進行過程監督和適時調控。這就使得政府財政部門的行政性預算，事實上構成為預算的決定性環節。按照中國目前預算運作的現實，加強行政性預算的各個環節的合理性，便成為保證財政績效，提升政府執行力的關鍵事務。政府財政部門對公共財政績效進行的管理，從廣東省的預算改革實踐上來看，[8] 是從以下幾個方面着手：一是建立常規性的、以績效為導向的財政監督機制。這一機制由準備環節、申報過程、專家評審、總體報告、跟進反饋構成。財政部門與政府各個具體申請預算的部門之間簽訂協議，確立工作任務，對相關人員進行培訓；進而由各個部門準備申報材料，由財政部門匯總分類；轉而由財政研究機構進行材料細分，委託專家嚴格評審；當專家們在實際接觸預算單位並形成評審意見之後，再由財政研究部門提交財政局和有關領導，作為修改預算報告和預算撥付的根據，以及改進工作和預立下一年度預算評審的參照。[9] 二是對財政專項資金進行競爭性的分配。這是明顯具有中國特色的財政資金獲取方式。因為在中國的財政開支中，一般預算之外的專項資金，常常是預算外獲取龐大資金開支的重要渠道。但專項資金的撥付方式常常是不透明的。廣東省在專項資金的撥付上，引入競爭性分配方式，無疑有助於提高專項資金的使用績效，既保證最需要專項集資金支持的地區或部門及時獲得所需資金，又保證了專項資金使用的高績效、公開性和公正性。在專項資金的競爭性分配過程中，財政部門引入市場化的競爭手段，讓需要相關專項資金的市級政府以投標的方式參與競爭，一方面建立了細化的申報標準，促使申請專項資金的城市自我約束、形成明確的責任意識；另一方面以「公平、公正、公開」的原則和程序，付諸專家論證，在競爭結果上確立誰的方案好，誰的效益大，就由誰使用相應的專項資金的原則。[10] 三是在財政預算的常規操作與專項資金的競爭性分配過程中，全程貫穿績效理念，以績效作為撬動政府執行力的杠杆。一方面，這一行政性預算改革舉措，確認了政府執行力弱、即政府常常無法兌現自己的政策預期、政策承諾的導因，在於不同層級的政府之間普遍存在上有政策下有對策的情形，這種情形常常引發上級政府有令不行、有禁不止的低績效行為，違法行政甚至亂行政、行政不作為甚至亂作為的現象較為普遍。另一方面，基於抑制或克服前述財政低績效導因的動機，確立了以企業精神改造政府的理念，將財政績效作為核心理念，重構績效預算的常規機制和專項資金分配機制，確保績效預算本身的績效性。再一方面，將績效預算建構為各個環節相互支持的體系。從基本理念、到制度體系、機制體系、方法體系以及操作規程、專家引入等等，環環緊密扣合，堵塞一切可能的制度缺失。[11]

廣東省嘗試的行政性績效預算改革，着力於改進行政工藝（administrative process），對於提高預算績效，已經見積極效果。[12]《利馬宣言》的着重點落在公共財政績效的結果上，而廣東的績效預算改革，重點則落在公共財政績效的起點上。這是對傳統的、提高政府績效預算的行政工藝的一個優化。在中國嘗試改進立法預算的同時，對行政預算的積極改進，為根本改變中國低績效的、缺乏有效監督的預算體制，從而改進整個政府系統的運作績效，提供了經驗。

四、財政監督系統的優化與政府執行力

無疑，從《利馬宣言》看財政監督問題，系統監督的大思路是應予優先確立的原則。在這一原則的引導下，有效提升財政預算績效，需要在三個方面同時下工夫，才可以期望

以公共財政杠杆強化政府執行力，從而保證政府在有限財力的情況下，最大限度地實現政府與社會期待的公共事務的良善治理任務。

首先，在系統的財政監督機制中，應最大限度地強化財政績效管理的立法環節。立法預算是公共財政最為有效的財政監督制度。這是由現代國家基本制度的分權制衡原則所決定的。因為只有在代表人民行使國家權力的立法機關的監督下，行政機構一方面才不至於額外徵收税賦，保證政府善待公民；[13] 另一方面，保證政府提交的預算方案避免公權私用、權錢勾結，公共資金公共使用、績效處於遞增狀態。因此，人們公認立法預算是財政監督最強有力的一環。就此而言，在中國致力提高財政監督、財政績效的情況下，強化立法機構對於公共財政、公共預算的監督，提高人大代表對於現代財政與預算的認知水平和審查能力，改進立法機構對財政預算的審查方式，就成為中國有效保障公共預算、提高財政績效、提升政府執行力的關鍵環節。

其次，優化財政監督管理的行政環節。立法機構對於財政的有效監督，依賴於立法機構自身的法治改進、運行機制和人員素質。無疑，立法機構在這些方面無可避免地存在的缺陷，促使人們在改善立法機構的財政監督狀態的同時，着力提高行政機構的財政監督水平。在財政監督的立法機構進行的預算審查基礎上，行政機構中的財政部門與審計部門，對於財政的行政性監督管理，發揮着重大作用。比較而言，立法機構對財政的監督主要是合法性審查，而財政部門和審計部門的財政監督則着眼於行政工藝水平的提升，實際指向的是財政的運行績效。因此，就後者而言，在預算編制、提交立法機構審議、具體執行與審查執行績效的整個行政過程中，各個環節的組織動員、人員動員與行政流程這些關乎行政工藝水平高低的問題，就成為優化財政監督的行政環節的着力點。恰恰在這些方面，廣東省的財政績效管理改革實踐，給予財政部門的財政績效管理以有力的改善，並且明顯提高了政府的執行力。其使用的日常預算監督手段與專項資金競爭性獲取的方式，促使政府將有限的公共資金用於最有力地改善公共支出的項目上，這無疑將政府的執行力提高到一個高度理性的水平之上。

再者，推出財政監督的社會機制。財政監督的最終目的，並不是提高政府的執行力。而是借助提高政府執行力介，真正地保證依法納税的人民在公共財政的運行中得到實惠。從而在公共事務的有效處置與公共福利的明顯改善過程中，兑現自己作為國家主人的權利。因此，一個現代國家有效的財政監督機制，絕對不是國家權力體系內部運行的封閉性體制，而是國家權力與人民權利互動的開放機制。廣東省在財政績效預算的運行機制中，不僅大力引入了事業單位的因素，將一般並不發揮財政監督作用的財政科學研究所這樣事業單位，作為績效預算的行政性組織者。同時，將專家的因素作為預算績效評價的決定性要素，促使行政部門提交具體的預算報告的時候，接受項目專家、預算專家、管理專家等等專家角色的事先審查，以保證預算的嚴格合理性和計算精確性。儘管在目前中國的行政體制中，事業單位還不是完全獨立於行政權力部門的組織機構，但它的社會性明顯強於政府部門；而專家則是國家權力體系之外，憑藉專業知識做出判斷與決定的人士，他們是社會力量的典型代表。在財政監督過程中引入這兩種力量，足以改變權力內部的遊戲規則，保證財政預算的公正、公平與公開。假如在預算公開的立法改革與行政改革的共同推進下，公民組織進一步進入財政監督體系之中，那麼可以預期，財政監督就可以在國家權力內部、國家與社會之間搭建起更為完整的監督架構，而監督的有效性必定出現更為顯著的提高。

「少花錢，多辦事」是財政績效管理的宗旨，也是現代政府降低管理成本、提高公共管理績效的基本要求。對於政府的運作而言，一個具有高效執行力的政府系統，依賴於財源的有效供給和規範使用。並因應於財源組織相應的資源，將各種資源合理加以配置，並就此保證政府對於公共事務的高效處置。可見，實施公共財政，是政府保證有限財源高效用於公共事務的前提。圍繞這一財政原則，嚴格規範和限制政府部門的財政開支，將政府各個部門約束在財政績效的規則之下，政府的執行力不是受到限制，而是受到規範。在規範的財政運作體制之下，政府的效率不僅不會降低，反而會大大提高。原因在於，政府是否規範運作，是它能否節省開支，成為低成本高績效的政府的關鍵。一個在財政開支上缺乏嚴格限制的政府運作系統，絕對是缺乏成本意識的高價政府。因為缺乏對政府財政支出進行有力的立法機構監督和行政過程監督的體制，即使政府機構具有節省財政開支、少花錢多辦事的理念，但因為這樣的理念缺少制度保障，缺乏從編制預算、預算審批、預算執行和績效審計的嚴格限制，政府部門試圖節約的理念是無從演進為現實的。而且將預算編制與預算執行績效各個環節連貫起來看，財政績效的管理關鍵，還是落在編制預算前期的嚴格行政性控制上面。現代行政機構的自我複製特性，促使其呈現擴張性態勢。因此，政府各個具體部門，以及承擔部分政府行政職能的事業單位，在預算編制的事後，總是傾向於抬高自身的行政地位、擴張自己的行政職能、誇大自己的費用支出。因此，在政府各個部門及其相關事業機構申報的財政預算上，總是存在明顯的「水分」。但擠出這些水分，不能一古腦兒落到立法機構身上。立法機構的審查並不具有通力擔保預算合理的能力。尤其是立法部門的組成與運行機制還存在明顯缺失的情況下，就更是不能單獨依靠立法預算來提高財政績效。因此，政府財政部門、審計部門與立法部門的通力合作，才足以保證財政績效管理坐實在公共財政運行的各個環節上，將「錢用在刀刃上」。財政監督系統的優化，就此生出不容小覷的意義。

這就是《利馬宣言》突顯的財政系統化監督的基本精神。

註釋

1 參見托馬斯・D・林奇著，苟燕楠等譯：《美國公共預算》（第四版），北京：中國財政經濟出版社，2002，第5頁。

2 參見【德】海因茨・君特・扎維爾伯格博士主編，劉京城等譯：《國家財政監督——歷史與現狀1714–1989》，北京：中國審計出版社，1992，第527頁及以下。

3 參見【德】海因茨・君特・扎維爾伯格博士主編，劉京城等譯：《國家財政監督——歷史與現狀1714–1989》，第528頁。

4 參見【德】海因茨・君特・扎維爾伯格博士主編，劉京城等譯：《國家財政監督——歷史與現狀1714–1989》，第535頁。

5 董伯坤、王堅、錢紅：〈公共財政績效審計初探〉，http://hzsj.gov.cn/art/2007/2/12/art_562_5251.html。

6 論者指出「預算周期包括四個階段」，一是計劃和分析，二是政策制定，三是政策的執行和重新闡釋，四是審計和評價。見托馬斯・D・林奇著，苟燕楠等譯：《美國公共預算》（第四版），第9頁。

7 參見戴維・H・羅森布羅姆等著，張成福等譯：《公共行政學：管理、政治與法律的途徑》（第五版），北京：中國人民大學出版社，2002。第 329–330 頁。

8 廣東省財政廳進行的行政性財政績效管理改革，對於本章闡釋行政性財政績效管理，並由此對政府執行力所發揮的重大影響，具有直接支持作用。參見廣東省財政廳財政科學研究所：《政府執行力與公共財政績效管理》（徵求意見稿），內部印行本，2010 年 10 月。

9 參見廣東省財政廳財政科學研究所：《政府執行力與公共財政績效管理》（徵求意見稿），內部印行本，第 63-63 頁。

10 參見廣東省財政廳財政科學研究所：《政府執行力與公共財政績效管理》（徵求意見稿），內部印行本，第 74–76 頁。

11 參見廣東省財政廳財政科學研究所：《政府執行力與公共財政績效管理》（徵求意見稿），內部印行本，第 50–60 頁。

12 試驗結果表明，原來政府各個部門申報預算存在的 100 至 500% 的誇大，已經有效降低到改革後 20 至 30% 的誇大，其效果可謂驚人。引自廣東省財政廳財政科學研究所所長黎旭東在二〇一一年廣東省行政管理學會年會上的相關介紹。

13 阿耶・L・希爾曼著，王國華譯：《公共財政與公共政策——政府的責任與局限》，北京：中國社會科學出版社，2006，第 566 頁。

第十二章

疲態社會的暴力危害與民主救治

在二十世紀末期、二十一世紀初期，中國出現了引人矚目的局部社會動盪。這是中國進入疲態社會的必然現象。企圖訴諸暴力解決個人與個人、群體與群體、個人群體與國家之間恩怨的走勢，令人擔憂，因此，有必要深入解析導致社會不安的諸種事件的深層次原因，加嫁描述和分析，突顯疲態社會之民主救治方案的獨特價值。

一、暴力事件促人求解

改革開放以來，中國社會的跌宕起伏，令世人矚目。將眼光聚集到最典型的年度：時任中共總書記胡錦濤在出席亞獨經濟合作會議（APEC）時，接見香港特首曾蔭權，感歎道，「二〇〇八年的中國是大事多、難事多的一年。」誠哉斯言，這一年的大事真是不少：從年初的南方雪災，到三月的西藏騷亂，再到五月的汶川大地震，然後是八月的奧運，九月的毒奶粉事件及經濟不景氣。由於導致這些事件的原因不盡相同，亦可以從不同的角度解釋。因此，這些事件的關聯程度，遠遠不如今年內發生的多起群體性暴力事件。二〇〇八年的群體暴力事件大致都幾乎由同樣的原因導致：政府與民爭利、執政水準低下、社會公平失衡及群體心態扭曲。

按照發生時間的先後，重播二〇〇八年令人不安的群體暴力事件。這些重播是根據官方正式報道縮寫：六月，甕安六・二八事件。六月二十八日，貴州甕安縣部分群眾因為不滿一名女學生的死因鑒定結果，於是聚集到縣政府和縣公安局，引發大規模人群聚集。人們圍堵政府部門，部分人打砸搶燒突發事件，縣公安局、縣委和縣政府大樓等多間房屋被毀，數十台車輛被焚。[1] 七月，雲南孟連膠農聚集事件。七月十九日上午，公安機關在孟連縣公信鄉、猛馬鎮部分農村地區開展社會治安整治過程中，依法抓捕猛馬鎮五名犯罪嫌疑人，遭到五百多名膠農用長刀、鋼管、棍棒等工具圍攻毆打。暴力衝突中，四十一名執勤民警被打傷、八輛執勤警車被砸壞；危急情況下，民警被迫使用防暴槍自衛，十五名膠農受傷，兩人被擊中不久後死亡。九月，湘西非法集資事件。九月三日，因非法集資問題，大量群眾集體到州政府上訪。九月四日，部分群眾再次到吉首市的街道、火車站聚集，造成交通癱瘓及火車延誤。九月二十四、二十五日，事件死灰復燃，集資戶兩次圍堵州政府、部分街道，兩輛公務車被毀，一人受傷，事後初步查明，有一百一十三名政府官員參與非法集資。十一月，深圳千人襲警暴力事件。十一月七日上午，深圳寶安石岩街道組織相關部門採取整治非法營運統一行動，一個工作人員舉對講機砸向無牌摩托車，致司機李某撞燈柱身亡。下午千名群眾聚集示威，燒毀值勤的警車。直至同月八日下午，鬧事和圍觀者方才散去。十一月，甘肅隴南事件。十一月十七日九時半至十八日凌晨，武都城區部分群眾上訪被少數人煽動，導致數千人圍攻黨政機關，部分鬧事者不聽勸阻，再次衝入市委大院，對市委前樓、中樓進行打、砸、搶、燒，使兩棟樓七成以上的門窗玻璃被砸碎，辦公室內電話、電腦、印表機也被砸壞。一些人公然搶劫兩棟樓內的公共財物和個人財產，並用鐵棍、斧頭、洋鎬等工具砸毀停放在中院的十一輛公務車，哄搶辦公室內的公私財物，兩棟樓內各單位的大量文檔及實物被搶及毀壞。一些「不法分子」將前院停放的摩托車、自行車和砸壞的辦公用品點燃，並強行劫持前來救火的一輛消防車，橫衝直撞，信訪幹部、公安幹警出面勸導時遭滋事分子毆打致傷，共六十多名幹部和公安幹警受傷。

這些群體性暴力事件，加上一些零星的暴力事件，譬如上海刺殺員警的事件、此前發生的邱興華和馬加爵殺人事件，足以震撼人心。和平的群體性事件也頻繁出現，先前遼寧的蟻力神事件，接着北京的抗議不公拆遷，同一時期海南三亞、雲南大理、重慶、廣州的計程車司機罷駛和破壞事件，也使人浮想聯翩。難道中國社會已進入一個暴力時代？改革開放怎麼將中國帶進這樣不安定的狀態？這是一些不足以讓人判斷中國局勢的偶然事件嗎？或是中國進入一個危險、不安全時代的信號？顯然，這些事件的頻繁發生，需要解讀、理應分析、亟需疏導、必須救治。從中國改革開放前後的宏觀歷史處境審視相關事件，我們可以從中理解當代中國狀況的重要資訊。

改革促使中國發展，改革不足則導致中國日顯疲態。在疲態社會中，由於人們心中懷抱的期望幻滅，而常常借助暴力抒發心中鬱積的不滿、失望乃至絕望，使中國走向危險的社會裂變境地。這是一個似乎自然而然的演變過程：當人們在改革進程中激發的各種期待，被社會的時序演進逐漸消耗殆盡的時候，人們就缺乏耐心等待社會心理預期。對前景趨好的失望心理會使人們喪失耐心，而趨向使用暴力來發泄不滿、抒發鬱悶和舒緩緊張。因此，只要人們稍微留意就可以發現，今天的中國已經從和平改革現狀的利益相關者行動，走向了利益不相關者乘機而起的破壞行動，進而從利益相關者和不相關者的破壞走向了暴力反抗社會既定政治秩序的境地。疲態社會的暴力危害已經不是什麼聳人聽聞的事情，而是人們日常生活感受的一部分：人心混亂、暴力頻繁、秩序不保、前景堪憂，使人們意識到必須加大社會治理力度，矯正先前的社會治理方式。此時，人們再次追求民主的社會治理效用。

二、從活力社會到疲態社會

求解頻仍的群體暴力事件，需要從中國社會狀態的結構變化入手。

一九七八年以來的中國，是一個依靠改革開放提供社會發展動力、激發社會活力、緩解社會矛盾和促使社會凝聚的國家。改革使人們看到了告別貧困、邁向豐裕生活的希望。心懷的希望鼓舞人們堅毅地前行，所以，一九八〇年代的中國人才敢於並樂於接受改革的種種挑戰——農村承包責任制就此登上改革舞台，城市居民以個體戶的謀生拋棄了依賴國家和集體的僵化生活模式，國家權力以高度的自信推動着總體改革進程，中國社會得以蓬勃發展。人們的社會體認無疑是積極的：GDP 持續而迅猛地增長，刺激人們感受財富的價值。各種改革舉措的出台，為人們向上流動提供強烈的希望。國家力量的強化與公民個人生活質素的改善，為人們積極謀劃未來提供強大的動力。開放，使中國處於一個八面來風、應接不暇、活力四射的狀態，給人們以「明天會更好」的激勵。中國的發展一時被認為是世界總體進步的機會。[2] 中國的無限商機給發達國家以謀利的興奮感，因此發達國家在嚴峻的政治選擇面前，可以為了經濟利益，放棄自己的政治價值；中國的強勢發展勢頭，給發展中國家以「榜樣的力量是無窮的」推動力量，以至於發展中國家忙於尋求與中國的合作機會。中國社會的朝氣蓬勃，既讓中國人受到空前的鼓舞，也使發達國家對中國側目相看，發展中國家亦因此受到激勵。對此，我們可以從「中國機遇論」、「中國威脅論」、「中國崩潰論」到「中國模式」、「北京共識」這一類國際流行有關中國的主流詞彙演變上，捕捉到一些資訊。一個處於「文革」死水中的中國，是不會受到國際社會的理解：除了同情和讚賞空幻革命激情的國際友人外，人們心中充滿着對中國遭此不幸的歎息。只有在改革開放促成的發展奇跡中，國際社會才會對中國具有如此的熱情，不論這樣的激情來自負面的刺激，還是來自正面的認知。[3]

但是，中國的改革開放並不一帆風順。由於改革開放一開始就處於一種「摸着石頭過河」的試錯性局面，因此改革的一波三折也就在情理之中。一九七八年啟動改革，僅僅過了四年，在一九八三年就遭遇清除精神污染的干擾，接着是一九八六年的動盪、一九八九年的重大波折。改革的艱難困苦由此可見。一九八九年後，中國的改革開放一直處於鈍性終結的狀態——改革開放依然還是社會政治號召最強有力的辭藻，但改革開放的處境每況愈下：全國上下對改革的共識喪失於無形，黨和國家層面的改革逐漸淡出人們的視野，日益變成人們純粹的期望。社會總體改革的初期定位也愈來愈呈現出當下的零散改變態勢，改革的關聯程度愈來愈低，人們難以捕捉改革的整體思路。[4] 一九八〇年代中後期那種勢不可擋的改革氣勢和衝擊力也逐漸軟化，消極地以維護穩定為政策的優勢選項。曾經積極地從總體上謀劃改革的行為主體，愈來愈消極地應付各種社會事件、群體騷亂；對於改革本身的謀劃，缺乏應有的熱情。改革處於散打的狀態，開放處於自滿的情形。曾經給改革開放最大精神動力的理想主義與浪漫主義，不再構成改革的精神基礎。相反，改革開放的普遍牟利取向，成為人們計算改革還是不改革的尺規。改革的深度問題被掩蔽起來：從經濟體制肇始的改革似乎停留在經濟領域，改革者既無心也無力向社會、政治領域的縱深推進。即使是經濟體制的改革，在產權問題、用人制度、體制激勵等問題上也無所作為。改革的回流現象，為人們所悲壯地體會：因為沒有觸動深層次的問題，經濟體制的弊端集聚成計劃經濟和市場經濟的共有缺陷，國家帶動的發展趨向寡頭主宰的經濟體系，國有經濟的市場巨無霸，甚至開始挑戰主導市場的政治巨無霸。[5] 人們眼看改革軟化而無能為力，他們對於改革的未來期待也就愈來愈低，以至於改革無法積聚起社會動力。

近十年左右，中國日益從一個活力迸發的社會演變為一個疲態社會。作為疲態社會，人們對什麼都抱有無所謂的態度，生活處於懶洋洋的狀態。這個時候，國家既缺乏刺激人們神經的社會政策，也缺乏喚醒人們積極接受和執行國家政策的政治藝術。於是，民族精神的積極力量無所表現，而民族精神的消極渙散力量則開始發酵。既然國家無力組織民族力量，那麼民族力量就開始區分為階層集團利益，並自主為自己謀求社會空間。從中國社會的整體狀態來看，日益低俗化和向下看齊的精神狀態出現了。[6] 公眾缺乏高尚精神生活的願望，三十年刻意的物化引導，將人們的高尚感消磨殆盡。人們以為關注自我就是關注國家。除了偶發性地以網路暴民的形式發泄國家感情，實際的政治生活就是政治圈中的人們自娛自樂的事情。同時，社會沒有致力改善自身的共識，陳舊單一的日常生活消耗精力手段使人們無從發泄剩餘精力。這個時候，慵懶的生活狀態更使人們缺乏關注一己之私以外的社會公共事務。今天的中國社會，是一個經濟上動力耗散而大致進入經濟周期低潮的社會，政治上缺少感召而幾乎走入國家認同死角的民族，文化上各自為陣而缺乏敬重感受的群體，社會領域幾乎沒有組織而茫然行動的一盤散沙，教育成為無所主張而被行政主宰的擴張實體。總括而言，今天的中國是一個遇事就躲，不迎難而上的疲態社會。

三、疲態社會的暴力危害

人們想對疲態社會加以認知，不是一件困難的事情。從現實生活狀態上來看，社會的疲態從三個方面體現出來：一方面是精神上凝聚、鼓舞人心的觀念缺席。當代中國以改革為自己畫像，但當改革共識喪失、改革舉措乏力的時候，改革已經不足以整合起刻畫中國形象的資源。因此，改革曾經提供給人們的興奮，已經演變成為人們對改革進行討伐的不滿。本來改革是當代中國的宿命，從國家當局到社會大眾圍繞改革才足以凝聚起來。但改革被認作中國一切社會問題的導因之後，改革就成為人們發泄不滿的對象。這時的改革，反而變成錯誤的國策選擇和糟糕的社會狀態。眷戀改革前的社會狀態的人大有人在不說，但他們似乎理直氣壯地以這種莫明其妙的眷戀作為號召人們抵制改革的精神資源。但是，這些抵制改革的歇斯底里，其實對社會而言也不是新鮮事，只不過它給人們提供了替代令人不滿的現實的手段。即使如此，人們精神上並沒有改革初期那種嚮往未來的滿足感。疲態社會的中國，精神上的空虛已經成為普遍的社會問題。[7] 國家意識形態的號召力與感染力不足，加上國家意識形態人格載體的嚴重老化和脫離時代，對人們精神空虛的治理效力接近冰點。現代主流意識形態在中國被絕對排斥，因此人們以對其進行隔山打牛的批判為快，使它無法發揮任何積極效用。各種非主流的現代意識形態與傳統意識形態紛紛登台，以爭奪人們的眼球為目標，它們對於引導中國走向健康的現代化腹地，沒有如閱讀其文本般具有的快感那麼有效。[8] 真正緊扣中國社會改革需要的精神建構，被前三種力量合力共同阻擋，使中國人的現代精神世界的虛無情形愈法嚴重。

與此相伴隨的另一方面，制度上公正的政策供給明顯匱乏。經濟體制改革是以敢字當頭推進的，因此它不可避免地帶有撐死膽大的、餓死膽小的兩種效應。膽大的人「搶來本錢做買賣」發達了，膽小且循規蹈矩的人則喪失了發財致富的機會。由於國家並沒有跟進性地制定公平分配的政策，社會的兩極分化日益嚴重。改革開放推動中國迅猛地發展，同時卻造就三重意義上嚴重對峙的「兩個中國」，一是農村中國與城市中國，農村的固步自封與城市的驚人進步猶如兩者並不在同一個國家體系中；[9] 二是西部中國與東部中國，使人覺得中國被區隔為發達國家和貧窮國度兩個世界；[10] 三是富裕中國與貧窮中國，後者的驚人落後與前者的窮奢極欲形成鮮明對比。[11] 國家發展的嚴重不平衡是制度改進的巨大阻礙，因為制度改革大都只能在公眾相對一致地贊同這一改進的基礎上才能有效進行。正是在這種制度運行的平台上，當代中國日常生活對緊張和鬆弛的模糊，消磨着人民鬥志，造成人們對什麼都抱有無所謂的消極態度，[12] 進一步消耗改革的社會心理資源。

另一方面，從中國社會的活動主體來看，中國社會的疲態也明顯地顯現出來：由於深度改革的客觀困難和改革者處於改革自身的艱難情境，這樣的主客觀狀態，使主導國家權力的官員不思進取，陷入既不主動改革、也不被動投入的疲乏狀態。改革初期那種迅速凝聚社會改革資源的改革者「殺出一條血路」的衝勁，完全從官僚群體身上消失。曾經使官僚群體叱詫風雲、引領國家發展的改革精神，退隱到穩守官位的看客心理。而寬容改革者失誤的領導哲學，也讓位給不容分説的責任追究。官僚群體勢如破竹的改革精神，在今天可謂遍尋不果。從國家到地方，曾經激蕩中國的改革共識，在領導集團手裏丟失了。因這，像當年馬勝利那樣冒險承包國有企業的創新性企業家沒有幾個，而謀求吞噬國有資產的人們倒是多了起來；像胡福明、孫長江當年那樣撰寫文章籲求改革的學者沒有多少，而謀求所謂改善個人生活等橫向課題的教授明顯增多；像當年下崗的工人那樣積極謀求出路，即使成為個體戶也在所不辭的沒有幾個，伸手向國家和社會索取且不感到任何羞愧的人士則大大增多；[13] 像當年作為剩餘勞動力的農民那樣敢闖敢幹地進入城市開創新生活的人明顯減少，而單純指望國家和社會救助的人士明顯多了起來。不是説國家沒必要改善制度和增進福利，這裏申述的是一個疲態盡顯的社會不願自救而導致國家活力喪失，以及這一喪失帶給國家深度改革的消極影響。

疲態的中國，缺乏刺激國民神經的人與事。但陷入疲態的中國社會不是不需要刺激，只是正常渠道的刺激因素貧乏，唯有暴力才足以引起人們的關注，因此暴力成為疲態社會號召人們行動起來的唯一因素。這是今天中國人對暴力似乎感同身受的社會心理氛圍。在各種暴力事件發生之際，人們對於暴力的譴責顯然弱於對暴力的欣賞，關乎使用暴力的正當性問題，似乎不在中國人的視野之中。這是暴力事件頻仍而整個社會缺乏緩解和治理暴力的無能所必然導致的悲劇——曾幾何時，連殺十人的殺人犯邱興華竟然博得人們的廣泛同情，受害人家屬沒有一個人收到慰問金，邱興華家人卻居然收到無數的慰問金。[14] 馬家爵砍死四位同窗，沒有受到應有的道德譴責，反而一下子被人們推向制度問題。[15] 類似的事件，在當下多不勝數。這是一種疲態社會缺乏道德判斷能力，而僅僅只能在刺激中滿足浮淺議論導致的必然結果；這是一個社會缺乏正義感而加重人們是非不分、對錯不明的失範狀態的必然後果。當單純的同情取代了公平正義的道義感時，暴力就會受到人們的禮讚。因為這中間生活着的人們發現不了和平地實現正義的途徑，因此橫刀立馬、行俠仗義、揭竿而起、殺富濟貧，就成為人們認為天經地義的、不謀而合的「選擇」。簡單的道義感，就此成為人們判斷是非的唯一準則。至於真正安定社會的法治秩序，真正有助於社會建立起道義狀態的制度保證，在人們看來，已經成為特權階層壓制普通民眾的工具。它的存在就是社會虛偽的標誌。這個時候，暴力既危害着人們的道義神經，也危害着社會的法治取向，更危害着人們的社會認同，進而瓦解了人們維護社會公義的人心秩序。一種顛覆性的社會心理，獲得了彌漫整個社會的契機。政治革命的空間在放大，國家崩盤的危險在增加，「不是革命就沒有出路」的看法在流行，[16] 理性的改良僅僅是維護特權手段的觀念在泛濫——當人們看不到社會活力和改善的希望時，對現實的不滿而聚集起來的失望與絕望，就會逐漸吞噬人們改變現狀的耐心。偶發性的邱興華、馬家爵殺人，就會逐漸走向社會的群體暴力反抗，進而演變為暴力發泄，必然使人心秩序混亂，社會秩序逐漸被瓦解，國家的發展肯定被擱置，而問題依然得不到解決。

四、疏導群體暴力的三種選擇

中國社會頻仍的群體暴力事件，可從兩個端點理性審視，以解決導致這些暴力事件的深層導因。我們絕對不能簡單將這些似乎不相關的偶發性暴力事件視為個別案件，而忽略背後的相關性導因。只有理性處理這些暴力事件背後的共同社會政治導因，暴力事件才不至於以不同的方式和面目不斷地出現在人們的面前。審視中國近期暴力事件的第一個視角是，暴力的集中累積途徑有哪些？其次是，能有效解決這些暴力事件究竟有什麼制度選項。

從第一個角度看，明確群體暴力事件的累積狀況，需要先行明確群體暴力的表現形式。群體暴力表現的方式有硬暴力和軟暴力兩種，而暴力的表現主體可以區分為國家與民間兩種暴力載體。四者之間的組合是，有國家的硬暴力和軟暴力，也有民間的硬暴力和軟暴力。國家的硬暴力就是國家使用軍隊、員警、法庭、監獄這些高度組織起來的暴力機器，對社會進行剛性控制。只要遭遇到社會的反抗，國家便會不由分說地動用這些暴力機器來加以對付。對於現代國家來說，硬暴力是國家的剛性制度保障。但如何將硬暴力使用得當，則是現代國家的一個難題。在硬暴力只用於維護公民自由的緊急情況才能合法地加以使用的民主法治國家，其正當性相對比較具有保障。在一個國家法治秩序缺乏保證的情況下，社會處於無序反抗的情景，國家統治才不得不經常借助硬暴力對付社會反抗，以維護國家的政治秩序。[17] 這個時候，軍隊和員警就被安置到與社會對抗的位置上，因此社會對於國家硬暴力的對抗情緒也就相應強化。[18] 一旦人民控制不到局面時，對軍警的攻擊就成為日常對之無可奈何的群情激奮者的選擇。此時，國家的硬暴力跳躍性地演變為民間的硬暴力。即民間以打、砸、搶、燒的方式應付軍警的控制，甚至將這種硬暴力直接應用到軍警身上。[19]

國家與民間的軟暴力，與此不同。國家的軟暴力是指國家借重自己手中握有的強制權力，以一種居高臨下的姿態對待社會公眾。這種居高臨下的姿態，不僅體現為以國家意識形態對公眾進行蔑視性的規訓，更體現為絕對不屑與公眾對話的態度，更進一步體現為遇事就指責公眾的素質低下而從來不自我反省的姿態。國家的這種軟暴力，使國家與社會、國家與公眾之間處於一種冷漠，甚至相互隔絕的狀態，彼此之間的了解趨近於零。因此彼此之間在日常隔絕之外發生短暫的衝突性接觸時，就無可避免地處於一種彼此埋怨的狀態。公眾不知道怎麼將自己的怨屈向政府訴說，政府也不知道怎麼將自己的意圖傳達給公眾。當沒有什麼因素足以激發公眾採取群體暴力的時候，大家就這麼彼此不理解地相處着，忍受着彼此的軟暴力、活折磨。一旦彼此的積怨要借助群體暴力的形式得到舒緩的時候，硬暴力便不請自來。[20]

由於國家與民間的硬暴力與軟暴力不時錯位地浮現在社會政治生活中，暴力因素難以得到緩和而逐漸累積：這種暴力累積過程的一般趨勢，是從軟暴力到硬暴力的遞進性演變。由於國家軟暴力在日常狀態下具有約束社會秩序的功能，因此鼓舞國家不由自主地採取這種暴力形式。在這樣日積月累的情況下，社會政治商議和妥協的習性蕩然無存。因此，在軟暴力失效的當下，硬暴力就成為維護社會秩序隨時登場的政治控制手段。硬暴力本身也有一個累積過程。硬暴力依循的遞升過程是：從零星表現到偶發性群體表現，從偶發性群體表現到惡性社會暴力事件的出現，從個案式的惡性社會暴力事件演變為經常性的規模化暴力活動。如果説改革開放前二十年顯示的活力消解了社會的暴力傾向，因而註定了暴力的零星性，那麼，近期由於中國社會處於轉型的艱難時期，日益浮現的社會矛盾與國家治理的艱難突兀地雙雙出現，群體暴力事件的規模性爆發，也愈來愈頻繁地出現在人們的生活。群體暴力具有示範性——人們在群體暴力中既發泄了不滿，又舒張了身心，更逃避了懲罰，因此在大規模的國家與社會結構中，群體暴力常常伴隨社會困難一起出現，兩者攜手為社會帶來明顯的動盪，既使國家治理艱難無比，也使公眾缺乏安全感，更阻礙社會進步。

因此，從第二個角度即從有效疏導群體暴力的角度看，今天中國已經到了必須慎重選擇疏導群體暴力的關鍵時刻。如果任由群體暴力從零星綻放到大規模爆發這樣的趨勢蔓延開來，那麼中國改革開放所形成有利於國家發展的局面就很可能被斷送，中國的發展就會在經濟增長的高企階段中夭折。為此，有必要分析並清楚把握疏導暴力的諸種形式。一般而言，現代國家疏導群體暴力有三種方法：一是消極的對付，二是積極的治理，三是激進的鼓噪。

消極地對付群體暴力，是一種國家治理中擊鼓傳花心態必然的產物。這種心態使各級官員與社會公眾以一種旁觀者式的、輕鬆快意的心情看待群體暴力行為，以為這些暴力行動僅僅是零星的，不足以引發規模化的社會反響，而作為絕對個案來處理。這種心態驅使當事官員掩蓋事件，促成上級官員誤判局勢，引導公眾沉溺於滿足現實的樂觀情緒之中，[21] 逐漸使群體暴力從星星之火演變到燎原之勢。社會革命就正是在這種社會心理氛圍中鑄就的。

積極的救治群體暴力，是一種現代社會診治群體行為暴力最值得提倡的進路。現代社會是一個高度分化的社會，因此，治理國家與安頓社會都需要高超的平衡技術的。能夠達到國家、社會與市場之間的平衡狀態，社會就得到安寧，市場就能實現繁榮，國家就必然昌盛。然而，要做到這種平衡狀態，就需要國家承認社會總會存在令人不滿的現象，因此社會是需要隨時關注、疏導和治理的，若對龐大而複雜的社會掉以輕心，社會就會反過來威脅國家安寧。因此，國家建立起制度化的憲政框架，以制度功能化解社會不滿，以民主建制疏導群體暴力，就成為積極應對群體暴力最有效的舉措。民主國家不是沒有群體暴力，但發生的頻率不會太高，出現的範圍不會太大，社會危害程度受到控制，絕對不會從根本上顛覆國家秩序。

激進地為暴力歡呼，是應對群體暴力最消極的取向。人們以簡單的權利哲學為群體暴力進行正當性辯護，認為群眾具有充分的理由採取這樣的集體行動。從一般政治理論的角度看，這樣的説辭沒有大錯，但從有效治理群體暴力的角度看，這樣的説法只能起到助長暴力之效，而無力化解暴力的負面作用。缺乏疏導設計而對群體暴力進行辯護，就是一種革命鼓動。同樣，跳到另一個極端，認為群體暴力就是全盤錯誤，而不留情面地鎮壓，也是一種政治無知。因為這樣只能壓制住一時，長遠只會激起更大規模、更為激烈的群體反抗。

五、以民主對治暴力

為了維護中國得來不易的發展成果，在改革開放處於十字路口的當下，面對頻繁發生的群體暴力，應當「從根救起」，真正建構起從社會基本制度上救治群體暴力的機制。這一機制，就是最有利於疏導和治理群體暴力的民主機制。在今天，中國人已經共同意識到群體暴力是一個嚴重的社會問題。因此，面對群體暴力，缺的不是認知，而是行動；應對群體暴力，缺乏的不是目的，而是手段；治理群體暴力，缺少的不是舉措，而是制度。歸根咎柢，除非建構起民主的國家制度，群體暴力便總是處於潛蟄和爆發的兩極狀態，無法將群體暴力消融在社會的正常制度安排範圍。

為什麼民主成為對待暴力最好的制度選項呢？這需要從現代兩種基本制度的比較效果，及民主自身具有對治暴力的雙重功能上加以說明。

現代國家的制度選擇可以有多種，但大致是在極權與民主之間確立國家的基本制度。這類制度選擇，可能傾向於極權制度，可能傾向於民主制度，總的趨勢是在兩極之間確定一個動態的調適點。一個國家選擇極權制度，一般是在一種不正常的狀態下坐實的——要麼是第一次世界大戰德國戰敗後，頹喪萎靡的社會使法西斯主義政權上台；要麼是史太林主義鐵腕維護一個缺乏凝聚力的龐大國家。一個國家選擇民主制度，多半是基於以下兩種情況，一是國家建構的歷史過程或決斷時刻自然而然步入民主的軌道，二是一個國家在非民主的制度軌道上走不下去，因此若不成功實現民主轉軌便不足以解決國家政體問題。現代比較政治學表明，在維護國家基本秩序的制度功能方面，極權政治一時所顯現的統治功能甚至比民主政治優勝。極權政治以高亢的道義煽動為集納政治資源的基本方式。因此，在一個社會亟需熱情以對付萎靡的時候，極權政治甚至在表像上比民主政治要顯得優越。

納粹的上台，就是因為它利用了當時德國萎靡的風氣，人們在納粹的鼓噪中似乎看到德國崛起的希望，因而對希特拉言聽計從。[22] 但納粹黨並沒有兑現它對德國人民的承諾。因為極權政治是無法長期維持其道德熱情的。在緩慢的歷史進程中，它終於在民主面前疲軟地倒下。蘇聯一時的強大和最後的轟然坍塌，也成為這一結論的最強註腳。只有民主政治在國家長期的穩定和持續的發展過程中所顯現的綿延功能，才足以化解社會暴力鬱積、及建立張馳有度的秩序。進入現代歷史的五百年時間，民主制度被證明為最適應現代大型複雜社會及民族—國家需要的制度形式。它確實沒有極權制度那種讓人亢奮的政治動員能力，但它使國家在秩序的軌道上向前運行，絕對不會遭遇極權疲乏之後國家被顛覆的危險。雖無激情，但有穩定；雖無亢奮，但有秩序；雖無激越，但有安寧。這樣的社會，可以提供人們緩解暴力和維護秩序足夠的觀念與行為動力。

至於民主制度的社會治理功能，與民主制度的制度特質具有緊密聯繫。恰如論者指出，民主制度的基本屬性，具有整合社會秩序的功能。

「根據完整的定義，一個民主政體必須具有下列屬性：一、個人擁有以下方面的實質性自由：信仰、觀念、討論、言論、出版、廣播、集會、示威、請願以及使用互聯網。二、種族、宗教、民族和其他少數群體（及歷史上被排斥的多數群體）有踐履其宗教、文化以及平等參與政治和社會生活的自由。三、所有成年公民擁有選舉權和參選公職的權利（如果他們符合特定的最低年齡和能力要求）。四、真正具有開放性和競爭性的選舉，使得任何遵守憲法原則的團體都能組建政黨並參選公職。五、所有公民在法治體系下擁有平等的法律地位，而且法治體系下的法律是『清晰、為公眾所知、普遍、穩定和不具有追溯效力的』。六、一個中立並持續地適用法律和保護個人與集體權利的獨立司法機關。七、正當的法律程式，免於酷刑和恐懼的自由，以及免於非正義的羈押、流放和私生活被政府或非政府勢力干涉的自由。八、民選官員的權力受到獨立的立法機關、法院系統和其他自治機構的制度性制約。九、資訊來源以及獨立於政府的民間組織形式的真正的多元化，即一個活躍的『公民社會』。十、由文官控制軍隊和國家安全機構，而文官要通過選舉產生，從而最終對人民負責。」[23]

這樣的民主制度，劃分了國家權力體系與社會自治空間的界限，因此國家暴力不會直接影響民眾的日常生活，社會空間鬱積的暴力成分因此相對降低。社會反抗國家具有合法的渠道，因此也不必要直接訴諸暴力手段。國家借助法治的方式治理社會，社會的接受程度因此提高。加上社會自治的傳統力量和公民的心靈習性，國家與社會的和諧相處，乃是再正常不過的狀態。

具體地看，民主制度的社會治理功能，也可以區分為兩種：一種是積極的治理功能，一種是消極的應對功能。從前者看，民主國家運行着一套行之有效的經濟—社會—政治制度。它的精髓就是讓國家內部的所有公民能參與到他們願意參與的社會組織與公共事務之中。因此，公民的訴求可以在自由地運用自己的知識、智慧與財富的前提條件下，訴諸自己理性的決斷，並在社會政治生活和公共事務決策過程中，為自己負責、為組織負責，將公民對國家負責的精神貫穿到日常生活之中。公民們的積極性可以在國家、市場與社會等不同空間發揮，而他們心中的怨恨也可以在相同的空間裏舒張。普遍選舉、社區組織和公益行動，將人們的高昂熱情有序疏導。多元的社會政治行動促使公民心懷不同的動機參與其中，國家不會因為結構缺乏改變、社會缺乏組織和公民缺乏參與而成為全面疲軟的結構。它總是讓公民們感覺到在自己的積極行動中，國家與社會有所改善或向好。他們很少趨同地認定只有借助於普遍的群體暴力，才有希望滿足自己的要求，或足以使人們重視他們的基本訴求。從後者即從民主的消極功能上看，民主提供了消耗公眾剩餘精力的政治渠道。這些渠道足以刺激人們鈍化的社會政治生活神經。一方面，它可以用制度安排疏導人們的不滿。它因此盡力將人們不同的訴求納入討價還價的日常生活儀軌，使人們形成妥協的政治生活習性，不至於任由自己形成全輸全贏的零和遊戲心理。另一方面，民主制度下容許公民們合法地發泄他們的低級趣味，合法的色情場所、賭博機構、私交空間等，讓人們的剩餘經歷不至於積聚到危害公眾安全和國家安寧的地步。民主國家不以單純的德性為取向，除了必須維護的公共道德規則之外，不合德性的規則儘管被社會譴責，尤其是被保守的教會組織和公民機構嚴厲批判，但社會寬容這些失誤，容許人們偶然犯下可以矯正的錯誤。因此，民主社會即使出現罕見的群體暴力，那也是可以迅速得到診治的事情。民主社會不是美侖美奐的，卻可以有效引導公民熱情、舒緩公民暴力。

就後者，即民主國家消極應對社會的反抗行動來看，一方面，應當承認，民主國家無力完全消除社會的對抗心理與行為。事實上，這樣的制度從來就不曾出現在人類社會政治生活中。因為，只要是一種社會政治制度的設計，它就必然存在缺陷，絕對不會是完美的。民主制度也是一種有缺陷的制度。它受民主社會生活中的個體、群體局限性所制約，也受制度設計總是滯後於社會生活需要所決定，更受民主的多數決原則所局限。在民主社會中，總是會存在一定時空範圍內的社會暴力事件。不過一般而言，這樣的暴力事件不會迅速蔓延，成為顛覆國家權力體系和社會基本秩序的普遍災難。另一方面，由於民主國家視一定時空範圍出現的社會暴力反抗事件，甚至有限的社會災變為「正常」的社會事務，因此，國家處理社會群體性事件的態度、章法和舉措，基本上會在法治的範圍內。處置群體性事件而動員起來的應對性力量也不會止於國家暴力，社會的自身修復力量與機制，總是適時地與國家權力機關配合，從而較為迅速和有效地治理群體性事件。

對於今天的中國來說，頻仍的群體暴力事件需要安置到基本制度選擇的高級平台上尋找對治方略。無疑，僅僅是埋怨政府與民爭利，蒼白地呼籲加強官民對話，是不能從根本上解決問題的。與其治標，不如治本。正如一些論者指出，要處理今天中國的群體暴力事件，關鍵的是還權於民，讓民眾能夠自治，也就意味着民眾自己對於是非對錯的理性判斷是決定性的，當然也就意味着民眾個體與個體之間、組織與組織之間樂意尋求理性合作。一個讓民眾矮化到不足以判斷是非對錯，隨時訴諸國家權力強加是非對錯的觀念，一旦民眾出現騷動，便會毫不猶豫地使用國家硬暴力加以鎮壓，結果只會使民眾陷入更深的盲目行動狀態，[24] 等於助長民眾的暴力傾向。唯有致力將集權政治轉變為民主政治，「民有、民治、民享」，人們心中才能懷揣希望前行，對於一時的不利處境和不公遭遇不耿耿於懷，願意付出時間理性妥協和談判，放下暴力解決問題的思路，秉行協商的合作態度。倘非如此，群體暴力事件的當下鎮壓愈是有效，長期鬱積瞬間爆發的可能性就愈大，國家的傾覆問題也就愈發令人憂心。

註釋

1 參見記者安同對於這類事件的綜述。安同：〈群體性事件震動中國〉，《國際先驅論壇報》2008年11月24日。

2 當然也需要指出，一九八〇年代初期，由於改革開放剛剛釋放的活力，被捆綁已久的中國社會也同時陷入失範的狀態中，違法犯罪現象明顯增加。這正是一九八三年中共中央政治局做出《關於嚴厲打擊刑事犯罪活動的決定》，全國人大常委會頒佈《關於嚴懲嚴重危害社會治安的犯罪分子的決定》和《關於迅速審判嚴重危害社會治安的犯罪分子的程式的決定》的原因。不過，在改革開放的大時代中看，一九八三年的個別犯罪激增與跨世紀之後中國社會的眾多群體事件幾何級數增長相比，就只是小小波瀾而已。

3 這樣的關注，逐漸引導出了令國人興奮的話題，這就是英國人馬丁・雅克以「中國統治世界」為題進行著述並被引進中國的時候，讓國人覺得中國已經登頂世界。參見【英】馬丁・雅克著，張莉等譯：《當中國統治世界：中國的崛起和西方世界的衰落》，導言〈中國：正在改變世界〉，北京：中信出版社，2010，第1頁及以下。由國情專家胡鞍鋼撰寫的專家推薦，就可以明顯感受到中國崛起中那種令國人抑制不住的強烈興奮感。

4 近十年人們愈來愈強烈地呼喚改革的整體設計，從一個側面證明了改革的頹勢。而執政黨和國家領導人呼籲的改革頂層設計，也顯示出零散的改革已經不足以支持中國社會的繼續發展。

5 參見本書第7章〈市場巨無霸挑戰政治巨無霸：「社會主義市場經濟」中的政企關係〉。

6 網路上傳聞，日本著名學者大前研一在中國旅遊、考察後指出，由於中國人的人均閱讀量極低，每年人均讀書僅有0.7冊，相對於以色列人均讀書數十冊而言，中國可謂是低智商社會。

這傳聞據說不可靠。但這傳聞的出現，尤其是切中中國人缺乏閱讀習慣的真實現象，足以讓人發現中國社會的一些真相。

7 參見王輝耀：〈中國模式的特點、挑戰及展望〉，第2部分「『中國模式』的挑戰」，第3小節「民眾心理問題」，載吳敬璉等編：《中國未來三十年》，北京：中央編譯出版社，2011，第81–82頁。

8 一九九〇年代後期浮現出來的新左派與自由主義之爭，因為政治壓力，在進入新世紀後不久後宣告退出中國思想的中心舞台。跨世紀之後，中國思想界一度蕭條。進入新世紀第二個十年，老左派、新左派、新儒家、極右思想紛紛登台，由於現代主流社會政治思想被權力抑制，因此這些思想流派主導了中國的觀念世界，但卻無法與中國未來的發展相契合，因而完全無法發揮整合中國人觀念生活秩序的效用，無力提供中國社會向現代縱深發展的必要共識。

9 參見肖唐鏢主編：《社會穩定研究：城鄉之間》，第4篇〈農村穩定研究〉所收諸文，上海：學林出版社，2011，第275頁及以下。

10 新世紀以來，新疆發生的一系列暴恐事件，從一個側面證明了東西部發展的極不均衡正在引發的民族間、區域間衝突。

11 貧富不均正成為中國社會分裂的重要導因。參見龔維斌等著：《社會群體與群體性事件研究》所收的〈保障弱勢群體權益，促進社會公平正義〉，北京：國家行政學院出版社，2011，第295–298頁。

12 網路流行語句「神馬都是浮雲」正能體現出這樣的社會心理。http://baike.baidu.com/subview/4531752/787002.htm?fr=aladdin（瀏覽日期：2014年6月24日）。

13 李斌等：〈深圳南山保障性住房申請首日，富人開寶馬來領表〉，載《中國經濟網》2008年1月15日。http://house.focus.cn/news/2008-01-15/421154.html（瀏覽日期：2014年6月24日）。

14 參見新浪網專題〈邱興華特大殺人案〉。http://news.sina.com.cn/z/qiuxhsx/（瀏覽日期：2014年6月24日）。

15 參見百度百科「馬加爵」詞條。http://baike.baidu.com/link?url=iLqIJneFd64K2Yjzg_RT4UjiC9LJAmDGJnVH7YFnQSMDKbsl4YaFcAd9YKF89_a（瀏覽日期：2014年6月24日）。

16 近年中國社會流行的「改革與革命賽跑」的說法，就證明了社會的革命期待正在高漲。參見吳敬璉：〈中國面臨改革和革命的賽跑〉，http://wenku.baidu.com/view/1bea1248e518964bcf847c08.html（瀏覽日期：2014年6月24日）。

17 近年，坊間熱議中國的維穩經費超過軍費開支，就可以看出國家使用日常暴力機器維護社會穩定的頻密和高昂成本。

18 中國民間盛傳的「三仇」（仇官、仇富、仇警）所投射的社會心理，似乎印證了這一點。

19 上海、廣東佛山等地出現的殺害員警案件，向人們表現，社會的反向暴力是多麼令人驚訝。參見〈上海揚佳殺員警案警示是什麼〉，http://zhidao.baidu.com/link?url=XyjG8t5_PNbSyZ77gKGdaQgaJYIjd3IYASbIzbcxHYWoE_3Ms-owKOETRtwNRGKS5t8O8O4ECEk4B6mttKsUy_；以及〈公安部A級通緝犯成瑞龍射殺民警，已被押回佛山〉，http://news.sohu.com/20090610/n264434876.shtml（瀏覽日期：2014年6月24日）。

20 參見王國勳：〈群體性事件的動力機制〉，第5節「暴力救濟的認知機制」，載肖唐鏢主編：《維權表達與政府回應》，上海：學林出版社，2012，第32–34頁。另見蔡永順：〈抗議行為中的暴力〉，載肖唐鏢主編：《群體性事件研究》，上海：學林出版社，2011，第250頁及以下。

21 對此，人們最為熟知的格式化表達，就是「大局向好，局部出現」群體性抗議事件，因此黨和政府能夠遊刃有餘地加以對付或治理。

22 參見【美】邁克爾・羅斯金著，夏維勇等譯：《國家的常識：政權・地理・文化》，第12章〈德國的歷史影響〉，尤其是第8節「第三帝國」，北京：世界圖書出版公司，2013，第179–180頁。

23 【美】拉里・戴蒙德著，張大軍譯：《民主的精神》，北京：群言出版社，2013，第8–9頁。

24 參見任劍濤：〈國家釋放社會是社會善治的前提〉，上海《社會科學版》，2014年5月29日。

第十三章

在正式制度激勵與非正式制度激勵之間

中國國家治理的激勵機制分析

探究一個國家治理者群體的激勵機制，就是探究這個國家公共權力如何有效發揮作用的機制。無疑，對於中國這樣一個處於疾速轉軌狀態的新興現代國家來說，如何保證國家公權真正發揮公共效用，乃是國家得到善治的決定性條件。研究實證表明，[1]當代中國的國家治理，由於受到兩種相互衝突的激勵機制——正式制度激勵與非正式制度激勵的交錯作用，公權公用的治理狀態並沒有得到有效保證。如何將非正式制度的激勵效用降低到正式制度激勵效能之下，或者如何將正式制度激勵的效用提升到非正式制度激勵的效用之上，就成為中國建構起實現善治的激勵機制的首要問題。

一、兩種激勵機制與正式制度激勵機制效用的衰變

中國推行市場經濟已為時不短。實行市場經濟，將掌握國家權力的治理者複雜的行為動機呈現在人們的面前。在此前的計劃經濟時代，這些握有公共權力的人們，天經地義地被認為是具有利他主義美德的人，而「為人民服務」也就此成為詮釋公共權力執掌者行為邏輯的唯一政治倫理規範，並成為激勵公權執掌者行動的唯一動力。其實，掌握公權的國

家治理者，其行為邏輯不可能如此簡單。只不過在計劃經濟時代，這一群體的行為邏輯被政治高壓成功地掩蓋起來。當開始推市場經濟行，掌握公權的國家治理者的行為複雜動力就開始呈現——公共權力執掌者也是具有利益追求的人士，在政治倫理規範與經濟利益謀求之間，公權執掌者也有自己的盤算。當市場經濟向縱深推進的時候，公權執掌者面對權力巨大無比的利益時，其積極行為或公權公用的激勵動力就更是複雜而微妙地呈現在人們面前。

恰恰此時，中國國家治理過程中兩種不同功用的激勵機制便鮮明地顯示出來。激勵，是所有在組織中行為的人們都需要的、推動其積極行動的勸說、誘導、推進或促使等做法，核心是滿足行動者的需要，及由種種需要的滿足所產生的行為動力。激勵機制應當以人為中心，而不能將人降低到動物的水平來對待。激勵所滿足的人的需要，按照層級劃分為生理需要、安全需要、愛的需要、自尊需要和自我實現的需要。需要的滿足，可以是順序的，也可以是倒序的，更可以是無序的。而需要的滿足，可以是多重的，也可以是單一的。需要的滿足主要着眼於需要者的優勢需要。滿足人的需要並以此激勵人們積極行動，乃是一個長期持續的過程。[2] 取決於激勵的長期性、規則性和認受性特點，激勵的制度化機制建構是其發揮預期效用的基礎。但是，由於制度的設計往往是基於一般情形坐實的，因此，儘管制度化的激勵效用是最大的，但在因應組織或社會情境變遷的靈活性上總是顯得滯後。因此，非制度的激勵機制由此構成制度化的激勵機制的有機補充。非制度化的激勵機制體現出短期性、潛規則和體制外的特點。一般來說，制度化激勵機制對於法治化社會所有運作中的組織及其治理者發揮主導效用，而非制度化的激勵機制對變遷社會的所有組織及其治理者有推動作用。前者是由制度供給的相對充分性保障着，後者則是由制度供給的明顯不足而註定的。

當代中國處於從計劃經濟向市場經濟的艱難轉變過程中。因此，市場經濟需要的制度化建構還處於一個全面鋪開的狀態。計劃經濟的思維、制度與舉措尚未退出國家權力與社會運行空間。於是，對治理者進行的制度化激勵便相應處於一個制度短缺的尷尬情形。正是在這樣的處境中，非制度化的激勵機制成為治理者用權的強有力指揮棒。比較而言，建立於計劃經濟時代的制度化激勵機制，與形成於市場經濟時代的新型制度激勵方式，後者的制度化成份及非制度化的激勵要素，對治理者的激勵效用，已經遠遠大於前者及計劃經濟時代的道德化的激勵效用。計劃經濟時代的制度化激勵機制，乃是一種將人提升為半神半人的激勵對象來對待的機制。物質激勵既不成為滿足五種需要的手段，也不成為人們滿足自身需要的方式。但人們內心對於物欲的需求，雖被壓抑，卻未曾泯滅。因此，即使在計劃經濟時代，幾乎完全精神化的激勵機制也無法發揮設計者的預期效用。當計劃經濟時代以滿足人的道德榮譽心為主的激勵機制，遭遇市場經濟時代以滿足人的物質欲求為主的激勵機制時，前者的激勵效用會呈現出明顯的衰變趨勢，尤其是物化激勵成為判斷人是否能夠自我實現的重要標誌的時候，虛化的精神激勵機制更是失去了滿足人需要的動力作用。

計劃經濟時代的激勵方式所依賴的諸內外條件正處於瓦解狀態：曾經支持那個時代制度化激勵最強有力的意識形態因素，已經難以自我確證；而「為人民服務」作為支撐治理者面對權力的公共意識，因為對象的模糊化而日益變成缺乏實際意義支持的政治口號；治理者的官位升遷與物質回饋，已經不足以號召他們全心全意地兑現職務目標；與制度化激勵機制相伴隨的貪腐懲戒機制，由於存在巨大的制度縫隙，也不能構成激勵的兜底死限。面對這樣的變化，國家權力的高層執掌者反應不夠敏銳，對舊意識形態的明顯迷戀，對激勵所依賴的陳舊政治理念拒絕放棄，對適應時代變遷需要的激勵體制建構不足，對激勵治理者工作的動力不甚了了，對兜底原則的重新設計不知究竟。因此，由國家意識形態、法制規章和行政權力維護的舊有制度化激勵體制，顯然無法發揮它的效果。在制度化激勵機制效用遞減的前提條件下，非制度化的激勵機制便在制度化激勵手段供給不足的情況下，迅速生長起來。

二、非正式制度激勵效用的遞增定勢

所謂非制度化激勵，指的是無法以法制、政黨原則、行政規章、組織規程和習俗慣例的形式正式發揮作用的激勵方式。在計劃經濟時代形成的正式制度激勵機制中，黨政一體的制度安排，足以保證政黨組織原則與不成體系的法制規章一起，構成相互補充的激勵體制。至於計劃經濟時代對於治理者公權公用激勵的習俗慣例式的制度性激勵，則來自於人們認定的治理者理所當然為人民服務的日常觀念。當市場經濟興起後，無論是正式制度還是習俗慣例，都無法有效整合其激勵作用。正式的制度化激勵，在法治化處於一個文本建設遠遠超前實際行使，政黨不願意落到國家之下的法治狀態，行政規章與行政組織的權能不相匹配，治理者的物化行為邏輯不被承諾，組織建制明顯不夠健全且行為設計重疊交錯，必然導致正式制度激勵與現實需要的激勵機制不相吻合的體制性錯位。就習俗慣例所支撐的非正式制度激勵而言，人們在市場經濟向縱深推進的變遷時代，對於治理者已經不再懷抱一種理所當然的、公權公用的信任。相反，人們普遍同意治理者本身也跟所有人一樣，是心懷個人目標和利益訴求的經濟人、理性人。於是，正式制度與非正式制度的既有激勵機制，便必然處於愈來愈難以發揮效用的窘迫境況之中。[3]

一種不為法制、政黨章程、行政規章、組織規程、習俗慣例所認可，卻被人們視為天經地義的非制度化激勵機制就此興起。這種激勵機制的興起，與市場經濟時代建構與之相適應的、激勵機制的實效性不足有密切關係。無疑，制度化激勵機制與非制度化激勵機制都處於一個有效約束行為者的效能範圍，激勵的作用會從被激勵者身上明顯地體現出來。被激勵者積極運用手中的權力履行崗位職責、落實組織責任、為公眾謀求福利。當正式制度不足以激發被激勵者的行為，非正式制度激勵機制的效用也就相應降低，甚至完全不能發揮。因為，按照習俗慣例的作用方式，它始終與它所依附的正式制度相適應。當正式制度不足以維持自身的時候，非正式制度即習俗慣例也就缺乏推動人們實踐某種正式規則的動力效能。換言之，法制與規章缺乏制度力量的時候，非正式規則就會出現變形扭曲，進而成為刺激人鋌而走險、腐敗自肥、進行非法交易等行為的自辯理由。

當代中國的治理者出現權錢勾結、損公肥私和輕蔑道德的行徑，就是非正式制度化激勵機制，走樣為推動治理者以權謀私的典型體現。這是市場經濟興起後，制度化激勵機制的效用遞減，非制度化激勵機制的作用隨之衰減之後必然出現的狀態。由於中國的市場經濟乃是一種政策化產物，而不是一種社會隨機變化的結果，因此，由政治家操控的市場經濟，因為機制上的缺失，譬如法治水準的低下、政黨自肥的定勢、官商一體的定位、先富後富的僵化界定、缺乏總體設計的盲目試錯、放任自流的個人行動模式等缺失，必然導致國家治理者行為的失範。他們既無法確立行為的道德目標，也無法認定行為的組織價值，更無法依循其行為規章或法律規則。因此，在他們面前，法制規章、政黨規則與組織規定這些正式制度激勵機制也喪失了權威，而習俗慣例這些非正式制度的激勵機制就更是缺乏規範他們行為的效用。

當國家治理者對一切正式的制度激勵與非正式的制度激勵舉措缺乏認同感的時候，市場經濟帶來的龐大利益，就成為激勵他們行為的唯一動力。這樣的激勵機制，自然不能成為正式制度激勵的體制性建制。同時，它也不能成為非正式激勵制度的轉變形態。在規範的正式與非正式制度激勵機制之外，逐漸形成的既上不了法制規章枱面，又無法成為人們習以為常的激勵手段，只能更為準確地被稱之為赤裸裸以權謀私的激勵方式。這當然也屬於一種非正式制度激勵機制，只不過它完全沒有合法渠道：借助人們的合法化預期成為法制規章，及借助人們的道德期待成為習俗慣例的可能性全無。於是，腐敗機制成為這種非正式制度激勵機制的另一個稱呼。[4]

當代中國國家治理者的腐敗可分為廣泛性和縱深性兩個向度。從前者來說，治理者受到腐敗的激勵有一個範圍逐漸擴大的過程。這一逐漸擴大的漸進過程，正正顯示出治理者從數量上顯現出的非正式制度激勵的行為的認受性。從後者來看，治理者受到腐敗的誘惑有一個深度上明顯加強的過程。而這一明顯加強的過程，正顯示出治理者從個別治理者偶然的腐敗行為滑向人們毫不驚怪的普遍腐敗行徑的行為目的性。這是一個顯見的無約束力的、非正式制度激勵機制形成的標誌。在這種機制中，治理者（官員）使用手中的權力為自己謀取利益，完全將權力的公共性質拋諸腦後。局部而偶然的腐敗，不足以讓人斷言腐敗成為治理者的激勵機制，但普遍而頻繁的腐敗，正正顯示出治理者激勵機制的扭曲性生長狀態。[5] 這兩個向度體現了非正式制度激勵走向腐敗激勵的惡化狀態，也就是非正式制度激勵的激勵效用通過腐敗的形式，強化了這種激勵方式。

三、反腐敗與正式制度激勵機制的重建

在僅能適應計劃經濟時代需要的、舊有的制度激勵機制迅速瓦解，而適應市場經濟時代狀態的制度激勵機制建構遲緩的情況下，如何尋找到一個重啟制度化激勵機制效用，而又避免脫離時代激勵需要的嶄新激勵體制，是當代中國建構治理者激勵機制的關鍵問題。

重建正式制度激勵機制的進路有兩個：向後看的退路與先前看的進路。就向後看的退路而言，是一種重新恢復計劃經濟時代激勵機制的嘗試。在做法上，以國家權力掌控者熟稔於心的黨化教育的激勵功能，採取唱紅打黑的藏式贏得民眾喝彩的民粹主義做法，不再努力建構制度化增長財富的機制而再次將分配作為首要問題處置，及迴避實質問題劍走偏鋒地進行枝節性改革，成為恢復計劃經濟時代激勵機制的主要途徑。由於中國民眾長期依賴缺乏制約權力的法治化生活經驗，這樣虛玄的激勵機制會以民粹主義的形式贏得民眾廣泛的歡迎，從而順當地重建起它曾經發揮支配性作用的政治權威性。就向前看的進路而言，則是一種致力建構適應市場經濟時代要求的規則化激勵機制。在做法上，以告別政黨國家對國家權力的全方位控制，走向法治化狀態為決定性舉措，將反腐敗的目標直接與正式制度激勵機制的重建掛鈎，推動治理者臣服於權利規則和公共軌制，對於中國的基本制度進行結構性改革，進而在市場經濟興盛之後建構起與之匹配的民主政治體制。這樣的進路，明顯是向治理者控制國家權力的壟斷挑戰。接不接受這一挑戰，註定了國家治理者是否能夠抗禦利益化的非制度激勵機制引誘，接受並建立基於習俗慣例的非制度化激勵機制，最終確立基於法治規則的制度化激勵機制的前途與命運。

無疑，從政治理性的角度看，人們普遍支持向前看的制度化激勵機制的重建進路。但成功地建構這一機制的前提條件是，一方面有效地抵制向後看的制度化激勵機制與非制度化激勵機制的建構衝動，另一方面迅速地建構起真正具有效能的現代制度化激勵機制。這是一個問題有兩個構成面：一個問題即重建有效的制度化激勵機制具有必要性和重要性。因為按照激勵理論來說，人們的行動幾乎都是受到某種激勵的結果。[6] 因此，圍繞如何有效激勵治理者的雙向設計，就成為重建制度化激勵機制的必須：一，需要建構起防止治理者迴避現實問題的向後倒退制度體系；二，需要建構起制度化激勵的、兜底的懲罰性機制與促使治理者追求卓越的獎勵性機制。就前者而言，以唱紅打黑的方式重建理想主義的道德化激勵機制，是一種回流性的、疏離現實的無效勞動。就後者論，以正式制度激勵為取向的激勵機制，是一種降低非制度激勵效能。提升制度化激勵效用的機制。這一機制，以懲罰性手段保證治理者不至於逾越公權公用的底線，以獎勵性手段保證治理者追求卓越從而明顯改善公共福利。

市場經濟時代對治理者的制度化激勵機制的重建，圍繞的核心問題是將治理者還原於人，從而在人的基點上設計不同的激勵手段。從「人」的預設出發設計滿足不同需要的激勵手段，是現代激勵理論所重視的設計方式。[7] 從這一基點出發，設計滿足人的高低有序、層次不同的五種需要，就是對治理者進行激勵的制度設計必然的取向。除了以滿足人的五種需要為軸心來設計制度化激勵機制，制度化激勵的手段供給也成為這一激勵機制建構的重要向度。毫無疑問，制度激勵的兜底原則要求這一激勵機制杜絕治理者公權私用，這正是反腐敗之作為激勵機制設計的構成部分的直接理由。將反腐敗設定為激勵機制的底線，似乎偏離了激勵機制的目標，發揮刺激治理者積極作為，提升公共權力的效用並改善公共福利的正面意義。不過分析起來，反腐敗確實是一種旨在將治理者安置到正向激勵的共同起點上的前提條件，否則，激勵就成為反向性的活動，刺激治理者將權力轉換成私利變現的工具。

市場經濟時代的正式制度激勵機制必定是一種法治化的激勵機制。法治化的激勵機制，不是一種從上限（理想）出發設計的激勵機制，而是一種基於兜底原則的激勵機制。它無法保障一個國家治理者的最高績效，卻可以杜絕治理者在底線以下作出危害公共利益的行為。因此，這樣的激勵機制，乃是一種兜住底線，激勵治理者追求卓越的機制。從這一可靠的底線激勵出發，市場經濟時代的正式制度激勵機制鼓勵治理者積極追求卓越，秉承一心為社會的高尚道德原則，實現利他主義的行為後果。但這不是正式制度激勵機制建構的基準。因為所有的治理者行動都要做到完全的利他，乃是一個不可能實現的目標。只有從底線出發的激勵機制，才能成為針對所有激勵對象的正式制度激勵機制。

在足以杜絕腐敗的基礎上，制度化激勵機制的重建工作，就落在有效激勵治理者積極用權、提高權力運作績效的焦點上。對於治理者的這種制度化激勵機制的設計，如同對所有行為者的制度化激勵機制相仿，必須重視建構激勵機制的四種戰略。一是依法服從，即運用規則、正式命令及制裁來指揮並控制他們的行為。二是靈活使用手段性獎勵，譬如根據治理者行動效果確定的績效性獎勵、基於治理者心理需要的上層領導者垂注與關懷、基於社會化行為需要的幹群關懷機制等。三是促使治理者形成強烈的崗位認同，努力提供有趣的、富有挑戰性的工作，表現出強烈的創造性和革新精神。四是力求他們達成目標一致，即促使他們把組織目標和價值內在化。[8] 在這四個戰略相互支撐的基礎上建構起的制度化激勵機制，足以滿足治理者的基本需要和優勢需要，從而對他們的積極作為起到強有力的激勵效用。

為了重建制度化的激勵機制，必須化解妨礙制度化激勵機制作用的各種因素。從中國的國家權力結構上説，一個懸置在國家法律體系之外的政黨體系，必須嚴格納入國家法律的控制範圍，否則組織性因素就會瓦解法治化的激勵機制。從中國國家權力結構的權威治理上說，國家權力與政黨權力必須切割分開，否則國家意志就成為組織意志的轉變形態，組織的腐敗現象就會放大為國家的普遍情形。從中國的行政權力組成方式與運作機制上看，一個受控於超級政黨意志的人治結構，是無法組織起法治化的正式制度激勵體制的。因此，必須將政府運作納入法治化的軌道，促成政府的依法行政局面。從中國的具體行政組織上說，各級各類行政組織必須按照組織規則而非組織人格代表的意志運轉，否則組織的激勵就會成為長官個人意志的隨意顯現，而制度化激勵的空間就會驟然收窄，甚至完全缺乏正向的激勵效果。這樣的制度化激勵機制，與基於習俗慣例的非制度化激勵是相容的、互動的。禮俗社會的非制度化激勵與法治化社會的制度激勵，是相宜的兩種激勵機制，而庸俗化社會的非制度激勵與人治國家的「制度」激勵，也是相互支撐的激勵結構，但在前者的積極效用與後者的消極結果之間的取捨不言而喻。

四、克制非正式制度激勵機制滑向腐敗機制：法律主治的決斷

計劃經濟時代的激勵機制，存在着從內部瓦解其激勵效用的因素，因此是一種不得不嚴重依賴非正式制度激勵機制支撐正式制度激勵的扭曲化體系。就其內部的瓦解因素看，出現於計劃經濟時代的中國激勵機制，政黨的組織原則顯然大於國家的法治化準則，在國家依據法律建構激勵機制，卻與執掌國家權力的政黨意志不是絕對一致的情況下，國家意志一定服從政黨意志，意味着政黨高度組織起來的統一意志是以組織服從為激勵的基本假設。這一假設，事實上與激勵的基本精神是相反。因為這種「激勵」是以政治高壓下的服從作為預設的，既不可能以滿足激勵對象的各種需要為導向，也不可能採取針對不同激勵對象的個別的、有效舉措為取徑，更不可能建立起激勵者與被激勵者之間相互尊重的平等激勵關係。因此，在人們的行為都需要激勵，尤其是激勵者本身更需要巧妙的激勵才會做出積極向上的舉動的情況下，正式制度激勵的效用缺乏保證，不得不轉向非正式制度激勵的效用，以求彌補正式制度激勵效用的嚴重短缺。而依賴非正式制度激勵機制對正式制度激勵及其效用的彌補，大致只有兩個途徑：一是在不破壞非正式制度激勵機制所依賴的社會土壤的前提條件下，促使禮俗社會的各種激勵治理者積極作為的激勵手段發揮效用。諸

如人情的動力、熟人社會的成人之美、鄉親近鄰之間的彼此關照、做人的自我克制及利他情懷等，都可以在正式制度激勵不足的情況下對治理者發揮非正式制度激勵作用。二是在國家權力破壞非正式制度激勵的社會機制情況下，催生一種既不受法律引導、又不受禮俗傳統節制的非正式制度激勵機制。這種激勵機制，僅僅着眼於激勵對象的行動，即被激勵者戰勝一切競爭對手。無疑，在中國推行階級鬥爭國策的三十餘年時間裏，正式制度激勵機制仰賴的共產主義信仰衰變後，由不可妥協的階級鬥爭推動形成的人人畏懼的激勵機制，就是一種贏家通吃的激勵機制。這是一種極其惡性的激勵方式。早期（一九五〇年代）推行這一激勵方式，是因為中國人受到國家統一的盲目鼓舞，同時受到摧毀禮俗社會機制時限和深度的限制，因此還可以維持正式制度激勵的政治效用。從一九六〇年代開始，如火如荼的階級鬥爭將正式激勵制度機制摧毀了，禮俗社會更是作為「四舊」加以掃蕩。因此，正式制度激勵機制的效用降到冰點，非正式制度激勵機制也在社會的湮沒中走向惡性的成王敗寇境地。到一九八〇年代改革起始，可以說中國幾乎已經沒有促使人積極行動的激勵機制了。而其中治理者在國家翻雲覆雨的階級鬥爭中促成的政治畏懼心理，已經成為雙重障礙：作為激勵者，他們的激勵動力不足；作為被激勵者，他們的激勵方式方法、手段舉措都非常單一。作為激勵者，他們對激勵對象缺乏尊重，也缺少激勵能力和激勵資源；作為被激勵者，他們的職位升遷、事業成就、社會評價，都不在滿意的狀態，因此激勵動力嚴重下降。改革開放前的中國社會，是一個全面疲乏的社會。[9] 激勵機制發揮預期效用所依賴的活力社會，與中國社會的實際狀態相差甚遠，正常的制度化激勵機制根本無從建立。

當這種嚴重依賴惡性的非正式制度激勵的體系，遭遇來自外部的瓦解力量時，它的正式制度激勵與非正式制度激勵雙闕的體系就會徹底喪失激勵作用，要麼成為政治口號或強控手段，要麼成為真正需要的激勵機制的阻礙或牽絆，並且最後必定成為新的激勵機制興起的反動力量，要麼被新生的制度化激勵機制所取代，要麼回流到由政治權力擔保的毫無激勵作用的舊有「激勵」機制之中，使陳舊乏力的舊有體制苟延殘喘。現實呈現出來的事實是，由政治策略推進的市場經濟，確實促成了這一激勵機制的崩潰，同時催生了治理者極力謀求經濟利益的非正式制度激勵機制。這是一種更混亂的激勵狀態：一方面，治理者據以行動的革命黨思維揮之不去，激勵體制依然是一種意識形態化舉國動員的一律性體制，因此激勵的長期效果和實際效益缺乏保障。另一方面，可見的、龐大的物質利益已經成為激勵官員作為的現實動力，但這一動力不為執掌國家權力的政黨意識形態所承諾。於是，市場經濟興起之後，中國激勵機制的重建，就受到兩種力量的錯位而形成：與時代疏離的政黨意識形態，試圖保留自己激勵治理者公權公用的高尚行動的激勵效能；與時代緊密相關的謀求利益的治理者行為動力又不被執掌國家權力的政黨所承認。於是，正式制度激勵便在政治文獻中繼續演繹，而以權謀私的、新的非正式制度激勵則在實際生活中成型。貪腐的逐漸盛行，就是這一非正式制度激勵機制與之相互促成的結果。[10]

與正式制度激勵機制重建相匹配的是，非正式制度激勵機制的重建不可缺少，與正式制度激勵機制的法治化導向的旨趣一致。非正式制度激勵機制的重建，首先要克制住這一激勵機制向腐敗的方向發展，只能依賴法治化的方略。如果不是法律主治，而是黨治或人治，高層治理者的主觀意志就是國家或地方治理的主導力量。治理者的主觀隨意性就此成為他激勵下屬、同僚或公眾的指揮棒，人們也就會對之極力逢迎，爭取「激勵」施捨。這樣不僅不能杜絕非制度激勵機制向腐敗機制的墮落，而且明顯會強化人們對制度化激勵機制的不信任，就此徹底消解激勵機制的所有功用。只有在法治化的正式制度激勵機制中，治理者的主觀隨意性才能受到有效抑制，規則化的激勵才能發揮普遍有效的作用，人們才會在公正、公平、公開的激勵狀態中積極作為。其次則需要重新恢復禮俗社會的非制度激勵機制的作用效能。禮俗社會不能被視為傳統社會的運行形態。一個健全的現代社會機制，一定是法治化社會和禮俗化社會的合體——法治提供給社會嚴格的、一定的行為規則，禮俗提供給社會約定俗成、節制人行為的規範，兩者互相配合，才足以將人的行為有效地約束在「人」的狀態中。僅僅依靠法律規則約束治理者或公眾的行為，最多只能達到「民免而無恥」的效果，只有在禮俗的引導下，治理者與公眾才能做到「有恥且格」。這是由國家力量和社會力量共同保障着的激勵機制。

以法治化的正式制度激勵機制建構重建現代中國的治理者激勵機制，乃是一個長期而複雜的過程。這涉及到中國的政黨制度重建、國家形態轉變、政府運作機制轉型和社會自主機制再造等重大問題。但是，只要人們期待中國的治理者理性化行動，並由此帶動整個社會公眾理性化行為，那麼，這樣的建構過程即使再漫長，也將是中國人不得不完成的首要任務。

註釋

1 本章僅僅試圖對實證研究所呈現的中國治理者激勵現狀進行一種帶有規範意義的分析。因此，文章從實證研究的結果出發，而不限於實證研究的描述與分析，作者努力想探究的是實證研究背後應當突顯出來的更為深層的現象導因與規範結論。實證研究的相關著作可以參考俞可平及其研究團隊的作品，諸如《中國公民社會的興起與治理的變遷》，北京：社會科學文獻出版社，2002；《國家治理與評估：中國與世界》，北京：中央編譯出版社，2009等。

2 行為科學對於激勵的一般解釋是，對於人從基本需要到高級需要的一種滿足。不過這種滿足所發生的效用則具有重大區別，與組織結構、社會環境、個人需求和制度安排具有密切關係。參見亞伯拉罕・H・馬斯洛「人類激勵理論」，載【美】J・史蒂文・奧特等編、王薔等譯：《組織行為學經典文獻》，上海：上海財經大學出版社，2009，第161頁及以下。

3 在所謂發達與欠發達國家的比較行政研究視角，人們早就指出兩者之間存在的重大差異：發達國家行政者基於分權制度建構和公民文化支援着的規範行政模式，與欠發達國家依賴謀求發展的政治家精英和公民對政客的對峙心態的行動模式，對於理解當前中國作為轉軌國家建構治理者激勵機制的特殊性具有明顯的幫助作用。參見【美】費勒爾・海迪著，劉俊生譯校：《比較公共行政》，第5、6、7章對於兩類國家的行政狀態的描述與分析，北京：中國人民大學出版社，2006，第210頁及以下。

4 當代中國的普遍腐敗，已經促使人們懷疑中國特色體制的特殊性所在。經濟學家張五常就認為，人類歷史上存在着三種社會體制，一是私有產權體制，二是論資排輩體制，三是權錢勾結腐敗體制。而他認定，中國目前體制的某些方面正屬於他劃分出來的第三種體制。參見氏著：〈三種社會體制〉，《書屋》，2000年第2期。

5 參見鳳凰周刊編：《中國貪官錄 —— 2000–2010：250 位貪官檔案》，北京：中國發展出版社，2011。此書收錄了近十年中國各級各類貪官以權謀私、滿足個人利欲的貪腐案例，顯示出貪腐作為激勵官員的動力機制。這些實證材料有力地表明，非正式制度激勵正與腐敗激勵直接等同起來。

6 參見維克多·H·弗魯姆：〈工作與激勵〉。作者指出，「個人在其工作以及『職場』中表現出的行為，大多數是自主的，並且是由激勵產生的」。載J·史蒂文·奧特等編，王薔等譯：《組織行為學經典文獻》，上海：上海財經大學出版社，2009，第 188–189 頁。

7 馬斯洛特別強調，把人當人，而不是動物，是人類激勵理論的出發點。參見亞伯拉罕·H·馬斯洛〈人類激勵理論〉。他指出，「激勵理論應以人而不是動物為中心」。動物是按照本能行動的，而人則是依照強弱程度不同的需要接受激勵的。「人類需要本身按照強烈程度梯狀排列。就是說，一種需要通常出現在前一種也是更優先的需要被滿足之後。人是一種不斷產生需求的動物。我們不能把需要和驅動力看作似乎是孤立的或分離的，每一種驅動力都和是否滿足另一種驅動力的狀態有關。」這證明，對人的激勵，是一種有機化的激勵，而不是一種單一的本能性刺激。見J·史蒂文·奧特等編，王薔等譯：《組織行為學經典文獻》，上海：上海財經大學出版社，2009，第 162 頁。

8 參見【美】喬納森·R·湯普金斯著，夏正平譯：《公共管理學說史 —— 組織理論與公共管理》，上海：上海譯文出版社，2010，第 40–42 頁。

9 參見金沖及：《二十世紀中國史綱》，第 3 卷。作者指出，「在十年大動亂中，民主和法制遭到嚴重破壞，人民生命財產的安全失去保障，大批幹部和群眾遭受殘酷迫害；社會經濟屢經挫折，拉大了中國同世界發達國家之間的差距；極端嚴重的思想混亂，導致社會風氣和人們道德水準顯著下降。它所造成的惡果，影響深遠」，北京：社會科學文獻出版社，2009，第 3 頁。

10

有論者指出，「官場腐敗之所以久治不癒，從表面上看，是因為權錢交易花樣翻新，貪官污吏前赴後繼；本質上說，卻是因為政府官員掌控着巨大的利益資源。對權錢交易的買方即不法商人來說，購買權力為己服務，較之正常的競爭手段，可謂一本萬利，收益既易且巨。當某個商人因成功購買權力而獲得競爭優勢後，其他競爭者不甘於失敗，就不得不仿效。而對於權錢交易的賣方即貪官污吏來說，面對眾多商人爭相結交的熱情、層出不窮的利益輸送手段，即便不沉溺於燈紅酒綠、不留戀於聲色犬馬，也很難拒絕所有誘惑。這種體制環境和資源配置機制，對買賣雙方都是『劣幣驅逐良幣』的危險深淵。」見周秉明：〈着力營造良性的體制環境〉，鳳凰周刊編：《中國貪官錄——2000–2010：250位貪官檔案》，第377–378頁。這描述、分析表明，國家權力領域的治理者與社會領域的行為者（商人）之間，在非正式制度激勵機制中的相互支持着的謀利傾向。

第十四章

舉國體制、超大型項目與國家的均衡治理

在現代國家治理進程中，因應國家體制的不同，由國家佈局和實施的政策性項目，差異十分巨大，特別引人關注。發達國家在政府佈局與實施的超大型項目上，數量有限，品質優良；發展中國家由政府佈局與實施的超大型項目，數量繁多，品質堪憂。中國是一個發展程度由低到高遞進的國家。中華人民共和國建國至今，由政府，尤其是中央政府直接佈局與推進的超大型項目，舉目即是。人們將這樣的國家治理方式命名為舉國體制。超大型項目與舉國體制是緊密聯繫在一起的。無疑，從比較公共行政的視角看，舉國體制與超大型項目關聯着的國家治理體制，有利有弊。但從現代國家治理體系與治理能力來看，舉國體制與超大型項目都需要進行反思，從中引導出規範的國家均衡治理狀態。

一、國家體制與超大型項目：一個比較描述

為了展開具體的分析，首先需要簡單界定什麼是超大型項目。簡言之，以國家力量制定相關傾斜性政策，不計代價地為之聚集資源、並着力體現國家行為能力、標杆性地展現國家迅速發展而佈局和實施的項目，就是國家治理中的超大型項目。這類項目，可以分佈

在政治（軍事）領域、經濟領域和社會領域。一般而言，現代國家由於同時履行對內保護與對外禦敵的雙重職能，它在軍事國防上傾斜性地制定政策和配置資源，乃是一種必須。而在社會領域，只要一個稍具健康的國家與社會的適度分離，國家便不可能動員優勢資源佈局與實施所謂超大型工程。即使是在發達國家中，福利社會工程可謂耗費不菲，卻不是國家獨美的事情。即使建成福利國家，人們也不會認為那是政府單方面佈局與實施的結果，而是政府、社會與市場合力治理的結果。因此，引人矚目的、由國家佈局與實施的超大型項目，常常集中在經濟領域。

在經濟領域中，國家之所以試圖動用政策工具，制定傾斜性政策，佈局與實施超大型項目，主要是因為這樣的政策與項目，可以顯示國家治理的宏大氣魄，因而感染整個國家的公眾，乃至引起全世界範圍的讚歎；同時，超大型項目的佈局與實施，可以展示政府制定相關政策的複雜程度和高超行政技藝，國家當局也樂此不疲。更為重要的是，超大型項目的政策制定與工程實施，可以增加人們對整個國家的認知、認同國家權力、確認國家實力。可想像，超大型項目激發出來的精神力量、權力榮耀與認同符號，對國家治理權力的掌控者具有何等吸引力。

但能否真正佈局與實施超大型項目，不同體制的國家都有不相同的處境。一般而言，一個國家，是不是能夠集中優勢資源，佈局和實施超大型項目，受制於這個國家的政治、經濟與社會體制。[1] 從比較公共行政的實踐邏輯上説，起碼可以將不同的國家在這方面的表現，區分為三種類型：一是國家根本無權佈局與實施超大型項目，二是國家能夠動員有限權力佈局與實施一些超大型項目，三是國家不受限制地佈局與實施它所意欲的超大型項目。第一種類型的國家一般是標準意義上的民主法治國家。由於國家權力受到權力內部與整個社會的有效約束，它幾乎沒有推出超大型項目的能力。這不是説這類國家就沒有超大型項目，只不過超大型項目的籌劃與實施，完全是市場或社會動議和推進的結果。第二種類型的國家是民主轉型或民主鞏固進程中的國家，這些國家保留着一定程度的集權政府的決策慣性，又受制於新生民主制度的權力制衡與社會限制，因此只能有限地推出一些超大型項目，並且為此承受強大的社會壓力。第三種類型的國家尚未發生民主轉型，而又試圖證明自己是由具有強大的治國理政能力之人掌握權力，這類國家總是試圖以超大型項目的佈局與實施，向公眾和世界展示自己推進經濟與社會發展的強大能力，因此對超大型項目樂此不疲。從總體上説，超大型項目的佈局與實施，可以説是一個主觀上試圖將國家加以良好治理的權力當局產物。那些處在混亂狀態、缺乏基本治理能力的國家，絕對不可能推出任何超大型項目的政策與工程，因為它們完全無力聚集政策資源，且缺乏實施宏大政策的相關資源配置能力。

超大型項目可以劃分為國家層面的系統規劃和具體工程的組織實施兩類。前者，政治學界已經對它有相當深入的研究。在設定國家機器的基本特徵就是簡單化與明晰化的前提條件下，論者指出，國家總是傾向繪製簡略的地圖，而「國家制定地籍圖冊的目的是為了掌握那些要交納稅收的財產所有者，它不僅僅記載了土地的租佃系統，而且還創造了一個具有法律力量的分類系統。」[2]這些項目，隨便舉例，實在令人驚歎：東南亞國家的流民定居計劃、俄羅斯的集體化、非洲國家的強制村莊化等。論者認為，有四大因素促成了這些項目的致命結合：一是旨在重塑社會的國家簡單化思維，二是理性設計社會的意識形態自負，三是推行極端現實主義計劃變成現實的強制權力，四是本應阻止這些項目的公民社會軟弱無力。[3]以全面深刻改變人類狀況為取向的超大型項目，起源於發達國家，但興盛於後發國家。本章重點分析的是後一類超大型項目，即國家動用政策工具，為某一具體工程傾斜性配置資源的項目。譬如興修大壩、改變水系、舉辦盛會、隆重會展等恢弘舉措。這些超大型項目，並不着意改變人類狀況，僅僅着意實施某些氣勢懾人的項目，從而證明組織實施這些項目的國家的強大和能力，且足以與發達國家並駕齊驅。推出這些超大型項目的國家，一般而言，不會是發達國家。因為發達國家受制於分權制衡的權力體制，已經無法動用政策工具來促成相關項目的立項、啟動、實施、推進和結果。隨時隨地的政策檢討機制，都可能改變或終止任何類似項目的倡議與制定。[4] 但在落後國家，尤其是相對落後但亟欲發展的轉型國家，最容易推出這樣的超大型項目。這些項目足以推出的原因，除了前述那些旨在改變人類狀況的超大型項目的政策動力和社會助力外，主要是因為轉型國家需要證明國家能力。因此，這些國家推出的超大型項目的政策與工程，就難以作出變動與調整。

轉型國家為何熱衷於以超大型項目來證明自己的國家能力呢？或說，為何相對貧困的發展中國家樂意動用政策資源佈局與實施超大型項目呢？這是同一個問題的兩個向度。就前者而言，轉型國家，就其國家性質而論，已經不是處在絕對貧困境況中的國家，而且它在一定條件下足以保證國家的基本政治秩序與社會秩序。[5] 因此，在新舊雜陳、方生未死的轉型之際，國家必須借助不斷推出的超大型項目來顯示財富的增長與積累，以呈現國家強大的組織能力、政策能量與發展成就，內在地驅動了這種類型的國家大力地倡議與實施超大型項目。而且國家的轉型，尚未嚴格限制國家權力的作為空間與施展範圍，國家佔有的總體資源份額龐大，社會亦未有自己組織起來實施利益攸關的諸項目的能力，足以促成國家強勢地推出超大型項目的衝動。與此相關，國家的相對貧困，需要以激發人們發展信心的超大型項目來刺激發展欲望，以顯示國家迅速崛起令人鼓舞的現狀，並據以表現出國家權力為公眾謀求發展與福利的權力公共性。

後發國家制定與實施的具體超大型項目，所涉及的領域廣泛、佈局繁多、引起反應的不同、後果差異巨大。但總的說來，這些國家制定與實施的具體超大型項目，都圍繞着一個核心，就是證明國家的行動能力，進而激發公眾對國家的信賴，催生公眾對國家的榮譽感。因此，不管是什麼超大型項目，並都不是國家理性決斷下的結果，也不是資源合理配置的結果，更不是基於代際正義的長期政策考量的產物。出現這樣的政策原因很簡單。對於後發國家來說，國家權力進行決策的基點，不是公眾利益，而是政治統治的效能。正是由於後發國家，哪怕是已經發生民主轉軌、有待民主鞏固的後發國家，處在這樣一種政策選擇的困境中，都總是逃不出以推崇超大型項目來實現後發先至目標的政策圈套。這樣的政策圈套，對於那些心存領導世界圖謀的後發國家來說，具有更為強大的吸引力。因為這種類型的國家，處在一個疾速發展、鼓舞人心的現狀之中，未來的謀劃就必須借助領導世界的雄偉藍圖才足以贏得公眾對國家權力的持續認同。

各種需要當下或長期加以解決的問題，總是與超大型項目的制定與實施相伴隨。出現這種似乎是悖謬的狀態，自然與超大型項目的決策及其內蘊的後果相關。對於相對落後的後發轉型國家來說，國家在統治範圍內控制的資源總量佔據比例很大，但可以控制的資源數量肯定是有限的。當國家將優勢資源集中用於超大型項目的時候，種種需要資源投入的、在超大型項目之外的領域便處於資源貧瘠的狀態，結果無法實現必須的發展。因此，超大型項目資源的傾斜性投入與國家所忽略的那些領域在資源上的絕對短缺，不僅引發發展的失衡，造成整個國家因資源的不均衡配置，出現國家發展的離心傾向。一個國家發展失衡，必然會出現「貧者愈貧，富者愈富」的局面，這對整個國家的統一權力構成威脅。正因如此，發展理論才特別看重梯度發展與大推進（the big push）戰略的不同效用與後果。[6]前者強調不同投資領域與不同發展地區的差異性對待，後者重視不同投資領域與發展地區的同等地位和作用。如果一個國家強行將不可分離的發展要素切割開來，以超大型項目的傾斜性需要安排資源投入，那麼它對國家發展必然產生負面影響。

二、舉國體制與資源配置

中國是疾速崛起的發展中國家，亦正處於極為特殊的處境之中。國家的疾速崛起動力在於國家權力全力而直接的推動；國家仍在發展中，必然依賴超大型項目的推進崛起的暫態效應。兩者緊密聯繫在一起，促成國家權力對超大型項目的長期倚賴。這一發展處境，與前述發展中、非民主國家的態勢吻合。

從歷史的視角看，中國對超大型項目的長期倚賴，可以區分為兩個階段：一是計劃經濟時代國家對超大型項目的推崇，二是市場經濟時代國家對超大型項目的倚賴。兩個階段，既有區別，又有聯繫。從區別說起，在前期階段，由於總體資源的短缺，超大型項目的實際發展明顯有限，大多限於軍事、水利、重工業領域，因此類似項目對國家發展的作用受到相當限制。在後期，國家在市場中獲取了龐大的資源，因此對超大型項目的政策傾斜與資源投入明顯增加，在經濟社會各個領域都明顯實施超大型項目，對國家的崛起產生了關鍵性的作用。[7] 從兩者之聯繫來看，兩者都由一以貫之的舉國體制所註定，都是國家權力傾斜配置資源的結果。需要指出的是，儘管兩個階段由國家投資的超大型項目都主要是在經濟領域，但在後期階段那些旨在鼓舞人心的非經濟領域超大型項目有明顯的上升趨勢。

客觀來説，超大型項目在中國從農業國家轉向工商業國家的進程中，發揮了不容小覷的推動作用。在國家推行計劃經濟時，若不是超大型項目的政策制定與實施，人們很難設想在資源嚴重短缺的情況下，能興修三門峽水電站、製造原子彈和氫彈、建造大型鋼鐵公司。在國家實行市場經濟時，不是國家以政策性佈局和實施超大型項目，人們也很難設想中國經濟會疾速增長，很難想像三峽大壩的興建，南水北調、西電東送、北煤南運的資源能在全國調動，並能舉辦北京奧運會、上海世博會等的世界盛事。這些超大型項目，以國家力量來支持，以資源的政策性調動提供物質保障，以群眾運動式推進作為建設方式，以振奮國人精神、激發愛國熱情作為政治導向，經濟效益反而只是前幾個目標所附帶的結果而已。

國家對超大型項目的推崇，在其所發揮的當下效用與政治功能的鼓舞下，獲得了舉國家之力便能辦大事的高度評價。舉國體制就此成為中國現行體制運行的國家特色，就如舉辦奧運會和世博會所反映出的基本特點。一舉全國之力、不惜工本、不計代價，只問重要與否，只求社會迴響、群眾喜悦、國際讚許。借奧運會總結表彰大會之機，國家領導人對舉國體制做出了言簡意賅的概括，「堅持發揮舉國體制作用。舉辦北京奧運會、殘奧會涉及的領域、部門、地區眾多，需要舉全國之力。圍繞成功舉辦北京奧運會、殘奧會這個中心任務，中央奧運籌辦工作領導小組加強統籌協調，各有關部門加強配合，跨部門協調小組密切協作，各省區市講大局、講風格，形成了上下貫通、內外銜接、協調運行的工作格局。北京市周邊各省區市為北京奧運會、殘奧會安全保衛、空氣品質、交通保障等工作提供了全天候、全方位的有力支援。全國各行各業自覺服從和保證奧運大局，主動把困難留給自己，把方便讓給奧運，凝聚成辦好北京奧運會、殘奧會的強大合力。舉國上下同心同德、同舟共濟，這是北京奧運會、殘奧會成功舉辦的強大力量，也是我國改革開放和社會主義現代化事業不斷前進的強大力量。」8

這一段講話，將舉國體制與超大型項目緊密關聯的結構特徵概括得非常清楚。一是從中央到地方的國家權力部門對一個超大型項目的決定性政策傾斜。二是排除其他所有事務對該項目的影響，心無旁騖地保證該項目的實施。三是為了該項目實施的既定目的，犧牲相關人員、相關地區與相關領域的利益，以保證該項目達到絕對優質的成果。四是以強大的精神力量作為有力的政策——物質保證的後援，從而強化該項目達到預定目標的精神動力。從國家項目決策、實施的一般過程看，一個超大型項目，也就是為了完成這個項目所具體落定的實際任務，因此，一般這類項目是以局部動員進行局部實施的，但當這一項目上升為舉國體制高度才能實施的時候，這項目就將其他所有項目的價值降低，將它們的政策關注度自覺下移，其分配到的資源亦相應減少，將其他所有項目的社會聚焦度加以分散，並令其將發揮的社會影響力盡力減弱，從而在一定的時空條件下將該項目的自身價值與社會政治作用鮮明地突顯出來。舉國體制下的超大型項目，就此具有了項目之外的、廣泛而深刻的社會政治賦值。這樣的賦值，能將項目本身的價值隱匿起來，促使人們從社會政治影響力的視角對之進行審視和評估。

正是由於舉國體制直接引導的超大型項目，主要是基於社會政治目的推進的，所以在舉國體制中由國家直接推動的超大型項目，一定會將經濟因素的考量約束在政治考量之下，從而將超大型項目的社會政治功能推高到經濟績效之上。這理論也能從國家下定決心舉辦奧運會，並在會後高度肯定「舉國辦奧運」的社會政治功用上得到印證。

「偉大的事業孕育偉大的精神，偉大的精神推進偉大的事業。廣大奧運建設者、工作者、志願者牢記黨和人民的重托，勇於承擔中華民族百年圓夢的光榮使命和偉大時代提供的難得機遇，大力培育和弘揚了為國爭光的愛國精神、艱苦奮鬥的奉獻精神、精益求精的敬業精神、勇攀高峰的創新精神、團結協作的團隊精神，為北京奧運會、殘奧會成功舉辦提供了強大精神支撐。這是以愛國主義為核心的民族精神和以改革創新為核心的時代精神的生動體現，是偉大的中華民族精神在當代中國的生動體現。在全面建設小康社會、加快推進社會主義現代化的征程上，我們要大力弘揚北京奧運會、殘奧會培育的崇高精神，使之成為推動我國各項事業發展的強大精神動力。」[9]

在這裏，儘管國家領導人只針對舉辦奧運會的成功做經驗總結，但實際上完全可以看出他們對籌劃、佈局與實施超大型項目的舉國體制所具有的政治功能做出的一般概括。這樣的概括，是國家領導人對舉辦類似超大型項目的經驗進行概括的格式化表達。[10]通觀當代中國社會經濟建設歷史，這樣的做法與說法是人們爛熟於心、耳熟能詳的。簡單概括起來，以舉國體制推進的超大型項目所具有的意義，已經遠遠超出為項目本身所付出的各種代價：一是這一項目的實施體現出一個具體工程組織實施的資源與技術之外的強大精神力量，而這一精神力量構成超大型項目中最重要的動力。在這裏，資源配置的精細性和有效性，讓位給人的價值取向和精神品質。二是這一項目能夠催生匯聚全國的精神力量，從而產生強大的社會凝聚力、崇高的精神推動力、強烈的國家認同感。三是這一項目構成國家所有事務得以高效和成功完成的典範，因此，它不僅必然成為持續舉辦類似項目的範例，而且成為國家認定的治國基本方式。

由此可見，以舉國體制實施的超大型項目，確實是一種政策傾斜、資源傾斜、精神傾斜和評價傾斜的產物。缺乏這些明顯的傾斜性，超大型項目就缺乏基本的支撐條件，也就無法在政策上獲得通過，在資源上取得支持，在精神上產生影響，在評價上得到讚譽。但很明顯地，由於舉國體制下籌劃、佈局並實施的超大型項目，是一種明顯打破國家治理常規的舉措，它在國家治理資源的配置上會造成深遠影響。因此，有必要在肯定它所發揮的重大作用的同時，進行全面的評估。

三、國家治理的非均衡狀態

舉國體制與超大型項目內在關聯的國家治理方式，是中國國家治理模式的一個重要組成部分。在充分肯定這一模式在一定時空條件下上馬與實施的必要性與重要性的基礎上，需要揭示這一治理方式明顯存在的缺陷。

猶如前述，舉國體制下實施的超大型項目，在國家相對貧困、資源較為短缺、平均配置資源績效較低，民眾參與治國精神渙散而國家需要精神激勵的情況下，有其佈局和實施的客觀現實理由和強大動力。而且這些項目的佈局與實施，確實也對改善國家的經濟狀況、公共設施與建設局面，發揮了無可否認的積極作用。但肯定這些作用，不等於肯定這樣的國家治理方式，使中國有充分的理由繼續推行這樣的治理方略。做出這樣的斷定，是因為在一個超出超大型項目視野的宏觀國家治理框架中，以舉國體制實施某一個旨在發起國民信心的超大型工程的效用，實際上是值得疑慮的治國理念與治國舉措。

這首先促使人們在超大型項目發揮積極作用之外，更要嚴格評估這些項目實際與潛在產生的負面影響。一般而言，在舉國體制中佈局與實施的超大型項目，由於被政治與精神的功能所牽引，因項目本身的缺陷並不為決策者所關注。眾所周知，舉國體制是一種由國家的中央領導層所直接佈局與組織運作的體制。這一體制的運轉動力，來自中央權力，尤其是中央高層領導人的全力推動。而一個國家的中央權力系統所做出的具體工程上馬決策，自然不是一種源自市場需要或社會需求的經濟或社會效用導向決定的產物。政治意志在舉國體制中發揮着毋庸置疑的決定性作用，註定了一個國家由中央權力機構或領導人直接佈局和實施的超大型項目，不是由發揮具體功能的某一項目自身的價值與功能決定其上馬或下馬的結果，而是由它的政治效用引導決策機構與決策人對之的全力佈局和實施。因此，超大型項目的政治效用，必然遮蔽這些項目是否佈局所應當考慮的投入與產出、成本與效益原則。

政治權力的運作，基本動力是其對權力的社會認同與向心運轉發揮的影響。假如國家的權力受到法治嚴格約束，中央權力機構要作出有關的決策，便會有一個制度性過濾機制：立法權力與司法權力有效限制行政權力對國家資源的嚴重傾斜性配置衝動，因此超大型項目會受到嚴格限制。如果一個國家的權力分化程度較低，不僅會突顯行政權，令立法權與司法權相對弱勢。更為關鍵的是，當三種國家的基本權力都受制於更高的政治組織的權力，而這個政治組織居於壟斷性支配國家的權力高位時，這一權力基於自身宏大政治目標做出的國家治理決策，就具有勢不可擋的力量。就此而言，舉國體制下的超大型項目一定是政治性，而不是工程性。政治性的項目，取決於政治需要。只要有政治需要，便會啟動對經濟社會資源的動員模式。在政治目標可以順利實現的情況下，經濟社會代價就是可以忽略的必要付出。工程性的項目，必須精確計算投入產出與成本效益，從而由國家權力當局和和社會公眾來衡量項目的資源、環境與生態付出，及實施這一項目能得到的近期與長遠收益，給相關項目予以通過或否決的評價，來有效提升超大型項目的工程佈局動機純淨性。正是這樣的基本規定性，造成超大型項目在政策上、資源上和推進上嚴重的傾斜，進而造成其他各個需要政策關注和資源投入的領域、事項的政策短缺和資源貧瘠，導致產業之間、公私事務之間、央地之間關係的偏失。

國家政治體制註定及舉國體制下的超大型項目，由於政治力量在兩者間發揮着決定性作用，自然便會將國家治理層面需要考量的資源均衡配置與技術嚴格程式後置，而必然導致國家資源宏觀配置的失衡，引發工程實施中的技術指標扭曲。這是超大型項目的宏觀失衡與微觀失衡兩個必然的表現。就前者言，超大型項目會吞噬資源，會干擾政策，對未來會有難以估量的影響。如果超大型項目涉及重大經濟領域，那麼它可能對生態環境產生無法估價的破壞，因此也就需要龐大的後續投入以防止生態環境災難。[11] 然而，任何一項超大型項目一旦上馬，對設計項目時預估所投入的龐大資源的估有雖是既定的，但後續的資源投入對這類項目滿負荷使用的保證，卻完全是一個無法準確估算的問題，否則，超大型項目及它所包括的子項目，就會造成巨大的浪費。最後，為了避免造成超過超大型項目初期投資的額外浪費，國家不得不間置另外一些超大型項目的子項目，以免陷入無止境投入資源的窘境。[12]

就超大型項目必須信守的嚴格技術指標論，超大型項目很難維持設計時所預期的嚴格技術指標要求。這在相對落後國家為了張揚國家實力和激發民眾愛國熱情所佈局的超大型項目中，尤為明顯。就工程類的超大型項目來說，技術指標的嚴格程度是可想而知的；就公共項目而言，子項目的匹配及各具體項目的當下需要與長期效用，非經嚴格的技術測算，並不足以準確控制。但是，舉國體制條件下籌劃、佈局與實施的超大型項目，常常是為了宣揚國威的政治目的坐實的，因此國家是否具有真實施這一超大型項目的總體技術能力；能否準確估算這一項目所要付出的代價與收益；可不可以掌控施工細節的精細技術；能不能通過精算控制這一項目的有效支出；是否準確理解這一項目在國家發展中的確切必要性與重要性，都是沒有把握的。因此，要解決這些問題，全靠國家高層決策者所具有的超人膽略和政治氣勢。就此而言，在超大型項目實施中已經退居次席的技術體系，就更是對這一項目是不是能夠保證預期品質和效應，發揮不到基本的調控作用。

更令人關注的是，舉國體制下的超大型項目佈局、實施體制，旨在追求項目的社會政治與精神激勵效果，它不僅會遮蔽人們觀察和分析項目本身的經濟社會效益的理性目光，而且會養成人們崇尚超大型項目的治國宏大思維，輕視那些關乎國計民生的小型項目，並將國家治理思維引向一種一心務虛、拒絕務實的極端。由於超大型項目不僅展示出治國者的宏大氣魄，而且可以激發公眾的國家認同與愛國熱情，國家高層領導對之情有獨鍾，也是情理之中。但在依賴超大型項目啟動的治國過程，不能不高度依賴持續的超大型項目對這一治國模式和認同政治的維持，否則，就會面臨「一着不慎，滿盤皆輸」的治國危機。在一個尚未建立起民主法治機制、相對落後的國家，這樣的治國走勢，會使國家步上不斷推出超大型項目以展示國家實力的危險軌道。在這樣的治國軌道上運行，不但面對前述資源傾斜和技術失準的危險，更會遭遇資源難以為繼和技術完全失準的嚴重問題。結果，國家便被這一模式耗盡資源而自我枯竭，最終將國家推向一個危險的境地。

國家在舉國體制下對超大型項目的偏愛，會引發國家治理的資源短缺與管理危機。這兩者的關係，人們已經有了明確的認識。[13] 但為什麼中國還在不斷推出氣勢宏大的超大型項目，而拒絕考慮其危險性，並且在政策上作出調整呢？這與中國的國家結構相關。中國的國家治理一直受到革命建國定勢的決定性影響。在國家治理的主要關聯式結構上說，其一，國家的行政權力不受立法權力、司法權力的限制，而受執政黨機構的限制。而執政黨長期維持着革命黨的基本思維，改革開放近期終於提出了「從革命黨轉變為執政黨」的命題，不過要坐實這一目標，前路漫漫。總的說來，壟斷性地執掌國家權力的政黨，還處在革命黨的境地。革命黨之謂革命黨，就是因為它對國家事無大小的政治性控制，否則就會陷於政治危機之中。捕獲國家的政黨一旦能全方位控制國家，它對國家治理的總體佈局，就肯定是由政治絕對先導的，一切治國決策圍繞的中心就是人們對黨和國家的忠誠與熱愛。在這一政治先導模式中，經濟、社會、技術諸治國要件的從屬性是眾所周知的。政治絕對優先的治國模式，對超大型項目有一種內在的需要。

其二，從央地關係的角度說，超大型項目引領的中國治理模式，造成中央權力過大，地方權力失衡的現象。從超大型項目對經濟社會發展發揮的決定性作用上看，它進而促成從中央到地方簡單依賴超大型項目的非均衡發展模式的定勢，國家治理當然也被非均衡性模式所主導。國家治理事務是一個精巧平衡的高超藝術。無論是從國家治理的縱向演進，還是就國家治理的橫向觀照來看，一方面，國家治理都必須兼顧代際正義，不能訛詐資源用於現時擔任領導人的宏大施政目標；另一方面，國家治理必須綜合考量政治、經濟、社會、文化、科技、教育諸領域的政策需求，考慮這些領域正常運轉所需的資源投入，思量國家治理過程中的政治目標與經濟社會諸目標之間的平衡關係，從而保證國家治理中縱橫兩個向度的理性統籌、全面兼顧與重點突破，不至於偏失。

其三，從國家與市場、社會的關係上說，由中國的政黨國家形態所決定，市場力量長期無法對資源配置發揮相應的引導與制衡，因此造成國家以政治意志作為資源匹配動力的剛性結構。在這樣的結構中，國家直接進行資源配置，絲毫不會有所不妥，因為政治意志在革命氛圍中推行的高效性，有形和無形地鼓舞了執掌國家權力的政黨意志堅持這樣的治國理政思路。一旦釋放市場配置資源的能量，被長期壓抑的市場力量只能先行試錯，然後坐實其高效配置資源的平台。但這樣的試錯會引發政黨國家的政治風險。於是，市場配置資源的方式總是被放置在政治權力匹配資源的後面，作為備選的資源配置方式使用。高效的市場資源配置方式，就總是被低效的權力機構匹配資源的方式替代。同理，中國社會在將近六十五年期間，幾乎被國家吞噬。因此，國家一直運行在抽象的人民主權平台上，無法落定在公民結構起來的社會平台上。結果，分散的社會完全無法按照個人或組織意志有效表達自己的意願，國家權力部門只好一力擔起國家治理、市場治理與社會治理的責任，將未曾分化的公眾的治理意願高度概括起來，並以此作為一切治理事務的導向性依據。這樣，國家治理中依賴超大型項目統合一切個人與組織訴求、糅合市場效益與公眾願望的做派，便輕而易舉地形成並鞏固下來。

由超大型項目主導的國家治理，一定是非均衡性的國家治理。這樣的治理局面，表現出以下三個特點。一是經濟領域的超大型項目優先於其他領域的發展項目。出現這樣的局面，是因為國家權力需要超大型項目集中產出的財政資源來維持和夯實國家的權力基礎。超大型項目愈多，國家可以輕易徵收的財政資源也愈豐富，國家用於維持權力的耗費也相對降低。相對於現代國家規範的法治狀態來說，國家必須通過複雜的徵税體系高效運轉，才足以保障國家權力所需要的稅收資源。而像中國這樣的集權國家，借助政府直接投資和控制的超大型項目獲得的財稅資源，已經足夠支持國家權力運轉的基本物質需求。[14] 至於市場和社會運轉所需要的物質條件，幾乎是在市場與社會的自發運行中自我供給的。市場的分散治理與社會的自治需求，因此受到嚴重壓抑。二是社會領域中國家權力偏愛的項目得到優勢資源，影響公眾基本福利的項目沒有得到相應的資源配置。中國偏愛佈局超大型的重化工業、水利水電與資源調撥項目，喜愛舉辦超大型體育賽事和展覽會。籌劃、佈局與實施這些項目，所需要的資源一定是跨地區、跨領域、跨時代，甚至是跨國家的。而常識告訴人們，任何超大型項目都是坐落於某個具體地域，落實在某個領域，施利於部分人群的。無論這一項目的地域有多大，它不可能橫跨全國；無論一個超大型項目涉及的領域多麼廣泛，它都不可能囊括所有領域的；無論這個項目受惠的公眾多麼龐大，都不會讓全國公眾得益。因此，佈局與實施任何一個超大型項目，為其啟動舉國體制，都不可避免地損害項目不相關者的局部或全域、當下或長遠的利益。三是國家以權力意志控制市場與社會的偏好，促使舉國體制與權力控制慾望相互支撐，構成一種國家治理的中國特色。權力意志總是以氣勢恢宏、登高望遠、叱吒風雲、匯入歷史來籌劃治國事務。它與市場的錙銖必較、社會的得失計算這類相對顯得低俗的品性迥然不同。足以與權力的強大政治意志相匹配的治國事務，只能是超大型項目。在籌劃超大型項目過程中，國家高層治理者那種激蕩風雷的豪邁，絕對是市場領域與社會領域的行為者顯得不足的地方。由於成功實施的超大型項目，確實具有無可質疑的價值，因此，國家高層治理者會為之傾盡心力，並且安然接受全國甚至世界的禮讚。這兩者的相互扣合，令舉國體制與超大型項目難以聚集退出的動力。

四、推進國家的均衡治理

舉國體制與超大型項目是相互促進、互相形塑的，但這並不說明雙方能夠互證其合理性。如果將人們評價這一機制的視野限制在既定的體制中，那麼它獲得的積極評價便是預想之中的事情。但跳出既定的體制和機制，在一個更為廣闊和高端的視角，審視和評價舉國體制及其治國事務佈局和實施的效果，得到的結論可能會有所不同。

從舉國體制與超大型項目佈局與實施的綜合後果上説，它必然導致國家治理失衡。這是現代國家治理必須避免的態勢。這樣的結論，不是人們價值偏好的產物，而是現代國家治理的比較結果。一般而言，現代國家治理體系和治理能力，必須基於一個國家要素合理分化且積極互動、付出成本較低但收益高企的先期預設。因此，國家治理體系不能是一個分工不明、合作機制不暢的體系；國家治理過程不能是集中資源辦大事的傾斜狀態，而是一個諸事務與諸領域都能有效兼顧的精巧治理過程；而國家治理的能力，不以令人興奮的超大型項目體現，而從彈性調控國家治理，使之處於一個可持續發展的狀態。現代化的國家治理體系，就此成為一個國家權力、市場機制與社會自治之間分工合作的總體建構。就三者的內部機制講，國家治理體系依靠憲政法治建構，政黨權力被置於憲法之下，[15]國家的立法權力、行政權力和司法權力必須相互分割開來，並有效確立起相互制衡的體制；[16]社會治理體系呈現為公民的自主、自治與自律的狀態，國家依法治理社會、制定社會政策、購買公共服務、提升社會福利水準，[17]社會按照個人意願和公民組織意願實行自治，公民與社會組織嚴格信守道德與法律規則，構成井然有序的社會機制；市場治理主要依賴價格機制的引導，國家依法供給市場治理的法規，保證市場秩序不受權力的干擾，而市場自身的運轉依賴行為者依法、依規、依市場介入能力而行動，並在市場中得到相應的回報。總括而言就是要「建設統一開放、競爭有序的市場體系，……使市場在資源配置中起決定性作用……加快形成企業自主經營公平競爭，消費者自由選擇、自主消費，商品和要素自由流動、平等交換的現代市場體系，……清除市場壁壘，提高資源配置效率和公平性。」[18]

國家治理能力的現代化，不是一個對現代國家治理結果表達強烈期望的問題，也不是一個單純強化國家支配能力的問題，更不是一個國家權力按照自己的政治意志管控市場與社會的問題。國家治理能力的現代化，在目標上指向善治，在過程上強調協商，在評價上重視客觀績效，在影響上看重全域與長遠。善治，具有三個基本的特點：「公共行為不斷增長的可視性，即公共政策更容易被所有公民接觸到；通過技術和財政評估保證的可說明性（可計量性）；在援助計劃執行過程中對管理能力的切實動員。」[19] 取決於善治的國家治理目標，一個具備善治能力的國家治理體系，需要同時借重國家權力、市場機制與社會自治積極互動才能形成的強大能力。這需要曾經佔據優勢地位的國家權力，轉變行為習慣，克制權力支配的習性，為社會的成長和市場的發育提供足夠的空間。並且，在自身決策作出針對市場與社會的相關法規與政策決定時，展開充分有效的協商。在國家治理過程中，協商民主或審議民主（deliberative democracy）可以發揮啟動治理各方積極性的重要作用，尤其可以規範國家權力的運行機制，促使其做出更為合理或具有合法性支持的決策。「審議民主並不僅僅只是一種程式，它是這樣的一個過程：它要求決策者以他者——其同胞和至少是世界上其他地方的一部分人——的名義進行決策時，他有責任對決策的實質性內容進行證明。不管政府官員們在發言時其所佔據的制度平台是國內的還是國外的，他們都有責任為那些將受此決策影響的人提供相互間可以理解和可以接受的理由。」[20] 從協商民主的角度看，國家權力做出的一切決策，都需要建立在社會與市場可以自願接受的基礎上，否則國家權力的運行就會缺乏合法性支持。

國家治理總是追求某種既定的結果，從國家治理項目的佈局開始，經過項目的實施，到最後形成預期中的結果。但對這一結果究竟作何評價，誰最有資格進行評價，如何保證治理績效評價的可靠性與可信性，則是國家治理能力高低的一系列重要指標。現代國家治理中單一項目或某一過程的績效評估，已經形成一套複雜的評價系統。這套評價系統，有部分是聯合國制定的，也有部分是多邊機構和單邊機構制定的，還有部分是獨立研究機構制定的。治理績效評價系統各有側重點，因此設定了各具特點的評價指標體系。但總的說來，各種關乎治理績效評價的指標體系，都能突顯出綜合性評價的特質。[21] 而綜合評價治理體系的指向主要有兩個：一是現行治理的績效，二是循此改變治理資源的分配。[22] 制定這類治理評估體系的目的，不僅是針對治理績效本身的，也是針對國家治理過程中掌握國家權力的領導人佈局與實施某一治理項目後，容易落入主觀評價或權力評價窠臼的局限的。只要治理評價交由治理者之外的組織來實施，它的客觀可靠性便有了保證。一個國家是不是能夠將治理評價交由單邊、多邊、獨立或國際機構來實施，這本身也代表了這個國家的治理能力——一種由自信心呈現的國家治理狀態。

國家治理評估的直接目的，在於有效衡量既定治理實際發揮的效用，並在國家進行跟蹤或修正決策時保有客觀依據。因此，治理評估是直接針對限定時間、確定地點、某一政策、某個項目展開的。無疑，治理評估本身應該是當下且務實的。但如果將治理評估限定在局部和具體事務上，它對改善治理狀態便發揮不了太大的作用。治理評估因此必須有一個全域視野和長遠眼光，決定治理評估是不是具有追求可持續發展的理念和行動。只有在可持續發展理念引導下的治理評估，才能真正保證國家治理不至於陷入短視眼光與短期行為的困境。而可持續發展之所以足以引導一個國家走向善治，就是因為這樣的理念讓人們認識到資源必短缺，及在這基礎上意識到使用資源的審慎之重要性。「市場經濟取得了巨大的物質進步。然而，能夠享用這些豐富的物質產品的人只佔世界總人口的一小部分。擁有巨大生產能力的市場經濟系統，將日益增加的壓力施加於提供資源與生命支援系統的地球，也施加於眾多的物種，包括日益增長的貧困人群……如果按照目前的趨勢繼續發展下去，很明顯，我們將面臨嚴重的人口、資源環境壓力。儘管物質產品有較大的增加，但是，人們將在很多方面比現在更加貧窮。」[23] 從人類歷史的縱向延伸看，基於代際正義的可持續發展觀念，已經成為治理評估的核心理念；從人類現實所處的橫向環境看，基於無限地攫取資源以滿足當代人慾望的行徑，已經導致資源的嚴重短缺和環境的急遽惡化。因此，無論是全球治理、國家治理或是組織治理，都必須確立可持續發展的理念，一種旨在保持治理均衡性的理念。

事實證明，國家治理的革命化處境，明顯制約了中國的可持續發展或總體「起飛」。曾經在國家治理中發揮過關鍵作用的舉國體制，由舉國體制不斷推出的超大型項目，直接體現出這樣的局限。這樣的發展模式已經難以為繼。近期，國家領導人明確指出，中國發展的國內外環境已經發生顯著變化：就國際環境看，「我們面臨的機遇，不再是簡單納入全球分工體系、擴大出口、加快投資的傳統機遇，而是倒逼我們擴大內需、提高創新能力、促進經濟發展方式轉變」。[24] 從國內環境看，有利條件仍在，但處在一個三期疊加的關鍵時刻——中國國家經濟已處於從高速換擋到中高速的增長速度換擋期；經濟結構調整刻不容緩，否則就不能實現進一步發展的結構調整陣痛期；在國際金融危機爆發初期，中國實施了一攬子經濟刺激計劃作為刺激政策消化期。更為關鍵的是，中國經濟發展的資源環境壓力、創新稀缺狀況，嚴重影響進一步的發展。而此前在國家發展過程中頻頻推出的超大型項目及舉國體制，正是陳舊發展方式的一個顯著標誌。超越舉國體制，克制對超大型項目的依賴心理，將對國家是否能夠闖出一條均衡治理、可持續發展的道路產生決定性影響。人所共知，現代國家間的競爭，受制於一個國家的均衡治理績效。一些依靠國家傾斜政策和資源配置的國家如前蘇聯，確實創造過國家短期騰飛的奇跡，但好景不長。唯有那些長期維持均衡治理狀態的國家，才能真正成為佔據國家間競爭優勢並持續發展的大國。對正在決斷國家新型發展模式的中國而言，何去何從，不能不審慎思考。

註釋

1 論者指出，不同體制會有不同的配置模式。參見【美】維克拉夫·霍爾索夫斯基著，俞品根等譯：《經濟體制分析和比較》，北京：經濟科學出版社，1988，第 73–77 頁。

2 【美】詹姆斯·C·斯科特著，王曉毅譯：《國家的視角：那些試圖改善人類狀況的項目是如何失敗的》，北京：社會科學文獻出版社，2004，第 3 頁。

3 詹姆斯·C·斯科特著，王曉毅譯：《國家的視角：那些試圖改善人類狀況的項目是如何失敗的》，第 4–6 頁。

4 參見【美】威廉・R・勞里著，石建斌譯：《大壩政治學——恢復美國河流》，北京：中國環境科學出版社，2009，第11頁及以下。

5 參見【美】撒母耳・P・亨廷頓著，張岱雲等譯：《變動社會的政治秩序》，第一部分〈政治秩序與政治衰敗〉，上海：上海譯文出版社，1989，第1頁及以下。

6 參見保羅・羅森斯坦－羅丹：〈略論「大推進」理論〉，載郭熙保主編：《發展經濟學經典論著選》，北京：中國經濟出版社，1998，第225頁及以下。

7 據國際貨幣基金組織駐華首席代表李一衡的分析，目前中國投資佔GDP的比重已接近50%。參見「IMF專家稱中國投資佔GDP比重近50% 為過度投資」，《新京報》，2013年4月16日。政府投資一般側重於交通、通訊、能源、重化工領域的超大型項目。二〇〇八年金融危機之後中國政府投入的四萬億，大多數投向「鐵（路）、公（路）、機（機場）」就是明證。

8 胡錦濤：〈在北京奧運會、殘奧會總結表彰大會上的講話〉，《新華網》，2008年9月29日，http://news.xinhuanet.com/newscenter/2008-09/29/content_10133226.htm。與此形成有趣比較的是，一九八四年洛杉磯奧運會，由城市經理尤伯羅斯負責，美國全國沒有為此全方位動員，是次奧運會卻是錄得了盈利的體育盛會。

9 胡錦濤：〈在北京奧運會、殘奧會總結表彰大會上的講話〉。

10 如國家領導人在對上海成功舉辦世界博覽會進行經驗概括的時候，也明確指出，「上海世博會是新中國成立以來我國舉辦的規模最大、持續時間最長的國際活動。面對艱巨繁重的任務和前所未有的挑戰，為兑現『給中國一個機會、世界將添一份異彩』的鄭重承諾，我們舉全國之力、集世界智慧，堅持發揮我國社會主義制度能夠集中力量辦大事的政治優勢，緊緊依靠人民群眾，深入開展園區黨的建設，主動加強國際合作，為上海世博會取得成功提供了有力保障。」胡錦濤：〈在二〇一〇年上海世博會總結表彰大會上的講話〉，http://news.xinhuanet.com/politics/2010-12/27/c_12923374_3.htm。

11 譬如三峽大壩的建設所需要的資源投入，便遠遠超出當初全國人大預期的撥款數額。在建成以後，無論是後續事務所需要的天文數字的投資，或是三峽戰略部隊的成立，以及關於三峽大壩建設究竟是否引發四川地震和長江下游地陷的爭論，都證明這一超大型水利、水電工程項目的佈局與實施，尚有相當大的檢討餘地。其實，從世界範圍來看，關於大壩建設的經濟學和政治學爭論，一直非常熱烈。參見【美】威廉・R・勞里著，石建斌等譯：《大壩政治學——恢復美國河流》，〈本書大綱〉，第 7–8 頁。

12 當人們追蹤北京奧運會場館在會後的使用情況時，就發現，一些中國人不太習慣或熱衷的運動項目的場館，處於閒置和荒廢的狀態。當初的巨大投入成了驚人的浪費。參見〈北京奧運會後場館基本荒廢〉，見《中國青年報》網路版，2012 年 8 月 20 日。至於當年宣導修建三門峽大壩的兩位關鍵人物，在大壩建成五十五年後驚人地向有關決策部門提議炸掉大壩，就更顯示出超大型項目可能導致的潛在危機。參見丁冬陽：〈以「三門峽水庫」為鏡鑒〉，載《南方周末》，2003 年 11 月 13 日。

13 近期中國學界和政界對改革開放三十年所實行的難以為繼的粗放型發展模式的共同反思，就是明證。

14 這也許是因為中國官方甚至學術界習慣於將國有經濟視為國家的經濟基礎，因此不計代價加以維持的緣由之所在。對此，在理論和實踐上毋需過多的辯論，僅僅從二〇〇八年金融危機發生後，中國政府投資四萬億予國有壟斷經濟部門，就可以了然於心。

15 參見〈中共中央關於全面深化改革若干重大問題的決定〉，第 9 部分，第 30 條。

16 參見〈中共中央關於全面深化改革若干重大問題的決定〉，第 9 部分，第 30–34 條。

17 參見〈中共中央關於全面深化改革若干重大問題的決定〉，第 12、13 兩部分。

18 參見〈中共中央關於全面深化改革若干重大問題的決定〉，第 3 部分，導言。

19 【法】讓—皮埃爾・戈丹著，鍾震宇譯：《何謂治理》，北京：社會科學文獻出版社，2010，第 48 頁。

20 【美】埃米・古特曼等：〈審議民主意味着什麼？〉，載談火生編《審議民主》，南京：江蘇人民出版社，2007，第 42 頁。

21 參見周紅雲：〈國際治理體系評估〉，載俞可平主編《國家治理評估——中國與世界》，北京：中央編譯出版社，2009，第 56 頁及以下。

22 參見世界銀行：〈「國家政策與制度評估」之「評估目的」〉，載俞可平主編《國家治理評估——中國與世界》，第 153 頁。

23 【英】伊恩・莫法特著，宋國君譯：《可持續發展——原則、分析與政策》，北京：經濟科學出版社，2002，第 6 頁。

24 習近平語。〈十八大以來習近平關於經濟工作重要論述〉，轉引自《新華網》，2014 年 2 月 22 日。

CIVITAS 思想共和國 CIVITAS 思想共和國 CIVITAS 思想共和國 CIVITAS 思想共和國
CIVITAS 思想共和國 CIVITAS 思想共和國 CIVITAS 思想共和國
CIVITAS 思想共和國 CIVITAS 思想共和國 CIVITAS 思想共和國 CIVITAS 思想共和國
CIVITAS 思想共和國 CIVITAS 思想共和國 CIVITAS 思想共和國
CIVITAS 思想共和國 CIVITAS 思想共和國 CIVITAS 思想共和國 CIVITAS 思想共和國
CIVITAS 思想共和國 CIVITAS 思想共和國 CIVITAS 思想共和國
CIVITAS 思想共和國 CIVITAS 思想共和國 CIVITAS 思想共和國 CIVITAS 思想共和國
CIVITAS 思想共和國 CIVITAS 思想共和國 CIVITAS 思想共和國
CIVITAS 思想共和國 CIVITAS 思想共和國 CIVITAS 思想共和國 CIVITAS 思想共和國
CIVITAS 思想共和國 CIVITAS 思想共和國 CIVITAS 思想共和國
CIVITAS 思想共和國 CIVITAS 思想共和國 CIVITAS 思想共和國 CIVITAS 思想共和國
CIVITAS 思想共和國 CIVITAS 思想共和國 CIVITAS 思想共和國
CIVITAS 思想共和國 CIVITAS 思想共和國 CIVITAS 思想共和國 CIVITAS 思想共和國
CIVITAS 思想共和國 CIVITAS 思想共和國 CIVITAS 思想共和國
CIVITAS 思想共和國 CIVITAS 思想共和國 CIVITAS 思想共和國 CIVITAS 思想共和國
CIVITAS 思想共和國 CIVITAS 思想共和國 CIVITAS 思想共和國
CIVITAS 思想共和國 CIVITAS 思想共和國 CIVITAS 思想共和國 CIVITAS 思想共和國
CIVITAS 思想共和國 CIVITAS 思想共和國 CIVITAS 思想共和國
CIVITAS 思想共和國 CIVITAS 思想共和國 CIVITAS 思想共和國 CIVITAS 思想共和國